广播内容传播
——媒体融合视域下广播节目模式创新研究

A Study of Radio Programmes Innovation in The Context of Media Integration

孟伟 等 著

国家新闻出版广电总局重点项目
『媒介发展新态势下广播节目模式创新研究（GD1209）』结项成果

中国广播影视出版社

课题组撰写人员

前　言　孟　伟
第一章　孟　伟
第二章　葛少奇
第三章　宋　青
第四章　宋　青
第五章　李秀丽
第六章　孟　伟
第七章　黄泽艺
第八章　黄泽艺　孟　伟

孟伟负责全书章节、内容的规划、修订和最终定稿。

目 录

前　言 ··· 1
第一章　广播内容传播转向 ··· 1
　　第一节　广播音频媒体概念的泛化与重解 ·· 1
　　第二节　广播内容开发策略转向 ··· 9
　　第三节　广播传受互动理念的转向 ·· 13
　　第四节　广播声音传播的社会价值 ·· 19
第二章　广播新闻类内容创新 ·· 24
　　第一节　广播新闻类内容历史发展与现状 ·· 24
　　第二节　广播新闻类内容分类 ·· 30
　　第三节　广播新闻类内容采制流程创新 ··· 34
　　第四节　广播新闻类内容创新与趋势 ·· 39
第三章　广播音乐类内容创新 ·· 49
　　第一节　音乐广播的历史与现状 ·· 49
　　第二节　音乐广播节目创新 ··· 57
　　第三节　音乐广播频率创新 ··· 63
　　第四节　数字音乐传播的创新启示 ·· 72
第四章　广播文艺娱乐类内容创新 ··· 79
　　第一节　文艺娱乐类广播历史与现状 ·· 79
　　第二节　文艺娱乐类广播节目创新 ·· 84
　　第三节　文艺娱乐类广播频率创新 ·· 98
　　第四节　文艺娱乐类内容创新趋势 ·· 110
第五章　广播服务类内容创新 ·· 122
　　第一节　广播服务类内容的历史与现状 ··· 122
　　第二节　广播帮扶互助类内容创新 ·· 129
　　第三节　广播投诉维权类内容创新 ·· 139
　　第四节　广播交通服务类内容创新 ·· 146

    第五节　教育成长类广播内容创新 …………………………… 155
    第六节　广播对农服务类内容创新 …………………………… 165
    第七节　广播健康养生类内容创新 …………………………… 174
    第八节　广播情感婚恋类内容创新 …………………………… 182
第六章　广播体育类内容创新 …………………………………… 190
    第一节　体育类广播内容发展概述 …………………………… 190
    第二节　体育类广播内容创新 ………………………………… 197
    第三节　体育广播频率创新 …………………………………… 208
    第四节　奥运赛事广播内容创新 ……………………………… 222
第七章　广播广告内容模式创新 ………………………………… 233
    第一节　广播广告内容的历史与发展 ………………………… 233
    第二节　广播广告内容创新保障 ……………………………… 238
    第三节　广播广告内容生产过程创新 ………………………… 248
    第四节　广播广告内容模式创新案例 ………………………… 264
第八章　广播内容评估创新 ……………………………………… 271
    第一节　广播内容评估新趋势 ………………………………… 271
    第二节　广播收听调查和数据采集方式 ……………………… 278
    第三节　广播融媒体综合评估体系探索 ……………………… 281
    第四节　广播评估与广播内容质量思考 ……………………… 288
参考文献 …………………………………………………………… 296

前　言

广播的角度：从融媒体的基本理念出发

孟　伟

广播下一步发展的趋势是什么？作为一类传统媒体会在不久的将来消失吗？这些疑虑恐怕是当前很多广播人心中的困扰，期待有一个清晰而明确的回答。近期关于媒体创新的提法很多，各种概念林立；业界实践领域更是异彩纷呈，不缺乏各种解读和总结。当很难穿越现实之迷雾的时候，不妨回到本体，回到广播内容传播本身，从媒体属性层面，从融媒体的基本理念出发，寻找广播创新的活力。

一、广播媒体独具优势的消退与激流涌动的生机

当前广播发展环境发生很大的变化已是不争的事实。信息资源过剩成为普遍状态。伴随性收听状态已经不为广播媒体所独具，很多互联网产品同样具有此类特征，且还有更多的选择。现在的用户大多知道自己要听什么，多样化的选择与用户各类"痛点"之间比广播更为匹配。

过去传统广播的半收听状态，有一部分原因，可能听众是因为没有找到自己必须去听去看的内容，就顺应了一种半收听状态。那么，今天持有此种心态的这部分人群，实际上已经从广播这里流失，成为其他平台半收听状态的刚需人群，或者其他互联网媒体产品的刚需人群，并明确具有商业转化特征。

长久以来，广播媒体的内容制作和编排，会考虑听众集中注意收听和半收听状态的平衡。目前音频内容表达的多样方式、多种渠道、多个平台的高效分发能力，一定程度上缓解了音频媒体的这种焦虑，促使内容与个性化对象需求之间更为匹配。广播独具的半收听优势消退了，但声音媒体本身的价值属性或者潜在的商业属性也突出出来，这为广播媒体又带来了新的生机。

"失之东隅，收之桑榆"的启示在于：换一个视角，音频媒体新的机会是留给能看到未来，不放弃、有准备的广播人，或者对于音频传播敏感的互联网人。

二、变化的用户催生媒体属性上的互动性反思

广播媒体的盈利问题一直是业界最为关心的核心点，其次关心的才是广播媒体长久发展下去的能力。当前不仅仅是市场变了、产品变了，关键是用户变了。媒介生态

就像人的一生：婴儿需要大人照料，成人决定着婴儿吃什么，类似大众媒体早期发展阶段；然后是少年时期，想吃但是吃不着，可以提要求，但因为不善做或者经济不独立，不能完全透彻地被满足，这是互联网之前的大众媒体兴盛时代；成年以后，拥有独立思维判断，经济自主，自由选择性强，目前互联网培育下的个体用户已经走到了这个阶段。这是一种社会发展的必然，要尊重、承认和面对，找准新的位置，在新的媒体生态环境中获取新的生存空间。

过去，作为社会主导人群的70后、80后是伴随着被给予信息成长的一代，一般而言习惯于接纳和吸收信息，但是自90后开始的年轻人，更偏好于自己制造信息，秉承"无制造无属性"的信念。在这个意义上，"参与+观赏"成为一种显在的社会交往和媒体信息消费的通用模式，"互动"需求十分旺盛，甚至成为今天推动媒体内容呈现方式和价值变现的原动力。

今天到底是什么在主导着用户？是个性化需求，还是"市场引导+个性化需求"？资本与市场的力量很强大，发现并引导着某类用户需求。这意味着"用户中心"不是用户唯一重要，或者"用户主导"，而是用户参与制造和消费媒体内容的新方式，把媒体产品的成本降低了。过去媒体内容生产领域，很难看到用户对媒体内容真正有多大的决定权，并发挥多么大的作用。资本是逐利的，推动潜在的趋势往前发展。

对于寻求变革的传统大众媒体而言，首先可能应审视的是，自己的互动性怎么样？不是仅指对互动技术层面的掌握，并非简单的对于声音价值的表层回归，而是探究媒体属性上的互动性怎么样，回归到声音传播与人的现实需求、精神和心灵需求的层面，审视人与之发生关联的互动方式和路径。

三、从生产的源头尊重用户，建立音频产品意识

用户很重要，有人听有人用了，这个产品价值才能变现，广播媒体才会有品牌和广告的价值。用户自身参与或者间接参与媒体内容生产和呈现，其个性化需求的合理性和重要性被正式确立起来，过去的长尾理论和今天的头部理论都无法忽视这个事实。

生产者的位置发生了转变。过去生产者要通过一个流程、一个质量标准或管控把关标准等，建立一个生产者垄断的位置，而现在这个位置被消解了，但产品质量把控却更为重要了，因为渠道开放后，短兵相见的就是媒体内容本身了，只是品控的方式和玩法发生了变化。

在这个意义上，若单纯地站在生产者的立场上，按照传统的优质产品标准去生产声音产品，是无法纳入互联网的生态圈中，可能会发生叫好不叫座的伤心事。而市场却很少顾及我们广播人的这种感觉和情怀。

对于用户的尊重是永恒的。不是用户一定需要去引导。商业上的引导是具体行为层面的，理念层面的不是谁大和谁重要，而是权利关系发生变化。这与互联网本质上的"去中心化"密切相关。互联网是变动发展的，"去中心化"去的是今日之结构，明日的结构被解构后需要重建，重建的过程又会产生权利不平衡。

四、产品质量的"里"与"面"

高品质的产品质量,不仅指的是高品质的内容,也指高品质的形式,也指承载内容的渠道质量。针对广播媒体,互联网快速发展下的高质量声音节目,一般理解是内容质量高,其实还有一个层面,是高清的音质。结合 QQ 音乐、虾米和网易云音乐先后崛起比较,来看看高清晰音质带来的市场价值。

针对音乐收听而言,互联网音频媒体按照用户的收听状态可以简单分为两类:半收听状态和注意力集中收听状态。前者以 QQ 音乐为代表往往吸引音乐初级爱好者;虾米音乐多为专心致志的收听,目标人群与 QQ 不同,或者说是比 QQ 的目标人群要窄。虾米音乐在选择员工上往往强调懂乐器、自身是音乐爱好者的因素,另外注重评论的功能,一首歌甚至可以达到上万条评论。"网易云"的目标人群则又更窄化了,往往是音乐重度发烧友,按照传统的思路,窄化的人群如何带动收听走向?但是网易云抓住了"音质"这个特性。同样的耳机,不用买会员资质,音质更好,对音质要求高的音乐发烧友很快从竞对那里搬过来了,因为有被满足的强烈需求在其中。网易云通过占领"高音质",由高到低收取了自己的核心用户,在一个特别狭窄的点上爆发了。

互联网音频媒体,除音乐外,还有语言类节目,这类内容对于"高质量"的定位与音乐类内容不同。语言类节目可以把谈话、评论和知识教育结合在一起,也可以把相声、段子、心灵鸡汤等内容糅合,还可以把调查性新闻与广播剧类内容结合起来。目前看,这些内容除广播剧比较弱外,互联网音频平台抢占了上述几类节目的先机。广播剧也并非弱者,芝加哥电台《This American Life》旗下的罪案类非虚构节目《Serial》2014 年开始播出,2016 年推出到第三季创造了惊人的收听数字,既具备广播剧的属性,也是一档新闻调查栏目,强调了基于现实感的戏剧性悬念。音频内容形态的创新动力,源自对用户需求的掌握和导引能力,大数据挖掘的价值在于大大缩短了音频内容生产者与消费者之间交流互动的路程。这也是互联网可以在契合用户需求的层面第一时间做出反应,而传统媒体很难做到这一点。做内容的互联网企业发展到下一步,契合用户需求的反应速度、丰富多样的品类优势、无所不在的渠道延伸等强项都会显露颓势,因为用户的成长是势不可挡的,发展到这一阶段也将是传统媒体与互联网争夺用户的决定性阶段。

高质量的语言类节目,有几个衡量的指标:一个是制作技术精良,二个是内容本身触及用户痛点,三是内容节奏的高度故事化,以及在叙述和呈现技巧上的突破探索,四是在内容推送上的高度技巧化。今天敏感的用户越来越任性,催动着媒体人在内容呈现上不断地创新和改革。

今后若技术上不过关,没有突破,内容上版权没有控制,没有好的产品经理,用户的痛点挖不倒,广播在内容上想翻身比较困难。

五、用户自制内容作为一种实用的"鸡肋"

什么是"UGC",估计不需要解释。我们往往记住概念指涉的主要内容、核心内容和明显的内容。但是对于媒体理论研究和媒体实践领域工作者而言,可能概念中被忽视的其他的部分,恰好对于一个行业而言是核心或者关键部分。

说起 UGC,很多广播行业内的人可能会说,"UGC 多数都是没法听的音频内容,成不了气候"。的确,十几年前英国、美国在播客刚刚崛起时,都曾经对用户自发生产的内容充满了期待,甚至在电台专门开辟了栏目给播客,但后来没有成为气候,不了了之。

随着互联网成熟度的提高,UGC 的意义对于音频媒体而言可能在两个领域发展:

其一用户补充丰富音频内容,例如用户为播出的音乐贡献歌词;按照千万个收听场景打包某类音乐专辑,如睡前音乐专辑等,这种场景化的收听习惯和收听需求,不是靠哪个专业编辑可以实现的,因为庞杂而海量。但恰好可以发挥万千社会个体的优势,每个人都有可能成为某一点上的专家,最后因聚合而形成交互、交流,进而造就新的消费模式。

这意味着,UGC 不是仅仅强调用户具有生产内容的能力,而是用户是否实际参与了对内容的二次选择和二次编辑,这是互联网领域用户积极作为的一种表征。欧洲包括意大利的一些电台在几年前已经在电台对接这种内容呈现和播出模式。目前国内对这一点的认识还不够,用户与生产者、用户与媒体内容之间互动的要求很明晰,传统媒体是漠视、无视还是轻视,其实尝试后才可以做出判断,传统媒体亟须在充分调研基础上允许试错。

"用户自制"理念,是传统广播迈进新媒体内容生产门槛的"敲门砖"。

六、被误读、过度解读的"广播场景化"

"场景化"在信息传播的层面,有三个理解上的核心点:其一媒体边界消失,无处不媒体;其二信息内容是紧紧围绕个体的需求生产的;其三信息内容与个体需求之间没有间隙,以人工智能为技术基础,并具有信息使用和消费的唯一匹配性。

回到广播媒体。媒体内容要满足用户的"刚需",过去的理解是"平面化"的,也就是说满足用户的需求,现在的理解要更加"立体化"。也就是说用户的需求是在特定的场景中的需求,或者说在某一个场景下与广播节目收听密切连接在一起了,在这个时间段、这个情景下接触广播媒介被培养成一种天然的需求,而且内容一定是为用户"定制"的。

因此,当前在发展广播高质量内容的同时,还需要去探索、摸索新的用户习惯是怎么建立的。在这个过程中,我们探究广播在什么场景下可以占据唯一性,或者可以发挥出广播最独特的价值,让用户离不开声音内容。

七、内容付费会否是广播的下一个风口

二十多年前的互联网是靠流量收费的,一个小时差不多十几块,和今天相比算是比较高的收费。那时候的用户就默认在互联网上看到的内容已经是付费的了。目前互联网的流量越来越便宜,用户接入宽带和 WiFi 的费用也几乎默认到与交水电费一样,成为生活的必需品。

针对互联网上的内容,广告收费越来越艰难,商家和用户双方都不太买账。海量的信息检索和匹配个人越来越需要成本。在这种情况下,"内容收费"横空出世。似乎当前我们的用户愿意为"高质量的内容付出等额的价值"了。在这个理解层面上看,未来广播的商业模式除广告外,还要把"收费"纳入议程。

过去广告靠时段,现在广告与节目内容连接的方式多样而自然,甚至有可能未来都不需要媒体这个中介了。而信息内容与用户个体需求之间同理可以实现直接对应,到那时,对于内容的判断可能不会用今天的高质量要素作为唯一的标准,"个性化标准"更为通行。逻辑和基本细节都有问题的 IP 网络剧照样占领了几个月全国的市场。而内容生产上的专业化程度和会否适宜某类媒介形态的判断标准已经过时。你在这里谈基础呢,人家那里已经房子盖了一半。信息内容和信息服务越来越容易被市场作为赠品送给用户,提升商品的附加值。未来付费的媒体内容有可能会局限在某一个领域,如同大海消退后在高原上留下的海子。

八、拓展广播人才与突破传统媒体体制一样重要

这几年来广播人才大量流失,一些流动到互联网媒体工作了。这是一个好现象,促进了人才层面的一种流动和融合。对于电台而言,目前主流媒体的架构和品牌价值还留在这里,如何借助媒体机构优势,挖掘和吸引多元的技术人才、艺术人才和项目经理、产品经理等与电台合作,实现体制内的一种突围和交融,像是一种理想化的愿望。广播人才选拔已经上升到与传统媒体机制、体制突围同等重要的位置。

2017 年以及接下来的几年,广播和互联网音频媒体都会处在寻找商业模式的阶段。目前最大的问题是广播人才和广电机制的问题,人才流动将是这几年的常态。

电台目前不是留人的问题。人是留不住的。需要引进新人进行新的开拓。换一个角度另辟蹊径,可能通过引入人才方可留住人才。

广播人才急需要培养,那些爱广播和有想法、敢于实践的人,要给予舞台和支持,他们的情怀不知道还可以支持多久。

音频市场不是一个大市场,目前音频市场符合新用户习惯的领地还有很多空白,新技术拓展出的新领域还没有被及时占领,在这种情况下,很多自媒体实践和探索的经验,对传统广播而言弥足珍贵,要像对待人才一样,在第一时间捕捉到,进行培育并找到广播整合突围的办法。

九、广播会消失吗？

第二次世界大战广播曾扮演过十分显耀的"国家媒体"的角色，彰显过电子媒体的传播威力；20世纪60年代比照电视媒体的崛起，广播退避为"第二类媒介"（Second Media）更多体现为"本地化媒体"属性；21世纪以来广播借助传播技术特别是互联网技术，发展出兼具全球化特征的"跨国界媒体"和"个人化媒体"的双重特点。新技术的发展，促使今天的广播媒体可以融合声音、视频、文本等多种形态，借助收音机、网络平台、手机APP等多种渠道分发音频内容，成为广义上的"声音媒体"。

从信息传播行为的角度上看：任何一个国家，一个商业组织，换句话说社会机构，都有组织传播的意愿，因为可以引导大众和交流发声，因此在这个意义上，专业的传媒人士是被需要的。而声音媒体是对应人的听觉需求，所以一定是必不可少的一类信息内容。

从传统媒体的性质上去理解：过去广播是卖收音机然后提供声音艺术服务；后来发展到节目是免费的，收音机变得很便宜，买单的是广告主，这种局面实际上一直延续到前几年；目前是收音机甚至内化为一个软件了，而用户和商品之间不再紧紧依赖于广播等传统媒体作为唯一的中介。这意味着如果传统媒体仍然执着于扮演中介的角色，就会消亡，不消亡的是传统媒体要转换中介身份为什么身份的问题：是内容资料库？还是承揽传播的前端和末端的全套服务；还是专注于公共关系……

今天依托在旧有传播技术上的经济力量、文化力量正被削弱着，缓慢而内化地改造着社会结构、文化形态和社会性格。新技术变革的力量越加突出，开始掌控社会化生产和消费的模式和方向，甚至染指引导社会个体的行为方式，直至影响大众的认知理解模式。目前，我们正处于大众媒体传播转向的道路上。本书主要讨论的，正是在这一历史性的时刻，传统的大众媒体——广播内容传播转向可能的理念和路径。

第一章 广播内容传播转向

今天传统的大众媒体正迎来一个新的变革时代。文字、声音、图片、视频等信息以"0""1"数字串的方式被计算出来，媒体介质不再成为一种对于传播内容的限制或者优势要素，而困扰传统媒体的各类边界终有一天会完全消失。这意味着在信息传播领域，通用工具会代替专门工具，知识在未来以光速穿行于通用传媒——互联网或者其整合终端中，而被传输的内容、传输和控制的权利会凸显出来，以新的稀缺资源的方式被社会认知固化。

对于大众媒体而言，基于自救和发展愿望的媒体融合趋势正深入发展。广播与其他传统大众媒体的处境类似，面临着传播内容、传播和接收方式、用户养成、经营管理模式、媒体功能等领域的变革。这些变革关乎广播媒体当下盈利和生存问题，更关乎声音媒体未来的格局和走向问题。本章拟探讨当代广播内容传播转向的相关基本问题。

第一节 广播音频媒体概念的泛化与重解[①]

音频媒体的概念怎么理解？从"凯叔讲故事"，到"罗辑思维"，再到听书、云课堂等，为什么有些看起来不是音频的内容，我们会认为拥有音频传播的核心？有些媒体内容虽然以视频方式呈现，但是用户是当作音频内容来使用的，这意味着这类内容是自带音频传播的渠道属性。过去广播频率是唯一一类声音的大众传播渠道，而目前内容本身可以自带渠道，与用户达成一种交往，甚至更为个性化、更为密切的交往。

一、被"泛化"的音频媒体

《乐记》中谈及"致乐以治心者也"。尽管视觉、听觉、触觉、嗅觉和味觉获取信息的比例不同，但声音的艺术具有强大的力量，可以作用于人的心灵。在视觉媒体发达的今日社会，视频流有时候可以作为音频流的一种替代，而有些视频的自媒体内容，实际上用户是按照"听"的需求在使用，甚至有些自媒体人在发展一段短视频业务后，发现纯音频的内容传播更契合自己的新产品属性。

广播作为以音频传播为核心的大众媒介，是与麦克卢汉谈到的"音响空间时代"

[①] 孟伟. 新媒体环境下广播传播特性的再认识 [M] //雷跃捷、陈卫星. 中国新闻传播学评论. 北京：中国传媒大学出版社，2014.

联系最紧密的现代媒介，与人类的说话功能相匹配的一种交感神经系统的延伸①。现在很多公众号、网络红人多为模仿传统媒体的模式：基于信服、信任、喜爱等要素，聚集粉丝用户成为追随者，某种意义上"内容＋潜在用户"，就具有了"媒体的本质"，只是互联网变现的方式很直接、很单一、很"野蛮"，比如卖东西、卖服务，瞬间辉煌然后快速死掉。然后，新的一轮又涌现……某种极端的意义上讲，这是互联网在最后消费传统媒体，通过与部分传统媒体核心传播模式的嫁接，成功实现社会、用户使用习惯的互联网化全面迁移。从这个理解层面上看，实际上公众号和网红目前是处于一个消解与重构的造势初期阶段，真正有实力的，是资本和体制的力量，左右着这个进度和走向。因此传统媒体，例如广播媒体近期的目标和方式，可以考察互联网模仿传统媒体的模式，如何进行互联网化转化的，同时坚守传统媒体的根本，尊重自身，深耕挖掘媒介属性层面上的优势，蓄势等待转向的机会。

从我国国情看，广播声音本体的发展和研究是滞后的，过去业界虽然长提，但是很少真正重视，因为缺少危机感，广播可以过一个温饱不饥甚至不错的日子。现在危机感十分强烈，因此对于声音本体的价值重视也开始涌现起来，这个补课的需求不是广播自救的关键，因为补课是一种本能，是广播媒体在为下一代互联网传媒发展的一种本能贡献，换句通俗的话说，重视广播声音本体地位的发展，不会救得了广播；但是补课声音媒体本体价值开发则是一种历史的必然。我们现在就需要尊重这个必然，而不是回避或者是视而不见，那样只会更加速广播队伍的落伍。广播媒体对于发展中国家政治生活、社会治理、应急传播等，均具有战略意义，但是如果广播自身不发展，会短时间内被视频媒体垄断和吞并，会造成广播声音传播的全面萎缩。

从广播本体角度出发，需要突破多媒体异彩纷呈的表象看到音频介质支持下的成功市场范例。当代越来越多的各种新旧媒介形态激烈争夺着用户，满足或者创造用户刚性的需求，热衷于媒体盈利模式的时刻，重新探究广播传播的基本特性，发掘现代媒介在重建个体与社会关系中的作用具有基础而深邃的媒介社会意义，是探究声音媒体传播力的一个基础。② 布鲁斯·伦索尔（Bruce Lenthall）的《广播中的美国：大萧条与美国现代义化的升起》，以20世纪20年代末的经济危机为背景，剖析了广播与美国现代化的关系，讨论广播在文化规范、民主制度、身份认定等领域发挥的社会作用和影响，分析广播声音传播对于现代化的推动作用，其根基是声音媒体之于社会个体的建构方式和意义。回到媒介本身的属性，比对文字和视觉传播而言，音频媒体的伴随性、亲密感、共在感、个性化、理性化等几个方面呈现出来独特价值。

二、听觉媒体产品积极的构型能力③

广播以音频传递信息，用声音还原和表现现实世界。声音的发生虽然是在人体的外

---

① Marshall McLuhan. *Understanding Media* [M]. London：Routledge Classics, 2005：302.
② 孟伟. 广播听觉传播本质解读 [J]. 现代传播, 2004（3）.
③ Hugh Chignell, *Key Concepts in Radio Studies* [M]. London：SAGE Publications, 2009：67.

部且无形象可以捕捉，但声音引起的感觉却通过构型作用于人的内心，"声音是一个使外部因素变为人的内部感觉的中介……声音引发的感觉超越我们常规分析的能力。"①

（一）经过专业筛选和组织的声音作品具有构型的能力

广播要选择那些最容易唤起听众想象的、生动活泼的、具有指示性作用的声音。②"广播声音是经过人为选择的；广播声音不仅仅代表发出该声音的事物所引起的意义，还有象征的意义。"③广播对声音的选择，不仅考虑是否这个声音采自真实生活，也要考虑这些声音通过广播传播能否更像真实的声音。广播对声音的运用，不是简单的对现实的模拟，更多的是充满情节性的，重视对听众情感的作用。声音的媒体艺术是借助声音媒介进行构型反映客观世界，借助大众媒体的通道，个体依赖听觉很容易被这些远远比现实生活简单的声音所"欺骗"，因为人的想象力能够根据符合听觉规律的、简单的声音，想象出比单调的素材更为精彩的图画来。

（二）广播声音环境的营造是彰显节目深层影响力的基石

广播声音效果具有营造传播环境的功能，使广播声音符号具有了类似电视、电影和舞台上视觉道具的置景功能。④我们不能忽视，现实生活中很多事物的存在是以视觉或者无声的方式存在的，如时间的表现，鲜花的绽放等，在这种情况下，就必须借助于广播话语的解说。

广播节目中话语的比例和分量设置需要进行反复的实验，而一般第三方公司组织的收听调查无法切近地给予数据上的支持，对于忙于每天广播节目制作和新媒体传播渠道拓展的广播一线工作者而言，往往成为一个停留在想象中的愿望。对于电台整体而言，营收方面的拓展是多数电台首要的任务，而非专门留出时间进行业务层面的基础性探讨。报道任务和广告客户的各种要求，是业务推进的直接动力。此外，用户口味随时会变化，社会热点一波接一波袭来，也成为一线广播工作者无暇进行业务基础层面深入思考的一个理由。

斯坎内尔（Scannell）提出"和其他社会机构一样，广播的权力在于，它通过预置社会角色和社会地位，通过控制事件的内容、风格和持续时间等方式，在自己的领域内对"社会交往"这个术语做出定义"。⑤从这个意义上，需要我们认真思考并对声音情景的起源和性质提出疑问：为什么声音能产生这种效果？我们每日所听到的声音会产生什么样的社会和文化联想和影响？对于听众而言，选择声音而不是其他媒体产品的深层动力，除开商业推动的外力强大作用外，有没有其他内在的动因？

当代大部分声音文化来自电子媒介的声音，包括个人化的媒介（手机、iPod 等）。

---

① John Broadhouse. *Music Acoustics*: *or the Phenomena of Sound As Connected With Music* [M], Charleston: Forgotten Books, 2012: 1.
② Robert McLeish. *Radio Production* [M], Oxford: Focal Press, 2005: 234.
③ Martin Shingler and Cindy Wieringa. *On air*: *methods and meanings of radio* [M], New York: Bloomsbury Publishing, 1998: 58.
④ 同样的论述参见 Robert McLeish. *Radio Production* [M], Oxford: Focal Press, 2005: 234.
⑤ Scannell, P. *Broadcast Talk* [M], London: Sage, 1991: 2.

从文化角度看，这些声音情景可以被视为高度商业化的结果。西方学者的观点是，这种声音环境忽视了本地实际环境①。

（三）听觉传播可以调动起听众掌握信息的积极性和主动性

苏格拉底讲过一个故事：埃及神明特泰和国王赛缪斯之间有次谈话，赛缪斯认为，外部知识提供的不是真正的智慧，而是智慧的伪装。这一结论的得出，意思是外部知识以倾倒的方式，取代了主体的深度思考，带来的是思想深度的丧失②。依靠此类方法获得知识的人"貌似知识渊博，其实很大程度上一无所知"。"他们的头脑将会'装满对智慧的自负狂妄，而不是装满智慧'。""以外部符号替代内部记忆，让我们面临变成浅薄的思想者的危险，阻碍我们达到能够带来真正智慧和幸福的智力深度。"③

视觉传播的空前发达，助长了这一趋势。无论是以音视频还是以文字方式传递的信息都趋于一种未经足够筛选的过剩。特别是这两年的网络直播热潮，相比于传统广播的"水话"，更是走向了对个体生活无原则展示的极致。

在这一语境下，我们回到一个老命题中：广播传统上是与阅读离得最近的一种媒体，例如：通过广播来讲故事，一度是听众最受欢迎的节目。④ 这也可以解释互联网音频媒体领域的喜马拉雅目前把"有声书"作为首要的盈利点，而且取得了不俗的成绩。一般而言，阅读需要长时间地保持精力的高度集中，这是人类长期智力训练的结果，因为大脑的天生状态是不专心的。社会化媒体目前正扩张着人类本能的需要，"互联网没有违背我们的意愿改变我们的思维习惯，而是在顺应我们意愿的情况下，改变了我们的思维习惯。"⑤ 在这种趋势下，顺应、纵容大众的需求和教化大众，二者同样都可以获取媒介的刚性需求人群。

没有画面的干扰，广播听众可以将注意力更多集中在媒介所传递的新闻观点和政治观点上。而多媒体所要求的精力分散进一步加剧了人脑的疲劳，从而削弱了我们的学习能力，降低了我们的理解程度，当我们给大脑供应思考原料的时候，并非越多越好。⑥

三、声音伴随作为一种隐性的刚需

"伴随"不等于媒介内容可有可无，而是满足了听众一种潜在的必不可少的需要，

---

① Douglas, S. *Listening In*: *Radio and the American Imagination*, *from Amos'n' Andy and Edward R. Murrow to Wolfman Jack and Howard Stern* [M], New york: Random House, 1999: 356.

② 参见［美］尼古拉斯·卡尔. 浅薄——互联网如何毒化了我们的大脑［M］. 刘纯毅译，北京：中信出版社，2010：58.

③［美］尼古拉斯·卡尔. 浅薄——互联网如何毒化了我们的大脑［M］. 刘纯毅译，北京：中信出版社，2010：57.

④ 参见 Keith, Michael C, *Talking radio: an oral history of American radio in the television age* [M]: M. E. Sharpe, 2000: 25.

⑤［美］尼古拉斯·卡尔. 浅薄——互联网如何毒化了我们的大脑［M］. 刘纯毅译，北京：中信出版社，2010：68.

⑥［美］尼古拉斯·卡尔. 浅薄——互联网如何毒化了我们的大脑［M］. 刘纯毅译，北京：中信出版社，2010：126—129.

或者隐性的刚性需求。

1906年12月24日，加拿大发明家费森登（Reginald Fessenden）创制了世界上第一个由言语和音乐构成的广播节目。[①] 此后50年间，西方广播逐渐发展成为家庭最流行和最重要的媒介娱乐方式，直到收音机被电视机取代，从客厅显眼的位置挪开，广播也自此定位为"第二类媒介"，或者伴随性媒介。媒体核心地位的退出并不代表其社会文化作用和意义的衰减，特别是针对特定类型的社会需要而言。在互联网时代这可以被理解为"小而美"的"场景化传播"，同样可以有"爆款"的机会。

（一）高兼容性为广播精准推送带来便利

新的媒体环境下，移动人群成为媒体受众变化的一大特征。现代大部分听众在收听音频内容的同时，通常都会伴随其他活动，而收听设备的便携性，促使广播呈现出比视听媒介更大的兼容性；当前广播听众的媒介接触时间和接触习惯渐趋碎片化，这意味着广播对听众时间资源和收听场景的多元开发是新的一个课题。

（二）时效性转化为即时更新的伴随性

今天人们多借助自媒体了解当下新闻事件，传统媒体的新闻时效性受到挑战。而过去，"时效性"又作为广播媒体的传播优势之一。今天，广播时效性优势更多体现在一些电视和网络不利于传播的场所或者是时间点上，或者是对广播内容差异化设计上。广播时效性的开发不仅在于单条新闻的传播速度，更在于精心打包一般听众无法在休息时间、工作时间获取的新闻或其他音频内容服务，或者无法通过个人力量整合、解读的新闻信息、娱乐等内容。

（三）伴随性功能拓展为本地化的生活指南

广播音乐、广播文艺类节目的伴随性功能毋庸置疑，而广播本地化特色的开发，也在于大量贴近民生、公益服务类节目的涌现，解决城市生活中的大事小情，作为基层政府和地方政府与社会个体进行沟通的桥梁，这在发达国家和发展中国家同样适用，[②] 这一点成为广播区别于其他网络声音媒体最大的不同之处。这意味着今天的广播可以作为一种地方生活的"秘书"，提供最为实用的生活指南。这是广播"伴随性"功能的一个延伸。

四、声音激发内在情绪的"共在感"[③]

现代社会，空间和距离的改变，使人们越来越需要依赖外来的参照物确认自身的存在。打开收音机，也许没有刻意收听广播，对于个体而言，广播此刻提供的可能不是一种媒介内容，而是一种生活"节奏"，这种"节奏"的存在使独立的个人，通过

---

① Starkey, 高文竹, 孟伟. 在转型中发展的欧洲广播：媒体多平台发展趋势下广播的弹性生存思考［J］. 中国广播, 2013（8）.

② 孟伟, 史德凯, 于颖, 李运. 中英消费维权类广播节目模式对比研究——以中央人民广播电台《天天3·15》和英国广播公司4台You and Yours为例［J］. 中国广播, 2017,（04）.

③ 原文为（co—presence），也可翻译为"共同在场".

媒介的参照更真实地体会到时间的流动，无法计数的本地未知听众们一起在分享这种时间的流动。收听本身意味着参与了一种社会公共活动，社会确认感得到实现。

为什么拥有了高清音质的音乐源，而仍愿意收听广播而非独自欣赏音乐？欧洲广播研究的先驱斯坎内尔（Scannell）试图将海德格尔（Heidegger）的思想运用于当代广播媒介及其对日常生活影响的研究上。这项研究侧重在，同一时间段内不在场的听众共同收听体验研究，以及他人与自己关联的这项媒介活动的感受研究。研究成果显示：广播的"共在感"很大程度上与广播激发听众情感回忆的能力有关。在道格拉斯（Douglas）看来，广播既具有公共性又具有私人性。在对广播引发怀旧情感体验的讨论中谈到，广播具有刺激过去记忆的能力，它能把强烈的内在个人情绪和对已经平复的往日记忆激发出来，而这种激发建立在分享的基础上。我们"成为自我的旁观者"但同时又"进入自身更深层的思想内"。①

广播"共在感"的形成与广播直播方式有密切关联。在直播节目中，听众借助广播媒体清楚感知到基于"共在感"的社会参与。例如交通广播中主持人设置当天的本地生活话题，分享此刻心情和路况信息等，呈现的是日常生活中的共同参与感；对于帮扶类广播节目而言，全城寻找一个走失的老人，可能让无数庸常的个体，在近乎麻木的日常中，情绪激动地参与一个社会搜寻工作，共同分享难题解决的群体快乐，从而与其他听众一起体会到了"生存在世界上（原文 being – in – world，借用了海德格尔的表达方式）"的集体"共在感"。② 共同经验的真实的感觉是完全不同于作为旁观者观看一场惊险的好莱坞大片。这一点比较其他媒介形态，广播具有独具优势。

数字技术提供的延时点击收听，一定程度上可能会损害这种集体收听广播直播节目的形式，即想象中的一个群体共在的愉悦。网络社交媒体可能带给年轻听众建立在分享基础上的新型"共在"关系，这是否看作是此类电台功能的一种网络迁移？这将是广播媒体需要严肃考虑的问题。

五、广播谈话营造的人际交流亲密感

广播的很多谈话内容是与人们的日常生活密切相关的，即便是国家大事，也更接近人们日常谈话的氛围和交往方式。同时广播内容比其他媒介内容更容易成为普通大众的话题选择而进入日常社交语境。

广播听众在接收广播节目时，往往体会到"点对点"的传播气氛，例如，音乐节目主持人往往使用第一或者第二人称，虽然听众庞大，却可以营造一个非正式的、私密的空间，在感觉上造成好像是在为某一个人单独播讲。

过去广播节目的"时段"概念，可以帮助听众建立起广播节目时间与日常生活时

---

① Douglas, S. *Listening In: Radio and the American Imagination, from Amos 'n' Andy and Edward R. Murrow to Wolfman Jack and Howard Stern* [M], New york: Random House, 1999: 22.

② Hugh Chignell, *Key Concepts in Radio Studies* [M], London: SAGE Publications, 2009: 75.

间的一种对照,这种以时间为基础的经验也具有属于"某一类群体"所带来的亲密性的特点。随着时间的推移,这种和老朋友定期见面一样的熟悉度不断增加,个体与广播亲密感不断提升。①

近年来,点播和网络直播提醒等功能的增加,拓展了个体与节目之间的亲密度,与传统的广播节目的"约会"方式有所不同。

六、声音节目个性化创新潜质

大众媒体的个性化呈现是未来媒体竞争的焦点之一。提供个性化的节目内容,远远不是广播的终点。新的媒体技术为声音传播提供了多样化的传输和接收平台,又加之广播比较其他视频技术制作门槛要低得多,节目调整转向比较灵活,可以实现更多个性化的节目创新探索。

维基百科是细分系统很极端的个案:每个词汇都可以看作是一个细分媒体频道。用户通过搜寻想了解的任何词汇,在这一个词汇的相关页面中,会显现出所有由公众汇聚的信息。每一用户还可以根据自己的经验进行添加和改写内容。

新的媒体环境下,电台在节目内容上也积极进行个性化改革。例如英国BBC推出的"交互式多情景广播剧":2001年9月19日和20日BBC的3个广播电台播出名为《财富轮盘》(The Wheel Of Fortune)的交互式广播剧,它是基于数字广播基础的一种新兴广播形态。广播3台、4台播出了《财富轮盘》的两种版本,BBC网站上播出了第3种版本。听众可于广播剧剧情发展过程的若干关键点在3个版本之间进行切换,实现多平台的情节交互,自由地创作出自己的故事情节。这是基于用户参与媒体内容创造设置的一种个性化选择。通过增加媒体内容的个性化特征,吸引更多年轻的听众;也为传统广播的听众提供更多体验新的内容传播的方式,在这个意义上,BBC的老听众是通过广播节目内容实实在在体验到了互联网之于内容方面的革新成果。

2009年豆瓣网推出豆瓣电台,豆瓣电台没有传统意义上的主持人,因此积极参与的用户就成为"主持人",用户参与程度越高就越能找到个性化的音乐,依赖于豆瓣社区中的用户间的分享、交流、自己创建兆赫等方式,促使豆瓣朝着"用户自生媒体"的方向发展。

广播媒体的线上节目很难完全实现上述改革,但是电台的网络平台,此类个性化的网生节目新形态,可以进行更多的创新尝试,反哺线上节目,引流更多听众。北京电台体育广播的《梁书之土话新说》就是一个例子。

七、声音激发理性的思考

话语要比图像更有理性意义。广播与文字或者其他视觉媒介不同的是,它完全不依赖于任何有形符号的启发和刺激——文字、数字或者是图像等等,这使得听众可以

---

① Hendy D. Radio in the global age [M]. London: Polity Press, 200: 184.

不受限制和约束地在头脑中构筑起相应的图像，进行没有图像干扰的理智思考。在这一点上广播是一种刺激智力思考的媒介①。

彼得·卢恩菲尔德称数字媒体中弥漫着一种"未竟的文化"（Culture of unfinish），从这样的角度看网络文本，几乎总像是"过程进行中的工作"（Works in progress）。②网站、博客、微博、论坛都被允许不断重建和修正，我们无法在文本中寻找固定唯一的意义。信息过剩的现代社会，我们对世界的看法不得不进行多样化的表述，但多样化也导致了主体的失控。信息社会大大扩展了虚拟空间，电子媒介在物理环境中无处不在。通过信息消费而获取的关于外部世界的知识取代了个体体验的叙述，信息创造了事件丰盛而个体体验匮乏的世界，因为信息不"创造"体验，它只是记录事件。③

广播很少给听众超越现实的感觉，更擅长关注人们的日常生活。一些欧洲学者认为，严肃的理性思索是与情绪和情感渲染无关的，文化教育程度越高的人群，越不容易受情感型的非严肃媒介和媒介产品的影响，不易为大众媒体所牵制，失去主体的判断。

今天的各类媒介为了追求商业利益，不断满足甚至发掘人的潜意识需要④，这就不能不使我们警惕媒介的理性传播的必要性。

对于广播媒体而言，资本运营是企业博弈的必然，舆情监督和喉舌功能的发挥是政府和社会机构的诉求，媒介特性的重新审视和拷问，将是任何一种没有忽视广播之于社会作用的社会力量思考的出发点和根本。

今天来自网络的新经验此起彼伏，创造了很多故事和奇迹。互联网音频内容或者音频爆款内容，某种程度上是对传统广播内容的一种补充或者颠覆，但并不代表完全意义上可以成为广播创优、创新的标杆。因为这其中营销占领焦点很多，而非长远的目标所及。国内互联网用户习惯的养成每个月每年都很不同。在持续的进步中，内容与用户的匹配度成为一个隐患，埋藏在集体过度开发音频商业模式变现的危机中。此外，针对互动方式而言，"热线电话"和"社交媒体留言"本无先进和落后之分。前提在于节目的目标听众更习惯于哪一种交流方式，或者哪一种互动方式更适合节目的效果。

互联网音频平台和网生的音频内容，受到国内对于网络媒体管制的限制，可能更多发展的是"信息的音频表达"，偏向于知识、资讯和娱乐内容等以声音的方式呈现，实际上是避开了广播电台的主流功能进行差异化策略发展。因此，对于互联网音频内

---

① Andrew Crisell（ed）. *More than a music box: radio cultures and communities in a multi-media world* [M]. New York: Oxford: Berghahn, 2004: 10.

② Peter Lunenfeld. *The Digital Dialectic: New Essays on New Media.* Cambridge, MA [M]. The MIT Press, 1999: 298.

③ 胡泳. 新媒体中的公共领域是否存在 [A]. 彭兰主编, 中国新媒体传播学研究前沿 [C], 北京: 中国人民大学. 2010: 150.

④ Andrew Crisell（ed）. *More than a music box: radio cultures and communities in a multi-media world* [M]. New York: Oxford: Berghahn, 2004: 8.

容而言，渠道和平台是命脉，除此之外的优势都尚在成长中；对于传统广播而言，需要长期培育、基于声音传播属性的内容开发，这是根本和核心优势。因此互联网产品理念与广播内容创新理念是有区别的，要考虑到二者出发点的不同，借鉴应用需要进行筛选。

第二节 广播内容开发策略转向[①]

一、广播内容深度优质化的趋势

2013年8月13日美国科技博客BusinessInsider主编亨利·布拉基特（Henry Blodget）发表题为《传媒业（新闻业）进入黄金时代》（Journalism Has Entered A Golden Age）的评论文章称，虽然报业面临窘境，移动设备和社交网络等技术的发展，新闻业已经进入到空前繁荣的"黄金时代"。[②] Facebook、Twitter、博客、彭博社、谷歌、维基解密、各类数字新闻和信息网站、YouTube，以及摄像头、全球20亿人的个人即时发布工具等，新闻和消息来源获得爆发式的增长，这意味着新闻业过去的内容创优和创新标准面临着根本性的变化，特别是大众媒体传统的内容创制规则、程序和评估指数等。

对于新闻业而言，未加工和未被确认的新闻、模糊的消息来源、漫天乱飞的谣言消解、冲淡大众传媒的专业话语，也是对新兴媒体信任度的知名伤害。这就对同时具有渠道优势的高品质新闻信息提出了更高的要求。Twitter联合创始人埃文·威廉姆斯（Ev Williams）率先掀起了对高品质互联网新闻新一轮的革命，创立重塑数字内容发布的平台Medium。他致力于改变数字发布领域重数量、不重质量的现状，努力提高数字内容的质量。[③]

对于广播媒体而言，以BBC为例，秉承"专业就是用某种生活方式、伦理规范、自我意识的身份和对局外人的障碍，将其自身'水平地'组织起来的职业"[④]。专业独特的共享规范，即行业价值观和行业实践常规的意义在今天媒介竞争激烈的环境下越发显得难能可贵。

专业属性是一个基本的保障，在信息过剩的今天，新闻从业者同样需要具备、融合，甚至超越网络媒体优势特性的能力。以极其专注的精神、极其精致的方式、极其便捷的方式，把凝聚媒体精神和个性品格的内容，推送给用户。新内容生产理念建立

[①] 部分内容参见孟伟. 广播媒体的传播力——新媒体语境下内容革新的路径[J]. 中国广播，2014，(03).
[②] 新闻业进入"黄金时代"：信息传递空前顺畅[EB/OL]. http://tech.sina.com.cn/i/2013-08-15/11068641076.shtml, 2013.08.15.
[③] Twitter创始人创建Medium媒体可持续盈利不是梦[EB/OL]. http://tech.qq.com/a/20130307/000157.htm, 2013.08.15.
[④] Randall Collins. *Changing Conceptions in the Sociology of the Professions*. In R. Torstendahl and M. Burrage, eds., *The Formation of Professions: Knowledge, State and Strategy* [M]. London: Sage. 1990.

在对于目标人群进行极致化的追踪分析，对广播竞品和仿品的时时数据分析，对互联网音频内容传播趋势的时时监测，对互联网朋友圈、公众号、论坛最新热点的数据关注等基础之上。

对于广播听众而言，用户信息消费呈碎片化趋势，点播成为一类强需求，媒体使用场景化，付费内容使用习惯建立，UGC力量显现，知识网红有别于媒体专业内容生产，促使社会个体参与内容互动和生产，提升内容与个体需求契合的质量标准：每一个领域都存有深度的内容，而提供自己所在领域深度内容的知识网红，有别于媒体专业内容的生产，这促使节目中一些BBC记者主持人更多愿意扮演的是引导者和采访者的身份，避免做专业的评论。

以BBC1的"Newsbeat"，和BBC4的"World at One"为例。BBC1的目标听众是15~29岁的年轻人，节目往往突出音乐和音响的变现效果，在采访对象上，以街头采访为主，这样的节目看起来炫目而亲民。BBC4的"world at one是欧洲人理想的高品质新闻。所谓高品质新闻呈现的是信息本身，而不是欣赏广播在技术上可以带听众哪些"奇观"，音响的辅助降到最低点，避免对内容呈现的影响。在这个意义上，该节目势，强化新的传播语境下广播媒体的权威地位。

不追求声音是否来自专业的播音员，但必须是来自某一领域的专业人士，因为这些专业人士是在表达他们独特的思考和思想。

综上，广播当前在新的媒体语境下，对于节目内容而言，迫切需要展开深度优质化的创新。不再只是注重哪一种节目类型的创新，而是应强调整体频率品牌特色的打造。因此在日常报道上，就不能被网络媒体的热点牵着走，或者被动地把网络热点夹生地掺杂进来，要建立广播主流媒体精挑细选的新原则，引导新媒体舆论的深度和趋势。

二、从数量增长到质量引导的转变

为什么评价传统大众媒体一定要看量上的一个增长？数量、覆盖、广告份额等这些从"数量"角度对于传统媒体的判断由来已久。目前这些基于"数量增长"的衡量标准应该要转变，至少衡量标准要比现在多元，更适合当前新的媒体传播语境和用户使用媒体的习惯。衡量的具体指标，需要扩展到基于"质量"的衡量标准。

媒体目前的评价标准还是数量增长为主，数量为导引与质量作为导引的评价指标是有本质区别的。互联网的增量发展是其优势，互联网带动下的用户媒体使用习惯已经颠覆了当前传统媒体的习惯评价方式，过去是电视台、电台、报纸等传统大众传媒一家独大，现在不是这种情况了，新兴媒体和UGC内容的普及已经有了发言权和主动权；广告主选择媒体发布方式更为灵活；对于互联网UGC部分发展现状而言，如果仍然用互联网的点赞和阅读数来判定，基本是必死无疑。互联网对于媒体指标的衡量已经被"用户选择"的"适者生存"现状锤炼得转向"质量"衡量标准。

由此，传统媒体在融合发展中是不能停留在刷粉和抢用户的层面。从互联网的角度看，如果一个自媒体有一万人在看，实际真实的一万人在固定看，已经很了不起了，如果用户被留住了，其实是成功了。刷粉也好，营销公司的数据作假也好，是为了更好看。过去一个报社，10万用户，是一个不错的大众媒体。传统媒体存在着用传统思维检测自己的新媒体开发的现象，其实很多自媒体也在用过去传统媒体的标准在判断新媒体产品，因为没有其他更好的参照系。

有些公众号，很小众，其选题和语言方式摆明了是给一部分特定的人群看，它本可以改变调性适应更多的人，获取一个更大范围的访问量，但是它不去这么做，因为清楚核心用户是那些，如果单纯追求量，这部分核心用户慢慢会失去，而走量的好奇的人也会在路过之后彻底抛弃。

对于广播媒体而言，从媒体特性和优势上来看，在某些收听的场合具有先天的劣势，但是在特定场景下又独具优势，广播媒体要把这部分应用开发出来，找到特定频率的核心听众，着力开发出浓烈的极致内容，培养基于媒体内容优势听众的忠诚度。

三、场景化主导下的广播用户体验

对于高质量媒体内容本身的理解，一般是从表层到里层的一个认知过程，而目前随着媒体竞争的加剧，一些微小的收听习惯上的不适应，听众就会转台，移动手机用户就会卸载一个APP，因此认知要从内里到表层，表层有时候还起到决定性作用，因为一些用户一接触内容，从感觉上觉得不好，就不会再给听下去的机会了。新媒体传播不是按照信息匮乏时期的重要程度来进行度量的，媒体间的竞争越加体现在微妙优势上。例如对于技术的一种强调，不是技术决定论，而是过去技术不受到重视，而今技术不仅仅是基础性的要求，更是一种决定性的要求。现在，对于广播一线主持人、编辑记者考虑更多的不是怎么留住听众，或者使其受到怎样内在影响，而是如何在3秒钟之内不会被听众淘汰，失去影响听众的机会。因此一些微小的细节也需要格外注意。

"场景化"对于高质量内容而言是一剂拯救的良药。场景化必然催生听众立体化需求，在这个过程中基于一种媒体基础上的全媒体传播就成了一种自然而言的加分项目。

"场景化"在信息传播的层面有三个理解上的核心点：其一媒体边界消失，无处不媒体；其二信息内容是紧紧围绕个体的需求生产的；第三信息内容与个体需求之间没有间隙，以人工智能为技术基础，并具有信息使用和消费的唯一匹配性。

回到广播媒体。媒体内容要满足用户的"刚需"，过去的理解是"平面化"的，也就是说满足用户的需求，现在的理解要更加"立体化"。也就是说用户的需求是在特定的场景中的需求，或者说在某一个场景下与广播节目收听密切连接在一起了，在这个时间段、这个情景下接触广播媒介被培养成一种天然的需求，而且内容一定是为用户"定制"的。广播深耕的是特定长场景下广播独具媒介属性的最佳发挥。

四、无处不媒介的内容解构力量

今天企业都在走媒体化趋势，没有媒体能力的企业很难生存。媒体的企业化路径目前还停留在试探阶段，没有实质性的动作，或者停留在局部。这是一个互相学习、互相渗透的时代。无处不媒介不是说大众媒体就消失了，而是大众媒体的领地不像今天，传统媒体的消费和使用方式也与目前不同，媒体属性最本源的部分会成为"刚需"。

企业媒体化源于媒体的去中心化。什么是"去中心化"？以"小程序"为例，小程序在微信里是没有入口的，公众号也是没有入口的，去中心化的结构。在微信里不可能有一个分类、排序、推荐存在，当没有入口，企业会想办法把二维码贴到他能贴到的地方去。不用订阅的方式，避免垄断，增加活力。比如市场，每天出新东西，摊贩的流动性比较大，积极性也比较大，具有足够的创新精神。同理，为什么淘宝好玩，价格便宜什么东西都可以淘到是表层的理解，新陈代谢的流动性强是根本。就凭借这一点就可以击败原来百货大楼和大商场，我们要看到这种需求正在萎缩，而且萎缩的特别厉害。因此微信放弃了"机器推介和订阅"，而是尊重互联网的核心，这是未来一定要走的路，是站在未来赚未来的钱。

社交化的推介是被允许的。但是大数据的推介系统只会强化某一个人的信息，强化历史痕迹和朋友圈活动。小程序的目的不是为了圈粉，而是成为微信强大的拉入更多应用的一种助力，因此它的需要求就是直接、快速和不留痕迹。小程序的特点是不能分享到朋友圈，但是可以一对一的微信对话中，或者是多对多的群里对话中，在对话中进行协作，在整个意义上是微信步入人工智能的关键一个步骤；人工智能并不是外面作为身外之物去用具有智慧的机器这样表层的理解，而是内化到我们的行为中来。内化到我们的社会关系中来。是从本质上进行突破的，然后才是形式上的机器智慧。

今天二维码的流行程度，可以不带钱包了。微信希望万物互联，在为AR热身，可能二维码在厕所，在车站，在电梯，在包装纸上，都可以进行扫码，实现低成本推广。以前电梯广告要给广告费，现在电梯里一个涂鸦，十几个小时就消失了，但是完成了推广的使命，在这个意义上解构了媒体与广告主之间的那根连接线。实际上是对以往媒体商业模式真正的分散化、碎片化和0成本。支付宝近期出了个AR实景红包，进入藏红包后，支付宝会自动定位，然后对准一个物体，软件将自动识别该物体，识别到后点击"藏在这里"即可以设置红包个数之类的，设置好后点击"藏红包"。

媒介形态与媒介的本质是两个概念。万物皆媒介。我们很多人了解媒介形态，但并不了解或者并不重视媒介本身。不稀缺就谈不到媒介资源。对于媒介平台而言，对于今天所谓的"媒体资源"而言，从技术的角度是"无限供给"，因此传统的媒介理论面临重新定义。只要能搭载信息的都是媒介。从"即插即用"到现在"即用即走"。用户不用关心是否安装太多应用的问题。应用将无处不在，随时可用，但又无须安装卸载。

五、传统基因下互联网化改革的迷惘

CrossFit[①]是美国2000年开始的健身方式，不只是健身技术的创新，更是以社区为

---

① CrossFit 健身训练体系起源于美国，由Greg Glassman教练于2000年创立，发展至今已是一套十分成熟的健身体系.

基础，进行分组训练，用儿时的游戏作为对抗方式，进行体能训练，变身为"健身＋社区组织＋儿时游戏社群参与＋分组对抗"。从几千万美金发展为十几个亿的产业收入。有初赛、复赛再到全国比赛。发展为从个体到全国层面的体育狂欢行为。

再比如最近兴起的社区公路自行车实验室，选手在骑行的时候看的数字画面，但是回放的时候要有 VR 带入，有 3D 效果，有炫酷的音乐，要有英雄气概，同时转发朋友圈，这就是"自己演给朋友看，是边演边看"的模式。既是表演者也是观赏者，在这个意义上融合在一起了。媒体融合的基础还是媒体核心的、基本要素的融合。起源的根本不是简单的技术主导或者是资本主导、政策主导，但是在发展过程中可以出现不同因素的主导。

CrossFit 成功走出了健身的新路，借助的是社区化特色。那么 NBA 可否转型发展球迷俱乐部？这个答案很困难。有些类似目前大众媒体的媒体融合探索。

技术是先导。有了技术的推动然后才有了产品、有了管理体制，有了社会结构层面的变化，然后又回到人的变革。所以说技术是推动力是正确的，技术是起源不正确，只是技术反应速度快，容易去实现操作，最终在社会上成为一种推动力量，甚至是助燃剂。

综上，未来广播内容的创优创新体现在三个阵地：

首先，FM 的音频流阵地。音频流强调广播节目的实时播出，内容核心特征为新闻性、故事性、戏剧性、互动性、即时性、语轮节奏快速、场景化突出……对于听众而言，可以根据需要随时参与节目的直播收听。

其次，音频内容点播阵地。对于音频流中的部分节目内容，尤其是经典和权威的节目内容，作为网络点播应用；也可以对节目进行二次分包，或者专门为点播平台制作不同于线上内容的节目。

最后，收听场景化阵地。广播的"场景化"传播理念代替的是今天"频率"的功能。前文也提及较多。对于听众而言，日常的生活场景有很多，如处于位置移动场景、高铁、地铁、汽车、自行等场景；处于电子游戏场景；处于休假场景；处于逛街场景……依据场景需求对广播内容进行重新分类整合分发，更适宜张扬广播媒介属性层面的优势，或许会成为未来广播频率整体改革的某种方向。

未来媒体的发展不可预估，唯有变化是不变的。

第三节　广播传受互动理念的转向[①]

目前媒介资源过剩，大众十分清楚自己需要什么，一般情况下也会找到对应的选择，在这种情况下，广播媒体强调互动，目的是为了使广播与用户之间的传播行为更为深刻，而并非互动体现传播者更大的一种引导力，互动的目标不是简单为了产生商

---

① 部分内容参见孟伟. 新媒体语境下广播传受互动理念的建构 [J]. 现代传播（中国传媒大学学报），2012，(07).

业效应，而是为了增强用户的使用体验，在此基础上才会有商业变现的机会。目前多数广播业界的"互动"基本上是对用户浅层需求的一种牵动，例如各种商城特卖和定制商品交易等。

一、广播传受活动的新路径

纵观广播节目传受互动的历史，从珠江模式到播客广播，再到 Web3.0，听众从被动的参与附和，变为主动的展示自我并提出个性化要求。广播用户的个性化需求养成更多来自于互联网各类内容服务的锤炼。喜马拉雅被看作是声音内容的"淘宝"，再加上智能手机等便捷互动终端的技术支持，听众的点播收听变得更为方便和快捷，定制化音频节目逐渐进入大众视域。

（一）广播传受互动的特有优势

美国学者 H·拉斯韦尔在其《传播在社会中的结构与功能》的文论中首次提出了传播过程的五种基本要素：Who（谁）、Say what（说了什么）、In which channel（通过什么渠道）、To whom（向谁说）、With what effect（有什么效果），广播电视等传统媒体长期以来因袭这一传播过程。技术的革新带来了大众信息接受习惯的改变，目前越来越多的信众更倾向于定制化、个性化的信息，所以只对传统意义上的信道进行变革，已经不能满足大众对于信息的需求。

电台节目与听众的互动方式一般包括两种：一种是以听众参与为主的互动节目，包括各电台的情感热线节目、点歌节目、公益互助类节目和部分谈话节目等；另一种是以听众参与为辅的互动节目，这类节目一般情况下存在于谈话节目中，听众互动参与居于次要和点缀的地位。[1]

就听众而言，微博和微信为广播传播者和听众提供了新的互动交流平台，电台传播者通过下载掌上客户端，就可在新闻现场将现场图片、视频和声音即时通过手机发布出去，即使不在广播收听区域的人，通过微博或者微信公众号等也可听到或者看到电台记者所在的新闻现场发生的一切。特别是通过微信公众号，可以实现传受之间文字、声音、图片和视频的交互，这是交互方式丰富多元层面的一个进步。

互联网提供的多种选择的路径不断锻造新一代用户。例如 2016 年网络直播平台的火爆发展，进一步拓展社会个体之间的信息和交流方式，突破人际传播、群体传播和大众传播的界限。在这样的发展语境下，广播的互动方式不仅仅是开拓新的通路这样简单，而是如何呈现广播在互动层面特有的优势。

（二）广播传受互动的联动路径

新兴媒体之所以不同于广播电视等传统媒体形态，在于其信息传递的过程发生了改变。传统媒体的传播过程主要是信源（信息源头）、信道（信息通路）、信众（信息受众）三个信息传递环节的一种规律作用链，即通过信源找到信息，通过信道释放信

---

[1] 张超．改造广播互动的三个维度［J］．视听界，2010，(06)．

息，再由信众接受信息。新兴媒体则改变了这种作用链条，或者改变了这个链条中各种角色的定位，例如通过打造平台，省去了信息传播过程中的信道环节，让信源直接面对信众。

那么广播针对传播路径，新兴媒体传播带给广播哪些启示？突出一点体现在广播、电视、网络以及人际传播平台形成联动。北京电视台曾在2012年邀请北京电台《京城帮帮团》节目主持人和该节目的热心听众，一起参加北京电视台演播室访谈节目《身边》节目录制。广播节目的影响力借助电视的影响力被放大，这是传统意义上的媒体联动；电视节目播出后，该档广播节目特色和理念在公园锻炼的老人中继续扩大传播，进入人际传播的界面。在现实生活中，这些参与电视节目的广播嘉宾在实际生活中也坚持实践这种互帮互助的品质，嘉宾在广播节目的网络平台上也会延展传播自己的故事。

广播与听众之间的交互行为不仅仅发生在节目播出过程中，而是在更持久范围内产生多渠道的联动效应，在这个过程中，不只是商业要素的推动，更是因为节目本身满足了听众最核心的生活需要、最核心的媒体需求，以开放的方式，拓展和开发各类信道的联动，最终目的是强化媒体与听众之间稳固的关联性。

二、广播传受互动模式的优化

新兴媒体技术的发展，为大众媒体的互动传播提供了积极的反馈机制，优化了互动模式。

（一）新兴媒体影响下的互动传播理念

互动被定义为"对一种媒体的潜在能力的度量，这种潜在能力能够使用户对媒介沟通的内容和（或）形式施加影响"。[①]一般意义上，我们认为互动是两者或者两者以上信息交流和信息共享的方式，它具体指的是传受双方之间的相互作用或者传者信息与受者之间的相互作用，新兴媒体延展了受者之间的互动方式和互动效果。当代传受互动的推进最终体现在共享文化的兴盛。

大众的参与、共享文化不再是支流、隐性存在或者短暂的现象，逐渐成长为文化、媒体和社会领域中的一个核心事业或者产业。2016年火爆的共享单车成为热门话题，共享单车是一场文化与信仰的输出，需要解决社交化问题。以往的社会流行主要被商业利益所驱动和主导，当前的"流行"也可以为大众所制造，每日生活中本地化或者是地域性的媒体素材，过去属于非主流的媒体内容，也逐渐成长为大众关注的焦点。尽管这些内容是琐碎易变的，但无可否认已经成为媒体产业的核心之一。

广播媒体的伴随性特征，无疑在呈现地域性、日常性、碎片化的媒体内容上，具有先天的优势。法国思想家让·鲍德里亚揭示了消费社会的特征，即消费不仅仅是对

---

① ［意］玛格赫丽塔·帕加尼著. 多媒体与互动数字电视——把握数字融合所创造的机会［M］. 罗晓军等译. 北京：人民邮电出版社，2006：109.

物或商品的物理层面的消耗、使用或占有，而且是"夸示性"的体验过程①。共享和参与扩大延展了受众的体验性过程，而体验性本身也成为大众基于媒体平台的互动主流内容。

（二）广播传受互动的三种模式

新兴媒体技术影响之下，大众身份不再单一作为受传者。视频分享网站，如优酷网、土豆网、YouTube等，为混合消费者和生产者身份提供了庞大的国际化展示舞台。但这也给传统大众媒体工作者带来新的挑战。广播传受互动内涵和外延变得更为宽泛。具体来说有以下三种分类模式：

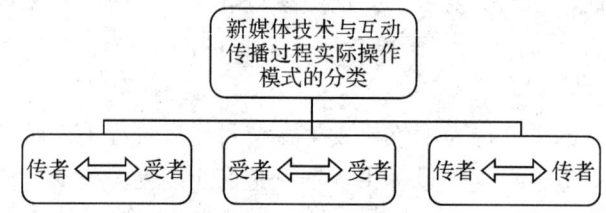

图1-1 新媒体技术与互动传播过程实际操作的三种模式②

传受之间的互动，是基于信息基础上进行的交流互动，也是互动的基本方式；受者之间的互动在互联网平台上得到延展，在微信群功能的推动下，群内的互动方式虽然简单，但是受者之间以群聊方式可以实现活动组织以及群体意见的汇聚；传者之间的互动实际上为内容生产的联动、联盟带来了无限可能，也促进了传者与受者之间身份的转换。

（三）广播传受互动的优化途径

作为电台的传播者，互动传播过程的途径优化，应该注意以下几点：

1. 做好节目内容的预告和宣传。包括节目播出前的提前预告和吹风，有些节目甚至提前半年进行策划和分阶段释放信息；节目播出中，播出后，第一时间发布相关的节目进展信息，广播用户同步了解节目状况。

2. 广播线下活动促进粉丝社群的建构。此类线下活动更侧重于创造传播者与粉丝之间面对面交流的机会，更为重要的是，也为粉丝之间的交流和互动创造面对面的机会。目标是建立基于节目的社群氛围塑造。社群内的互动方式则更为频繁和自觉。

3. 节目内容独特性开发是互动的基础。热点内容无疑会抓住大众的眼球，但是热点往往也成为众多媒体追逐的对象，避免人云亦云成为广播传播者需要深入调研和发挥创造力的关键。广播节目内容在于契合广播媒体的特点和优势，在其他媒体到达不了的时间、地点和生活工作状态下，把独有视角和与听众需求高度契合的内容传递出去。在这个意义上，传受互动会产生刚需。

---

① 美国网络游戏实现虚拟消费与实物消费互动［EB/OL］. http：//game.people.com.cn/GB/48604/213916/14418488.html，2013.08.15.

② 马兰. 论新媒体技术与受众互动传播模式的发展［D］. 郑州大学，2011.

三、广播传受互动理念的实践路径

广播传受互动的目标在于强化媒体传播的效果，传统广播互动方式仍然发生作用，但用户的注意力分流明显，广播互动在以下三个层面展开效果更为明显：

（一）不是作为补充角色的网络通道

目前，广播电台多有自己的网站，但往往所发布的内容只是对原有报道内容的简单复制粘贴。电台对于用户而言往往要表露的信息是"我在做什么"而非针对用户的"从我这里可以得到什么"。①这种身份的转变对于传统媒体而言不仅仅是一个姿态的问题，也是一个服务理念和自身定位革新的问题。

目前互联网层面可以提供给主播、记者与听众互动的机会十分多，既有微信群、论坛这样的大众方式，也有阿基米德、蜻蜓等专业平台模式，更有频率或者是节目自己开发的 APP 等。网络互动的本质不是把电台的内容制作者围绕网络传播和互动弄得晕头转向、疲于奔命，甚至没有多余的精力顾及节目质量和创新的层面。

（二）创建广播社交化的圈子

迈克·费瑟斯通指出消费文化中人们对商品的满足程度取决于他们获取商品的社会性结构途径，取决于人们建立社会联系或区别、实现身份定位的要求。②圈子的特点在于社会性。"一切新旧媒体都具有与生俱来的社会性"。即使古代的象形文字至少也需要两个人才能起作用：一人写，一人读，一切交流都需要多人参与。③

互联网经历了早期的传统信息网络化，到网络资源个人化的发展之后，已走上社会关系网络化的道路。马克思曾说："人的本质并不是单个人所固有的抽象物。在其现实性上，它是一切社会关系的总和"。认识了人与人的关系，认知了人在社会普遍联系结构中的位置，也就认识了人的本质形态。④

互联网首要宗旨既不是提供信息，也不是提供娱乐，而是使人能建立关系。⑤

随着我国城镇化进程的推进，人口流动的加剧，传统的邻里交往关系也发生了变化，基于固定的地理区域范围内的社会成员的交往需要一个新的平台进行整合。广播媒体的线下社交圈要抓住这一趋势。依赖广播内容建立的社交圈，核心思想是发生聚合效应。人群、社会、商业都有无数种排列组合的方式，如果没有信息手段聚合在一起，就很容易损耗掉。人群的聚合，会产生一个可信任的"网络"，在这一网络中，基于圈子内的"信任"，可以更容易达到最优的传播效果。

近年互联网成长的速度令人吃惊。如果人与人之间的交流和互动成为媒体成长的

---

① 童郷. 报媒办网四问 [J]. 新闻实践, 2010, (02).
② [荷] 约翰·赫伊津哈. 游戏的人 [M]. 杭州：中国美术学院出版社, 1996：13.
③ [美] 保罗·莱文森著. 新新媒介 [M]. 何道宽译, 上海：复旦大学出版社, 2014：111.
④ Ellison N B, Steinfeld C, Lampe C. *The benefits of Facebook "friends:" Social capital and college students' use of online social network sites* [J]. Journal of Computer - Mediated Communication, 2007, 12 (4).
⑤ [美] 保罗·莱文森著. 新新媒介 [M]. 何道宽译, 上海：复旦大学出版社, 2014：111.

一个关键因素,那么人与人之间可能建立多广大的联系范围就成为媒体必须考虑的内容。人际网络和通过超文本链接的互联网架构几乎完全一样,经济活动中的商业联系网络、生态系统中的食物链,甚至人类脑神经元以及细胞内的分子交互作用网络,有着完全相同的组织结构。

广播听众最关心的是通过使用该服务与他人产生互动交流,即时传递自己创造的文化,在信息传播、交友、玩耍和自我表达的世界中追求自知与认同。广播促进交流的核心不在于表层,优势在于深度沟通;广播促进交流也不在于短期的效果,而在于长期潜移默化的效果,这也是由广播声音传播的特性所决定的。①

(三)广播交互中归属感的确立

就社会资本理论而言,个体参与互动是为了创造资本,人们期望籍借广播媒体上的交往能够实际地在现实生活中得到"回报",切实地帮助实现自己的现实需要,那么仅仅停留在广播节目内的交流显然无法满足这样的需求。

一些成功的广播节目不惜花费大量的时间和精力组织听众参与各类社会活动,把有限的节目空间和节目信息在生活中放大、延伸,实现了节目与听众生活的对接。节目组为听众提供了交友和接触社会的平台,客观上也使节目更多参与到听众的生活中,在听众的生活中、心中生了根。

广播传播需要建立的是以现实社会关系为基础,模拟或重建现实社会的人际关系网络。人们总是寻求成为人际互动进程中的一部分,当人们感受到被带入时,将体验到积极的情感,而当感受到被隔离时,则体验到消极情感。广播中,个人的归属感会大大增强,"被带入"某个互动游戏与对话情景,个人将有积极的情感体验。

(四)听众参与内容生产体系

广播内容制作鼓励那些主动型的听众提供信息来源,或者是直接参与到节目当中来,作为业余编辑,或者是节目嘉宾。随着喜马拉雅等互联网声音平台的发展,一些用户自身在某一专业领域具有特长,通过声音平台的推荐,可以成为网络付费内容资源。对于此类用户潜力的开发,广播在特定的节目类型中也可以进行培养。

四、广播潜在用户的媒体使用趋势

(一)从"我播你听"到直播的"边播边听、边看"

直播为什么在2016年引爆?不是00后的时间闲得无聊无处安放,或者因为年轻不知道怎么分配自己的娱乐时间。现代社会每个人都可以轻而易举让自己变得很忙。直播的火爆,其根本原因是"这就是新一代年轻人的生活方式"!就像是70/80后借助看电视剧打发时间一样。成人以为围观看人打游戏无聊,但是这部分年轻人觉得看游戏直播比看电视剧酷多了,因为结果怎么样无法预料,只有投入观看才会参与结果的呈现。因此传统大众媒体的编辑和记者没有以前那么唯一刚需了。00后这代用户要"边

---

① 孟伟. 广播听觉传播本质解读 [J]. 现代传播, 2004, (03).

播边听""边演边看",而不是传统媒体时期的"我播你听""我演你看"。这就引申出目前网络传播比较流行的"观赏+转发"现象。在体育活动中也有类似情况,NBA是只能观看不能参与其中,这意味着踢球与看球的人分开了。传统媒体在与用户下一步的互动中,其融合发展趋势要走到哪一步?下一代广播或者音频媒体,首要解决的是媒体机构与用户之间应建立何种关系。

(二)媒体的"天花板"在用户这里

媒体是饱和还是空置?是个假命题。因为用户的时间是有限的,24小时是用户时间的天花板。时间资源的管理是核心。用户时间和广告空置时间要两面看。不能用数据和表象迷惑自己。参与并纳入到用户时间管理中,是要把媒体的内容和推送变成智能思维的一部分,让用户身不由己地在媒体规划的时间轴上运动,在具体的媒体产品使用上沉浸其中。

媒体在多大程度上为用户提供了独一无二的信息服务方式和使用上的便利,就在多大程度上黏合用户。广播的未来发展关键在于发挥广播声音传播不可替代的传播价值,掌握数字化时代"互动传播"理念的精髓,张扬声音媒介独具优势。

第四节　广播声音传播的社会价值

考察我国和欧美广播发展的历史、理论研究成果,我们发现,在媒介承载社会理性精神方面,广播声音传播具一些特殊的优势。

新的媒体环境下,社会价值观呈现出颠覆和重组的过渡性特征,社会理性精神的确立和壮大显得格外重要。广播的非视觉传播特点有助于促进个体理性思考;广播注重心灵沟通的人文意识对于建构家庭、民族和国家的集体记忆,以及个体当下身份和生存感的确认都具有重要的作用。

一、广播是与阅读离得最近的一类媒体

互联网高速发展的过程中,我们越来越多的人生经验经由电脑屏幕或者手机上的符号来建构。那么,这一表象究竟会带来怎样的智力后果和文化后果?

印刷媒介时代,人们对于知识的汲取往往通过阅读,达到一种全神贯注的状态,这一状态可以促进深度思维和创造性思维的发展;互联网则鼓励我们通过略读的方式,从多种来源中广泛采集碎片化的信息,这一方式的伦理规范是工业主义的,在信息传播领域主张速度至上和效率至上,推崇的是信息产量最大化和信息消费最大化的伦理范式。

网络信息的交互、超链接、可检索等好处不胜枚举,这种好处也带来用户注意力往往停留在只言片语上,停留在视觉碎片上,他们更愿意从无数的碎片中去拼接对世界的理解,或者干脆放任这种拼接的存在而不去进行整合,完整理解全文和语境的动机在逐渐没落。知识的碎片化是典型的注意力分散型的知识接收模式,互联网在获取信息上的便捷是以主体被弱化为代价,甚至丧失持续专注的能力、沉思的能力和反省

的能力为代价。

而广播是与阅读离得最近的一种媒体。广播故事一度是听众最受欢迎的节目。① 阅读需要长时间地保持精力的高度集中，这是人类长期智力训练的结果。"但是大脑的天生状态是不专心的，这种先天倾向会把我们的目光和注意力从一个目标转移到另一个目标，总是想知道周围尽可能多的事情。"②最能吸引我们注意力的是周围环境发生变化的趋向。我们不得不看到，微博、微信等社会化媒体正推广着这些人类本能的需要，外部世界印证了本能的需要。某种意义上说，互联网没有扭曲人的意愿，而是在顺应我们的意愿，在这个过程中重写了我们的思维习惯。

我们的思考方式、认知方式和行为方式既不是完全由基因决定的，也不是完全由童年经历决定的，我们通过自己的生活方式和所使用的工具，改变上述三种方式。③ 传媒内容在形式上发生的这些变化会直接改变我们使用、体验甚至理解这些内容的方式。互联网鼓励的是粗略阅读、三心二意和肤浅的学习环境。"互联网发出的各种刺激性杂音，既造成了有意识思维的短路，也造成了潜意识思维的短路，因而既阻碍我们进行深入思考，也阻碍我们进行创造性思考。"④信息和知识呈现的方式越来越复杂而绚烂，这直接导致我们在接受信息的过程中精力被分散，精力分散进一步加剧了人脑的疲劳，从而削弱了我们的学习能力，降低了我们的理解程度。过量的思考原料对于大脑来说，并非具有积极意义。

冗杂的批量级别的外部知识以倾倒的方式，取代了主体的深度思考，带来的是思想深度的缺失。苏格拉底讲过一个故事：埃及神明特泰和国王赛穆斯之间有一段对话，赛穆斯认为，外部知识"提供的不是真正的智慧，而是智慧的伪装"。依靠此类方法获得知识的人"貌似知识渊博，其实很大程度上一无所知"。

语言不仅具有描述和传递信息的功能，它还具有理性思索的优势。眼睛看到的并不是事件的全部，我们依赖言语功能理解世界，理解的起点是抛开事件发生的表面现象，穿过现象的层面进行思考，在这个意义上，影像往往与言语思考能力之间发生激烈的冲突，因为影像常常很容易使我们的主要感知器官——眼睛获得满足，并发生情感波动，让我们觉得自己看到了真实。当我们进行深入思考的时候，我们常常会闭上眼睛，或者是看着一个地方不动，而这种状态与广播的收听状态更为接近⑤。

---

① Keith, Michael C, *Talking radio: an oral history of American radio in the television age* [M]: M. E. Sharpe, 2000: 25.
② [美] 尼古拉斯·卡尔. 浅薄——互联网如何毒化了我们的大脑 [M]. 刘纯毅，译. 北京：中信出版社，2010：68.
③ [美] 尼古拉斯·卡尔. 浅薄——互联网如何毒化了我们的大脑 [M]. 刘纯毅，译. 北京：中信出版社，2010：33.
④ [美] 尼古拉斯·卡尔. 浅薄——互联网如何毒化了我们的大脑 [M]. 刘纯毅，译. 北京：中信出版社，2010：126–129，140.
⑤ Andrew Crisell (ed). *More than a music box: radio cultures and communities in a multi-media world* [M]. New York: Oxford: Berghahn, 2004: 10.

二、广播作为一种强调反思的理性媒体

今天的互联网正渐渐成为我们接触一切媒体或者讯息资源的唯一综合性平台。互联网具有的超级交互性也使它变成了全世界的大会堂，人们聚集在网络上，聊天、吹牛、争论或者炫耀。而很多严肃的社会性议题，如财富分配，民主政治、社会公平等议题被大量的娱乐信息淹没了，或者被搁置了。那些富有争议的、人情味的、奇观色彩的社会边缘议题，被拉入社会中心视域，以显示社会消极中的积极作为，新闻的价值和意义被消解。① 其后果是造就了大众的脆弱，单纯而轻信，怀疑而无望，以及非此即彼，也造就了大众"幼儿化"的性格。② 互联网易于引导大众的激情转化为愤怒和宣泄，精神被冠之以"恶搞"和戏谑。

一些欧洲学者认为，严肃的理性思索是与情绪和情感的渲染无关的，文化教育程度相对不高的人群，容易接受情感型非严肃媒介和媒介产品的影响，易为大众媒体所牵制，失去主体的判断，因此也失去了主体人独立性，一些西方知识分子愿意接近严肃媒体，以确保自己不失去独立精神。当然我们也并不认为情感因素在媒介传播中是可以忽略的，或者是受到谴责的，我们会不断地回忆起艺术品、雕塑等形象所带给我们的在情绪和情感上的波动。好奇心是人的天性，甚至在潜意识中，人们有窥探隐私的欲望，媒介为了追求商业利益，不断满足甚至发掘潜意识的需要③，这就不能不使我们警惕媒介的理性传播效果。

广播作为一种声音传播，体现为非视觉性特征，在这个意义上，更接近"反思性或者是智力"的媒体，话语要比图像更有理性意义。但实际上，人们在听广播的时候也会在头脑中浮现出图像。我们在阅读的时候，也会因为文字的刺激，在头脑中浮现出相应的图像；电视在播放图像时，也可以引起类似的联想。但广播与文字或者其他视觉媒介不同的是，它完全不依赖于任何有形的东西的启发和刺激——文字、数字或者是图像等，从这个意义上说，广播具有更为突出的非视觉性传播特点，所有的信息和观点都以非视觉的声音形式传递。这使得听众可以不受限制和约束地在头脑中构筑起相应的图像，进行没有图像干扰的理智思考。在这一点上广播甚至是比文字报道更有优势的媒介，是一种刺激智力思考的媒介④。

三、广播是激发自我表达意识的媒体

以互联网为代表的新兴媒体继承并放大了传统媒体的一个属性：即对冲突、丑闻、

---

① 胡百精. 新媒体语境、危机话语与社会性格 [M] //彭兰主编. 中国新媒体传播学研究前沿. 北京：中国人民大学出版社，2010：206.

② 富里迪. 恐惧的政治 [M]. 南京：江苏人民出版社，2007：128-143.

③ Andrew Crisell (ed). *More than a music box: radio cultures and communities in a multi-media world* [M]. New York: Oxford: Berghahn, 2004：8.

④ Andrew Crisell (ed). *More than a music box: radio cultures and communities in a multi-media world* [M]. New York: Oxford: Berghahn, 2004：10.

危机的强烈关注。危机话语更能争夺受众的注意力,信息夹裹着各种利益动机无限蔓延,危机话语在某种意义上强势殖民了其他社会话语。①

新兴媒体传播突破了时空的边界,全球化和信息化消解了偶然与必然、公共与私人、常态与危机、国家与民族的边界,我们听到、看到更多危机,也卷入、制造了更多危机。世界上不同族群的价值秩序都在他者的作用下被干扰和动摇,不同族群之间的规则性尺度还未建立,大规模的相遇太过突然。人们认定自己被托管给了没有安全感的生活,新兴媒体建构起的新的社会范式强化了世界的不确定性,到处都是在喧嚣中孤独的灵魂和流浪者。②

麦克卢汉相信,文字出现以前的人类肯定特别享受那种天人合一的美感。③ 长时间的全神贯注为人类开辟了一片安静的空间,在这一空间中人类展开自己的联想,进行自己的推论,做出自己的类比,形成自己的思想。这是深度思考的精神力量。"内心思考带来的喜悦浪潮此起彼伏,意料之外的欢愉突然爆发。"④ 为了全力应对字词、思想及情感产生的内部刺激,阅读者会让自己的注意力摆脱外部刺激流的干扰,这是深度思考的独一无二品质,而互联网是容许各种干扰和中断的存在,并认同它的合法性。

文明的标志是自我意志的表达,思想和表达的原创性是智力成就的先决条件。或许是因为广播符号的不可视性带来了收听时的自由状态,听众需要确认感,既有对未知的了解,也有对已知的确认。现代社会,空间和距离的改变,使人们越来越需要依赖外来的参照物确认自身的存在。当人们随意地打开广播,也许没有收听广播的内容,但实际上广播媒介在这种情况下,提供的不是一种媒介内容,而是一种"节奏",这种节奏使独立的个人,通过媒介的参照,体会到时间的流动,在收听的过程中,用户明确地觉察,在同样的广播节目的背后,在同样的时间里,正有很多沉默的听众与其一起在分享,这种参与感是潜在和隐含的,无须主动的发表意见,而是收听了就意味着参与着社会性的公共活动,社会确认感因此得以实现。广播媒介不需要积极介入的参与,为用户提供了更大的活动空间和接纳空间。

四、广播重建"现实感"

彼得·卢恩菲尔德称数字媒体中弥漫着一种"未竟的文化"(Culture of unfinish),从这样的角度看网络文本,几乎总像是"过程进行中的工作"(Works in progress)。⑤ 网络信息被允许不断重建和修正,无法在网络文本中找寻固定唯一的意义。新媒体时

---

① 齐格蒙·鲍曼. 寻找政治[M]. 洪涛等译. 上海:上海人民出版社,2006:44.
② 胡百精. 新媒体语境、危机话语与社会性格[M]//彭兰主编. 中国新媒体传播学研究前沿. 北京:中国人民大学出版社,2010:202.
③ 同上.
④ [美]尼古拉斯·卡尔. 浅薄——互联网如何毒化了我们的大脑[M]. 刘纯毅译. 北京:中信出版社,2010:68-69.
⑤ Peter Lunenfeld. *The Digital Dialectic: New Essays on New Media* [M]. Cambridge, MA: The MIT Press, 1999:298.

代，社会信息瞬间变化，其文本意义在于帮助我们形成同暂时的、部分的、分权的世界和谐相处的感觉，文本之外总有文本，我们对世界的看法不得不进行多样化的表述，但多样化也导致了主体的失控。

同时，主体性也处于虚拟与现实感的争夺战中。新技术带来的是人类对时空概念的根本性改变。非实体的虚拟空间将替代或者部分替代现有的物理性空间。针对电子游戏的玩家而言，光子由屏幕投射入使用者的眼睛，神经元在体内激荡，而电子则在游戏中到处运动，使用者深信游戏机所投射出的空间的存在。人类虽然生活在物质空间，但社会的功能与权利是在流动空间里组织的，其逻辑的结构性支配根本地改变了物质的意义与动态。① 信息社会大大扩展了虚拟空间，通过信息消费而获取的关于外部世界的知识取代了个体体验的叙述，信息创造了事件丰盛而个体体验匮乏的世界，信息不"创造"体验，它只是记录事件。②

文化不是一个抽象的实体，而是每天我们社会经验的一个基本组成部分③。广播是一种时间的媒介，是日常生活式的现实媒介，很少给用户超越现实的感觉。广播曾经伴随我们的童年时代，与我们同样成长，广播媒介更擅长于关注人们的日常生活，特别是个体精神和情感生活。

广播在某种意义上，它的重要性不在于收听时间的长短，而在于广播内容可以直接融入人们的日常生活。例如，英国是世界上最喜欢收听广播的国家之一，广播的很多谈话内容是与人们的日常生活密切相关的，即便是国家大事，也是以闲谈的方式呈现，更接近人们日常谈话的氛围和交往方式；广播作为大众媒介也具有话题引导的特点，广播内容比其他媒介内容更容易成为普通用户的话题选择对象，并进入社交语境。广播是一种伴随人们日常生活的亲密媒介。

"社会层面的精神和物质基础的培育，可能还需要一段相当长的时间。"④ 开发传统媒体的传播价值，建构互联网时代的理性精神，是声音传播的一个原始命题，深具研究的价值。

---

① Castells, Manuel. *An Introduction to the Information Age* [M] // Frank Webster, Raimo Blom, Erkki Karvonen, Harri Melin, Kaarle Nordenstreng, and Ensio Puoskari, editors. *The Information Society Reader*. London and New York: Routledge, 2004: 138 – 149.
② 胡泳. 新媒体中的公共领域是否存在 [A]. 彭兰主编, 中国新媒体传播学研究前沿 [C]. 北京: 中国人民大学. 2010: 150.
③ Thompson, Neil. *Communication and language: a handbook of theory and practice* [M]. Basingstoke: Palgrave Macmillan, 2003: 15
④ 金兼斌. 博客——个人网络出版的理想、现实与未来 [J]. 新闻与传播研究, 2004, (04).

第二章 广播新闻类内容创新

广播新闻是最早出现的广播内容之一，同时也是内涵和外延丰富的广播内容类别。这不仅取决于人类对新闻概念和定义的不断再认识、再探讨，更取决于人类社会不断进步，对信息的需求和获取方式都发生了很大的变化。

具体到对广播新闻的定义，是随着技术的发展和成熟在演进的。冯小龙所著的《广播新闻原理与制作》认为："广播新闻"四个字若单从字面上介绍，就是指在广播媒体中播出的新闻。而随着便携式录音采访机的普及，广播新闻追求运用大量音响元素来营造现场感、增加真实感。王文科所著的《广播新闻报道》中强调：广播新闻是仅以音响方式通过无线电波或导线向广大地区播送新近发生的事实的报道，或者是客观事物新近变动的信息仅以音响的方式通过无线电波或导线向广大地区传播。[①] 而盲目的"音响崇拜"，也可能使广播新闻中使用音响过多、过密，甚至价值寥寥，反而降低了可听性。所以，广播人开始注重传播效果的研究。从听觉出发，在尊重新闻事实的基础上，通过借鉴电影学的蒙太奇等手法进行艺术化的表达。在肖峰编著的《广播新闻业务教程》对广播新闻的定义中，将各种声音元素进行了新的解读。[②]

随着互联网和智能终端的普及，广播媒体积极与新兴媒体融合，其制播内容、传播手段和接收终端都发生了很大的变化，广播用户的范围突破电波覆盖的区域，也延展到互联网或者移动互联网的用户范围。从众多广播媒体纷纷建立起微信公众号、客户端（APP）、官方网站等开始，广播新闻记者生产的内容便不仅局限于声音，视频、图片、文字甚至HTML页面等。另外，越来越多的人通过手机、平板、电脑等智能终端收听广播节目，无疑使广播新闻加入到其他媒体新闻性新媒体产品的竞争当中。广播新闻如何借传统优势从中脱颖而出，也成为新的课题。

第一节 广播新闻类内容历史发展与现状

一、广播新闻类内容的出现和发展

回顾广播新闻类内容的历史发展，其实就是探讨广播新闻类内容在格式化、以固

[①] 王文科. 广播新闻报道 [M]. 杭州：浙江大学出版社，2002：19.

[②] "广播新闻是通过电子音频技术，运用听觉符号的有序组合，面向特定范围的受众传播新近发生的或正在发生的事实的报道，包括四个方面的内容：以现代化的电子音频传播技术为传播手段，传播对象是被电波覆盖或有线传输所及地区的广大听众，传播符号是听觉信息的有序组合的声音，依靠电波传输，报道新近发生、正在发生和变化中的事实。" 肖峰. 广播新闻业务教程 [M]. 武汉：武汉大学出版社，2010：98.

定栏目出现之前，它是借由什么传播形式出现的。在特定的历史背景下，不同的传播形式使广播新闻借势站稳脚跟，也为其后来的发展之路奠定了基础。

（一）广播新闻的商业传播时期

与如今大多数广播媒体坚持"新闻立台"不同，在1920年代，广播新闻并不是广播节目中的重头戏，音乐、宗教类节目内容占据了绝大部分版面，许多研究者把这个时期的广播新闻戏称为"跑龙套"。而这个时期的广播新闻，充其量也只能说是通过广播播出的新闻。因为，鲜有编辑对新闻进行符合广播传播特性和规律的加工，只是由播音员主持人播报、转述报纸上的新闻内容。

这一时期，广播电台与报纸媒体的合作模式已经有了今天的"融媒"雏形。据美国报纸发行人协会广播委员会与1927年发表的报告表明，当时有48家报纸拥有自己的电台，69家报纸在别的电台出钱主办节目，97家报纸上刊登广播新闻节目，几乎一半以上的高级电台都同报纸有着某种联系。[①] 广播节目会对报纸刊发的重要新闻进行广而告之，引导听众购买报纸获取详情。而报纸上也能读到广播电台的节目单、主持人介绍等内容。而且这样的合作地域覆盖特征明显，唱片店的上新情况也通过广播电台播发，引导听众到店购买。当时的广播新闻内容，颇具一个新兴本地商业信息平台的雏形。

可共赢的局面好景不长。报纸媒体似乎已经开始意识到，在自己的扶植下，广播电台呈迅猛之势发展。随着内容生产能力和信号传输技术的发展，美国已经开始出现了共享节目、制播分离的全国性广播网（初期又称"连锁广播"）。到1928年，全国广播公司和哥伦比亚广播公司已经能使自己的声音传送到全国800万台收音机听众耳朵里。[②] 小到商业广告，大到总统候选人竞选演说，都青睐于广播。闻到危机气味的报纸媒体，逐渐放弃与广播电台的合作，不再为其提供新闻内容。

（二）广播新闻的政治传播时期

1930年代，是广播新闻的黄金年代。战争的爆发，导致大规模的排版和印刷设备难以安置、运行，使原本主流的报纸媒体面临着巨大的挑战。而此时，逐渐从报纸媒体"断奶"的广播电台，在新闻生产的规模和经验上都有了一定的提升。特别是随着无线电技术的发展和应用，战场上丰富的音响可以通过电波传到后方听众那里去，人们通过声音更直观地了解到胶着的战情，而这也正是广播新闻的重要优势之一。在众多精彩绝伦的广播现场报道中，美国哥伦比亚广播公司（CBS）记者爱德华·莫罗的《这——是伦敦》（This Is London）一直被奉为教科书般的经典，至今仍被众多广播记者模仿。进行报道时，爱德华·莫罗正站在英国广播公司（BBC）大楼的楼顶上，隆隆的飞机轰炸声和他庄严镇定的口述形成鲜明的对比。而每次说出"这（This）"之后，他都稍加停顿，结果产生一种难以想象的戏剧性效果，真所谓"此时无声胜有

---

① 杨飙、蔡尚伟. 媒体竞争论 [M]. 成都：四川民族出版社，2011：214.
② 成文胜. 广播新闻 [M]. 北京：中国人民大学出版社，2013：33.

声"。一到这里,整个美国便立即打起精神,准备收听默罗的现场报道。①

但另一方面,随着广播这一新兴传播手段的威信逐步树立,各个国家、政党甚至阶级,也开始审视广播作为宣传手段的重要性。1939年8月31日,希特勒为了制造进攻波兰的借口,在德国格莱维茨广播电台炮制了一场伪装波兰方面向德国进攻的闹剧。当晚,希特勒通过广播发表了对波兰的"和平建议",9月1日,德国军队对波兰发动了攻击,第二次世界大战爆发。② 二战中,各个国家和政党都加强了对广播电台的控制,利用广播发动群众、引导舆论、打心理战等。所以,这一时期的广播新闻内容在很大程度上被政治力量左右,很多内容都存在被夸大、歪曲甚至虚构的成分。

总的来说,第二次世界大战期间的转变是广播新闻史上无法复制的浓重一笔。它奠定了广播的地位,也给今后的内容生产、运营模式指明了方向。当时活跃的一批广播电台,如英国广播公司(BBC)、美国哥伦比亚广播公司(CBS)等,至今仍是全球最具影响力和实力的新闻集团。而部分国家、政党至今也保持着利用广播进行对内、对外舆论宣传的传统。

二、新中国成立后广播新闻类内容的发展

(一)格式化新闻栏目的出现

1940年代末,电视的出现使西方发达国家广播的发展放慢了脚步。而随着新中国的成立,人民广播事业得以进一步发展,固定频率、固定时间播出的格式化新闻节目开始出现。1950年的4月10日,中央人民广播电台创办的《首都报纸摘要》节目正式播出。第二年,即1951年5月1日,《全国各地人民广播电台联播》节目也隆重登场。这两个新闻节目即是后来享誉中国新闻界的著名节目——《新闻和报纸摘要》和《全国新闻联播》(以下简称《报摘》《联播》)。③ 节目创办之初,主要是以播发党中央机关报《人民日报》内容为主,几乎没有任何音响。1960年11月7日起,中央电台的新闻节目增加到22次,除了全国一起转播的《报摘》《联播》外,有全天分布较为均匀的10次新闻节目,每次15分钟,还有一些专门性新闻节目,如《国际新闻》《工业新闻》《农业新闻》《文教新闻》,节目长度从5分钟到30分钟不等,新闻品种可见丰富。④ 1983年,第十一次全国广播电视工作会议进一步提出"扬独家之优势,汇天下之精华"的指导方针。广播新闻也逐渐开始音响化的探索,中央人民广播电台记者采制的现场报道《胡耀邦总书记瞻仰周总理诗碑》《朱建华再次打破男子跳高世界纪录》等引发强烈反响,广播新闻的独家优势得以展现。

---

① 李彬. 美国广播记者的一代宗师——爱德华·默罗(一九〇八——一九六五)[J]. 国际新闻界, 1996 (3).
② 王文利. 二战中广播在社会动员方面的作用浅析 [J]. 中国广播电视学刊, 2005 (8).
③ 刘园丁、刘书芳、朱世瑛、孙静珊、陈绍础、郭仲儒. 全国广播一个声音——《报摘》和《联播》50~70年代的故事 [J]. 中国广播, 2010 (5).
④ 饶立华、杨钢元、钟新. 电子媒介新闻教程——广播与电视 [M]. 北京:中国人民大学出版社, 2000: 55.

格式化新闻节目的出现，为广播新闻营造了仪式感，也使广播新闻逐渐脱离对报纸媒体的依赖，成为真正意义上的广播化新闻。固定点位的播出，培养了听众的收听习惯。而各类专门性新闻节目的差异化编排，也使广播新闻更具服务型和针对性。但问题也十分突出：新闻节目可以固定时间播出，但新闻不可能在固定时间发生，新闻的时效性大打折扣。

(二) 板块化新闻栏目的出现

1980年代，珠三角地区的广播面临着双重挑战。首先，电视的出现满足了人们日益丰富的文化娱乐需求。其次，香港地区的广播节目迅速吞噬着当地广播市场。为了应对这样的危机，1986年12月15日，珠江经济广播电台正式开播。而它独创的"珠江模式"，一经推出便引得全国广播电台争相模仿。它采用大板块内容组合节目形态，依托主持人的直播串联，实现全天节目的滚动播出，听众还可以通过热线电话直接参与节目。珠江台节目内容编排以新闻信息为骨架，每逢半点有新闻，每逢整点播出经济信息，其他时间以板块节目为主，讲究内容的综合性、丰富性、变化性，将社交、文艺、服务等内容融为一体，力求适应整个社会人群的收听要求。[①] 值得一提的是，"珠江模式"确立了节目主持人在节目制播群体中和节目演播过程中的中心位置。节目主持人不一定是群体的负责人，但他是代表这个群体与听众"见面"的，主持人的形象就是节目的形象，因此，群体要为塑造主持人的形象服务。[②] 广播新闻的呈现者从一丝不苟的播音员，变成了亲切熟悉的主持人形象，一定程度上消减了听众的被动接受感。

抛开"珠江模式"的其他功过不谈，板块化新闻栏目的出现，为新闻的轮盘制播出奠定了很好的基础。但是实际上，在这种包罗万象的频率的定位下，新闻类内容很难成为主流，且极易造成新闻采编团队专注度的下降。

(三) 类型化新闻频率的出现

类型化广播（Format Radio），也译作风格电台、格式电台。如今这个概念被广泛应用于各类音乐网站、APP中，用户想听何种类型、风格或主题的音乐，便可以选择相应的音乐标签，播放器会持续播放迎合用户预期的音乐。这个例子很直观地解释了类型化广播的运作方式，听众可以根据自己的收听喜好选择不同类型的类型化广播频率，而该频率全天都会播出与自身类型相符的广播节目。2004年，东方广播电台新闻综合频率重新整合改版为东广新闻资讯广播（即"东广新闻台"），成为我国首个类型化新闻频率。东广新闻资讯广播全天节目架构为"早晚新闻+滚动新闻"，6:00～9:00《东广早新闻》和17:00～19:00《东广时事特快》打造早晚大板块新闻，其他播出时段20分钟为一个单元、以锐新闻、锐观察、锐搜索为单位划分进行滚动新闻播报，提供最新的时事、财经、民生、法制、体育、科技、教育卫生、文化娱乐等各

---

① 周小普. 广播新闻与音响报道 [M]. 北京：中国人民大学出版社，2001：58.
② 白谦诚. "珠江模式"论 [J]. 中国广播电视学刊，1996 (S1).

个领域的专业新闻。①

而纵观国内，纯类型化的新闻频率仍在少数，包括中央人民广播电台中国之声在内，大多数频率以"新闻综合频率"的形式存在。一方面，由于采编播力量的限制，无法满足全天播出。另一方面，各地广播电台的新闻频率大多为第一套节目，需要承担相当一部分其他专题节目的播出任务。也有一些电台，考虑到不同年龄层次、社会阶层的听众收听需求的差异，通过调频（FM）与中波（AM）将新闻综合频率分频播出。以江苏广播为例，FM 93.7 定位为江苏新闻广播，全天以轮盘新闻和板块节目为主；而 AM 702 定位为新闻综合广播，早晚重要新闻节目与江苏新闻广播打通，确保新闻宣传完整覆盖，其他时段主打公共服务，为听众提供致富、医疗、法律、心理等方面的服务；听众主要面向江苏城镇以下人群；全天 21 小时播出新闻及公共服务类节目。②

类型化新闻频率的扎堆出现，使广播新闻类内容的生产更具规模性，也涌现出了中国之声、环球资讯广播、东广新闻台等一批在全国有影响力的专业化新闻频率。但从全国来看，一些地方广播只是"跟风"将频率更名为"新闻广播"，其编排和运营现状并不完全符合类型化广播的特征。所以，也有研究从听众需求而非格式类型的角度来定义：所谓的类型化广播，指的是电台通过市场调查和研究，明确区分出具有不同社会价值、生活品位、行为特征的受众，在符合不同受众群体的人口学特征以及不同广告的诉求目标的同时，促进节目本身系列性的专业化大生产。③

三、广播新闻类内容收听分析

（一）新闻综合类频率与其他频率竞争情况

如图 2-1 所示，2014~2016 年，新闻综合类频率依然是各专业频率中所占市场份额最高的，达 26.44%。但值得注意的是，数据呈逐年微弱下降趋势。而排名第二、第三位的交通类、音乐类频率都在逐年上升。由于新闻综合类频率并非全天播出新闻内容，而交通类频率和音乐类频率在整点、半点等时段也会播出新闻资讯类节目，所以我们无法由市场份额直接推断听众对广播新闻类内容的需求在逐年降低。

所以，我们需要结合平均到达率和平均忠实度来观察听众规模和听众对频率的黏性。2016 年各类频率的平均到达率和平均忠实度数据显示，新闻综合类频率的听众规模高于其他类别频率，且领先优势比较明显。平均忠诚度在各类频率中排第三位，听众黏性优势明显。

听众规模方面，2016 年各类别频率在不同场所平均到达率数据所示，在所有场所，交通类频率以微弱优势拔得头筹，新闻综合类频率排在第二位。而从家中听众规模来看，新闻综合类频率依然保持着明显的优势，音乐类和交通类频率分列二、三位。车上听众规模排在第一位的无疑是以出行服务见长的交通类频率，音乐类频率紧随其后，新闻综

---

① 东广新闻台［EB/OL］. http://www.news1296.cn/，2017.5.21.
② 江苏新闻综合广播 AM702［EB/OL］. http://www.vojs.cn/2014new/c/a/，2017.5.21.
③ 林晖. 类型化——中国广播电视发展的必由之路［J］. 新闻记者，2001（9）.

合类频率位居第三。可以看出,新闻综合类频率更吸引居家听众,在车上不占优势。

市场份额/%	新闻综合类	交通类	音乐类	文艺类	都市生活类	经济类	其他类	农村类	体育类	教育类
2014年	27.58	23.02	18.52	10.41	8.38	6.73	3.84	0.68	0.65	0.18
2015年	27.56	23.59	18.55	10.16	8.49	6.24	3.71	0.6	0.75	0.34
2016年	26.44	24.87	18.74	9.71	8.43	6.03	3.72	0.81	0.87	0.36

图 2-1　2014—2016 年各专业频率所占市场份额 (%) 比较①

(二) 新闻综合类频率整体收听情况

如图 2-2 所示,从收听时间来看,新闻综合类频率在 7:00 左右达到全天收听的最高峰,峰值接近 5%。从收听场所来看,在家全天收听走势与所有场所一致,早高峰出现在晨间 7:00~7:15 时段,峰值为 4.22%,占到了同时段收听率的 87.01%。傍晚 18:15~18:30 和晚间 20:30~20:45 分别出现两次高峰,峰值均达到了 1.44%,分别占到了同时段收听率的 76.19% 和 85.21%。整体而言,在家收听构成了新闻综合类频率全天收听的主体部分,贡献了近 80% 的收听量,其余大约 20% 左右的收听则来自在家以外的其他场所。

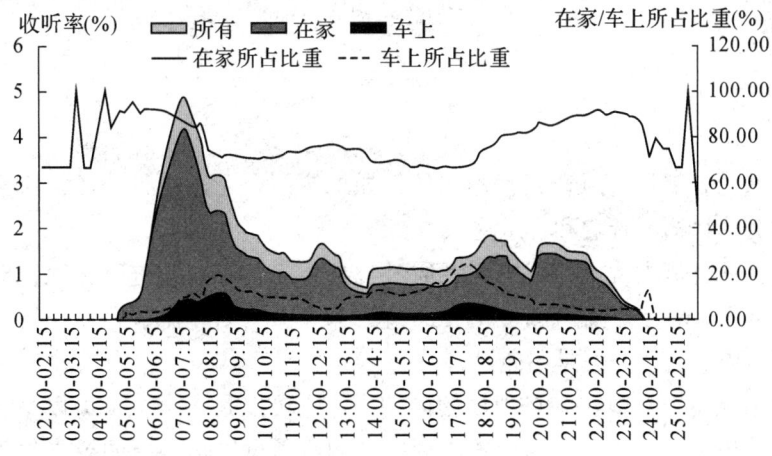

图 2-2　2016 年新闻综合类频率主要场所全天收听率 (%)
走势及不同场所所占比重 (%)②

---

① 数据来源:CSM 媒介研究.
② 同上.

（三）新闻综合类频率听众特征

根据央视—索福瑞媒介研究 2016 年新闻综合类频率听众构成分析的数据看，55 岁及以上、高中及以下学历和个人月收入在 501～5000 元之间的听众群体更倾向于收听新闻综合类频率。分场所来看，在所有场所和在家收听的听众中，55 岁及以上、初高中学历和个人月收入在 1501～5000 元的听众群体都是最主要的群体，2501～5000 元个人月收入听众在两个场所的占比都超过 40%。不同之处在于，在所有场所中，男性听众的比例较高，在家中则是女性听众的比例较高。而车上收听特征则与前两个场所不同，主要听众群体为男性、25～44 岁、高中及以上学历和个人月收入在 2501 元及以上的人群。从市场角度来说，新闻综合类频率的车上听众含金量更高。

（四）小结

从收听场所来看，车上收听仍然是各类广播频率的兵家必争之地，从目前的数据来看，这也是新闻综合类频率的一块短板。加之交通类频率的市场份额呈逐年上升之势，说明出行服务类的内容也是听众最关注的内容之一。新闻综合类频率可以适当增加路况、天气、突发事件等内容的编排，吸引车上收听。

从当前的听众构成来看，新闻综合类频率的主要听众群体年龄偏高、文化偏低、收入偏低，且更习惯在家中收听。从广告经营的角度来说，类似的市场数据会吸引大量保健药品、家居用品等广播购物类的广告投放，无疑形成了一个恶性循环。

总的来看，新闻综合类频率面临着来自交通类和音乐类频率的竞争威胁。虽然市场份额和平均到达率占有一定优势，但在收听场所和主要听众群体购买力方面，弱势初显。

第二节 广播新闻类内容分类

一、按声音元素分类

任何广播内容都是由声音元素构成的，如果按声音元素进行分类，广播新闻类内容元素可以分为口播、音响和音乐这三类。

口播是指播音员主持人、编辑记者通过自身的语言对新闻进行报道，而不借助其他任何声音元素。它是广播新闻最主要的组成部分，一则广播新闻或一档广播新闻节目可以没有音响和音乐，但是不能没有口播。

音响是指新闻报道中收录自现场的同期声。既可以是人声，也可以是环境声；既能以直播形式出现，也能以录播形式出现。音响除了可以作为新闻要素出现，还具有交代背景、烘托主题的功能。它是最能突出广播新闻特点的声音元素。

音乐是广播新闻声音元素中相对次要的组成部分，它一般以栏目开始曲、间隔曲和背景音乐的形式出现，因此它的功能也显而易见——标识、间隔、营造节奏或氛围。但必须说明的是，收录自新闻现场的同期音乐的第一属性是音响。实际操作中，可以用现场收录的音响作为节目中成品音乐的补充，但绝不能将成品音乐作为音响使用。

二、按节目形态分类

广播节目形态可以理解为广播节目的存在方式和结构模式。① 传统的广播新闻节目编排相对规整，或者说在节目设立之初就会确定节目的固定形态。一般可以分为消息类新闻节目、专题类新闻节目、评论类新闻节目。但随着广播节目的创新化发展，各种表现形式和编排手法杂糅交织，传统的分类方法已经很难对新型节目准确定位。

（一）消息类新闻节目

消息类新闻节目通过播报各类消息，使听众了解最重要、广泛、及时的新闻资讯，是一种普及型的广播新闻节目，一般分为总览型和速览型。

总览型节目是以一天或更长时间的新闻事件作为编排对象，按照其重要性依次播出。这类节目多为一套频率的主新闻，在早晚收听高峰播出，一般听众收听一档节目便可了解一天内的重要新闻。以中央电台中国之声 2014 年 12 月 26 日播出的《新闻纵横》为例，两个小时的节目时间里，既有国内重点事件，也有国际热点新闻，还穿插了"昨夜今晨最新资讯""新闻地图""新闻面孔"三组资讯信息扫描。

速览型节目是以几个小时或更短时间内的新闻事件作为编排对象，力求让听众了解此时此刻刚刚发生甚至正在发生的最新消息。这类节目多作为整点新闻、半点新闻滚动播出，以中国之声全天滚动播出的《此时此刻》节目为例，主播引出的每类消息最多不超过 5 条，且均为简讯或标题：

中国之声《此时此刻》，首先我们来看此刻最新消息：

……

我们再来扫描此刻其他媒体所关注到的消息：

……

现在是北京时间……我们再来了解一下其他方面的消息：

……

接下来我们关注国际方面/体育方面的消息：

……

最后我们来一下看此刻提示/此刻主播关注：

……

好，以上就是本时段的此时此刻。

可见，速览型节目的优势是短小精悍、时效性强。但除非有重大新闻事件，稍早前消息一般不会重复播出，听众很难通过一档节目全面了解一天内的新闻事件。

（二）专题类新闻节目

专题类新闻节目是以多种新闻体裁报道特定主题的新闻节目，包括但不仅限于消息、连线、现场直播、评论、特写、调查报道，一般分为定期播出型和不定期播出型。

---

① 申启武. 改革开放 30 年广播新闻节目形态的演变与发展 [J]. 现代传播，2008（2）.

定期播出型节目在固定频率、固定时段出版头或呼号播出,如中国之声每晚21:00播出的《央广夜新闻:今日调查》,就是以热点新闻事件或话题为主题,主持人和评论员、微博网友讨论为串联,集中播出围绕主题的消息、调查报道、市民采访、专家采访等节目内容。

表2-1 中央人民广播电台中国之声2017年5月31日《央广夜新闻:今日调查》内容体裁

时 间	内 容	体 裁
21:00:00	整点报时 中国之声大开	片花
21:00:45	体彩开奖	转播
21:01:45	此时此刻	消息
21:02:00	沙枣花与父亲 抗战记忆——冉庄地道战	广播特写
21:04:00	广告	广告
21:06:00 21:59:00	各地控烟现状录音报道	消息
	主持人与评论员讨论	评论
	戒烟门诊录音报道	消息
	主持人与评论员讨论	评论
	连线国家疾控中心控烟办研究员杨焱	电话连线/访谈
	各国观察员介绍国外控烟经验	录音/口播

(三)评论类新闻节目

评论类新闻节目以节目参与者的言论为主,分析和点评新闻事实。根据节目参与者角色设置的不同,分为嘉宾评论型节目和主持人评论型节目。

嘉宾评论型节目以评论员、专家学者甚至普通市民的言论为主,是最常见的评论类新闻节目类型。特别是近年来,随着网络社交媒体的发展,草根声音成为评论类新闻节目的新宠。江苏新闻广播《新闻评弹》节目作为一档有影响力的新闻时事评论节目。依托《新闻评弹》节目策划的"舌战金陵"辩论赛,是评论类节目的有效延伸,吸引了社会尤其是高等院校的广泛关注。各高校都拥有训练有素的辩论队,并具有良好的辩论赛的"群众土壤",但缺乏有效的组织,缺少将辩论推向大众的传播渠道。江苏新闻广播"舌战金陵"提供了这样一个平台,并且对辩论赛进行了创新。每一场精心设置的辩题都成为大众"话题",每一场辩论交锋的精彩都成为大众津津乐道的谈资。①

主持人评论型节目以主持人言论为主,但"主持人"也有可能只是一个界面形象,由编辑记者或评论员协助撰稿。北京新闻广播的《夹叙夹议》是一档公众性新闻评论节目,它关注百姓身边的大事小事、体察生活中的国事民情。节目并非所谓复杂的"大制作",单凭女性主持人刘思伽睿智、大方的语言风格和条理清晰、逻辑严密的点评分析就可独树一帜。

---

① 江苏台内部资料.

三、新闻内容分类的杂糅趋势

随着广播新闻节目创新的趋势和各频率市场竞争的加剧，节目形态也在发生极大的变化。从听觉上来说，声音元素的长时间、单一化的排列呈现，会让听众产生审美疲劳。所以，许多广播节目在编排上也不会刻板遵守节目分类的限制，会调动一切可运用的声音形式来吸引听众。

（一）新闻内容与曲艺的杂糅

北京新闻广播《话里话外》是一档带有鲜明个人风格和评论色彩的读报节目，主要向听众介绍当天众多早报内容，加上主持人的即兴评论。要求尽可能信息量大，报纸来源广，观点明确，辛辣老练，节目内容和主持人风格融为一体。乍一听，不少人都会以为它是相声或者评书节目。主持人张立新曾撰文称：带着"胡同味儿"的新闻评说打动了很多北京"土著"，彼此产生了契合和共鸣，我们找到了"照顾主儿"（北京方言"稳定客户"的意思），"照顾主儿"也找到了我们。在这里，我们和听众的关系已经基本转换为服务与被服务，而不再是传播与被传播甚至教育与被教育的状态，听众是我们的主顾，由我们为其提供他们需要的新闻信息服务。我们的目标是做"北京人自己的广播节目"[①]。

（二）新闻内容与广播剧的杂糅

2016年，中国之声有两部创新作品获得了听众和业内的普遍认可。一部是七集新闻广播剧《遇见海昏侯》，见表2-2，作品首创"录音报道+历史广播剧"的形式，用报道呈现海昏侯墓考古重大发现，用广播剧还原历史事件，在第十二届"东方畅想"全球华语广播大赛总决赛中获得金奖；另一部是10集新闻广播剧《生死关头》，在纪念红军长征胜利80周年，用"广播剧+口述新闻"的形式，通过十个小转折构建十个大转折，用声音生动、细腻地呈现了长征史诗般的色彩，荣获广电总局"创新创优"大奖。[②]

表2-2　《遇见海昏侯》章回目录[③]

《遇见海昏侯》第1回：海昏侯大墓内棺起，汉废帝刘贺渐明晰
《遇见海昏侯》第2回：墓主人园寝好排场，大司马废帝未血刃
《遇见海昏侯》第3回：盗墓贼洞穿厚椁板，八村民深夜护荒山
《遇见海昏侯》第4回：厚葬大墓多酒器，曾贪杯一醉解千愁
《遇见海昏侯》第5回：葬活马彰显墓主贵，迁豫章无冕皇帝惨
《遇见海昏侯》第6回：千年后钟磬有余音，公元前蛮荒奏雅乐
《遇见海昏侯》第7回：猜墓主生时尊孔子，叹废帝死前始读书

"追案剧"概念的提出源于2016年先后获得第九届"赢在创意"全球华语广播大

[①] 张立新. 用更接地气的"声音"传递时代"正能量"——也谈新闻评论如何弘扬社会主义核心价值观[J]. 中国广播电视学刊, 2014（10）.
[②] 高岩. 用最适合的方式讲述最有吸引力的故事——当新闻遇到广播剧[J]. 中国广播, 2017（3）.
[③] 资料来源："中国之声"微信公众号.

赛原创广播节目银奖和第十二届"东方畅想"全球华语广播创新大赛铜奖的作品——《寻找刁爱青》，它是融媒体时代传统广播人对节目形态的一种探索。它以发生于20年前南京大学"一·一九"杀人案为创作蓝本，构建了一个跨媒体的开放空间。作为一部实验剧，它采用"真实案件+同仁传播+众筹破案"的创意形式，既希望引起年轻用户对听觉媒体的兴趣，也试图使广播作品衍生出视频效果，进而成为融媒体时代复合型传媒产品。①

（三）新闻内容与娱乐内容的杂糅

2008年，珠海电台推出马格主持的演绎类社会新闻节目《天天读报》。马格说：节目初创的那个年代，微博、微信还没有在坊间开始使用和流行，所以说天天读报这个节目就是新，我保证每天都是最新的都市新闻出现在节目中，首先她的信息量够大，然后广播声音要素够全，除了有主持人的普通话讲述，还有各种方言演绎，因为是根据事情的发生地而转换不同的方言，还有其他大量的声音元素加入。因为广播只能用声音来表现形式，所以她就想制作一个微缩的、比较单薄的广播剧，有明星的声音，有搞笑的片段，有相声、小品的片段，还有各种的拟声、现场声，还有歌曲的点睛。2014年开始，随着微信、微博的日益普及，陪伴众多听众六年的《天天读报》也完成了她的历史使命。②但在全国，类似的演绎类新闻节目如雨后春笋般陆续登场，目前也是最受听众欢迎的节目形式之一。

广播新闻节目形态从单一走向多样、从板滞走向灵动的过程，是广播新闻改革努力回归本体的过程。③但也应避免过度追求形式上的变化和丰富，而忽略了内容生产本身的重要性。例如，少数娱乐节目以新闻为引子展开，可新闻基本事实却根本没有表述清楚，甚至进行了毫无根据的演绎和讨论，把新闻呈现成了谣言。新闻娱乐化倾向实质上是新闻本性的迷失。若让新闻这一传播形式过多地承载媒体的娱性功能，必将损害新闻的基本传播特性，造成新闻传播形式与功能的错位。④

第三节　广播新闻类内容采制流程创新

一、我国新闻内容采制流程探索

（一）数字采编中心创新实践

近年来，"中央厨房"是对媒体内容集约式、流程化生产的形象比喻。如果把一个个广播节目比作菜品的话，节目的制作人自然就是厨师，如果每位厨师分散作业，那么采买、择洗等环节都需要单独行动，存在无意义的重复作业。但如果建立一个中央厨房，厨师长制定严密的作业流程标准，指派专人负责集中采买、择洗，各个厨师就可

---

① 张立新、武传艺. 融媒体时代关于广播追案剧的探索 [J]. 中国广播, 2017 (4).
② 资料来源："听见珠海"微信公众号.
③ 申启武. 改革开放30年广播新闻节目形态的演变与发展 [J]. 现代传播, 2008 (2).
④ 黄和节、陈荣美. 新闻娱乐化：形式与功能的错位——对当前新闻娱乐化倾向的新探索 [J]. 当代传播, 2002 (5).

以直接挑选精加工的半成品作为原料烹调出美味大餐，节约了相当一部分人力成本。回到内容生产，广播新闻运营中的"中央厨房"，就是指各个频率、节目共享共建的加工平台及其工作机制。由总编辑统领，栏目编辑向专业化分工的记者指派节目需求，专业化分工的记者向编辑提供节目素材，所有想法和创意合作共享，每个工作流程公开可见。

浙江日报报业集团在2013年年底成立了"中央大厨房"——数字采编中心。广州报业集团2014年12月1日成立了中央编辑部，运作一个月后，专门推出一篇总结报告《广州报业中央编辑部满月观察》，介绍"中央厨房"具体做法和体会。新华报业传媒集团2015年初鲜明喊出打造"中央厨房"的口号，3月1日推出集团媒体融合发展试验区，拟成立各中心：数字采编中心、图片影像中心、体育产业中心等。南京报业集团将打造"中央厨房"列为2015年集团工作重点。2015年3月"全国两会"期间，《人民日报》喊出了"中央厨房烹制新闻美味"口号，打造全媒体"中央厨房"平台，实现报道流程平台化、报道内容定制化、报道形式可视化。河南大象融媒也喊出了"打造24小时'新闻中央厨房'、向受众奉送'新闻盛宴'"的口号。①

但目前，虽然业界在全国"两会"、突发事件等报道中频繁使用并热炒"中央厨房"的概念，但业界和学界依然有不小的质疑之声。其实，盲目投入大量人力、物力建设中央厨房，并不按中央厨房规律和原则办事，才是"中央厨房热"带来的最大弊端。

（二）数字采编中心运行的基本原则

在"中央厨房"化的作业机制下，各个角色都需要遵守一定的原则，否则这个模式就形同虚设：

首先是公开原则，任何素材的售卖和需求的指派都是公开透明的，不宜出现私下沟通或单线联系的情况，每次修改和变动都由系统记录在案，有据可查，以备事后追究相关责任。

其次是共享原则，所有角色需打破原有的行政框架限制，以中央厨房赋予的分工为本职，无条件共享采集到的素材和初加工的半成品。

最后是诚信原则，一方面，任何角色在协同作业中必须明确交代需求变化、生产进度和其他问题，切忌隐瞒、虚报，影响整个中央厨房的出品效率；另一方面，编辑要透露真实的报道意图，记者要承诺能力范围内的采写目标，切忌因表意不明或故意欺瞒造成出品不合格的结果。

二、广播云采编平台实践探索

（一）平台简介

2014年9月26日，中央人民广播电台向中宣部申报中国广播云平台项目，这是中央电台媒体融合重点工程建设项目。云平台建设目标主要包括以下3个方面：

1. 以广播电台互联互通平台为基础，实现台与台之间互联；
2. 以云采编、云媒资、云发布系统为基础，整合广播行业优势内容和渠道资源；
3. 以全国电台节目集成播控平台为基础，抢占互联网广播音频阵地，实现全国电

---

① 陈正荣．打造"中央厨房"的理念、探索和亟需解决的问题［J］．中国记者，2015（4）．

台节目直播和回听。

为了适应新时代移动互联网的采编特点，中央电台放弃旧有的采编系统，利用互联网思维，结合（移动）互联网＋、大数据、云计算等新技术，对新闻采集、报题、写稿、编稿、审稿、发布、日播单、串联单、绩效考核等采编环节重新思考，立足广播特点，重构了中央台新闻采编的业务流程，打造一体化的云采编平台。汇聚以互联网热点预测分析、新华社、路透社、BBC、CNN、手机网站线索、移动端线索汇报等为主的公共互联网新闻信息，中央电台各频率编辑记者、地方记者站、地方电台记者、行政通讯员、签约观察员、国家应急广播预警适配系统等为主的政府公共预警信息，将传统广播新闻采编业务与新媒体新闻发布业务无缝衔接起来。①

（二）报题写稿流程

中国广播云采编平台将用户分为节目部门主任、编辑、公共部门（即采访部门）主任、记者四种角色，每一种角色都有发起报题和写稿的权限。如遇特殊情况，还可使用紧急报题写稿模式，直接指派节目、主任审核，迅速发稿播出。

最常见的记者普通报题写稿流程如图 2-3 所示，记者将感兴趣的报题提交至公共部门主任，公共部门主任筛选后将可用选题汇总成报题单，推送至节目部门主任处，节目部门选定报题并指定播出栏目，审稿人员与公共部门主任协商指派写稿记者，记者收到待写文稿任务开始写稿，然后经过公共部门主任一审、编辑二审、节目部门主任或审稿人员终审，一篇稿件生产完成。其实，整个流程与过去中央电台的报题写稿流程基本一致，只不过不再依赖人跑腿动嘴，全部在线完成。

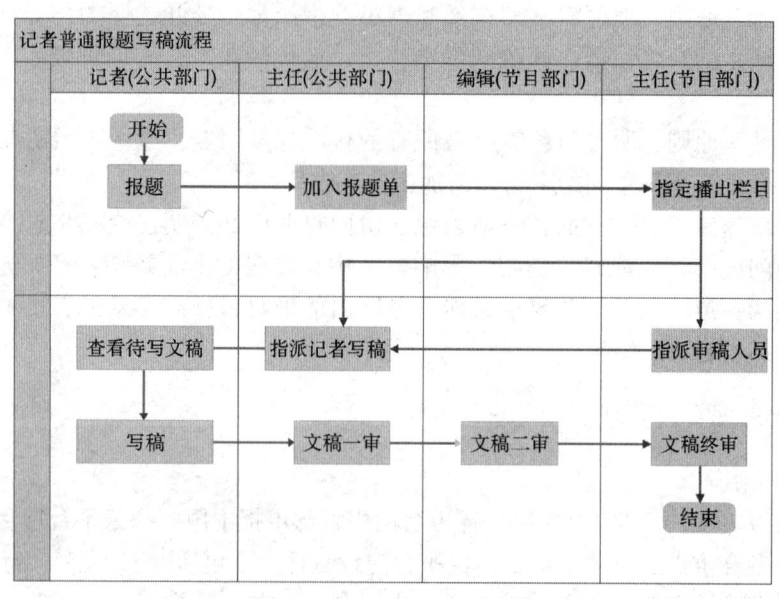

图 2-3　中国广播云采编平台记者普通报题写稿流程②

---

① 李向荣、干劲．立足广播行业 创新融合发展——关于中央人民广播电台中国广播云平台建设的思考［J］．新闻与写作，2016（8）．

② 图表来源：中国广播云采编平台使用手册．

(三) 目前存在的问题

对于中国广播云采编平台，中央厨房化作业虽然便捷，但很多细枝末节的问题仍然需要依靠语言来沟通，所以很多编辑记者更习惯使用电话加邮箱的方式报题写稿，只是迫于上级要求，形式化地将稿件上传在云采编平台。同时，供稿质量一般。地方记者站和地方台记者的接入，原意是希望能与地方采编力量共享联动，但很多记者却热衷将各种跑口新闻通稿、关系稿发布到云采编平台，占用了不小版面。从附件体积受限。目前云采编平台仅支持单个200M以下的附件，对于高码率的音视频大文件来说，这个限制几乎是致命的。

三、BBC"统一编辑部"案例分析

在传统的内容采制竞争中，很长一段时间，BBC内部各频率、部门之间习惯于互相保密、隐瞒，自顾自埋头苦干。但这样工作的结果往往是，在新闻现场，来自BBC的多名记者重复做着相似甚至相同的报道。所以，近年来BBC一直致力于建立一个更加集中、开放、共享的编辑部。

早在2007年，BBC就开始整合之前按媒介形态划分的多个新闻部门，打造一个"唯一的、统一的、多媒体的新闻编辑部"（Single unified multimedia newsroom），简称为"统一编辑部"（Unified Newsroom），以促进新闻团队内部的资源共享，打破了部门间的界限，改变不同团队各自为政的局面。2012年，"统一编辑部"集体搬迁到BBC的新广播电视大厦，3000人放在同一个屋檐下办公，利用跨平台的数字化采集、处理及发布系统，集中处理来自所有渠道的新闻信息，再将素材组合包装成适合不同媒介的产品发布。①

从线下来看，BBC的广播大厦共设有36个电台直播间、6个电视演播室和60个编辑间，最多时要容纳6000人同时办公。位于底层的开放式编辑部"新闻中枢"（The News Hub），是整座楼的信息枢纽。这是一个无柱的空间，位于大楼中轴透明天井底端，共设有460个工位，是目前世界上规模最大的新闻编辑部。对于新的全媒体编辑部，BBC在设计时的目标是，使其成为适应数字时代灵活的、技术先进的、世界上规模最大的全媒体广播中心。设计理念包含有几个非常重要的关键词：开放、有弹性、先进和富有创意。其中心的两个"几"字形工作台被分配给资深编辑，以便于他们对全部记者进行调度，四周则放射分布了不同媒介平台的工作区。"新的大楼有一个重要原则——全面开放。"这种全面开放极端到什么程度呢？BBC所有领导，包括总裁都没有自己的办公室，拎包走到哪就能坐到哪儿，每个人都是一个小桌子，一切透明、平等。②

---

① 英国版的"中央厨房"｜探秘BBC全媒体平台"统一编辑部"建设［EB/OL］. http：//www.sohu.com/a/114818633_465913, 2017.6.1.

② 同上.

从线上来看，BBC 启动了 DMI（Digital Media Initiative）数字媒体计划。首先，负责采集素材的一线记者无论身处何地，都可以通过移动设备将现场获得的图文声画信息及时上传至数据库。随后这些原始资料被导入至开放式编辑平台，进行统一加工、集中处理，形成模块化的素材库，供所有编辑各取所需，最大化地利用新闻资源。最后，不同形态的新闻产品被根据不同终端的传播特征及用户需求组合生产出来。BBC 还会根据不同终端的具体反馈进行深入再开发和再传播。此外，在突发事件现场的记者还可以使用移动设备，将短讯发到 BBC 专为突发新闻建立的 Quickfile 平台告知总部，后者迅速以突发新闻或新闻快讯的方式发布消息，之后再通过传统采编播流程进行后续详细报道。[1]

另外，BBC 研发部门一直致力于将新兴技术应用于新闻报道的研究，为全媒体平台及"统一编辑部"的构建提供了持续技术支持。其于 2012 年设立了"新闻实验室"（News Lab），为 BBC 新闻研发新技术。新闻实验室刚刚完成了新一代 OpenMedia 采编系统的测试，将在 2017 年投入使用，负责实时传递新闻素材、现场脚本，组织新闻报道编排。OpenMedia 更能适应"统一编辑部"的工作模式，可以为记者和编辑提供随时随地的移动终端服务，为"统一编辑部"建设提供持续技术动力。

新闻实验室自 2013 年起开发了"结构化新闻"（Structured Journalism）系列项目：推出"榨汁机"（The Juicer）系统，利用人工智能机器学习技术分析新闻素材，将其按主题归类，接管了烦琐而又低级的信息整理分类筛选工作；随后该项又提供了"编辑部之窗"（Window on the newsroom）操作界面，帮助编辑从分类资料中选取内容，进行深度创作；此外该项目还提供了一套自动化新闻产品生产系统"雾化新闻工作流"（Atomised News Workstream），能够从数据库中自动选取内容，组合出定制化的新闻作品。

"结构化新闻"项目旨在建立智能化新闻生产平台，使得大部分日常报道可以自动生成，这些报道被称作"快餐式新闻"（Snackable News）及"弹性新闻"（Elastic News），简短即时的信息会被首先传递给受众，当用户想要进一步了解时，计算机将立刻组织相关文本、图片、音视频以及评论等素材，生成深度报道呈现在终端上。[2]

四、国外"中央厨房"采编制探索的误区

国外"中央厨房"的实践，近年来在机构整合、合作作业、受众使用、盈利模式等方面遇到了问题。例如，澳大利亚广播公司（ABC）2014 年打造"中央厨房"模式，碰到的问题是"整合难"。但这个整合难不是简单部门机制的问题，而是源于生产者端口和消费者端口的不同，难以整合。他们发现各广播电台、电视频道、数字点播

---

[1] 英国版的"中央厨房"｜探秘 BBC 全媒体平台"统一编辑部"建设 [EB/OL]. http：//www.sohu.com/a/114818633_ 465913，2017.6.1.

[2] 同上.

中心等平台的定位不一样、受众不一样，同质化的内容无法满足不同受众群体的需要。日常工作中大家各自为战，无法形成合力，内设部门之间的沟通成本也大幅增加。除整合难外，这种模式可能更适合选举等重大新闻报道的情况。澳大利亚联合通讯社（AAP）推出过类似"中央厨房"模式的"超级工作桌"（Superdesk），集合编辑、设计、技术人员，在采编平台设置大屏幕，实时关注世界各地重要新闻，并对自采稿件的点击量、传播效果等进行分析。但是应用在选举等重大新闻报道时刻，以订阅的方式运营，是比较适宜的。除此之外，也没有更好的商业模式，因为无法大面积推广。[①]

第四节 广播新闻类内容创新与趋势

一、广播新闻的功能化

随着新媒体的发展，手机等移动智能终端使信息的传递更加迅速快捷，真正做到了"唾手可得"。但是，广播凭借其传播介质的优势，依然具有不可替代性。特别是广播在重特大灾害面前的应急功能表现得尤为突出。

2008年5月12日汶川地震发生后，中央电台第一时间启动应急报道机制，从当晚19点开始，推出抗震救灾特别直播节目《汶川紧急救援》，5月13日早7点起，《汶川紧急救援》全天24小时直播，这是中央电台历史上首次开通全天24小时的直播节目。到6月2日15点，播出时长超过420个小时。中央电台《汶川紧急救援》是当时地震发生后唯一畅通的媒介，充分发挥了应急广播在应对突发事件时社会动员与信息整合的功能。[②]

2013年4月20日8点02分，四川省雅安市芦山县发生7.0级地震。18分钟后，中国之声在《新闻纵横》节目中插播快讯。随后，中央电台迅速启动应急报道机制，13人应急小组赴芦山设立直播间。两个小时后，中国之声领先于所有广播电视媒体推出24小时抗震救灾特别直播《雅安紧急救援》。4月22日早晨8点30分，"国家应急广播·芦山抗震救灾应急电台"在芦山县城的一个帐篷里开播。中国之声首次以"国家应急广播"为呼号，在突发灾难事件中对灾区民众定向传递"有温度的新闻"，掀开了中国广播的新篇章。灾难面前，一连串的快速应急反应，使得中国之声成为中国第一家启动应急报道直播、反应速度最快、报道规模最大的广电媒体，彰显了应急广播在突发事件中权威应急、传播力强、服务性强、指导性强的重要而积极的作用。国家应急广播芦山抗震救灾应急电台的开播，是国家应急广播体系建设的首次实践尝试，标志着国家应急广播功能的全新拓展。[③]

---

① 公众号"报业转型". 澳大利亚媒体的"中央厨房"已纷纷夭折. 2017-06-07.
② 方楠、宿洁、周玲. 应急广播在巨灾环境下的报道特征分析——以中央人民广播电台《汶川紧急救援》系列特别节目为例 [J]. 中国广播, 2016 (3).
③ 刘照龙、李兴满. 从芦山地震看国家应急广播的建设与作用 [J]. 中国广播, 2013 (10).

2015年8月12日,天津港发生特大爆炸事故。中国高速公路交通广播迅速启动应急广播模式,从8月13日0:00播出《8·12天津港爆炸事故特别直播》,该直播持续时间超过20小时,为天津地区听众提供信息服务,为其他地区听众传递灾区最新消息。①《8·12天津港爆炸事故特别直播》在8月13日9:00到15:00多路记者从事发核心区、周边居民小区、灾民安置点和伤员救治医院等地发回的详尽报道,充分发挥广播声音还原现场感的优势。对于灾区群众而言,声音传播的伴随性功能也得到最大效果的彰显;15:00到16:30通过连线危险化学品专家、烧烫伤急救专家、舆情分析专家等专业人士,为听众提供灾后安抚和有关危险化学品专业知识的解读;16:30转播了政府首场新闻发布会,听众还通过热线、微信、微博等平台发布了寻人、求助信息。持续20小时的广播直播,对于社会大众而言,意味着广播搭建了一个临时的、权威的应急综合信息服务通路,对于用户而言,可以随时收听,随时打断,边听边从事其他工作,提供了最大的便利。这是应急广播在报道新闻突发事件中呈现出来的优势。

同样是对突发新闻的报道,难免会有人将应急广播和新闻广播相对比,设法分析其中的共性与差异。《国家应急广播·高速加油站》的背后,是中央电台雄厚强大的新闻实力。但作为国家应急广播,其使命不仅仅是传达听众"欲知应知而未知的重要事实",更重要的是引导国民面对突发事件时,在心理和生理双重层面都能合理应对、远离伤害。②

二、广播新闻的故事化

广播新闻的故事化可以从内外两个诱因来分析。国内来看,评书、相声等传统民间艺术拥有着深厚的群众基础,收听数据也一直表现不俗,虽然艺术化的加工在新闻中必须摒弃,但是故事化的表达是值得借鉴的。国外来看,随着我国广播界与国际同行业务交流的增多,以及国外优质广播产品通过网络播客(Podcast)的传入,广播特写(Feature)和广播纪录片(Documentary)逐渐在国内开始流行,这两种体裁也是国际主流广播奖项的重要项目。而这两种体裁的共同特点是,崇尚突出音响(Sound)的作用,充分展现事件的故事性(Story),可听性极强。所以,许多记者开始将原来的长消息以广播新闻特写的形式呈现,更看重故事性。

2012年,泗县广播电视台记者乘车路过该县大刘村,发现村庄前面多了一堵墙,有些工人还正在粉刷墙壁。记者立即下车,直接到群众家中,听听他们对这堵墙的意见。而群众的意见也非常尖锐和深刻。记者只是把群众的声音直接记录下来,然后稍加整理,写成一条消息。

---

① 亚太广播发展机构(AIBD, Asia-Pacific Institute for Broadcasting Development)2016年雷恩哈德·昆纳(The Reinhard Keune)纪念奖获奖作品,是由中央电台中国高速公路交通广播《国家应急广播·高速加油站》栏目选送的《8·12天津港爆炸事故特别直播》。

② 葛少奇. 不只实用,还要好听——《国家应急广播·高速加油站》获雷恩哈德·昆纳纪念奖后的思考[J]. 中国广播, 2016 (10).

广播消息:"挡丑墙"揭了谁的丑①

　　一堵高墙,把大刘村和303省道隔成了两个世界。为什么会出现这堵墙?是挡丑,还是揭丑;它能挡住什么丑,它又能揭出谁的丑。请听本台记者采制的新闻:"挡丑墙"揭了谁的丑。

　　县经济开发区大刘村村民刘继文这几天心里一直闷得慌,以前站在门口就能看到车来车往的303省道,还能看到路那边的自家的农田,现在门前的一堵高墙把视线遮了个严严实实。

　　一个月前,且经济开发区要求大刘村村民按照规划,家家户户都要在门前修砌高墙。让刘继文更加郁闷的是,修砌墙头的所有费用都要由村民自己承担。

　　[大刘村村民刘继文:工价是1900多,工价,大砖是2000,将近3000块钱,一共是将近5000块钱这点墙。]

　　大刘村位于303省道北侧。12月15日记者在这里采访时看到,一堵高约2米,长约1.5公里的长墙,从村子东头,一直延伸到村子的西头,把村民的房屋、厕所、猪圈和柴草堆全部隔离在高墙的背后。面向省道的墙面已被涂上了白色的涂抹,远远看去,甚是整洁美观。高墙修得非常气派,但村民们却为高墙起了个不算气派的名字。

　　[记者:你讲这叫什么墙来?

　　大刘村村民刘继文:挡丑墙,小丑的丑,

　　大刘村村民:挡茅厕挡草的。]

　　作为全省美好乡村建设工作的一部分,我县今年开展了乡村环境卫生大整治活动。在活动中,县文明办每周都会对各乡镇的环境卫生整治工作进行评比,排出名次,并在媒体上公布。大刘村离泗城只有3公里左右的路程,并且在303省道的边上,每次检查这里都是必查之地。就在各个乡镇都在想方设法真正去改变农村脏乱面貌的时候,开发区管委会却以"进行村容村貌集中整治,改善和美化人居环境"为名,用一堵长墙把大刘村包裹起来。村民们对这堵墙是怎么看的呢?

　　[大刘村村民:它这是形象工程,好看。]

　　[大刘村村民:他们为了政绩,才垒这样的墙。]

　　[大刘村村民:你拉这个墙干啥,围个外面光,里面呢脏。]

　　大刘村的这堵墙在一定程度上遮住了路过民房破旧的"丑"、猪圈低矮的"丑"、柴草脏乱的"丑";然而,它在更大程度上却揭出了一些基层官员搞形式主义的"丑"、粉饰政绩的"丑"以及浮躁虚夸的"丑"。党的十八大后,新一代中央领导正以务实的作风展开工作,习近平总书记再三强调"空谈误国,实干兴邦"。而在这里,一些官员不把心思放在实际工作上,却用在弄虚作假上,他们修的这面墙不仅堵在群众眼前,更堵在了群众的心坎上。

　　这条消息很像一则醒世寓言,语言简单干净却不失犀利。特别是将三个村民假意或真心的看法组合在一起,更具讽刺意味,直言不讳地指出了某些地方基层根深蒂固的形象政绩论。新闻播出后,大刘村立即停止了施工。当地政府也以此为鉴,开展了求真务实大讨论活动。

　　然而,并不是所有的新闻故事化处理都能获得掌声。中央人民广播电台中国之声

---

① 广播消息:"挡丑墙"揭了谁的丑[EB/OL]. http://news.xinhuanet.com/zgjx/2013-06/19/c_124879058_2.htm,2017.5.21.

《新闻纵横》的双日播子板块《新闻面孔》，值班编辑崔天奇凭借京味儿十足的口语表达和故事化的新闻述评赢得不少听众喜爱。2017年4月14日，该节目播出了一条新闻：人脸识别技术帮助一位被拐卖到福建的男子找到了重庆的亲人，里面提到该男子有小时候坐长途火车的隐约记忆、对烤鱼味道有特别的"亲近感"。结果却被网友转述成了"通过吃烤鱼发现自己是被拐卖的"，一度在网上被传为"吃烤鱼寻亲事件"刷屏，还引来"假新闻"的质疑声。

可见，虽然新闻的故事化表达能够基本尊重新闻事实。但是，前后逻辑关系可能会被模糊弱化。加上语言表达把握不到位，很容易使听众对新闻产生误读。虽然事后中国之声官方微博、微信都进行了说明，并举证没有制造假新闻，但如此多网友在听过报道之后都被误导，撰稿人也不得不承认该稿件并不高明。

三、广播新闻的可视化

广播是声音的传播，"听广播"是固定搭配的词组。早在2007年，业界就有了对广播可视化的讨论，"所谓可视化，是指有关广播的信息可以通过视觉得知，或是通过视觉得知广播信息，从而被吸引去收听广播、关注广播。"[①] 这个定义捍卫了广播自身在可视化中的主体地位，也预示了当下许多广播电台面临的可视化误区——认为可视化就是脱离广播办电视，另起炉灶做视频和图文。

广播新闻类内容的可视化手段，除了各种固定和流动的视觉宣传，在内容生产上大抵分为两种：一是现场直播，直接在重大新闻事件的现场出现，例如设置临时直播间，将新闻当事人和其他要素融入节目，同时吸引现场参与者对主持人、临时直播间、技术设备、宣传品等的好奇心，客观上起到关注广播新闻生产过程的效果，进而促进新闻现场人员转化为节目的反哺者；二是广播参与或者直接生产视频内容，通过电视、网络播出节目的视频画面，用看似分流听众的方法吸引更多的潜在听众。到今天，上述可视化方式已经屡见不鲜，在各级电台都有尝试。

（一）临时直播间、直播车提升广播现场直播的可视化效果

与以往重大新闻事件发生时，记者通过现场报道来传达信息不同，在技术条件允许的情况下，如今，以临时直播间搭建或者直播车现场直播的方式，成为广播新闻报道呈现的首选方式。

这类现场直播不仅能够更加直观地展现新闻现场，随时邀请新闻当事人进入临时直播间或直播车，还对节目或频率有非常好的宣传作用。在现场直播中，除了有播出人员负责节目的制播，还常有协助人员在临时直播间或者直播车周围开展与直播相关的互动活动。

例如，2017年春运期间，中央电台中国之声、中国交通广播和东广新闻台联合直播的"2017年春运特别节目"《温暖回家路》，连续两天在上海火车站的南广场进行了现场直播。在直播现场，除了设立了直播车和大型的展板，旅客还可以到直播车前，

---

① 梁海泉. 广播可视化的探索［J］. 中国广播电视学刊，2007（2）.

免费领取一张《春运特别直播明信片》，旅客可以把给亲人或者朋友的祝福留下，将会有专人替旅客免费邮寄。主持人从介绍所处位置开始，通过现场的细节和观察进行提问，让在现场收听节目的旅客有参与感，让通过直播收听节目的听众有现场感。同时，车站工作人员的解答和安全提示都有工作中遇到的真人真事作为案例，可信度更高。见微知著，对全国的旅客朋友都是有价值的服务信息。

（二）广播制作视频内容播出

广播节目的视频播出成本随着互联网技术的发展在急剧降低，但这里提到的视频播出，与主持人使用手机等智能终端对直播过程和环境进行的展示直播仍有所区别，广播节目的视频播出，至少应该符合两个前提：一是事先经过策划，有基本的拍摄脚本；二是播出内容有必要进行视频播出，听众通过画面可以获取声音之外的其他有效信息。

（三）广播与电视节目同步播出探索

厦门广电集团新闻中心在电视新闻节目《厦视直播室》中开辟了《996电视连线》栏目。在新闻广播直播室里架设摄像机，当直播节目《厦视直播室》进入《996电视连线》环节时，电视将信号切到广播直播室，用"双视窗"的方式让广播主持人也出现在电视屏幕上。广播主持人用说新闻的形式将当天广播收集到的最及时、有效、精彩的资讯通过电视和广播同步播出，时长五分钟左右。对于正在发生的突发事件，《996电视连线》在第一时间播报的同时，还可以通过三方通话的方式，在直播中连线采访正在事件现场的相关人员。例如2009年9月11日傍晚六点半，杏林一座两千平方米的仓库突然发生大火，火势凶猛，并且有员工被困。当晚的《996电视连线》直播中，广播主持人现场连线在火灾现场的消防负责人，通过对方对现场的描述，让市民了解到最新的火灾动态。广播第一时间、第一现场的媒体优势利用《996电视连线》和电视巧妙地进行了结合，取得了良好的效果。①

但事实上，想要突破行政和技术上的壁垒实现广播电视同步播出，在实践中还存在很多困难。从时间安排上来看，广播和电视各有定点广告需要播出，起止时间几乎不可能完全重合，在衔接上就必须有一方做出牺牲来"等"另一方，往往是由广播节目通过加播垫乐来弥补的。从内容编排上来看，由于广播节目和电视节目的编辑团队不同，又都是本地化的民生新闻节目，难免会出现所选新闻"撞题"的情况。如果事先不做好沟通，可能会出现重复播出，或者选题临时被撤的尴尬。

（四）广播的新媒体视频直播

2016年3月4~15日，中国之声两会特别节目《直通北上广》增加了"视频直播""弹幕互动"的元素。在视频呈现和平台选择方面，节目在直播间设立了2个机位（一个特写、一个全景）、在导播间设置1个机位（新鲜主播现场观众真人秀），通过5个不同属性的网络视频平台进行直播——在央广网采用音视频、文字同步进行的PC端网页直播；在网易新闻客户端采用一路视频信号（导播切换）、文字、互动相结合的直

---

① 李娜. 广播与电视融合的新探索——浅谈厦门广电集团新闻中心《996电视连线》栏目［J］. 新闻天地（下半月刊）. 2011（7）.

播；在新兴平台"乐视乐嗨"直播和"360水滴"直播提供三路机位网友自选、弹幕互动的直播；在优酷自媒体频道注册账号，采用三路机位同屏呈现、聊天室即时互动的"画中画"直播。根据各个合作方提供的不完全统计数据，中国之声特别节目直播期间，视频直播渠道总页面浏览量（PV）超过120万，排重用户数（UV）也在近百万量级，且整体趋势持续上涨。①

2017年，中国之声直播间进行了全新视频化技术改造，加装了大屏幕，《直通北上广》节目也将部分数据资料、互动信息等图文信息展示在了大屏幕上，如图2-3。值得探讨的是，虽然主持人用语言描述了图标所展示的内容，但依然不能弥补广播渠道听众无法观看到画面的信息缺失。

图2-3 《直通北上广》视频直播截图

杭州之声在2016年8月9日宣布打造全视频广播战略，激发媒体融合的新势能，先后和新浪、网易、360水滴直播建立合作，跨界互联网视频直播，逐步构建了一个集"广播+微信+微博+视频传播"的全媒体平台，实现了新闻信息的多点传播。在筹备G20杭州峰会过程中，杭州之声从7月28日开始，推出G20杭州峰会倒计时30天"喜迎G20，我看城区新变化"系列直播。在《望江门外南落马营 体育文创新潮流》的直播中，对于该地块的前世和今生做了详细展示。南落马营在南宋是官员进城下马的地方，30年前是一片煤场，整治前是老厂房、旧仓库、废弃空地，今后经过提升改造，将变身足球场、健身馆、体能训练中心、极限运动区。记者掌握了大量的历史资料，直播运用描述、议论、抒情等多种表现手法，对百姓期待的提升工程进行客观呈现。多点融合直播让听众在收听的同时，能够看到现场的情景、话语、音响，使听众如同身临其境。新媒体平台的点评功能也加强了与网友的互动。记者陈雷在跟随市民体验的直播中，高温下连续奔波，衣服湿透，有网友立即留言说："快给这个胖记者撑把伞吧。"很快，视频里就看到有大妈给记者撑伞、有大姐给记者扇扇子，融洽的气氛让传播者和听众之间产生了浓厚的情意。多媒体融合传播形成线上线下的互动和叠加效应，不仅让节目的收听率创出新高，而且这组90分钟视频直播累计突破了21000人次观看，参与点评3000余人次，在网易浙江直播周排名中位列第一。②

---

① 庄媛、周星呈. 广播可视化的创新与思考——以中国之声为例［J］. 新闻世界，2016（6）.
② 沈麟、唐蓉. 新广播 全视频——FM89杭州之声打造全视频广播战略［J］. 传媒评论，2017（1）.

不得不承认，广播新闻的可视化在一定程度上利用了传统广播听众对广播神秘感的向往，是一种窥探心理。这也是很多广播视频直播明明还不成熟，却吸引了大量观众的原因。但可以明确的是，随着媒介竞争的加剧，广播新闻的可视化必须通过巩固传统优势、开发创新题材等特色化的尝试，才能赢得更多用户。

四、广播新闻的长尾化

近期互联网领域流行"头部内容"（自然垄断）之说，看似是对长尾理论的一种"否定"，实际上是"品类之间"和"品类内"站位角度不同，导致的一种差异。长尾理论和自然垄断法则两个理论其实并行不悖。[1]

在广播内容生产过程中，当所有广播节目都在播放同一主题内容的时候，热门也就成了普通，竞争也就失去了意义。对于细微服务、细小存在、分散个体的重视和价值挖掘构成了"长尾"文化的基础。[2]

（一）调查报道：关注微小个体

"草根"一词直译自英文"Grass Roots"，有人认为它有两层含义：一是指同政府或决策者相对的势力，另一种含义是指同主流、精英文化或精英阶层相对应的弱势阶层。调查报道主题逐渐增加对普通个体的关注，呈现出草根化趋势。对个体的关注，是对群体的具象观察，使报道不流于空泛。也有助于在形成公共事件或社会现象之前，捕捉重要新闻细微的苗头，提前或立即展开采访报道。这样的变化，除了要求记者必须具有极强的新闻敏感性，往往还需要扎实的采访和长期的蹲守。

2015年，山东平邑"12·25"石膏矿垮塌事故发生后，记者立刻奔赴零下18度的野外矿难现场，日夜坚守，实时报道救援进展。山东平邑"12·25"石膏矿垮塌事故救援是我国首例、世界第三例采取垂直地面打孔成功救人的案例，但正因救援难度大、持续时间过长，没有人能预知它是否会成功，许多媒体都放弃了在现场的跟采。而中央人民广播电台山东记者站的记者们却在现场连续采访了一个多月的时间，最终创作出广播新闻特写《生死救援36天》，并获得2016年亚广联奖新闻报道类大奖。评委评价"这是一篇特别的新闻报道。该作品将救援期间前方记者高质量的新闻现场报道与新闻专题节目结合，通过事实与细节讲述矿工成功获救的故事。节目很好地表现出救援现场的紧迫感和节奏感，通过叙事重构与高品质的制作，将这种紧迫感和节奏感统一起来"主创人员曾分享，当时要通过官方了解情况，在当时根本不可能。矿难发生第6天，救援人员发现了4名幸存矿工，这也是整个救援过程的一个重要节点。然而，为了保证救援不受干扰，这4人身份被严格保密。记者们决定自己查清所有下井人员及生还人员名单，用排除法确定哪些人被困井下。几名记者分头行动，到矿井周边的几个村庄，挨家挨户打听谁当天下井，谁没有回家。而《生死救援36天》则是这样结尾：

22点56分，最后一个来到地面的华明喜，终于看到了阔别36天的世界。

---

[1] letgocn. 马东说只有做头部内容才能赚钱，然而长尾理论并非处处适用. 钛媒体 2017-06-06.

[2] 周云倩、吴诗祺. 网络舆论监督的长尾效应 [J]. 新闻爱好者, 2009 (18).

记者："你为什么要睁着眼呢？因为不让你睁眼啊。"

华明喜："我想看看救我的这些人，我衷心谢谢他们了。"

【掌声】

【音乐】

山东平邑"12·25"矿难，有 15 人先后获救。另有 1 人遇难，13 人失联。他们是：管庆海、管庆社、管庆行、陈修春、赵志军、赵志强、董德华、孔宪宝、李兆连、毛可斯、孙付银、王兆国、王宝印、汪时训。

这 14 人的名单，正是当初通过逐村摸查，了解到了被困的 18 名矿工的姓名，再去掉获救的 4 人而形成的独家信息。节目最后，在低缓的音乐声中，记者慢慢把一个个名字念出，直击听众心灵。这份遇难人员名单，使听者潸然泪下，更为作品增添了温暖深厚的人文关怀。①

其实，这样的创新，不仅体现了广播新闻关注角度的平视，还体现了广播新闻采编力量和采编设备的日益升级。如果没有明确的分工、充足的后勤保障和足够耐用的采访机，如此艰苦、漫长的采访也难以完成。

（二）舆论监督：对议题的重设

在舆论监督性报道中，从长尾理论和议程设置理论两个角度来看，某些在需求尾部的烂尾议题似乎也容易引起听众的关注。

北京新闻广播《新闻热线》2016 年 1 月 5 至 8 日曾连续四天推出"实事落实没"系列调查。以每年年初市区各级政府都会列举出的诸多"为民办实事"工程为入手，调查一年过去它们渐渐被遗忘时，这些工程是否如期完工、民众是否感受到工程的效果？报道选取了地铁厕所改造、停车示范小区、火灾报警器安装、书香东城等"实事工程"调查落实情况。7 月 14 至 17 日，又连续 4 天推出京城道路"蜗牛工程"系列调查及述评。针对市政府多年提出的一系列"缓堵工程"进展缓慢，一拖数年，逐渐成为居民眼中的"蜗牛工程"这一现象，对这些"蜗牛工程"予以调查。②

尾部议题被重新设置，在一定程度上杜绝了烂尾新闻的出现。而这些议题，也并非不吸引人，这就要求记者在议题的开发和选择上下好功夫。

因此，对于广播新闻类内容的创新，不一定都把眼光放在大新闻、热点新闻上，只要是从最好地服务大众角度出发，从新闻理想、从新闻执业者职业操守出发，以此为起点，才可以掌握广播新闻类内容创新的核心点。为了创新而创新的实践，是支持不了多久的。

五、广播新闻业未来趋势

（一）广播微信公众号平台开发前景

各大广播客户端，似乎从创业阶段就不被看好。首先，安装一款聚合式音频客户

---

① 刘华栋. 关注人 吸引人 打动人——广播特写《生死救援 36 天》创作谈 [J]. 中国广播，2017（1）.

② 北京台内部资料.

端几乎就能听到所有国内电台的节目，没有必要单独加装一个独立客户端。其次，广播媒体多由外包技术团队开发客户端，用户体验差。再者，内容方面并没有过人之处。在惨淡经营中，为了吸引流量，国内某省级电台甚至切断了本台在其他客户端的直播信号，想以垄断的取胜，却遭到听众一片质疑。

广播客户端的用户在未来虽然可能有所增加，但流量和用户黏性依然难以与微信公众平台匹敌。目前来看，经营好微信公众号平台比盲目开发客户端回报率更稳健。

（二）广播新媒体矩阵有效开发空间大

传统电波在目前的技术下只能传播声音，而新媒体平台则可以传播声音、图像和文字等多种元素。如果仅仅将客户端、微信公众号作为广播频率的附属宣传品，实在是有些暴殄天物。如今，大多数广播媒体的客户端、公众号都是以本台动态、节目收听为主，辅以其他典型网络热帖性质的推送内容。数据虽还不错，但特色不足，非常容易被替代。

随着广播媒体新媒体生产经验的积累和团队的成熟，新媒体团队有望获得与节目采编团队平等的采访权和绩效考评体系，进行差异化生产，并可将生产内容纳入中央厨房参与共享。目前能够基本形成这一格局的是中央电台旗下的央广新媒体矩阵，未来，这一领域的探索将更为普遍。

（三）广播点播和二次传播催生广播内容"碎片化"

广播节目的碎片化，可以从两个维度来解读。形态上，可以理解为广播节目的时长精简，把原本完整的广播节目打成碎片播出。逻辑上，可以理解为将广播节目的内在逻辑简单化，避免过于复杂的逻辑关系，可随时中途收听。

碎片化广播节目是基于网络个性化内容的推送与点播需求出现的新的广播节目样态趋势。它的应用价值首先在于能够有效解构常态类型节目，把节目形态升级成为"碎片化+精品化+模板化"的"新综合台"节目模式。[①]

在新媒体二次传播时，一档完整的新闻节目，往往会被切割成数个小版块。如果内在逻辑太强，无法切割，一般来讲很难吸引用户点击完整收听。未来的广播新闻节目需要探索这类"小而美"的内容轻骑兵样式，作为广播新闻类节目模式创新的一种重要类型。这意味着未来优质的固定子板块甚至会赢得比母栏目更多的知名度，在内容结构模式上不断推陈出新，促进广播声音内容的有效表达、有效推送、有效到达，促使声音媒体在多媒体竞争中保持旺盛的竞争实力。

（四）广播复合型、广播新技术从业者需求激增

广播人才的培养和需求一直以来都是以一专多能的复合型人才为目标，特别是随着广播可视化和媒介融合的发展，一个工种所承担的工作越来越多。许多节目的制作人身兼数职，不仅需要独立完成采编播任务，还承担了大量新媒体的运营工作，需要熟练掌握HTML5等不断迭代的新技术。这样的用人模式无疑大大节约了生产成本，对

[①] 黄卉. 从广播节目的碎片化看广播媒体的发展趋向[J]. 中国广播, 2014 (1).

个人能力也是绝佳的锻炼。

在广播新闻可视化普及之后,许多电台纷纷设立了符合电视播出标准的高清直播间。那么,这样的技术机房必然需要聘请专业工程师、导播和放像等工种来完成操作。可以想象,在不远的将来,还会有更多新闻采集、制作、播出分发等技术手段参与到广播新闻内容生产中,凸显声音传播要素的价值。

第三章 广播音乐类内容创新

音乐节目是取之于社会音乐、汇集社会音乐之精华，经过音乐编辑选择、加工的再创作，利用广播技术录制，通过无线电波播送，以声音材料，完全诉诸听觉的、独特的广播节目类型。[①] 音乐与广播的结合不仅为音乐的普及与传播提供了效率，也为广播的发展创新了内容。音乐广播除播出各类声乐及器乐作品、音乐知识、音乐教育专题外，还播出歌剧舞剧的音乐录音剪辑、选曲、音乐故事和音乐广播剧等，拥有广泛的听众基础。[②]

我国音乐广播是伴随着20世纪20年代广播事业的兴起而诞生的。音乐广播在整个广播中占有重要地位，不仅指其在播出时间、市场份额中所占的比重，更重要的是音乐广播作为一门艺术，正在迅速、广泛而高质量地发挥其教化、欣赏、娱乐、审美功能，对我国社会主义艺术繁荣发展产生着深远的影响。[③]

第一节 音乐广播的历史与现状

一、早期音乐广播历史概况

（一）1920—1930年代音乐广播

1924年，北洋政府交通部公布我国历史上第一个广播法令《装用广播无线电接收机暂行规定》。1925年，中国开始自行筹建广播电台，当时北洋政府交通部派人在北京、天津试验通过无线电传送音乐初见成效，后因政局动荡而夭折。1927年，奉系军阀控制的东北无线电长途电话监督处在北京建立广播电台，呼号为COTN，每天从下午3时起，连续播音7小时，十分之九为娱乐节目。开播初期，主要转播六国饭店的跳舞音乐，后来开办了音乐、曲艺等节目。私人经营的商业广播电台——上海新新广播电台也在1927年开始播音，其中有少量音乐节目。

1927年，以蒋介石为代表的国民党建立起全国性政权。1928年在南京创办"中央广播电台"，呼号为XKMC。宣称"嗣后所有中央一切重要决议、宣传大纲以及通令通

[①] 赵玉明、王福顺. 广播电视辞典 [M]. 北京：北京广播学院出版社. 1999：130.
[②] 王贤波、叶帆. 广播文艺节目编辑与制作 [M]. 广州：中山大学出版社. 2015：184.
[③] 王雪梅. 中国广播文艺理论研究 [M]. 北京：中国传媒大学出版社. 2011（5）：121.

告等,均由本电台传播",而文艺节目只是点缀而已。1929年国民党政府公布《电信条例》,允许民间经营广播电台。30年代初期,部分大中城市出现了一批民营广播电台。1931年九一八事变以后,民族危机日益严重。在抗日救亡运动的浪潮中,上海市的少数民营广播电台冲破国民党政府的禁令,反复播出《义勇军进行曲》《毕业歌》《热血》等抗日歌曲,对高扬爱国主义旗帜、振奋士气起到了积极的作用。[①]

(二) 1940—1949年代音乐广播

中国共产党领导的第一座人民广播电台——延安新华广播电台在1940年12月30日诞生,呼号XNCR。当时的广播技术条件极为困难,广播时间有限。即使在这样的环境和条件下,仍然安排了一定比例的文艺节目。延安新华广播电台建台不久,毛泽东同志把自己保存的一批进步音乐、歌曲唱盘送给电台使用。《渔光曲》《兄妹开荒》等唱片在电台反复播送,这是党的音乐广播的先声。

1945年,延安新华广播电台邀请鲁艺文工团面对话筒直接演播节目。演播的歌曲《东方红》《庆祝胜利》《有吃有穿》别具一格,生动活泼。并通过电波送达解放区和国民党统治区,人们闻之耳目一新,精神大振。1947年,陕北新华广播电台应听众增加文艺节目的要求,特别在周日增加《星期文艺》专栏,专门介绍解放区的民歌、音乐等文艺作品。同年,电台编播人员联合新华社、报社人员,为纪念冼星海逝世两周年,排练并直播《黄河大合唱》,由播音员齐越担任朗诵,孟启予担任《黄河怨》独唱,王讴担任指挥。整个直播激动人心,传为佳话。随着解放战争的胜利临近,广播条件开始好转,文艺广播节目渐渐增多和丰富,革命歌曲、民族民间音乐等都陆续进入了广播。[②]

(三) 1950—1970年代音乐广播

中华人民共和国成立后,人民广播文化娱乐的作用被高度重视,成为广播宣传的三项任务之一。1950年代初第一届全国广播工作会议把"播送优秀的文艺作品"作为广播电台的五项任务之一。其后连续几年召开全国广播工作会议都对广播文艺工作作了部署。同时音乐在广播节目播出中的比重不断上升,影响逐渐广泛。

最早单独把音乐作为广播中一个独立部门成立的是中央人民广播电台。1951年中央人民广播电台成立文艺广播编辑部,1952年下设音乐组,1955年,分别成立音乐广播部和文学戏剧部。同年中央人民广播电台建立了广播文艺节目资料库,到1958年中央电台文艺节目库存磁带8万盘。

1960、1970年代,音乐广播的发展一度受到严重影响,广播音乐节目的市场萎缩,广播的功能异化。1970年代末,音乐广播的审美功用得到重新重视。广播科技的进步为满足人的求真、求美的心理需求提供了现实可能。在节目样式上出现了广播音乐板

[①] 张凤铸.中国广播文艺学 [M].北京:北京广播学院出版社.2000 (8):35.

[②] 杨波.中央人民广播电台简史 [M].北京:中国广播电视出版社.2010 (12):134.

块节目,如中央人民广播电台广播文艺《音乐天地》《海外乐坛》节目等。

其中有些广播音乐节目如北京电台的《每周一歌》,重庆电台的《音乐彩虹》等还创出特色成为听众心目中的名牌节目,并由此产生了改革开放以来最早的一批广播音乐名牌节目、栏目和名牌主持人。

这个时期,广播音乐节目、栏目还进行板块化、品牌化、主持明星化的最初探索和实践,适应了广播音乐的发展规律和听众日益增长的审美需求。①

二、类型化音乐广播的建立

进入1980年代,音乐节目作为文艺节目形式之一在各个电台中占据重要位置,节目播出时间逐渐增长。以中央人民广播电台为例,1987年,音乐广播节目占一、二、三套文艺广播时间的72%左右。② 从音乐广播的发展类型来看,我国的音乐广播大致经历了综合化文艺广播、系列化音乐广播和类型化音乐广播三个阶段,逐步踏上由栏目化、综合化向专业化、类型化转变之路。

(一) 综合化音乐广播

综合性音乐台是1980年代音乐广播的主要发展模式,它指的是将音乐、戏曲、综艺等文艺节目放在同一频率播出,是真正的"广播"时代。这种音乐广播的模式以中央人民广播电台第三套文艺广播为代表。1981年中央人民广播电台开办了第三套调频立体声文艺广播,每天播出5.5小时的文艺节目,虽然仅限于北京地区收听,但她标志着我国广播事业的进步,也是我国独立音乐广播事业开端的标志。

伴随社会的深刻变化,中国广播的改革不断深入,由于综合化音乐广播的定位模糊,缺乏市场区隔,中央台、省级台和市级台同质化竞争局势促使广播走上专业化发展的道路。③

(二) 专业化音乐广播

随着改革开放的深入发展,经济的迅速发展,要求广播更加具体的、直接地为经济建设服务,为发展市场经济服务。广播事业也在不断地探索出一条新的道路。广播频率专业化是指广播电台对节目内容重新定位和划分,将内容一致或相关节目放在同一频率中播出,从而使节目在整体布局、编排方式和内容等方面形成鲜明、统一的风格,突出频率定位以及特色,让节目能够较为集中地满足某一特定群体的收听需要,从而实现收听对象的集中化。综合来讲,广播频率专业化发展的两个标准:一是节目内容的"专业化";二是面向特定听众群体的"专门化"。

---

① 刘小寅、邢晓丽. 简述我国音乐广播的发展 [J]. 中国广播电视学刊. 2006 (1).
② 王贤波、叶帆. 广播文艺节目编辑与制作 [M]. 广州:中山大学出版社,2015 (6):183.
③ 周琳蓉. 省级电台音乐广播现状与发展策略研究——以陕西、河南电台音乐广播为例 [J]. 交响-西安音乐学院学报. 2012 (3).

我国广播业发展的趋势从"广播"向"窄播",背后是"受众细分"所产生的结果。我国广播电台在1990年代掀起创办专业台(或称系列台)的热潮,包括有音乐台、经济台、交通台、文艺台、英语台、教育台等。其中,北京电台在1993年1月开播的音乐台影响力最大。当时北京音乐台拥有《中国歌曲排行榜》《全球华语歌曲排行榜》《974爱车音乐时间》《彩铃乐翻天》《校园民谣》《古典也流行》等名牌栏目。[①] 尤其是《中国歌曲排行榜》成为北京第一家排行榜类流行音乐节目,很多优秀的音乐作品都从这里开始流行起来,成为街头巷尾广为传唱的金曲。北京音乐台盈利额也位居北京各台前列。[②] 此后,在北京音乐台的带动下,全国各地纷纷掀起兴办音乐台的浪潮。

(三) 类型化音乐广播

1. 类型化音乐广播产生背景

1990年代中期以后,随着互联网、手机短信、有线电视等新兴媒介快速发展,专业化音乐频率不仅遭遇了同质媒介的竞争,而且与异质媒介抢夺受众的竞争也日趋激烈。专业化电台节目之间"撞车"现象较为普遍,造成一定的听众流失,收听率下降,广播影响力和竞争力滑坡现象。类型化电台编排模式开始映入国人眼帘。

类型化电台是20世纪60年代由美国兴起的一种电台模式,又称格式化电台(Format Radio)。与它相对的概念是栏目化电台,或称堆砌栏目的电台(Block Programming Radio)。在美国,最早出现的类型化电台是音乐台。类型化广播从美国发源,20世纪70年代传入台湾,21世纪初再由台湾资深传媒人引入中国大陆开始实施。[③] 类型化广播的出现是当时广播为适应媒介系统内部竞争,而寻求的有效路径和表现方式,是广播媒介在当时媒介形态竞争中求得生存和发展的必然选择。

2. 类型化音乐广播的定义

如果说频率专业化形态实现的是从"大众"转向"分众"传播,那么,频率类型化形态则是对广播"分众"市场进行的细分与重构。类型化电台是一种经过了明确的听众定位和市场定位的商业化广播运营模式,它通过标准化生产、流程化运作、循环式播放传播,最终达到频率整体风格统一的目的。类型化电台淡化栏目、节目,凸显整个频率的面貌。采用为时钟式编排模式,按照时序滚动循环播出,各个部分之间存在较为完成的统一性与连贯性。

类型化音乐广播,以精准的目标定位、纯粹的节目内容、标准化的运行模式,让听众耳目一新。21世纪初期,中央电台音乐之声开启广播类型化节目运营模式,而北京音乐台基本延续以栏目为单位的专业化频率模式,两个频率节目模式对比见表3-1。

---

① 李欣. 类型化广播的中国发展道路 [M]. 北京:人民出版社. 2015 (12):62.
② 邓炘炘. 动力与困窘. 中国广播改革体制研究 [M]. 北京:中国经济出版社. 2006 (9):185.
③ 王丽. 中国大陆类型化广播发展策略研究 [C]. 武汉. 武汉大学. 2010 (4).

表 3－1　北京音乐台 2002 年节目时间表（节选）[1]

时间	星期一	星期二	星期三	星期四	星期五	星期六	星期日
00:00 00:30	浪漫情歌	人间有爱	浪漫情歌	零点乐话	校园民谣	"97498"	零点乐话
01:00 01:30	网络奇缘						网络奇缘
02:00 02:30	特别创意		丰联明星面对面	香港风景线	俄罗斯风情		来自乐的音乐问候
03:00 03:30 04:00	星期音乐会	设备检修	发烧门诊部	中国影视金曲	97.4音乐沙龙	迷人的歌剧	97.4视听室 香港风景线
04:30	迷人的歌剧		世界名曲音乐会	人间有爱	世界音乐潮	世界名曲音乐会	通俗音乐会
05:00	民间逍遥游					七台精彩节目连播	广播之友

......

时间	星期一	星期二	星期三	星期四	星期五	星期六	星期日
09:00 09:30	你好 TAXI					中国影视金曲	相会 世界名曲音乐会
10:00	现代音乐时空					通俗音乐会	世界名曲音乐会
10:30	北京印象动感时空						明珠市场周日现场
11:00	每周一歌 97.4 收听指南					音乐礼品卡	
11:30	绝对现场之交大嘉园	雪碧原创歌曲榜	绝对现场之交大嘉园	雪碧原创歌曲榜	绝对现场之交大嘉园	雪碧原创歌曲榜	雪碧原创歌曲榜
12:00	音乐礼品卡						音乐礼品卡

2002 年 12 月中央人民广播电台音乐之声正式开播，成为中国标准类型化广播发展的起点。音乐之声以"我要我的音乐"为频率口号，专注播出华语流行音乐。全天播出时间按照 2～3 小时段区隔，划分出 8 个播出区块。规定主持人的讲话时长，严格控制不超过 7 分钟。频率风格 18 小时整齐划一，主要契合 18～45 岁人群对华语流行音乐和时尚娱乐资讯的收听期待，如表 3－2。

表 3－2　中央电台音乐之声 2003 年节目时间表[2]

时段	周一至周五	主持人	周六	周日	主持人
06:00 07:00 08:00	音乐太阳能（3 小时）	张东	音乐深呼吸（3 小时）		田龙

---

① 王丽. 类型化音乐广播的知与行 [C]. 北京：中国广播电视出版社. 2011 (9)：67.
② 王丽. 类型化音乐广播的知与行 [C]. 北京：中国广播电视出版社. 2011 (9)：68.

（续表）

时段	周一至周五	主持人	周六	周日	主持人
09：00 10：00 11：00	音乐任我行（3小时）	章莹莹	音乐维他命（3小时）		
12：00 13：00 14：00	音乐快餐车（3小时）	钟晓光	音乐 LIVE（3小时）		
15：00 16：00 17：00	音乐下午茶（3小时）	苏 宁	音乐周末派（3小时）		
18：00 19：00	音乐无极限（2小时）	楚 悦	音乐放轻松（2小时）		
20：00	MusicRadio TOP 排行榜（1小时）	钟晓光	音乐标榜 （1小时）	音乐西洋镜 （1小时）	
21：00	音乐 VIP（1小时）		音乐点播站 （3小时）		黎 春
22：00 23：00	音乐第六感（2小时）	查可欣			

3. 类型化音乐广播效应

从1978年至今，类型化广播改革成为中国新闻改革三十年当中对广播媒体来说最富有成效的，也是最有影响力的改革之一。① 例如，中央电台音乐之声不仅创造出全华语市场最专业的流行音乐频率，而且创造出不俗的经济效益。推出刚刚一年，频率盈利达2000万，猛增10倍。根据央视市场研究调查报告，与2002年相比，中央人民广播电台音乐之声在2003年3月～8月的周到达率由0.38%提升到1.54%，相当于增加了100多万听众。② 十多年来，音乐之声以每年递增19.77%的经济效益领跑着中国音乐广播。③

音乐之声模式产生了一定的影响和示范作用，几年时间里，全国有近40家省市电台纷纷借鉴，类型化音乐广播如雨后春笋般涌现。④ 2004年湖北第一家省级类型化音乐频率"Fun Music Radio"（现湖北总台文艺广播）成立；2006年5月武汉文艺广播电台改呼号为武汉人民广播电台音乐台，推出全天20小时音乐不间断类型化音乐广播。⑤ 2005年东北第一家类型化音乐广播大连音乐台开播，频率定位为"打造城市背景音乐"。2006年，改版后的南京音乐台节目形态严格执行AC（当代成人流行音乐广播

---

① 王丽. 类型化音乐广播的知与行［C］. 北京：中国广播电视出版社. 2011（9）：181.
② 邓炘炘. 动力与困窘. 中国广播改革体制研究［M］. 北京：中国经济出版社. 2006（9）：186.
③ 章莹莹. 类型化电台DJ的角色定位［J］. 中国广播电视学刊. 2014（4）.
④ 刘晓龙. 打造富有时代特质和更具竞争力的新型音乐广播［J］. 中国广播. 2015（1）.
⑤ 王贤波、叶帆. 广播文艺节目编辑与制作［M］. 广州：中山大学出版社. 2015（6）：198.

Adults Contemporary）节目标准，成为省内第一家完全按照类型化模式操作的电台。[①] 上海音乐广播在近十年间先后开办面向年轻听众的流行音乐广播"动感101"，播放经典流行歌曲的"Love Radio 103.7"和播放古典音乐的"经典947"3个音乐频率。

三、音乐频率的发展现状

截至2014年年底，根据央视—索福瑞所调查的全国36个主要城市，共有音乐类频率79个。音乐频率"跨领域"现象普遍，在名称定位于"音乐"的79个频率中，有包括"交通音乐广播""音乐生活广播""都市音乐广播""旅游音乐广播"等20个频率同时在名称中涉及了其他领域。大多数城市都拥有2个以上的音乐广播频率。[②]

目前音乐广播已经与新闻广播、交通广播一起，成为我国广播的三大主要频率。根据央视—索福瑞媒介研究（CSM）2016年广播四波调查数据显示音乐频率市场份额在所有专业类频率中排名第三位，听众规模大，具有较强竞争力。

（一）音乐类频率整体竞争力

1. 音乐类频率在各专业频率拥有较强竞争力

从2016年各专业类广播频率的收听情况来看，新闻综合、交通和音乐三类频率所占市场份额之和超过七成。其中，音乐类频率以18.74%的市场份额排在第三位，[③] 且连续三年在各类频率的竞争中保持着稳中略升的态势。

2. 音乐类频率听众规模较大，忠实程度尚待提升

音乐类频率拥有较大的听众规模，平均到达类均超过13%。但音乐频率的听众忠实程度不高，为6.25%，低于各频率平均水平，如图3-1。未来，音乐频率在市场竞争中，不仅要获得听众规模的提升，更要在提升听众忠实收听上进一步着力。

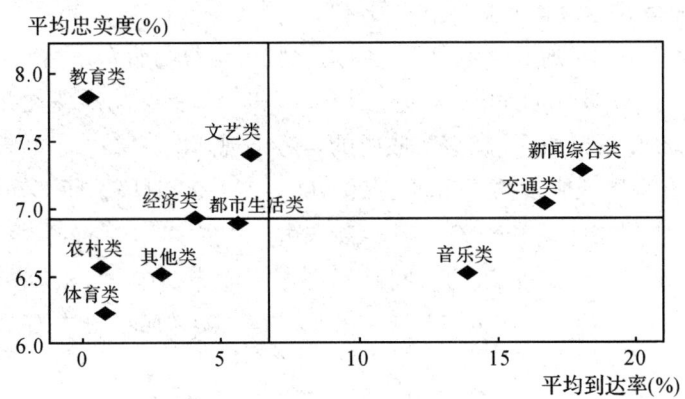

图3-1 2016年各专业类频率平均到达率与平均忠实度比较[④]

---

① 王丽. 类型化音乐广播的知与行［C］. 北京：中国广播电视出版社. 2011（9）：55.
② 中国广播电视年鉴编辑部. 2015中国广播电视年鉴［J］. 2015（11）：212.
③ 何庆金. 雅俗共赏，寓教于乐——2016年文艺类频率收听状况分析［J］. 收听研究. 2017（1）：26.
④ 秦政. 2016年音乐类广播频率收听概况［J］. 收听研究. 2017（2）：11.

3. 音乐类频率在不同场所的竞争表现相对稳定

音乐类频率在不同收听地点的市场份额在"在家"（16.73%）"车上"（20.49%）"工作/学习场所"（29.00%）"其他场所"（25.16%）等不同场所的收听表现具有较好的稳定性，收听份额分布较为均衡，没有显著差异。尤其在"工作/学习场所"的市场份额为29%，表现相对突出。

（二）音乐广播频率整体收听状况

1. 音乐类频率收听时间缓幅递减

媒体类型的多元化使听众拥有更多的媒体消费选择。广播媒体面临着听众消费资源被新媒体分流的现实，广播媒体的人均收听分钟数从2012年的81.21分钟下降至2016年的68.96分钟，并且呈现逐年递减的趋势。

与广播总体收听时间的变化情况相较而言，音乐类频率的降幅则相对平缓。纵观2012－2016年音乐类频率的收听时间变化，虽然整体呈现下滑趋势，但降幅并不明显，收听时间基本保持相对稳定。特别自2014年后，音乐类频率收听时间更为趋稳。

2. 音乐类频率收听早晚高峰明显

音乐类频率早间收听高峰时段为07：00～10：00，但与新闻综合类、交通类频率相比，呈现出"有高原无高峰"的特点。音乐类频率晚间收听高峰时段为20：00～21：00，且峰值略高于新闻综合类和交通类频率。

音乐频率早高峰知名栏目有江苏经典流行音乐广播的《阳光倾城》、无锡广播电视台汽车音乐广播FM91.4/AM900的《早安无锡》和济南电台音乐调频FM88.7的《887城市Morning Call》等。晚高峰知名栏目有辽宁乡村广播的《流浪音乐》和湖北经典音乐广播FM103.8的《音乐好享受》等。

3. 听众作息规律影响音乐类频率不同场所收听走势

音乐类频率在不同场所收听走势各具特点，收听走势与听众生活工作规律相吻合。早间08：00～09：00时段，音乐类频率"在家"和"车上"均出现收听高峰，收听率超过1%。09：00以后时段，"在家"收听的走势出现渐次下降，而"车上"收听呈现断崖式下降。"在家"收听晚高峰出现于20：00～22：00时段，而"车上"的第二波收听高峰峰值则出现在傍晚17：00～19：00左右。"在家"收听的晚间高峰峰值明显高于早间峰值，而"车上"收听的早间高峰更占据优势。在"工作/学习场所"的收听走势则相对平缓，中午11：30～13：00和下午14：00～16：00左右的收听表现在全天中较好。

（三）音乐类频率听众特征

1. 音乐类频率更受女性、年轻、高学历听众青睐

从听众构成来看，音乐频率的女性、25～34岁、高中及以上学历、初级公务员/雇员和收入4001元及以上的听众占比较高。从听众的集中度来看，女性、25～34岁、大学本科及以上、初级公务员/雇员和个人收入4001元及以上的群体相对更喜欢收听音乐类频率。

2. 音乐类频率在不同场所的听众存在结构性差异

从音乐类频率在不同场所的重点听众构成来看，偏爱在"车上"收听的听众更具有年轻化（25~34岁）、高学历（大专/大学本科及以上）、职业层级更高（干部/管理人员）、男性和收入相对较高（4001元及以上）的特点。

偏爱"在家"收听的听众年龄具有低龄化（10~14岁）和老龄化（65岁及以上）并存的两极化特征，并且呈现出无业、学生、收入水平相对偏低（没有收入/1~500元/501~1000元）的特点。"工作学习场所"的听众则以中年（35~44岁）、高中学历、初级公务员雇员、工人人群为主。

第二节 音乐广播节目创新

一、音乐广播节目概述

关于音乐广播节目类型，因分类角度不同，分类的结果也不同。有学者从音乐类型的角度来看，大致分为三个类型：流行音乐、民族音乐和古典音乐。其中流行音乐可分为中文流行音乐、欧美流行音乐和日韩流行音乐；民族音乐分为民间歌曲、民间歌舞音乐、民间乐器、民间说唱和民间戏曲音乐；西方古典音乐可分为纯音乐和标题音乐。① 也有学者把音乐节目形式分为欣赏性节目、知识性节目、报道性节目、评论性节目、教学性节目、服务性节目、调频立体声音乐节目和音乐广播剧。其中，欣赏性节目包括一般性音乐编排、综合性节目和专题性音乐节目。② 同样，也有学者把广播音乐节目分为：新闻实况性节目（以音乐事件、音乐采访为主的报道性节目）、知识教育性节目、作品赏析性节目和音乐戏剧性节目。③ 按照节目形式的不同，也可以划分为欣赏类音乐节目、杂志类音乐节目、娱乐类音乐节目和情感类音乐节目。④ 此外，从节目样式的角度，也有把广播音乐节目分为：伴随音乐节目、点播类音乐节目、类型化音乐节目（各门类的音乐专题）、各国特色音乐节目、音乐情感节目、音乐排行榜节目、音乐主持人节目、音乐资讯节目和音乐娱乐节目。⑤

综合来看，我国音乐广播节目类型丰富多样，随着时代的发展，研究角度越来越多，节目范围也越来越广，是我国社会主义文艺大发展的印证与缩影。音乐广播特色鲜明，并且时政和意识形态色彩较淡。在广播新闻改革难度相对较大的情况下，从音乐传播创新入手是切实可行的路径。⑥ 多年来，在各地系列台和专业频率变革中，音乐广播频率往往是较早的起跑者与先行者。

---

① 王贤波、叶帆. 广播文艺节目编辑与制作 [M]. 广州：中山大学出版社，2015 (6)：188.
② 王雪梅. 中国广播文艺理论研究 [M]. 北京：中国传媒大学出版社. 2011 (5)：129.
③ 张凤铸、关玲. 中国当代广播电视文艺学. 北京：中国传媒大学出版社. 2016 (10)：186.
④ 郭亚男、关维. 评论类广播音乐节目主持人的优势 [J]. 记者摇篮. 2009 (9).
⑤ 陈洁. 融合新媒体属性发展音乐广播 [J]. 中国广播. 2015 (6).
⑥ 邓炘炘. 动力与困窘. 中国广播改革体制研究 [M]. 北京：中国经济出版社. 2006 (9)：185.

新时期，面对新媒体的蓬勃发展和媒体融合的时代巨潮，音乐广播不畏挑战，抓住机遇，进行大胆实践与探索，积极打造更富传播力、引导力、影响力与竞争力的新型音乐广播。

二、有观点的节目创新

随着媒介的发展和信息渠道的增多，听众所能接触的信息终端日益多元，获取的信息也越来越多。逐渐成熟的听众已不再单纯满足于传统的罗列歌曲、报歌名、介绍歌曲背景的简单传播方式，持有见地、坚守定位、坚持品质、传播能量的音乐节目备受青睐。

（一）音乐节目传递价值观

中国音乐广播改革风起潮涌，但不变的是音乐广播与生俱来的社会功能——传播优秀音乐文化作品，引领音乐潮流与价值主流，传播传达社会核心价值，传承社会公益责任，完成好主流媒体应该承担的社会责任。

比如歌曲排行榜类节目通过为新歌排名的方式，为听众做出相对专业性的客观评析。中央电台音乐之声的两大品质节目《中国 TOP 排行榜》《全球流行音乐金榜》和全国唯一经中宣部批准的国家级流行音乐颁奖典礼"中国 TOP 排行榜颁奖盛典"，使音乐之声成为全球华语流行音乐的指标频率，较好地完成了国家音乐广播应承担的音乐宣传和导向引领的任务。广东广播电视台音乐之声 FM99.3《天生快活人》节目结合不同时期的社会需求，策划推出有特定引导意义和内涵的节目品牌口号，体现不同的主题宣传，如"你是我的阳光，你是我的空气，你是我的快乐和开心！""勤奋努力，充满自信，我要做达人！""天生快活一家人"，等等。口号内容或强调面对人生的积极态度，或彰显该节目阳光、健康、活力向上的固有风格，或响应建设和谐社会、营造和谐家庭的时代主题，给听众留下了深刻的印象。

（二）音乐广播主持人对音乐意义的再创造

类型化广播创新忌千人一面，但类型化与个性化仿佛天生是一对矛盾体。以推崇频率整体性、连贯性为特色的类型化广播，在适应了现代听众伴随收听习惯的同时，也相对弱化了主持人功能与特色。类型音乐广播严格压缩主持人的语言，每个小时主持人开口说话的时间一般限制在十分钟以内。按照每小时内容时钟式的循环方式编排，主持人在什么时间说话、说多长时间都有格式规定。表面上来看，类型化音乐电台主持人角色被弱化了，但在实际操作层面，主持人的责任并没有减轻。因为要在最短时间内传达给听众最多、最有效的音乐信息，又要配合整体节目风格分享自己的音乐感悟与思考，实际上对主持人提出了更高的要求。一方面，主持人要具备过硬的专业素养和语言表达能力。在追求"话少、话好、话精"过程中，只有优秀的具有独特音乐观点、深邃思想的主持人才会脱颖而出。而某些语言能力有限、思想水平不高的主持人将会更为平庸；另一方面，主持人要根据节目的受众定位和频率风格形成自己的主持风格。也就是说，主持人不是不能塑造风格，而是要在贴近频率品牌基调的基础上，塑造自身风格、形成个性魅力。语言追求"话少、话好、话精"。在此过程中，优秀的具有独特音乐观点、深邃思想的主持人会脱颖而出，而某些语言能力有限、思想水平不高的主持人将会更为平庸。

（三）从"话说音乐"模式向"音乐说话"模式转变

"话说音乐"，指的是通过主持人评说、访谈、谈话等来解读音乐；"音乐说话"，指的是用音乐表达节目旨趣，用各种音乐形式来表达思想、情绪，即用音乐来实现有效发言，实现节目要表达的深层含义传达。① 诚然，主持人对于类型化音乐节目起着贯穿、点睛的作用，但类型化音乐广播的主体部分还是音乐，类型化音乐广播让音乐成为广播发言的主体方式。今天听众对音乐的需求日益个性化、多样化。通过年代策略、性别策略、歌手间隔、情绪规则等编排手法组织不同的节目，可以表达多样的情绪。即使是纯音乐节目也可以通过不同的音乐节奏、音乐形式来表达丰富的意味。经典音乐频率播放老歌让人勾起对往昔美好回忆，流行歌曲可以让人释放青春的热情。音乐富有独特的感染力和表现力。音乐广播正在由单一的主持人"话说音乐"模式逐渐向多层次的让"音乐说话"模式转变。

音乐广播是一门综合声音的艺术。这其中，有音乐、音响、话语，还可以音乐为中心，与之形成"音乐+谈话""音乐+访谈""新闻+音乐"等多元表达系统。音乐广播要发挥丰富的声音想象力，寻找关于声音的最佳组合，善于用声音本身来"说话"，从而更为丰富地传达节目内涵，表现音乐色彩，发挥声音魅力。

三、有文化的节目创新

音乐作为一种文化，它的生成与发展离不开大的人文环境以及跨文化的交融。精品音乐节目往往透过音乐文化本身，从中揭示出更广阔、更深层的文化内涵，给人以思想启迪与文化熏陶，给人以心灵的滋养和启迪，引发人们进行深层的思考、无际的联想与醇厚的回味。②

例如，中央人民广播电台文化发展工程项目旨在彰显人文精神和文化内涵。通过与国内外知名文艺院团和演出院线的战略合作、在重点频率开辟固定时段、全媒体共同参与的方式，自主策划、采集录制并成功播出了近400台具有国家级艺术水准的精品文艺演出。陆续推出"红色唱响"演出季、新年音乐会、大师系列音乐会、大型交响歌会《歌唱延安》等20多台自主策划并拥有独家版权的精彩文艺演出。同时，依托文化发展工程的大型文艺专栏节目《中国大舞台》在中国之声正式开播，节目秉承"传承文化经典、荟萃艺术精品"的宗旨，节目开播至今已播出近200期具有国家级艺术水准的舞台艺术精品节目。

---

① 栾轶玫. 由"话说音乐"到"音乐说话"——关于中央电台"音乐之声"频率专业化道路的思考［J］. 中国广播电视学刊. 2003（1）.
② 解读专题音乐节目［EB/OL］http：//www.51-radio.com/lw/zhuanjiatan（2002yinyue）.htm, 20170603.

广东广播电视台音乐之声开播伊始就设立《古典纵横》栏目，一直以来口碑很好，培养了一批古典音乐的忠实听众。为了培养节目的音乐态度和音乐品位，改变广告客户对高雅音乐固有曲高和寡认知，力求通过节目形式和内容上的不断创新带给听众新的感受。除了节目常态化创新以外，以节目为依托，《古典纵横》培育一年一度直播《维也纳新年音乐会》品牌项目，自2000年推出以来深受听众喜爱。①

音乐专题是经过精心加工和制作的具有欣赏性和艺术相的节目形式。在广播音乐节目中，音乐专题可谓是精品之作。当音乐与文化相遇，更能发挥音乐流的审美特质，沉淀出文化的精神魅力。上海人民广播电台的音乐专题《龙吟》，以中国古代音乐为题材，以现代高科技音响制作技术为手段，展现中华民族的形象和中华文明的灿烂，具有强烈的民族神韵和民族气派。节目以震天撼地的霹雳开始，由此上溯到传说中的盘古开天辟地的远古原始时代，以21下钟声结束，象征21世纪的来临。在60分钟时间里，选取了鼓、埙、琴、编钟、笛、笙、琵琶、二胡这8种典型民族乐器和《流水》《梅花三弄》《霓裳羽衣曲》《扬州慢》《十面埋伏》《病中吟》《且比亚特木卡姆间奏曲》《春江花月夜》8首传统名曲，以及伯牙、桓伊、唐玄宗李隆基、姜夔、刘天华这5位杰出的音乐家作为节目内容，内涵丰富品位高雅，制作精细，浓缩了中国音乐八千年历史，展示了华夏音乐文化的发展轨迹。②

四、互动类节目创新

时下很多广播音乐节目在保持音乐性的前提下融入游戏、娱乐、真人秀、竞技秀、说资讯、讲新闻等多种元素，增加节目的新鲜感、可听性，增强与听众的深度交流互动。大量不同类型和内容的互动主题单元和节目板块是目前多家音乐广播广泛采取的节目样态。这些丰富多彩的单元内容是活跃整套频率氛围的重要存在，对全天音乐广播节奏的变化和内容的变化起到很好的调节作用。③

以上海动感101为例，该音乐频率以"有趣"为口号贯穿节目始终。上海动感101的《音乐早餐》栏目设有"Co-pk""Happy Morning Call"两个娱乐单元。Co是Copy模仿秀的意思。在"Co-pk"环节，两位节目主持人会以角色扮演的方式比拼经典影视剧歌曲或台词片段，最后由听众决定哪位主持人胜出；在"Happy Morning Call"环节，主持人在电话交流中，主持人会在听众不知情的情况下故意扮演其他角色，插科打诨。比如在一期节目中，主持人提前得知要给通电话的听众是一位对外汉语教师，主持人在打电话时假扮外国人，自称是要跟听众学汉语，用笨拙的汉语和听众交流。

---

① 黄红星. 音乐广播应成为优秀音乐文化的传播者——从广东广播电视台音乐之声的实践谈起［J］. 中国广播 2015（4）.

② 解读专题音乐节目［EB/OL］http：//www.51-radio.com/lw/zhuanjiatan（2002yinyue）.htm，20170603.

③ 类型化音乐广播，何去，何从？——浅析中国音乐广播发展现状［EB/OL］http：//www.51-radio.com/lw/luntan（2016jinhao%20chuyue）.htm，20170603.

主持人以假乱真的表演能力,幽默趣味的家常式聊天吸引听众的收听热情。① 根据2016年索福瑞数据,《音乐早餐》收听率数据高达5.7%,拉动成为上海动感101全天收听峰值。为整个电台创造了一亿元的广告价值。②

青岛人民广播电台FM96.4汽车经典旋律广播在19:30~20:30播出《音乐双双飞》节目,以"双"为中心点,把不同类型、不同年代甚至不同国家的歌曲结合在同一档节目中。让翻唱、歌曲同名、两人合唱等节目单元环环相扣,并邀请与节目设定主题相关的歌手参与录制,节目在播出后受到听众的热烈响应,见表3-4。

表3-3 青岛人民广播电台FM96.4汽车经典旋律广播《音乐双双飞》节目板块设置③

序号	节目板块	节目内容
1	《好歌成双》	同一首歌曲的两个不同的版本,即"歌曲翻唱"
2	《同名相对》	名字相同但歌词、旋律完全不同的两首歌曲
3	《同名相连》(同名相对延伸单元)	名字相同的歌手或组合演唱的歌曲
4	《情歌对对碰》	两位歌手合唱一首歌
5	《歌坛二人组》	由二人演唱组合所谓唱的歌曲

山东广播电视台体育休闲广播在每周六16:00推出《我用音乐说新闻》栏目,用"说新闻+主题音乐+人物音乐特写+音乐回复听众互动+音乐趣事竞猜"创新节目编排形式,见表3-4。

表3-4 山东广播电视台体育休闲广播《我用音乐说新闻》节目板块设置④

序号	节目板块	节目内容
1	《我用音乐说新闻》	新闻资讯+主题音乐
2	《我用音乐考考你》	趣味竞猜+主题歌曲竞猜
3	《我用音乐表扬你》	新闻人物+二次加工穿插的主题音乐
4	《我用音乐来互动》	互动信息交流+音乐巧妙回复

深圳广播电台音乐频率FM97.1的早间节目《一路飞扬》打造的是一档音乐综艺脱口秀。在周一至周五的7:00~9:00两个时间段内安排了17档节目板块,内容形式丰富,展现了"音乐+咨询+文学+新闻+访谈+笑话"等综艺性节目特点。2016年,《一路飞扬》凭借2%的收听率拉起深圳广播电台音乐频率FM97.1全天收听最高峰,见表3-5。

---

① 李聪聪. 浅析融媒体时代"与受众平行"娱乐节目主持定位——以上海东广101频率娱乐脱口秀节目《音乐早餐》为例 [J]. 电影评介. 2015 (2). PHam
② 韩磊. 水无常形 兵无常态——上海音乐广播运营经验探讨 [J]. 中国广播. 2015 (1).
③ 王霖、谭凤. 广播音乐节目的创新. 青年记者 [J]. 2011 (11).
④ 北京人民广播电台广播发展研究中心. 赢在创意广播节目创新样态与研究 [M]. 北京:清华出版社. 2015 (7):42.

表3-5 深圳广播电台音乐台《一路飞扬》节目板块设置①

序号	栏目	内容		
	《民生连连看》	关注民生话题,有依据、多角度、新观点+情绪歌曲		
1	《谈古论今天》	解读文史,故事情、知识性强,以昨日启迪今天		
2	《飞扬财经》	财经资讯(股市、楼市、上市公司、基金)+财经访谈		
3	《财政要闻》	本地、国内、国际,与深圳发展、深圳生活有联系		
4	《有点乐趣》	有点有评、夹叙夹议的资讯脱口秀		
5	《飞扬体育》	即时体育资讯+焦点关注+热门话题+近期运动生活提示		
6	《说事儿》	热点新闻事件+采访+解读		
7	《飞扬休闲》	近期热门影视+K歌榜推荐+旅游线路+热门电子产品		
8	《飞扬娱乐》	娱乐事件快搜快播+焦点事件专题+文艺采访		
9	《飞扬正在播报》	天气	7:15	温度播报+穿衣、晨练、洗车指数
10			7:45	温度播报+机场天气、地域四城(深圳、广州、珠海、香港)
11			8:15	温度播报+近期天气趋势、PM2.5
12			8:45	温度播报+紫外线、感冒、旅游、一氧化碳中毒指数
13		交通路况	突发路况、高速路况、空港、铁路进出、边检出入境	
14		深圳本地资讯	生活资讯、本地短要闻、文化讯息、近日温馨提示、饮食健康、养生	
15		微博实时更新	深圳微博发布厅、《人民日报》、新华网、央视新闻、参考消息、头条新闻、《广州日报》、深圳本地报纸的官方微博、历史上的今天	
16	《飞扬趣生活》	录制时长不同的成品小片段,在垫尾处使用。内容包括职场笑话、夫妻笑话、自我解嘲等,结尾处有广告收听提示		
17	《飞扬趣资讯》	以制作方式,将新闻数据、背景等内容录制成音频播出		

一些音乐广播还开办了视频节目、网络节目等。上海东方广播中心动感推出101TV,以广播节目为依托制作三分钟短视频。原创视频点击量已经超过两个亿。② 天津广播推出互联网音乐脱口秀《欧阳不乱弹》。栏目充分利用互联网视频手段,对古典音乐、流行音乐的历史、文化、典故进行人格化表达,并以周播形式在搜狐、腾讯、酷6等视频网站陆续发布。同时,《欧阳不乱弹》旨在打造一款垂直类互联网内容产品,正在慢慢形成母婴、军事、汽车等市场细分领域,其专业公开课也逐步成为互联网上倍受追捧的产品类型。

广州汽车音乐电台推出互联网直播互动栏目《我是直播歌手》。该栏目周一到周五在酷狗繁星直播间中进行音乐现场秀表演,周日则回归电台直播室。节目的探索创新

---

① 《一路飞扬》[EB/OL]. http://www.gstad.com.cn/ylfyz/, 20170524.
② 动感101总监告诉你广告履创记录的秘密[EB/OL]. http://www.jzwcom.com/jzw/c8/16808.html, 20170524.

意义主要有两点：一是打造主流媒体 DJ 网红，开发 DJ 的商业价值。让歌手型 DJ 荣蓉在酷狗音乐旗下的繁星直播开设房间，逐步提升其人气和粉丝忠诚度。二是从网红歌手中挖掘音乐人才。节目把各大直播平台的网红歌手请进电台直播室，将酷狗繁星、YY、风行、唱吧等直播平台庞大的粉丝流导入传统电台。

第三节　音乐广播频率创新

一、音乐广播频率区域市场收听表现

（一）经济较发达地区收听表现较好

音乐类频率在不同城市的收听呈现出明显的地域特点。汕头、南京和上海的音乐频率收听时长位列前三，分别为 24.17 分钟、23.97 分钟和 23.30 分钟。音乐类频率的人均收听时长在所有频率收听时长中占比超出平均水平的有汕头、南京、上海、沈阳、佛山、南宁、深圳、苏州、郑州、厦门、武汉和重庆等经济较发达城市的 12 个城市。其中，音乐频率在汕头收听时间最长，在深圳收听占比最大。音乐类频率在上述城市不仅有较好的听众基础，而且明显地拉动了当地的广播媒介消费。

（二）频率竞争力地域性差异显著

音乐广播听众的喜好也同样具有地域性差异。从深圳到大连，一南一北市场份额差距甚远。深圳、重庆和厦门的音乐类频率收听时间在当地广播整体收听时间所占比重最大，分别为 36.69%、36.61% 和 36.27%。在超过市场份额平均线的 14 城市中，广东省有 4 个城市。说明音乐类频率在广东地区更具有吸引力。

（三）"车上"是广播收听的重要场所

2016 年，重庆、南京、南宁和厦门四地"所有场所"收听份额居首的均为音乐频率，分别为重庆人民广播电台音乐频率 FM88.1、江苏经典流行音乐广播 FM97.5、广西电台文艺广播（950 音乐广播）FM95.0 和厦门音乐广播 FM90.9。其中，厦门音乐类频率在"所有场所""车上"收听均居榜首。

广州、宁波、上海、汕头、沈阳、深圳、苏州、武汉、西安和郑州十个城市分别有广东广播电视台音乐之声 FM99.3、上海流行音乐广播动感 101 FM101.7、汕头人民广播电台音乐广播（1025 音乐广播）、辽宁广播电视台音乐广播 FM98.6、深圳广播电台音乐频率 FM97.1、苏州广播电视总台都市音乐广播 FM102.8 等、西安广播电视音乐广播 FM93.1 和河南人民广播电台音乐广播 FM88.1 表现突出，这些频率在当地"所有场所"的收听份额在所有频率中排名第二位。

随着各地私家车保有量的增长，"车上"成为广播收听的重要场所之一。音乐频率在"车上"的收听表现相对较好。在 36 城市的 95 个音乐频率中，有 87 个频率在"车上"收听份额排名进入前十。

二、音乐广播频率品牌创新

媒介研究学者邵培仁曾指出，如果用生态学中生态位规律的观点看，任何一种媒体都必然有其独特的时间与空间上的生态位（Niche），亦即有其特殊的生存与发展的土壤与条件，以及它在这一状态下的特有行为和作用。很少有两种媒介同时占有一个生态位的情况。所以，成功的差异化品牌定位是类型化广播在市场竞争中制胜的关键，对于类型化广播具有决定性的价值。通过打造台呼、台标、台歌、报时、节目片花、歌曲、主持人串词、公益宣传等固定形式塑造频率整体形象，可以形成具有辨识度、认知度和独有理解、记忆的听众印象。品牌成为受众选择的重要依据。

（一）强化听众定位差异化、个性化、本土化

多年来，我国音乐广播的创新首先从频率的先期定位开始，对节目进行整合重组，推进频率的个性化、本土化、移动化和市场化，从而达成差异化传播与有效传播效果。

比如在北京市场，中央人民广播电台音乐之声是我国唯一一个覆盖全国的国家流行音乐广播，以"我要我的音乐"为口号，定位集中于15~35岁年轻群体；中国国际广播电台劲曲调频FIT FM播放环球流行音乐，与世界流行音乐零时差；北京音乐广播FM97.4则以流行音乐为主、经典音乐为辅，打造引导时尚潮流的现代化音乐电台。

上海的音乐广播在近十年间陆续完成了"类型化"的改造，以"精准定位，差异化生存"取得了不错的成绩（见表3-6）。上海音乐广播的广告收入已占到全上海广播收入的半壁江山。动感101单频率广告额超三亿。①

表3-6　上海台三大音乐频率定位差异化②

序号	频率	目标受众	频率定位	收听效果
1	上海流行音乐广播动感101.7 FM101.7	15~34岁	核心价值观是"有趣"，选择最有趣的主持人，谈论最有趣的话题，播放年轻的目标受众最喜爱的音乐。	2016年在上海所有场合的收听上排名第二，市场占有率高达35.43%。
2	上海经典金曲广播Love Radio最爱调频FM103.7	35~54岁	通过1980—1990年代的经典中文曲关注都市人的生活需要和内心满足，它的价值观是"爱和回忆"。	2016年在上海所有场合的收听上排名第三，市场占有率为11.19%。因为差异定位，Love Radio也依靠早、晚高峰重点时段的节目撑起了全频率的收听市场份额和广告营收份额。
3	上海经典音乐广播经典947 FM94.7	45~65岁	以古典音乐、民族音乐、艺术歌曲和中外名曲等为主要内容。	2016年在上海所有场合的收听上排名第九，市场占有率3.05%。被纳入上海公益媒体集群。

---

① 李昕."动感101"的亿级音乐广播平台打造之术［J］.传媒.20106（11）.
② 黄珍珍.探析类型化音乐广播运营策略——以"动感101"音乐广播电台为例［J］.新闻研究导刊.2016（5）.

云南台音乐广播开办"音乐之声缤纷97"和"音乐之声青春100"两套音乐频率。两套频率根据各自定位做错位分工，分别进行不同的节目设置："缤纷97"口号是"停不了的音乐，关不掉的收音机。以成熟、较有品位的听众为主要收听对象，注重音乐专业品质，兼收并蓄。"青春100"则是一套以播放当代流行音乐为主的类型化流行音乐频率，受众锁定为追求时尚潮流的青少年歌迷。口号是"我青春、我时尚、我的音乐一级棒"[①]。

近年来，音乐频率竞争力地域差异明显。各地域音乐频率纷纷在音乐和资讯上努力挖掘本地文化特色，体现本土化服务，以更加符合本地听众的音乐欣赏习惯，从而形成与中央、省、市级音乐频率不用的差异化定位。

湖北电台不仅开办了音乐广播，还将音乐广播与交通广播相结合，推出交通音乐广播。山东电台不仅设有音乐频率，还专门开办了休闲音乐频率。[②] 成都电台文化休闲广播以经典音乐和巴蜀休闲文化为特色，独树一帜。云南音乐广播发掘传统的、民间的、有特色的音乐资源，在有效保护、传承音乐文化传统方面，做了许多工作，包括出版很多云南民歌、民族器乐音像制品等。

（二）市场调查、音乐测试作为调整节目的主要依据

品牌塑造的实质，归根结底是形成强大的听众印象。随着时代的发展，广播已经从"居高临下"的宣传转变为了提供贴近性的听众服务。只有精确定位目标听众，才能针对目标人群播放他们所喜欢的音乐流，从而形成精准投放，提高收听率。多年来，音乐广播电台不断培养听众意识，兼顾社会环境与媒介市场，开展系列听众调查、音乐研究、媒介环境监测、节目收听情况反馈等系列活动。依据科学、实时的市场调查，及时对节目内容及编排方式进行调整。

上海音乐广播把持续的听众调研当成办好广播的重要手段，这些调研既有每周的收听率分析、目标人群收听市场分析、每周满意率报告、新节目受众喜好度测试，也有节目的质量监控调研，甚至是所播放内容的定量和定性调研。"动感101"每年都会举办一次大范围的音乐测评，选出一千首歌曲，每隔一两周开展一次小范围的测评活动，测评组都会邀请5~8位听众对测评组选择的音乐进行打分，从中选出一百首大众喜爱的歌曲，以此保持受众对节目的关注度并不断更新节目音乐库。[③]

天津音乐广播经研究调查报告发现，该频率的受众越来越多地集中在车上收听。天津音乐广播为了满足车上收听的听觉感受，在歌曲选择、语态及语言需要做大量调整。结合周末和工作日人们不同的生活状态，在周末以"Music On Road"为主线，更

---

① 坚持改革创新 振兴音乐广播[N].云南日报.2005（8）.

② 周琳蓉.省级电台音乐广播现状与发展策略研究——以陕西、河南电台音乐广播为例[J].交响－西安音乐学院学报.2012（3）.

③ 李昕."动感101"的亿级音乐广播平台打造之术[J].传媒.2016（11）.

加强调类型化播出；而工作日，特别是出行高峰，加强调个性化播出。①

石家庄音乐广播依据实时的市场调查不断探索差异化竞争格局。石家庄音乐广播通过分析2010年第二波、第三波的收听数据得出结论：中午12：00～14：00收听率较低，是该频率的"黄土时间"。面对不利局面，石家庄音乐广播积极开始"挽救"广播非金时段，通过打造个性化主持人节目来提升该时段收听率。2011年年初在中午12：00～13：00开办了一档访谈类音乐节目《音乐听我的》，在13：00～14：00时段开办了一档欧美流行音乐节目《B.G》。两档风格各异的栏目顿时在石家庄广播市场异军突起，石家庄音乐广播在12：00～14：00时段的收听率明显好转。

三、音乐广播频率编排创新

（一）栏目编排创新

在频率的栏目编排方面，类型化音乐广播频率还会以表盘式节目编排模式，紧紧围绕听众群体的类型，根据每个栏目的不同播出时段，细致划分听众，使音乐调频节目定位更加精确。在最大限度上满足听众的多元化需求，拓宽听众覆盖。综合性音乐广播则通常会将节目播出时间段分成早晨段、中午段、下午段、晚间段、通宵段，通过打造早晚高峰时段，同时争夺非黄金时段、假日时段听众。有些音乐广播还在黄金时段设置了语言类的节目，包括资讯、互动话题讨论、娱乐脱口秀与路况播报等专题性、板块化内容。纯粹的伴随性音乐节目只出现在个别时段。比如深圳广播电台音乐频率FM97.1一度"去音乐化"，每天18个小时的直播节目中，仅保留5档音乐节目，见表3-7②。

表3-7　2016年深圳广播电台音乐频率FM97.1主要节目播出单③

播出时间	节目名称		
	周一至周五	周六	周日
05：00～06：00	节目重播	节目重播	节目重播
06：00～07：00	快乐早点到	中国歌曲排行榜、纯粹听觉、歌曲欣赏……	中国歌曲排行榜、歌曲欣赏……
07：00～08：00	一路飞扬	好歌送给你、中国歌曲排行榜……	好歌送给你、扭一扭……
08：00～09：00	赢家联盟	神游世界、傻瓜古典……	
09：00～10：00	民歌味道	傻瓜古典、神游世界……	
10：00～11：00	男人帮	萌主的星期六	微自然俱乐部、微风成长课堂……

---

① 未来，音乐广播还能怎么玩[EB/OL].http：//www.51-radio.com/lw/luntan（2016jinhao%20wangge）.htm，20170603．

② 类型化音乐广播，何去，何从？——浅析中国音乐广播发展现状[EB/OL].http：//www.51-radio.com/lw/luntan（2016jinhao%20chuyue）.htm，20170603．

③ 秦政.2016年音乐类广播频率收听概况[J].收听研究．2017（2）：19．

(续表)

播出时间	节目名称		
	周一至周五	周六	周日
11：00～12：00	美味乐翻天	梦想直播间	歌曲欣赏、YOU UP、微自然俱乐部……
12：00～13：00	奔放音乐人	单反团	甜心姐妹淘、HELLO宝贝、闪闪的红星……
13：00～14：00	生活好智亮	音乐种子	
14：00～15：00	创意生活家、音乐下午茶……	行走的耳朵	话语原创音乐风
15：00～16：00	音乐下午茶、微风成长课堂……		杨莹的电影时光、华语原创音乐风……
16：00～17：00	音乐美酒汇	男人帮、飞扬快跑……	我是大玩家
17：00～18：00	鹏城歌飞扬	飞扬快跑、美味乐翻天	美丽人生、丫丫姐姐的魔法屋……
18：00～19：00	快乐反斗星	971音乐课、乐听思维……	快乐反斗星
19：00～20：00	生活榜样	美味乐翻天、音乐美酒汇	简单生活、纯粹听觉……
20：00～21：00	音乐私享家、YOU UP……	音乐美酒汇	闪闪的红星、音乐私享家
21：00～22：00	因为爱、音乐私享家……		
22：00～23：00	音乐枕头、因为爱……	最懂女人性、听听海风聊聊天……	音乐私享家、最懂女人心……
23：00～00：00	晚安收音机、忘了时间		
00：00～21：00	午夜悄悄话、男人驿站……	男人驿站、歌曲欣赏	男人驿站、歌曲欣赏

一般音乐频率都主打早晚高峰（如图3-2所示），从收听率走势来看，深圳广播电台音乐频率工作日全天却出现四个收听波峰，可见其通过节目差异化，对广播的非黄金时间段打造成效显著。上午08：00～09：00（早间资讯节目《一路飞扬》）凭借2%的收听率拉起全天收听最高峰，下午14：00～15：00（文学节目《创意生活家》《音乐下午茶》等）再现收听波峰，傍晚18：00～19：00（少儿节目《快乐反斗星》）三现峰值较低的收听小高峰，晚间20：00～21：00（《音乐私享家》《YOU UP》等）四现收听高峰，峰值仅次于08：00～09：00时段。周六和周日的收听走势较为相似，全天有三次收听波峰，分别出现在08：00～09：00、14：00～15：00和20：00～21：00时段。其中，周六下午14：00～15：00（《行走的耳朵》）收听优势明显高于工作日和周日同时段。

2016年，深圳广播电台音乐频率FM97.1的市场份额达19.34%，在深圳市场位列第二。

上海流行音乐广播动感101 FM101.7采用工作日与休息日差别化的节目编排方式。除早间05：00～07：00《音乐早餐》在一周打通播出外，其余时间工作日与休息日同时段播出的节目均有所不用。

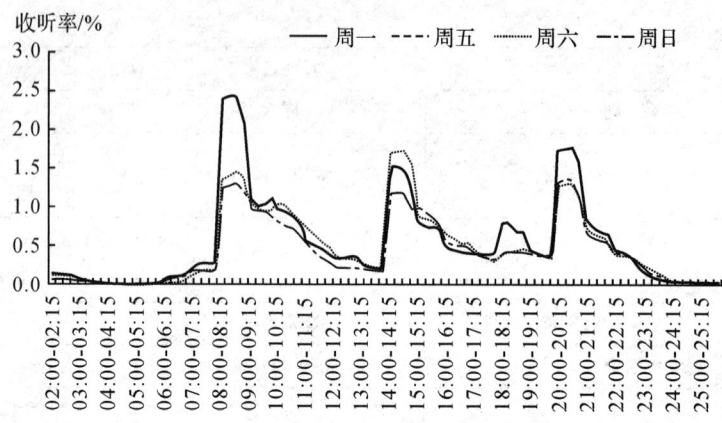

图3-2 深圳地区2016年深圳广播电台音乐频率
FM97.1 工作日和休息日全天收听率（％）走势比较①

从所播出的节目类型来看，不仅播出音乐类节目，同时还播出了其他类型的节目，如情感节目《对不起我爱你》、旅游类节目《绕着地球跑》。在早高峰等节目中也采用脱口秀加记者连线、路况播报、听众热线等大量互动类内容。

对比2016年上海流行音乐广播动感101和FM101.7工作日和休息日的收听率走势（见图3-3、表3-9），二者存在着较大的差异。工作日收听走势起伏较为明显，高峰出现在07：00～09：00（《音乐早餐》《中文金曲馆》）时段，峰值高达5.7％，收听表现显著优于全天其他时段。休息日收听走势相对平稳，形成早间和晚间两个小高峰，分别出现在早间08：00～09：00（《音乐早餐周末班》）和晚间20：00～21：00（《全球华语歌曲排行榜》《音乐厨男秀》）时段。工作日早间05：00～09：15和16：30～20：00时段的收听率均高于休息日，尤其以07：00～09：15时段的收听优势最为显著。

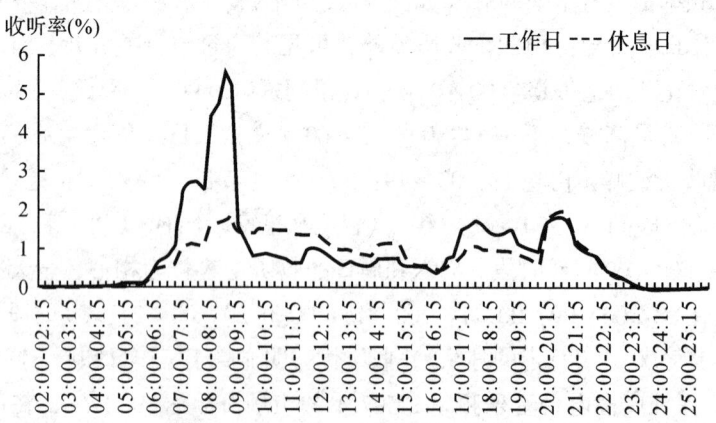

图3-3 上海地区2016年上海流行音乐广播动感101和FM101.7
频率工作日和休息日全天收听率（％）走势比较②

---

① 秦政.2016年音乐类广播频率收听概况［J］.收听研究.2017（2）：19.
② 秦政.2016年音乐类广播频率收听概况［J］.收听研究.2017（2）：18.

表 3-9　2016 年上海流行音乐广播动感 101 FM10.7 频率主要节目播出单①

播出时间	节目名称		
	周一至周五	周六	周日
05：00～07：00	音乐早早餐		
07：00～10：00	音乐早餐	音乐早餐周末班	
10：00～12：00	中文金曲馆	音乐爱远行	绕着地球跑
12：00～13：00	101 人来疯	小畅翻牌	晓君有话头
13：00～14：00	东方风云榜	东方风云榜	音乐爱张罗
14：00～16：00	午后原味音乐	101 欢唱派对	
16：00～18：00	101 娱乐在线	101 娱乐在线	101 爱电影
18：00～20：00	音乐万花筒	周末辰光	
20：00～21：00	音乐万花筒	全球华语歌曲排行榜	音乐厨男秀
21：00～22：00	越夜越动听	音乐零时差	101 西洋镜
22：00～23：00	越夜越动听	超级 DJ	
23：00～00：00	对不起我爱你	超级 DJ	
00：00～02：00	音乐爱联播 / 周四检修	MIXPARTY	

（二）节奏编排创新

成功节目的一个重要标志之一是，节目主持人始终能够很好地驾驭节目的运行节奏。除了对栏目进行宏观科学编排之外，在音乐节目中看似微观的"节奏"也起到了至关重要的作用。节目的"整体节奏"可以起到提纲挈领的作用，更可以帮助主持人构架起节目，使音乐节目的线条更加清晰、明了。所以说，掌握了节奏，就等于掌握了广播音乐节目编排的总体效应；抓住了节奏，就等于抓住了受众接受音乐的心理特点。②

"节奏"的含义答题包括以下两个方面：一是音乐节目主持人所把控的语言节奏，二是节目整体素材组织与布局的节奏。在节奏编排的过程中，主持人首先要在音乐作品中获得节奏感，并以此为依据组织自己的主持言语节奏。通过主持人对自己心里与声音的控制，使其成为一定的表达技巧在节目中艺术地表现出来；同时，编播合一的主持人还必须对所介绍音乐素材的节奏了如指掌，并尽量合理地安排节目的整体结构布局，使节目的编排节奏富于变化，以达到吸引和调动听众情绪的目的。虽然现在大多数音乐电台都已经运用了 RCS 编播系统软件，可以自动生产音乐歌单，但音乐节目节奏的后期人为调整也十分必要，音乐的风格差异、动静搭配等都是主持把控艺术的大学问。

---

① 秦政．2016 年音乐类广播频率收听概况［J］．收听研究．2017（2）：18．
② 姜艺玮．广播音乐节目的"节奏"把握［J］．记者摇篮．2012（12）．

四、音乐广播频率活动创新

多年来，我国音乐广播除了在节目编排、内容建设等方面加大创新发展力度之外，也在密切关注挖掘广播媒介的文化属性。通过系列品牌建设与落地推广活动延伸广播内容视域，与社会资源进行深度整合，让广播走向社会，走进生活，发挥音乐广播的资源优势与社会潜能。

（一）公益活动创新

2014年10月，习近平总书记在全国文艺工作座谈会上强调，社会主义文艺，从本质上讲，就是人民的文艺。音乐是文艺的重要组成，音乐广播是人民广播事业和文艺工作的重要部分。音乐广播肩负着主流媒体应担当的社会责任，多年来广播公益广告深入人心，同时通过特别策划组织各类主题性、公共服务性的、具有较大社会影响的音乐文化活动，积极传播社会主义公益正能量。

中央人民广播电台音乐之声在2003年发起"我要上学"活动。近年来这项活动与中国儿童少年基金会强强联手，已成为目前国内唯一由媒体组织的年度大型慈善活动。经过十年的持续爱心汇聚，目前"我要上学"活动覆盖了北京、河北、河南等18个省、自治区、直辖市，在十多年来累计动员近500名歌手加入其中，发动社会各界募集资金超过5000万元，捐助农村留守与流动儿童超过4.3万名。[①]

上海流行音乐广播"动感101"分别在广西、河南、云南等地建立了3个合唱团，承担媒体责任，回馈社会。这一做法还吸引了很多广告客户参与其中，借助自身品牌力量帮助更多的人。如某汽车企业和"动感101"共同举办了一场宣传安全座椅的公益活动，呼吁家长为保护12岁以下孩子的安全，在车上安装儿童安全座椅。这次活动中，该汽车企业捐赠了一批儿童安全座椅，"动感101"通过节目采纳听众认购儿童安全座椅的方案，以义卖的形式，将所得善款全部捐给了其在贫困地区的儿童合唱团，不断扩大社会正能量的传播。[②]

湖北楚天音乐广播立足品牌价值释放公益能量。通过报刊和网络，推出优秀主持人的专题，将健康、向上和友爱的生活理念进行复合式传播。在"用音乐凝聚力量"的主题下，延伸出"用音乐凝聚健康的力量、用音乐凝聚向上的力量、用音乐凝聚坚强的力量、用音乐凝聚爱的力量"等副主题。参与举办慰问抗洪将士的大型文艺晚会《长城颂》、参与创办楚天希望小学、发起向白血病小患者募捐活动、开展向服刑人员"送一本好书，献一片爱心"活动、举办百万学子情系中国女足主题晚会、奔赴汶川灾区慰问采访、奔赴西藏为藏区孤儿送去温暖。推出涵盖无偿献血、志愿服务、扶危济困等多层面的常态化系列主题公益活动"音乐无限爱无限"[③]。

[①] 毛才桃．遇见下一个音乐之声——中央人民广播电台音乐之声的实践思考［J］．中国广播．2015（1）．
[②] 李昕．"动感101"的亿级音乐广播平台打造之术［J］．传媒．2016（11）．
[③] 张效慧．创新力 传播力 竞争力——湖北广电总台楚天音乐广播锻造优质广播品牌的探索和实践［J］．中国广播．2010（10）．

（二）品牌活动创新

音乐广播是广播产业中创新性最强、对日常生活渗透直接、影响十分广泛的内容产业形态。近年来，音乐广播深度开发带有具有音乐属性品牌行销活动。产品线包括音乐会、演唱会、话剧、音乐剧、舞台剧、音乐节、文化节等。通过线上线下各类活动既增强了广播节目和听众的紧密度，也增加了广播频率和广告客户之间的合作机会，从而实现依托媒体资源开展品牌活动的产业链营销，实现社会效益与经济效益的统一发展。

有三十年历史的上海"星期广播音乐会"是上海"经典947"音乐广播的品牌活动。该活动秉承着低票价、高品质、普及性、服务性的原则，每双周在上海音乐厅为市民带来经典交响音乐会，整个活动和线上电台节目充分地融为一体，通过微博、微信、网络视频和电视的多位一体的推广。这些年"星期广播音乐会"除了常驻上海，足迹也遍布新加坡、马来西亚、港澳地区，甚至澳洲和欧洲。三年前又延伸出了"经典947草地音乐会"新品牌，使"经典947"的品牌形象更加深入人心；自2014年，上海音乐广播"动感101"根据广告客户要求，举办毕业季、舞台季、感恩季、暑期玩乐季等活动。由于互动形式多变，且互动时间越来越长，"动感101"的广告市场热度不断增加，每年的"东方风云榜""季选音乐营"活动能够吸引上百万的广告冠名。①

2014年以来，浙江音乐频率加强演出市场与相关产业协作，促进商业演出产业链的形成，打造模式创新、富有成长价值和导向作用的小众高雅音乐演出文化品牌。2016年举办李云迪钢琴独奏演奏会等20余场。并叠加李云迪钢琴等大师课，线上线下同步直播，依托手机视频音频直播软件应用平台，影响广泛。近年来浙江音乐频率还推出一系列"经典音乐欣赏会"：有美国费城交响乐团杭州音乐会、英国皇家爱乐乐团音乐会、奥地利维也纳童声合唱音乐会等，这些演出上座率达到80%以上；四年前成立的浙江广播少儿合唱团目前规模已达上百人，加上有近十个幼儿园的培训基地，人数接近千人。合唱团演出面从剧场到场馆、广场，从助唱、配唱，到主场走市场化运作公开售票。2017年1月在杭州红星剧院的演出票房达10万，成功走出了一条市场化运作之路。②

近年来，很多音乐电台还纷纷推出大型"音乐节"活动，开发演艺经济。比如北京电台的国际音乐节、江苏电台"2017第四届咪豆音乐节"、湖南电台"湘江音乐节"、中国成都汽车音乐节、河南电台私家车999时光音乐节、长沙台"2016长沙橘洲（国际）音乐节"和湖北台电波兄妹品牌等。音乐节大多构建"传统媒体 + 新媒体"宣传矩阵——网络广告、网络电视、电台、电视、影院贴片、电梯框架、楼宇广告屏、户外大屏、公交车身、地铁车站、机场等，通过电脑、手机、平板电脑、电视全网通等，进行"Live在线直播 + 电台声音直播 + 粉丝实时互动"直播。通过合作占股、宣

---

① 李昕. "动感101"的亿级音乐广播平台打造之术 [J]. 传媒. 2016（11）.
② 范少俊. 全媒体广播战略创新实践——小众音乐如何走向市场 [J]. 中国广播电视学刊. 2017（3）.

传入股、固定宣传费和资源置换等方式，① 音乐广播整合社会资源，开发粉丝经济。通过开展品牌活动，有些音乐频率实现利润收入达数百万，社会效益和经济效益得到保障。

第四节 数字音乐传播的创新启示

进入数字时代，互联网促进音乐行业新的业务模式与运营机制发展。音乐网络应用成为年轻人获取音乐的重要方式，这给音乐广播带来新的挑战与机遇。根据索福瑞数据，广播媒体的人均收听分钟数从 2012 年的 81.21 分钟下降至 2016 年的 68.96 分钟。广播媒体面临着听众消费资源被新兴媒体、数字媒体等分流的现实。

一、数字音乐发展概况

（一）数字音乐的定义与特点

数字音乐，指运用数字技术进行制作、存储、复制，并通过互联网、移动网络以及电信增值业务等方式进行传播、消费，并在数字终端播放的音乐。根据使用终端的区别，可以将数字音乐划分为在线音乐和移动音乐，前者用户主要以 PC（Personal Computer）为终端，后者则主要以手机、平板电脑等移动设备为终端。②

服务提供商（Service Provider）主要是指直接向用户提供数字音乐服务的企业、单位。在线音乐市场中，服务提供商主要是各大数字音乐网站，如虾米网、一听音乐网等。在移动音乐市场中，增值服务商是以移动运营商的网络为基础，向客户进行数字音乐内容的传播，如 QQ 音乐、酷狗、网易云音乐等。

根据中国互联网络信息中心（CNNIC）最新发布的第 39 次《中国互联网络发展状况统计报告》数据，截至 2016 年 12 月，网络音乐用户规模达到 5.03 亿，占网民总体的 68.8%。其中手机网络音乐用户规模达到 4.68 亿，占手机网民的 67.3%。可见网络数字音乐的市场规模与发展潜力。

数字音乐节目内容丰富，产品形态多样。数字音乐的出现不仅改变了物理媒介传播音乐的传统模式，而且实现了用户欣赏、下载、试听、点播和购买音乐的全新体验。数字音乐的特点是个性化、可定制、可分享。可以根据用户的消费偏好与需求进行点播，不受时空的限制。用手机、iPad、车载和随身健康应用等最大限度地把音乐的伴随功能发挥到机制。

在数字音乐市场，传统广播一方面积极入驻驻各类综合音频客户端，比如喜马拉雅 FM、蜻蜓 FM、龙卷风、荔枝、考拉、优听 RADIO 等平台导流音乐节目；一方面也在自己推出的"中国广播 Radio.cn""阿基米德"和"听听 FM"等音频综合应用上投放自制音乐节目。有的电台还专门开发自己的数字音乐客户端，比如中央人民广播电

---

① 范少俊. 广播媒体产业化发展的探索 [J]. 中国广播. 2017 (3).
② 李丽莎. 移动音乐应用中用户体验对品牌忠诚度的影响研究 [D]. 广州：暨南大学. 2015 (5).

台推出"音乐之声"应用,上海动感101推出"101泡菜FM"等。但与酷狗、网易电台等专业化的数字应用相比,传统媒体音乐客户端所占市场份额较小,用户流量不高。

(二)网络数字音乐发展现状

1999年第一家在线音乐企业九天音乐成立至今,数字音乐通过产品的创新迭代、行业内竞争与行业内合并重组,不断提升用户体验、丰富音乐内容、扩展业务能力。已经经历了初创期、成长期,逐渐步入成熟期。

2017年4月,国家新闻出版广电总局发布《2017中国网络版权产业发展报告》显示:2016年,中国网络音乐产业行业规模突破150亿元,相比2006年增加了10倍。据IFPI发布的2017《全球音乐报告》显示,2016年中国音乐收入增长排名从全球14名跃升至12名。

回顾近两年我国数字音乐产业并购情况,腾讯、阿里、百度和网易云音乐四家网络音乐集团割据市场的竞争格局逐渐显现,用户资源与版权资源被大型网络音乐集团垄断的态势愈发明显:2015年,合并了虾米音乐和天天动听的阿里星球上线。CMC(中国音乐集团/海洋音乐集团)和腾讯集团共同宣布,把旗下的QQ音乐业务与中国音乐集团进行合并。由此形成了"腾讯音乐""太合音乐""阿里音乐"三足鼎立的格局,随着网易云音乐获得获SMG等"国家队"战略投资,进入在线音乐平台第一梯队。曾经在PC时代红极一时的九天音乐、QQ163、一听等音乐网站正式"出局",见表3-11。

表3-10 2016年中国数字音乐市场主要布局①

腾讯系	腾讯音乐娱乐集团,包括QQ音乐、酷狗、酷我三家在线音乐
阿里系	阿里星球,包括天天动听、虾米音乐
网易系	网易云音乐
百度系	太合音乐集团,包括百度音乐和太合音乐

从外部来看,集团化的网络音乐厂商虽然保持了旗下诸多网络音乐产品的独立运营,但整合了版权资源,在形成版权健康流转模式的同时不仅创造了利润,也推动了用户体验的提升。在集团内部,网络音乐与游戏、电影、电视剧等其他网络娱乐服务的联动也逐渐加深,以IP为核心通过多种服务共同挖掘粉丝价值的手段已经趋于成熟。②

具体到数字音乐产品层面。比达咨询(BDR)数据中心最新监测数据显示,2017年3月主要在线音乐类APP月活跃用户数方面,见图3-4,酷狗音乐排名第一,月活用户数达26161.0万人,排名第二位和第三位的分别是QQ音乐和酷我音乐,月活用户数分别为24613.4万人和10643.3万人。

---

① 课题组自制.
② CNNIC分析师:网络音乐市场整合完成 行业营收增长前景广阔[EB/OL]. http://tech.sina.com.cn/i/2017-01-22/doc-ifxzusws0057178.shtml. 20170604.

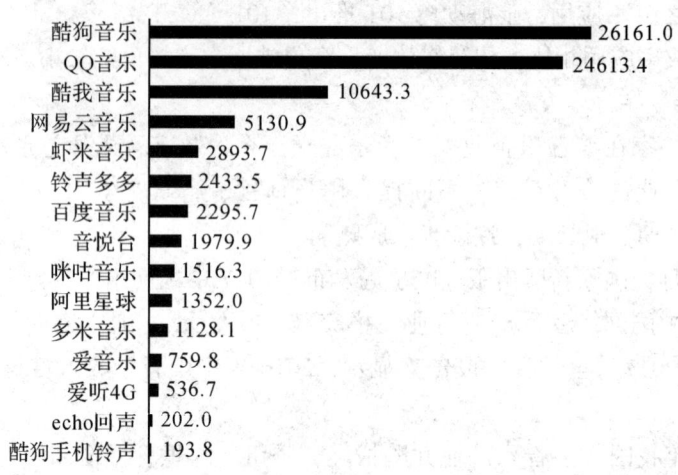

图 3-4　主要数字音乐类应用活跃用户数（万人）（2017年3月）①

从月活跃用户规模来看，在线音乐 APP 市场呈现酷狗音乐和 QQ 音乐两强领跑的格局，在它们身后酷我音乐、网易云音乐等都是颇具实力的追赶者。值得注意的是，有 11 家在线音乐类 APP 月活跃用户数过千万，在线音乐类是一个用户规模庞大、潜力极大的市场。

二、数字音乐创新启示

（一）音乐内容高度细分的需要

我国网络个人音乐电台拥有着众多的音乐作品和传播者，为了满足不同用户在不同时间、不同场景、不同心情下的收听需求，对节目类型进行细致化分类显得尤为重要。比如酷狗音乐、QQ 音乐按照音乐类型细分为摇滚、爵士、民谣、流行、古典、轻音乐等；按歌曲语种不同分为：华语、粤语、英语、德语、法语等；按音乐情绪不同可分为：回忆、伤感、安静、思念、喜悦等；按音乐年代分为：70 后、80 后、90 后等。网友可以依据自己的爱好，随意点播自己的喜爱的音乐类型。

而经过十多年我国音乐广播类型化的发展，我国的音乐广播依然普遍按照古典、流行、民族等简单标准来区分节目类型。传统广播媒体所推出的网络音频节目和专业网络音乐应用也普遍面临着类型化细分不足、节目品牌化和精品化程度不高的问题。

此外，传统广播人也应认识到自己的音乐节目资源优势，在移动互联时代需要建立开创新型音乐产品的信心与力量。要对几十年来广播音乐节目资源梳理与整合工作给予充分重视，从而为与网络数字渠道的传播对接打下良好基础。

多年前，广播人首创了音乐排行榜、音乐特辑的编排方式，对音乐资源进行有序化和专业化的筛选和加工。但广播音乐人在新时期不能仅仅停留在打榜模式，更要释

---

① 在线音乐类 APP：强化社交属性，提升用户吸引力 [EB/OL]. https://www.jiemian.com/article/1313301.html. 20170604.

放想象力与创新力,突破传统广播固有播出模式,开拓音乐广播的"后类型化""后专业化"新局面。①

(二) 音乐场景化收听的开发

音乐流媒体可谓把声音的伴随性发挥到极致。从音乐的伴随性来看,音乐与场景是密不可分的,场景中有音乐,音乐中有场景。将音乐与场景融合,根据场景为用户订制相应的音乐,打造基于场景的音乐分享平台是音乐广播未来发展的着力点。

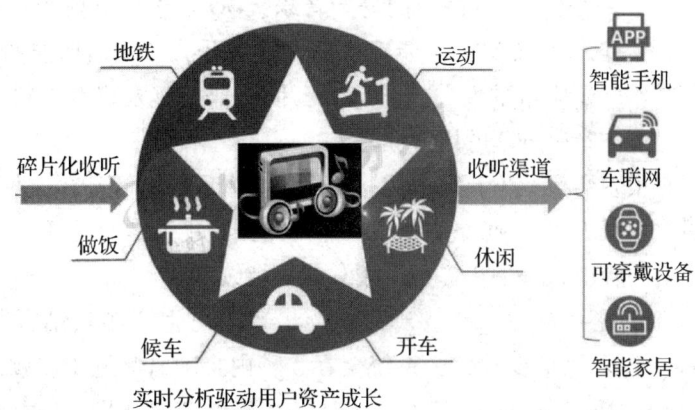

图3-5 移动音频收听场景丰富,满足用户碎片化收听需求②

音乐伴随属性通过多种场景加以实现:开车途中、上下班路上、运动健身、家中休息、睡前或者在从事重复性劳动时等。此外音乐流还可潜入智能手机、智能汽车、智能家居、可穿戴设备以及 VR 场景等多媒体终端,成为人们日常生活中的忠实伴侣。

上海电台开发的阿基米德 FM 是在传统广播的移动音频中,较早开始尝试通过用户数据画像和使用场景开发进行市场细分的音频客户端。其广播节目内容都包含在 11 个场景分类中,既有"上下班路上""跑步""学习"等比较常规的生活场景,响应人们繁忙生活中的伴随性媒需求;还有诸如"喝醉了""想静静"等更加细分化的场景,实际上是从用户本身的情感需求出发进行伴随性场景构建。

但相较于商业网络服务运营商所开发的数字音乐应用来说,其设置场景类别尚不够丰富。例如 QQ 音乐依托腾讯强大的数据处理技术与分析功能,其专门的音乐节目场景分类即多达 29 种。有些场景极为细化,比如"广场舞""夜店""胎教"等场景分类彰显其对多群体需求的开发与覆盖性。在其众多的场景中,"睡前""学习""夜店""放松"四个场景的点击率超过百万。③

车载服务也是音频场景化的一个重要途径。随着各地私家车保有量的增长,"车上"是广播收听的重要场所之一。根据索福瑞数据,2016 年音乐广播频率的"车上"

---

① 隋欣. 数字传播时代中国音乐广播发展趋势 [J]. 当代传播. 2014 (2).
② 易观. 爆发黎明前的音频逐鹿战——中国移动音频行业年度综合分 2017 [R]. 20170321.
③ 谭天、夏厦. 场景重构与用户延伸——打造互联网时代新型广播 [J]. 中国广播. 2017 (5).

表现突出，在 36 城市的 95 个音乐频率中，有 87 个频率在"车上"收听份额进入前十排名。未来，音乐广播要抓住车上、手机、移动音乐播放器等多终端场景机遇，抢占音乐音频移动市场份额。

（三）深挖用户个性体验

随着移动互联网的发展，如今的数字音乐应用功能得到极大地丰富。比如通过主动歌手信息、歌曲实时热度、评论、听众信息、关联歌曲等，帮助用户创建"我的电台""我的主页"等个性化体验产品。网易云音乐、QQ 音乐、酷狗音乐还采取仿造传统音乐广播的模式，推出"歌单"功能。依托专业音乐人、DJ、听友推荐主题歌单、评选各类榜单、制作广播风格的专题音乐节目，同时兼有好友推荐、粉丝互动等社交功能，主打内容发现与音乐分享的用户体验。

近两年，还有很多数字音乐音频应用适应"直播""K 歌"潮流，为网友提供听歌识曲、铃声剪辑、在线 K 歌、演绎直播等功能，并和短视频、直播等时下最热门的内容相结合，对用户的吸引力进一步提升，用户规模持续增长。

时下，运动音乐方兴未艾。网易云音乐还将音乐与生活场景结合起来，推出的"跑步 FM"功能。进入"跑步 FM"，系统会在 3 秒内自动监测跑步步频，基于步频推荐适合的 BPM（Beat Per Minutes）音乐；在退出"跑步 FM"时，界面会进入结果页，显示跑步者听了多少首歌，跑了多少步，消耗的卡路里数，并且有微博、微信、QQ 等社交媒体的分享按钮满足跑步者在社交媒体的晒单爱好。①

针对用户推送、订制个性化音乐产品的背后，是音乐服务商运用大数据与云计算技术的日新月异。"我说你听"的"一对多、点对面"的传统传播手段早已落后于时代，类型化的音乐广播也不例外。根据 2016 年索福瑞数据，虽然音乐类频率拥有较大的听众规模，但听众忠实程度。这可能是囿于听众的个性无法通过大众传播媒介特点来得以释放，从而形成收听黏度。对于广播电台来说，要把"听众或户意识"贯穿于日常节目制作，积极引入数据分析方法来拓展音频应用的个性化与贴近性。②

（四）音乐社交的成长空间

艾瑞咨询公司调查数据显示，2016 年中国数字音乐用户分享音乐在"用户互动行为"方面占比超过 70%。有 67.4% 的用户会进行音乐评论，66.9% 的用户以分享音乐作为社交手段。艾瑞咨询公司分析指出：未来音乐产品的"音乐+社交"功能还有很大的发展空间。

网易云音乐即致力于将分散化网络用户通过社交互动的方式组成一个集体化的共同网络生态圈，形成自己独特的音乐社交的互动模式。网易云音乐建立强化关系链，两个关系入口分别为：基于强关系的"好友"功能和基于 LBS 的"附近"功能。"好友"中，用户与之建立关系的对象主要来自于手机通讯录、微信好友、新浪微博好友、

---

① 郭蓓．"网易云音乐"的互动模式与发展建议［J］．传媒．2017（1）．
② 朱一闻：移动音乐应用还可以怎样创新［EB/OL］．http://wenku.it168.com/d_001537605.shtml，20170525．

易信好友,此外,还有明星用户和音乐达人,用户可关注或邀请与自己有强关系的人;而通过"附近"的人,则可以发现与自己有着相同音乐爱好的陌生人,从弱关系层面建立自己的好友圈。当用户的听歌次数和听歌量达到一定数量后,可被评为"音乐达人",并且可以与关注自己的粉丝进行互动等。无论是强关系还是弱关系,用户都可随时加关注,进行密切的互动,通过转发、评论、点赞的方式表达自己的共鸣、态度和感受。如此,使得强关系更强,弱关系强化;① 网易云音乐依托"音乐社交"差异化定位,充分利用社交的互动、参与和关系网络建设等方式充分打造"社交+音乐"生态圈。

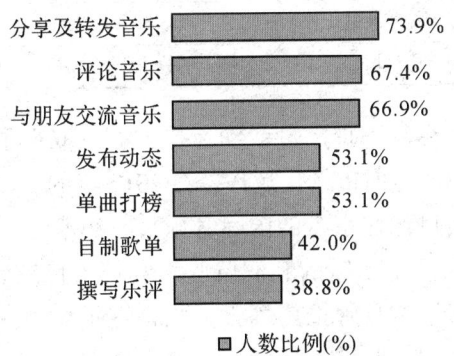

图 3-6　2016 年中国数字音乐用户互动行为分布 (2016 年 5 月)②

今天,广播的概念范围已经从媒体扩展为媒介组织形态、声音交流生态。以往基于内容的用户连接只是一种弱关系连接,且以单向传播为主很难维系与保持。在移动互联网时代,社交媒体的普及使信息传播由大众传播重新回到人际传播,社交媒体的传播最终归于人际关系形成的关系传播。可以看出,建立关系连接的核心就是打造社交平台,不仅要强化广播与用户之间的连接,更推动形成用户与用户之间的强关系连接,形成一张基于用户的关系网络,通过用户自主发起的交流沟通来提升平台活跃度与传播效果。

多年来,传统音乐广播在节目内容互动上也下了很大的功夫,吸引年轻听众。比如类型化音乐广播增加微信、微博互动,专业化广播融入游戏、PK、角色演绎等综艺方式。但传统的音乐广播节目互动创新奇点无法形成延展态势,今天的广播互动应该基于更为广泛的人际传播交流模式。未来的音乐广播不仅要连接上游版权和音乐人等音乐内容,还要连接下游的粉丝互动、线下演出等娱乐服务。通过整合内容资源,建立集网络音乐、线下活动、演出、演唱会、音乐节,乃至音乐创意、音乐文化于一体的一个可听、可看、可玩、可社交的音乐广播大平台。

(五) 广播音乐内容产业链的前景

网络环境的长尾效应为音乐内容的产业化发展提供了条件。有观点认为粉丝经济

---

① 王路. 从网易云音乐看"音乐社交"生态的建设 [J]. 传媒. 2017.2 (上).
② 韩韶君. 数字音乐产业的观察与思考——基于流媒体音乐的分析 [J]. 人民音乐. 2017 (4).

将成为数字音乐服务商未来主要的盈利模式。目前，QQ音乐、酷我音乐等已经开始推出明星大咖入驻、音乐试听、粉丝圈子、娱乐营销等泛娱乐商业生态，拥有像"艺人综合服务、版权运营发行、视听服务平台、现场活动演出、粉丝互动社群、娱乐整合营销"等相对完整产业链，并积极参与到音乐生产、出版、发行、销售等一系列环节之中，见表3-11。

表3-11 我国主要数字音乐服务商的产业生态①

腾讯音乐	基于多元音乐产品（听、看、唱、玩）及所拥有版权资源的优势，大胆尝试音乐的商业化变现。
阿里音乐	归属阿里大文娱，通过业务协同来实现音乐的价值（音乐+电商、音乐+演出）。
百度音乐	太合音乐集团依托产业链优势，赋能百度音乐产品的多元化。
网易云音乐	围绕音乐社交，通过增加在版权资源层面的投入强化产业链的布局。

近年来传统音乐广播在品牌推广、活动运作方面也取得了不俗的成绩。比如浙江广播旗下的浙江少儿合唱团走向市场化运作，在2017年的单场演出票房达十万。由广播电台运作的大型音乐项目像北京台的国际音乐节、江苏台"咪豆音乐节"等深受音乐发烧友喜爱，同时也取得了不错的利润营收，实现了传统音乐资源的延伸性营销。但是，广播电台的节目营销、品牌推广等尝试只是零星化的探索与拓展，没有形成统一的商业化战略思路，也没有形成完整的音乐IP化体系，亟待深度规划与整合。

国家新闻出版广电总局在《关于大力推进我国音乐产业发展的若干意见》中指出，"十三五"末期，我国音乐产业价值将达3000亿元。可见我国音乐产业发展潜力巨大。传统音乐广播未来发展应以平台为中心，传播正版音乐，打造主持型音乐人，积极引入演艺经纪，发展会员服务，探索数字专辑、音乐直播、演出O2O等营销模式，利用音乐及其衍生内容构建生态闭环。待常规化后形成可复制型广播音乐产业模式，推进传统音乐资源优势在数字网络环境中的良性循环。

---

① 课题组自制.

第四章 广播文艺娱乐类内容创新①

文艺是文学和艺术的合称。今天文艺娱乐类广播节目形态发展丰富多元。尤其是近些年广播媒体移动性、伴随性收听特征的彰显，广播寓教于乐功能得到相对强化。文艺广播频率在经过了十年的细分、窄播、专业化之后，整合资源、重新定位成为一种新趋势；② 以娱乐类、综艺类、脱口秀类等节目形态组成的故事广播、娱乐广播兴起。同时，戏曲广播、小说广播、相声广播等类型化的文艺广播也纷纷出现。上海、天津等省市级电台开办了多个类型化休闲娱乐广播。③

广播文艺融娱乐性、欣赏性、知识性、趣味性于一体，是广播电台的重要支柱，也是决定一个电台的收听率的关键所在。④本章主要把文艺置于广播媒介的发展语境下加以考量，以广播节目内容为视角，通过梳理中国广播文艺的历史与现状，总结探讨新兴媒体环境下广播文艺娱乐类内容的创新特点与发展趋势。

第一节 文艺娱乐类广播历史与现状

广播文艺是"科学技术和诸种艺术的结合，既具有广播和文艺的共性，又具有自身的个性。"⑤ "广播文艺是以电子、数字等技术为传播手段，主要以声音为物质媒介，诉诸人们听觉的艺术。"⑥ 以上观点概括出广播文艺的发展特点：一是新技术让文艺有了多角度实现声音艺术创作的可能；二是艺术的多样性也让广播文艺有了更为开放的表达方式。

一、早期文艺娱乐类广播节目概况

中国广播文艺，作为一种满载荣耀又历经坎坷的大众文化现象，反映了现当代中国社会生活、人文心态、审美价值取向的迁替嬗变。最早的延安新华广播电台文艺节目正是在党中央的亲切关怀下开办起来的。但总体来讲，在革命战争时期，广播以发

---

① 本章以"文艺娱乐类广播"为题，正是鉴于对广播发展现状的关照与考量，旨在对传统文艺广播的内容创新进行概念性拓展。指涉内容主要为带有文艺娱乐化色彩的广播节目，或者以文艺娱乐化色彩为主的一类广播内容．
② 刘晓龙．娱乐广播 VS 快乐生活［J］．中国广播．2014（1）．
③ 邵军．娱乐广播十年变迁［J］．中国广播．2012（1）．
④ 陆锡初．主持人节目学教程［M］．北京：中国广播电视出版社．1995；118．
⑤ 赵玉明、王福顺主编．广播电视辞典［M］．北京：北京广播学院出版社．1999（1）；109．
⑥ 王雪梅．中国广播文艺理论研究［M］．北京：中国传媒大学出版社．2011（5）；1．

布新闻和实施政策教育为中心,广播文艺尚处于边缘地位。广播文艺主要是戏曲音乐节目,一般只作为每次播音的开始曲或新闻时事宣讲类节目间歇时的插曲。解放战争时期,广播文艺在节目样式上新增了解放区文学节目、赏析毛主席诗词等。但从总的播出量来看,不足总节目比重的4%。①

1949年以后,为了适应新中国成立人们不断增长的对文化生活的需求,中央人民政府新闻总署给广播宣传规定了三项任务:第一是发布新闻,传达政令;第二是社会教育;第三是文化娱乐。一直处于边缘地位的文化娱乐开始被提到议事日程。1952年,第一次全国广播工作会议又把"播送优秀的文艺作品"作为广播电台的五项任务之一。正式确立了文艺节目的地位,促进了广播文艺的发展。广播文艺在节目播出总量中的比例不断增加,1949年为25%,1954年上升到55%左右。②

从广播节目形态来讲,相继出现了一批具有中国特色的新型广播文艺品种:1950年,新中国第一部广播剧《一万块夹板》、第一部电影录音剪辑《白衣战士》相继播出。一些优秀品牌文艺节目相继涌现:中央人民广播电台的《每周一歌》(1955年创办)、《对学龄前儿童广播——小喇叭》(1956年创办)、《长篇小说连续广播》(1958年创办)、《阅读和欣赏》(1961年创办)。③此后至1966年,先后召开的九次全国广播工作会议都多次讨论到文艺广播发展问题,涉及"如何贯彻双百方针、办好文艺广播""文艺广播如何配合生产和配合中心任务"等方面的问题,对中国的广播文艺提出种种指导性意见。④

特别是随着我国经济体制改革的深化,商品的品牌意识日益深入人心,这种品牌意识也逐渐渗透到文化生活领域。各大电台纷纷顺应受众心理,开辟品牌栏目,塑造品牌形象。中央人民广播电台于1987年创立的《今晚八点半》,开创了广播文艺节目主持人个人品牌形象的先河。⑤《小说连续广播》《评书连播》《广播剧和小说连播》节目掀起万人空巷的"长书热",可以说"整个20世纪80年代,中国人的正午时光是属于广播文艺的"。⑥今天,文艺节目与新闻节目已构成当代广播节目的两大支柱,从广播文艺节目中获得娱乐消遣与情感关照已成为受众收听广播的主要动机与目的。

二、文艺娱乐类频率建立与发展

新时代,随着频率专业化改革步伐的加快,多数文艺节目被归入专门的文艺或音乐频率。2002年7月上海人民广播电台开办文艺频率,虽然在名称上仍以"文艺"命名,但实质上成为全国第一家以播讲故事、小说为主的专业频率,代替了以往包含戏

---

① 张凤铸、关玲. 中国当代广播电视文艺学 [M]. 北京:中国传媒大学出版社. 2016 (10):1-3.
② 张凤铸、关玲. 中国当代广播电视文艺学 [M]. 北京:中国传媒大学出版社. 2016 (10):1-3.
③ 孟伟. 广播传播学 [M]. 北京:中国广播电视出版社. 2013 (8):70.
④ 王雪梅. 中国广播文艺广播剧研究 [M]. 北京:北京广播学院出版社. 2003:36.
⑤ 赵玉明主编. 中国广播电视通史 [M]. 北京:北京广播学院出版社. 2003:36.
⑥ 张凤铸、关玲. 中国当代广播电视文艺学 [M]. 北京:中国传媒大学出版社. 2016 (10):14.

曲、相声、评书、小说、音乐等内容类型较为综合的传统文艺广播。自此，全国各地广播电台相继开办了以专业内容定位的文艺频率，如以小说、故事定位的中央人民广播电台文艺之声、北京人民广播电台故事广播、上海人民广播电台故事广播、以戏曲定位的西安秦腔广播、上海戏剧曲戏频率和天津相声广播等。这些专业化的文艺广播频率往往能够结合本地文化和民俗传统，播出群众喜闻乐见的广播文艺类节目，深受听众欢迎与喜爱。

以"文艺"命名的综合性文艺频率是传统概念中老牌文艺频率，经过多年运转，已成为文艺频率的中流砥柱。目前，"文艺"类频率总体规模却有所"萎缩"，现有北京、天津、哈尔滨、四川等少数冠以"文艺"命名的频率。大部分文艺广播开始其中最具市场竞争力的、听众最爱听的核心节目内容提炼、剥离出来，放大成为单个的频率，比如故事、小说、戏曲（剧）、曲艺、娱乐等频率。同时，在竞争、运营策略方面开始寻求新突破，并将此优势通过市场化运营做强、做大、做细、做专，适应了广播发展的"窄"播化趋势。此外，还有一些文艺频率顺势而为转变为交叉混合型频率，如交通文艺、旅游文艺等形式。①

三、文艺娱乐类广播发展现状

文艺娱乐类广播频率已经成为一类重要的专业化频率，对人民群众的生产生活有着独特的传播价值。文艺类娱乐类广播节在为听众生活增添轻松娱乐气氛的同时，也在构建一个开放多元的文化互动、人文交流媒介生态平台。近年来，文艺广播更是以习近平总书记在文艺座谈会中的讲话为思想指南，在新时期不断创新发展。

近年来，广播文艺频率整体市场份额一直为10%左右，听众忠实度稳居专业类频率排名前两位。广播文艺频率"在家"收听时长优势明显，"车上"收听也存在巨大的成长空间。下文基于CSM媒介研究2016年对全国36个城市的四波次收听调查数据，从市场竞争和听众收听行为等方面简析2016年文艺类频率收听状况发展特点。②

（一）文艺类频率市场表现

1. 文艺类频率竞争力仍居第四位

在频率竞争方面，文艺类频率位列新闻综合类、交通类和音乐类频率之后，一直保持第四的位置。2016年，文艺类频率的市场份额为9.71%，对比2015年的10.16%下跌幅度为4.43%。

2. 文艺类频率听众忠实度退居第二位

文艺类频率在2016年平均到达率为6.28%，人均收听时长6.71分钟，两者均处于市场第四位。近年来文艺类频率听众忠实度一直居于首位，但2016年在听过文艺类频率的听众中，平均每人收听时长下跌到106.78分钟，平均忠实度为7.42，稍逊于教

---

① 参考王求. 中央人民广播电台文艺资源整合调研报告［R］. 中央人民广播电台. 2010（7）.
② 何庆金. 雅俗共赏，寓教于乐——2016年文艺类频率收听状况分析［J］. 收听研究. 2017（1）：26.

育类频率,退居第二位。

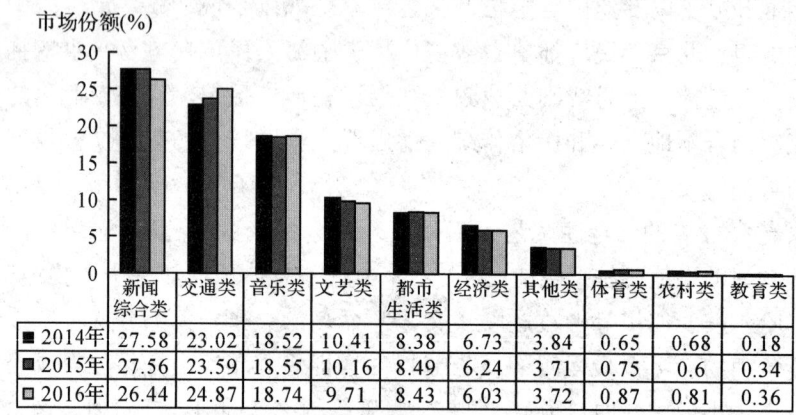

图 4-1 2014~2016 年各类型频率竞争格局①

表 4-1 2015~2016 年各类型频率听众规模和人均收听时长②

频率类别	平均到达率(%)		人均收听分钟数		人均收听分钟数(听众)		平均忠实度(%)	
	2015 年	2016 年	2015 年	2016 年	2015 年	2016 年	2015 年	2016 年
新闻综合类	18.59	17.73	19.61	12.26	105.42	102.99	7.32	7.15
交通类	16.22	16.91	16.78	17.17	103.42	101.56	7.18	7.05
音乐类	14.31	13.91	13.19	12.94	92.17	93.01	6.40	6.46
文艺类	6.74	6.28	7.23	6.71	107.25	106.78	7.45	7.42
都市生活类	6.00	5.85	6.04	5.82	100.67	99.38	6.99	6.90
经济类	4.41	4.16	4.44	4.17	100.67	100.14	6.99	6.95
其他类	2.87	2.77	2.64	2.57	91.94	92.66	6.38	6.43
体育类	0.60	0.67	0.53	0.60	88.55	89.76	6.15	6.23
农村类	0.47	0.59	0.43	0.56	91.21	94.86	6.33	6.59
教育类	0.23	0.21	0.24	0.25	107.14	119.10	7.44	8.27

3. 文艺类频率在女性、10~14 岁和 45 岁及以上听众中竞争力较强

文艺类频率在女性听众中的竞争力高于男性,年龄段上在 10~14 岁和 45 岁及以上听众的市场份额较大,高于 9.4 的平均值。其中,65 岁及以上听众的市场份额仅次于新闻综合类频率。受教育程度方面,在小学学历的听众中竞争力较强,而随着学历的提升,竞争力有下跌趋势。职业类别上,在学生、无业和其他职业群体中所占市场份额相对较高。

4. 文艺类频率"在家"竞争力较强,"车上"略升

文艺类频率在"在家"表现相对较好,占据 12.21% 的市场份额;在交通类频率抢

---

① 何庆金. 雅俗共赏,寓教于乐——2016 年文艺类频率收听状况分析 [J]. 收听研究. 2017 (1): 26.
② 何庆金. 雅俗共赏,寓教于乐——2016 年文艺类频率收听状况分析 [J]. 收听研究. 2017 (1): 27.

占五成"车上"市场份额的竞争环境下，文艺类频率占有 4.21% 的份额，有所上升。

表 4-2 2015~2016 年各类型频率在不同场所的竞争表现①

频率类别	在家		车上		工作/学习场所		其他场所	
	2015 年	2016 年	2015 年	2016 年	2015 年	2016 年	2015 年	2016 年
新闻综合类	34.41	33.15	11.50	10.93	22.18	22.84	31.21	31.72
交通类	13.71	14.31	50.86	51.92	19.13	21.52	15.58	14.82
音乐类	16.14	16.65	21.55	20.50	27.22	27.75	21.86	25.64
文艺类	12.70	12.21	3.71	4.21	10.41	8.65	10.06	8.47
都市生活类	9.26	9.55	6.25	6.02	9.51	8.12	8.37	7.02
经济类	7.51	7.34	2.97	2.98	6.36	6.01	6.69	5.78
其他类	4.38	4.40	2.02	2.34	3.29	2.61	4.70	4.20
体育类	0.75	0.88	0.82	0.76	0.58	1.13	0.54	1.09
农村类	0.75	1.05	0.20	0.26	0.54	0.74	0.83	0.79
教育类	0.39	0.45	0.12	0.06	0.77	0.63	0.18	0.48

5. 文艺类频率在凌晨和晚间竞争力较强

从全天竞争力走势来看，文艺类频率在 03：00~04：00，21：00~24：00 和 25：30~26：00 时段竞争力较强，市场份额大于 14%，是文艺类频率的竞争力高峰时段。与其他类型频率相比，大部分时段在市场竞争中也居于第四位。其中 03：00~04：45 和 23：15~24：00 时段赶超音乐类频率，而在 02：00~03：00，05：30~11：00，17：00~17：45 和 24：30~24：45 时段低于排名第五的都市生活类频率。

（二）文艺类频率收听行为

1. 周一和周日收听时长相对较高

文艺类频率在 2016 年的人均收听时长为 6.71 分钟，近三年来呈持续下跌走势，从不同周天的收听时长走势看，周一和周二相对较高，周三为最低点，与前两年的走势较为相似。

2. "在家"收听时长优势明显

"在家"是听众收听文艺类频率的主要场所，收听时长为 5.33 分钟，接近收听文艺类频率总时长的八成。"车上"、"工作/学习场所"和"其他场所"人均收听时长均不足 1 分钟。与 2015 年对比，广播文艺频率在"车上"收听时长有所增长。

从全天收听走势来看，"在家"各时段的收听率均高于其他各场所，其中 07：00~10：00、18：00~19：00 和 20：00~22：00 时段呈现较明显的收听高峰，收听低谷则在午间 13：00~14：00 时段。"车上"收听高峰时段则是上下班时间的 07：00~09：00 和 17：00~18：45 时段。"工作/学习场所"的收听率在 12：00~13：00 较高。

---

① 何庆金. 雅俗共赏，寓教于乐——2016 年文艺类频率收听状况分析 [J]. 收听研究. 2017（1）：27.

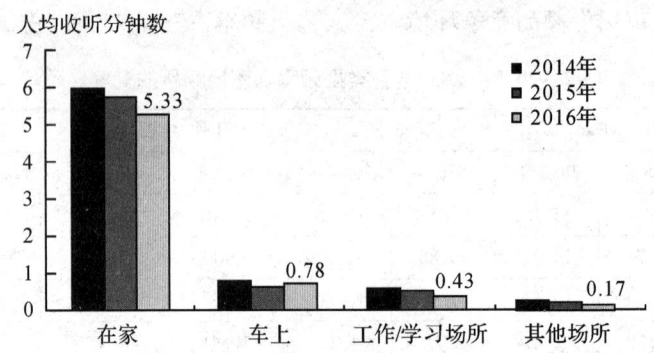

图 4-2 2014-2016 年文艺类频率在不同场所的收听市场对比①

3. 收听市场总收听率继续小幅下跌

2016 年整体收听市场总收听率为 4.79%，对比 2015 年的 4.94% 下跌幅度 3.04%，延续近年来的下跌走势，但跌幅有所收窄。从不同听众收听情况来看，广播的主力听众仍为中老年群体，随着年龄的增长，其收听率逐渐上升，65 岁及以上听众收听率为 8.37%，而 10~14 岁听众只有 1.58%。

4. 文艺类频率更吸引女性和中老年听众

文艺类频率的听众以女性、45 岁及以上、初中/高中、无业、月收入 2501 元及以上的人群为主。与收听市场整体听众相比，在性别上有差异，年龄上略显老年化，学历方面则较为相似。

5. 不同目标听众对文艺节目各有喜好

从不同目标听众的收听情况来看，男性听众收听文艺其他和综艺晚会的时长比例高于女性听众。10~14 岁和 55 岁及以上听众收听小说/评书的时长比例较大。另外，年轻听众会花较多时间收听文艺其他、情感故事和综艺娱乐报道，老年听众则主要收听地方戏曲和广播剧。从受教育程度来看，大学及以上学历听众收听文艺其他的时长比例高于其他学历人群。低学历听众除收听文艺其他外，对小说/评书、地方戏曲和广播剧等节目的收听比例也较高。

第二节 文艺娱乐类广播节目创新

一、文艺娱乐类广播节目基本类型

我国关于广播文艺节目的分类体系多样，对一些广播节目的定位还存在不同观点。比如赵玉明、王福顺主编的《广播电视辞典》认为"文艺广播包括专题文艺节目、综合文艺节目、广播剧、音乐故事、广播小品、配乐小说、配乐散文、电影录音剪辑、戏曲录音剪辑、歌舞剧录音剪辑等"；② 欧阳宏生在《广播电视学导论》中按照艺术种

---

① 何庆金. 雅俗共赏，寓教于乐——2016 年文艺类频率收听状况分析 [J]. 收听研究. 2017（1）：28.
② 赵玉明、王福顺主编. 广播电视辞典 [M]. 北京：中国传媒大学出版社.1999（1）：109.

类将广播文艺节目分为:"音乐节目、戏曲节目、曲艺节目、文学节目、电影和话剧录音剪辑、广播剧";张凤铸在《中国广播文艺学》中按节目所含艺术类型划分为"文学节目、音乐节目、戏曲节目、曲艺节目和综合文艺节目";①王雪梅在《中国广播文艺理论研究》按照节目样式把广播文艺分为:"音乐节目、戏曲节目、曲艺节目、文学节目、广播剧和综艺节目。"②

此外,学界还有按照广播对文艺的在创作程度、服务目的、播出形态等来进行划分的,业界则更倾向于按照各级广播文艺的评奖体系来划分。以上对于广播文艺分类的多元本体探索都在彰显广播文艺多样化、多体系的发展格局。

广播文艺节目的分类存在多种标准,主要原因一是广播文艺节目的细分趋势;二是广播文艺节目形态之间的交叉和混搭越来越明显。③随着时代的发展,许多广播节目形态已经很难用一种传统的节目样式来加以界定。在诸多电台板块式节目中,传统广播文艺往往与娱乐、表演、互动等综艺化的表现形式紧密结合。结合广播媒介发展现状,汇总以下文艺娱乐类广播节目基本类型:

(一) 故事播讲类

故事与广播的结合由来已久。1970 年代的《孙敬修爷爷讲的故事》成为几代人的童年记忆,长篇小说《平凡的世界》因广播传播而得以扬名。广播让故事的形象空间得以丰富,广播因故事把声音演播的特色发挥到极致。

从篇幅和体量上来讲,故事播讲类广播又可大致分为中短篇故事节目和长篇连播类节目。中短篇故事代表栏目有中央人民广播电台文艺之声《广播故事会》《创意英雄谱》、西安故事广播《秦人秦事》;长篇连播类代表性节目有中央人民广播电台文艺之声《长书联播》、北京文艺台《午夜拍案惊奇》、天津交通台《小说时间》和上海故事广播《小说连播》等。

(二) 电影录音剪辑类

"电影录音剪辑"是一种以电影录音为基础素材的、结合电台解说的文艺广播节目形式。④是电影在广播节目中进行二度创作的听觉艺术,是我国独有的文艺广播节目样式。1950 年 3 月,中央人民广播电台播出电影录音《白衣战士》,成为我国广播界的第一部电影录音作品。电影录音剪辑在 20 世纪 80 年代前后经历过一段辉煌时期。但今天随着电影创作手法的改进和社会环境的变化,传统的"电影录音剪辑"的制作手段已较少在广播中使用。⑤

代表栏目有北京文艺台《今晚我们说电影》、四川文艺频率《娱乐放映室》、天津

---

① 张凤铸. 中国广播文艺学 [M]. 北京:北京广播学院出版社. 2000 (8):166.
② 王雪梅. 中国广播文艺理论研究 [M]. 北京:中国传媒大学出版社. 2011 (5):1.
③ 王贤波、叶帆. 广播文艺节目编辑与制作 [M]. 广州:中山大学出版社. 2015 (6):25.
④ 中国广播电影电视社会组织联合会广播文艺工作委员会. 中国广播文艺论文选 2015 [C]. 北京:新华出版. 2016 (8):165.
⑤ 张美华. 从"讲述故事"到"评说电影"——广播节目《电影录音剪辑》的前世今生 [J]. 当代电影. 2013 (4).

相声广播的《可乐小剧场》。

（三）阅读类

阅读类广播节目主要指以书籍为主题展开的广播节目，包括各类文学作品的朗诵和评价，书讯的相关报道等。① 除了文学之外，节目涉及题材还包括哲学、历史、社会、教育等，较为广泛。具有应用、娱乐、知识、赏析等多种社会功能。②

主要代表栏目有：中央人民广播电台文艺之声《品味书香》、北京故事广播《读书俱乐部》、上海故事广播《书市排行榜》等。

（四）戏曲类

戏曲是我国特有的具有民族特色的传统戏剧艺术形式，是我国传统艺术宝库的重要组成部分。京剧、评剧、豫剧、越剧、汉剧、黄梅剧、粤剧……大量的传统剧目和现代剧目，为广播文艺提供了丰富的节目资源。广播与戏曲节目的结合，也扩展了戏曲的传播范围，为戏曲注入了新的风采和生命力。

广播戏曲节目常常采用戏曲演出的实况、戏曲选场或选段、戏曲故事、戏曲知识介绍、戏曲演员评介、戏曲唱腔联唱等样式。知名栏目有：广东广播电视台南方生活广播《中华戏韵》、北京人民广播电台文艺广播《戏迷类》、上海戏剧曲艺广播《京昆雅韵》和河北广播电视台农民广播《梨园风》。

（五）曲艺类

曲艺是各种说唱艺术的总称，也是广播文艺节目的组成部分。全国各民族、各地区约有300多个曲种，包括大鼓、弹词、琴书、道情、牌子曲、评书、快板、相声、大本曲等。③ 曲艺实际上是一种民间艺术，为中国百姓所喜闻乐见。特别是评书、相声、小品节目给人们的生活带来愉悦，深受听众喜爱。

以评书为例，与广播的结合拥有较长的历史。1954年5月中央人民广播电台第二套节目播出连阔如的长篇评书《三国演义》，成为中央台最早的长篇评书广播。④ 今天，我国的评书节目既包括传统评书，如单田芳、刘兰芳、田连元等老一代评书艺术家播讲的评书；也出现了很多新创评书，如中央人民广播电台文艺之声推出的《逗你没商量》《评书说奥运》等。⑤

其他曲艺类代表栏目有：中央人民广播电台文艺之声《名家书场》《中国相声排行榜》、合肥故事广播《纪实风云》、北京故事广播《谈笑古今》、天津相声广播《笑笑江湖》。

（六）广播剧类

广播剧是依靠录音设备制作合成，通过电声设备以无线电波为媒介进行传播。欣

---

① 王求. 移动互联时代的广播发展研究 [C]. 北京：中国广播影视出版社. 2012 (4)：146.
② 陶丽. 广播读书节目的困境及原因分析 [J]. 声屏世界. 2010 (9).
③ 赵玉明、王福顺主编. 广播电视辞典 [M]. 北京：中国传媒大学出版社，1999 (1)：109.
④ 杨波. 中央人民广播电台简史 [M]. 北京：北京广播学院出版社，2000 (11)：195.
⑤ 邹宇平. 弘扬文化 传承文明 开拓创新——广播评书节目制作的几点体会 [J]. 中国编辑，2009 (1).

赏者用听觉接受并唤起联想与想象，以达到艺术审美享受的一种特殊戏剧形式。广播剧具备戏剧特点，反映一定的生活内容，表现一定的主题思想。具有生动的故事情节，尖锐地矛盾冲突，鲜明个性的人物，也包含着文学、音乐等各种艺术因素。①

创办于1980年代初期的《广播剧院》一度是中央人民广播电台最受欢迎的文艺广播栏目，曾经位居听众收听排行榜第二名，仅次于《新闻和报纸摘要》栏目。我国广播剧创作在20世纪80年代达到了繁荣期。相继涌现出《夜幕下的哈尔滨》《三个孩子去蛇岛》等一大批精品力作。② 1990年代，由上海电台播出的大型系列广播剧《刑警803》也可谓家喻户晓。共制作了39部208集，在全国有33家电台先后播放，掀起了经久不衰的收听热。③

广播剧尤其在广东地区特别受欢迎。广东广播电视台羊城交通台推出的广播剧节目《大吉利车队》在2015年的收听率达到了近1.05%，市场占有率近20%。④ 其他日常广播剧节目还有浙江广电女主播电台的《清晨广播剧场》、福建交通台的《阿波点菜》、深圳交通台的《发发土多》等。这些日播广播剧因贴近百姓生活一度深受听众喜爱。⑤

不过，随着新的文艺和娱乐形式的普及，一段时期以来，广播剧创作出现低谷。尽管在1996年把广播剧作品纳入"五个一工程奖"的奖项范围内，但并没能从根本上挽救广播剧在市场中的颓势。究其原因，可能是过多节目主要为参与评选而制作，缺乏常态播出的持续性。此外，评价机制的不健全也导致自创节目因成本过高而受到由买卖搞出的节目的冲击，以及广播剧编制成本和经营情况的脱钩等情况，都使广播在1990年代后期由发展高潮期向发展颓势的转变。⑥ 广播剧若想改变现状，则需从广播剧多元化、文本创新、尊重市场规律、拓宽消费市场等方面进行突破，以新理念、新实践、新技术、新手法使广播剧得到创新发展。⑦

二、文艺娱乐类广播节目创新类型

伴随着生活节奏的加快，媒介发展的更新迭代，传统的电影录音剪辑、广播剧等有声艺术门类在逐步走向式微，在许多电台的播出时间逐步减少。⑧ 面向特定收听对象的广播戏曲、曲艺节目的制作量虽然大，但是影响力却十分有限。

现今新兴媒体的蓬勃发展，广播听众可接触的媒体形态越来越多，听众自身的审

---

① 赵玉明、王福顺主编．广播电视辞典［M］．北京：中国传媒大学出版社，1999（1）：121.
② 孟伟．广播传播学［M］．北京：中国广播电视出版社，2013（8）：70.
③ 熊忠辉．广播电视节目形态解析［M］．北京：化学工业出版社，2010（8）：33.
④ 徐立军．中国广播收听年鉴［M］．北京：中国传媒大学出版社．2016（11）：122.
⑤ 中国广播电影电视社会组织联合会广播文艺工作委员会．中国广播文艺论文选2015［C］．2016（8）：110.
⑥ 宏宽．广播剧，你往何处去？［J］．声屏世界．1999（5）.
⑦ 赵卫明．中国广播剧"突围"之路［J］．视听纵横，2006（1）.
⑧ 程娟娟．浅谈广播文艺节目的创新［J］．新闻传播．2012（11）.

美接受习惯也在发生着变化。我说你听,故事连着故事且听下回分解的传统模式远远不能满足今天人们在快节奏生活中休闲娱乐的需求。微广播剧、脱口秀等新节目样式的出现则适应了新兴受众的收听喜好,并借力新媒体平台进行多次传播,为广播文艺这门传统艺术形式注入崭新活力。①

(一)微广播剧

微广播剧是随着移动互联网的飞速发展而产生的,其短小的形式与体量便于网络点播收听,也便于车载人群非集中注意力的伴随式收听。微广播剧充分适应了新兴受众碎片化收听习惯。

根据中国广播剧研究会定义,微广播剧是时长为3~8分钟的微型广播剧。② 微广播剧虽然以传统广播剧艺术的基本要素为主要创作形式,微广播剧不是传统广播剧的衍生产品和创作的延伸,而是一种从审美体验到创作手法都完全不同于传统广播剧的新的艺术品种,③ 是一种新型网络文艺形态。微广播剧体量轻巧灵活,相应的制作流程实现简化,人力和资金成本都相对较低。④

为了鼓励微广播剧发展,2014年浙江省余姚市举办了首届中国微剧节,并成立了中国广播剧研究会微剧分会,在浙江余姚专门建立微剧研发基地。由中国广播剧研究会联合浙江广电集团共同创办微剧年度大赛至今已逾四届。在2015年,中国广播电影电视社会组织联合会将微剧列入"中国广播影视大奖"评奖序列,并于2016年3月正式批复同意成立微剧委员会(筹),隶属中广联合会领导。⑤

目前全国已有的微广播剧作品网络点击总量累计达亿次量级⑥。由中共浙江省委宣传部、浙江广播电视集团已经联合制作播出了百部微剧《最美浙江人》,在浙江电台交通之声的公众号上的一个月的平均点听量为8.4万人次。全省中小学校通过网络平台下载播放,直接覆盖学生群体更是高达百万人次。⑦ 湖北广播电视台制作的微广播剧《加油,兄弟》除了在湖北之声、湖北经广等多频频率播出以外,还在长江云网页、长江云客户端、湖北之声微信、湖北之声微博和湖北文明网等网站开辟专业,实现推送。⑧

微广播剧在市场方面也进行了探索与开拓。比如宁夏台通过日播微广播剧实现了年创收百万元。浙江余姚台微广播剧也通过栏目冠名、FM966公众微信平台连接,吸引广告客户,产生了效益和回报。⑨

---

① 王贤波. 理解全媒体时代广播文艺的三个维度[J]. 金陵科技学院学报. 2016 (12).
② 李多娇. 融媒体环境下为广播剧与广播剧异同之比较[J]. 中国广播 2016 (5).
③ 刘国君、徐伟东. 微广播剧:网络时代的广播剧之变[J]. 中国广播电视学刊. 2014 (5).
④ 李多娇. 融媒体环境下为广播剧与广播剧异同之比较[J]. 中国广播 2016 (5).
⑤ 钟聚. 借融媒体之势,走广播剧市场化道路——2016年中国广播剧盘点[J]. 中国广播. 2017 (2).
⑥ 孙海苗. 微剧创作的"五个一"实践——以浙江省余姚市为例[J]. 中国广播. 2017 (3).
⑦ 董慧临. 微广播剧的产业链构想和实践[J]. 中国广播电视学刊. 2017 (2).
⑧ 钟聚. 借融媒体之势,走广播剧市场化道路——2016年中国广播剧盘点[J]. 中国广播. 2017 (2).
⑨ 孙海苗. 微剧创作的"五个一"实践——以浙江省余姚市为例[J]. 中国广播. 2017 (3).

(二) 娱乐综艺节目

近年来,广电综艺节目异军突起,成为一股不可小觑的力量。① 今天,广播文艺节目呈现着综艺化、融合化的趋势。这种融合包括:节目表现元素的融合、节目形态之间的融合、主持人与节目的融合、传播形态的融合等。② 比如综合相声、小品等传统文艺样式,并将娱乐、游戏、信息、互动等融为一体。节目亦庄亦谐、可喜可乐,自嘲幽默、健康向上,为听众营造快乐和谐的生活氛围。③

比如北京人民广播电台《欢乐正前方》定位为一档讲述幽默笑话的文学综艺栏目。节目通过改编搞笑歌曲、模仿搞笑电影片段、情景广播剧等各种手段丰富节目内容。④ 浙江电台城市之声《娱乐大爆炸》每期设置长达三个小时的大综艺结构,由十数个碎片化的综艺小单元构成,一期节目同时云集了诸如脱口秀、情景剧、模仿秀、相声、小品、评书等多种声音综艺形式。⑤ 此外,还有很多喜剧类、游戏类、真人秀和整蛊类广播节目广受年轻听众欢迎。角色演绎和竞技选秀类节目更是脱颖而出。

1. 角色演绎类节目

辽宁交通广播的《信不信由你》、辽宁乡村广播的《农村乐子笑掉牙》和长春交通广播《头号大喇叭呢》都是模仿和借鉴"二人转"艺术,以东北方言,用即兴表演和角色演绎的形式,打造具有东北特色的脱口秀。⑥ 辽宁文艺广播的《说说唱唱斗秀场》在节目编排设计上突出喜剧冲突。节目中两位主持人被设计为两位钩心斗角、矛盾重重的"场长",以"攻击和贬低对方为己任",由此引发一连串的笑料和包袱。⑦ 辽宁交通广播《娱乐香饽饽》的女主持芗芗给自己设定的角色是出租车司机大刘的媳妇儿。主持人更像一个坐在炕头儿拉家常、说说笑笑的东北邻家嫂子。⑧ 龙广爱家频率《王牌逗王牌》通过主持人的角色扮演和讲述,演绎每天发生在百姓身边的新鲜事进行,展现主播对社会热点、文化事件、时尚潮流的态度和思想。⑨ 陕西交通广播的《天生大赢家》主持人杨凯则塑造了很多的卡通形象,在咖啡猫、阴透兔子、罗非鱼以及他本人的声音中自由转换,加强了节目的特色化。⑩

在少儿广播节目中,主持人采用角色化演绎的方式,更能激发小朋友们的想象力,

---

① 柴子凡、满霜、李静. 变局与变革:广播综艺的融媒张力与形态重塑——年中国广播综艺节目年度报告[J]. 中国广播. 2016 (2).
② 王贤波. 理解全媒体时代广播文艺的三个维度 [J]. 金陵科技学院学报 (社会科学版). 2016 (12).
③ 马瑞峰.《娱乐双响炮》是如何热播全国的? [J]. 中国广播. 2005 (9).
④ 孟伟. 广播传播学 [M]. 北京:中国广播电视出版社. 2013 (8):70.
⑤ 如何发展广播娱乐节目 [EB/OL]. https://mp.weixin.qq.com/s/gyPLP04q6YWMbMTaE0UvWQ, 20170603.
⑥ 丁玲. 娱乐搞笑类广播栏目如何推陈出新——以辽宁交通广播电台《信不信由你》和天津相声广播《笑笑江湖为例》[C]. 赵华. 2011 广播比较研究. 北京:中国广播电视出版社,2013 (5):99.
⑦ 《说说唱唱斗秀场》——打造广播娱乐节目新模式 [EB/OL]. http://blog.sina.com.cn/s/blog_4bdbd3190100m3tk.html, 20170426.
⑧ 龚波. 浅谈办好广播娱乐节目的四个维度——以辽沈地区的几档特色栏目为例 [J]. 中国广播. 2014 (1).
⑨ 由黑龙江广播电台供稿.
⑩ 韩青松. 窄播化趋势下的广播娱乐节目分析 [J]. 现代视听. 2015 (2).

发挥寓教于乐效能。比如合肥故事广播《童话亮晶晶》主持人以魔法家族的身份出现。重庆故事广播的《大头小当家》塑造大头哥哥、樱桃姐姐、洋葱阿姨等诸多生动而有深入人心的声音形象。① 龙广爱家频道《播播龙的故事口袋》主持人丁丁姐姐、当当哥哥在故事演绎方面不断吸取动画片的配音方式，将故事讲出角色感，让故事听起来有戏剧性。②

2. 竞技选秀类节目

北京文艺广播的趣味知识类栏目《知道不知道》除了男女主持人之间的"智力PK"环节以外，还为听众安排了知识竞赛板块，争夺"周冠军"头衔。同样，该台的另外一档公益性互动节目《智慧榜样》，节目精在在环环相扣的节目布局中，让闯关者体验到"过五关斩六将"的惊险与刺激。③ 天津人民滨海广播的《职场人生》以创业、家居、生活等某一领域展开，强调节目中参与者的智力表现。④ 还有曾经的益智类游戏节目如中央人民广播电台的《拇指英雄》、北京人民广播电台的《短信江湖》都是通过组织参与者进行知识竞赛，积极引导听众参与。益智竞猜、PK选秀类广播节目编排方式不仅融知识性和趣味性于一体，更使听众感到环环相扣、紧张刺激，从而有效增强了收听"黏性"。

（三）娱乐脱口秀

时下，广播娱乐脱口秀已成为国内广播一个时尚、热门的节目类型，大多被电台安排在上下班的早高峰时段进行播出。与以往的广播新闻脱口秀不同，今天的娱乐脱口秀节目更为活泼、幽默、互动、个性化，并朝着娱乐广播脱口秀方向发展。娱乐脱口秀以主持人为主角，以喜剧思维为贯穿，以个性化语言为基础，并综合音乐、戏剧、戏曲、曲艺等多种艺术形式。⑤ 主要强调"脱口而出"，聚焦主持人的现场即兴发挥。⑥ 广播娱乐脱口秀有如下三个特点：

1. 广播娱乐脱口秀在语言特色、话题选择、表现手法等方面都有着鲜明的娱乐风格。广播娱乐脱口秀顺应了现代人渴望释放压力、愉悦身心的精神需求，丰富了广播的节目形态，拓展了广播的娱乐功能。以锦州人民广播电台经济资讯台的《小师傅大徒弟》为例，主持人用说学逗唱的才艺调动一切可以调动的娱乐方式，幽默地反映生活百态。以内庄外谐的方式探讨严肃的社会问题，不仅好笑，而且令人深思和回味。再以北京文艺广播的《全世乐》为例，这档娱乐脱口秀节目表现手法为话题演绎和针

---

① 吴盈、周婷、孟洁、伍安龙."故事化"在儿童广播节目中的运用方式——合肥故事广播《童话亮晶晶》与重庆故事广播《大头小当家》比较分析［C］. 赵华. 2011广播比较研究. 北京：中国广播电视出版社，2013（5）：99.

② 由黑龙江广播电台供稿。

③ 孟伟. 广播传播学［M］. 北京：中国广播电视出版社，2012（4）：119.

④ 刘晓龙. 娱乐广播VS快乐生活［J］. 中国广播，2014（1）.

⑤ 卢君. 广播娱乐脱口秀节目的特点与发展策［J］. 中国广播青年专刊. 2014（5）.

⑥ 柴子凡、满霜、李静. 变局与变革：广播综艺的融媒张力与形态重塑——年中国广播综艺节目年度报告［J］. 中国广播. 2016（2）.

锋相对，将多种娱乐表现形式穿插其中，根据每一期的主题和内容组合运用。如《演绎笑话》专场，在话题讨论之间，插入跟主题相关的笑话，主持人扮演笑话里的人物；《人物志》专场以某位当红明星为话题，幽默演绎明星人生经历和作品片断；《娱乐大盘点》专场以娱乐热点为话题，以演绎方式还原事件，加重人物心理猜想，寻求新闻以外的创作空间。①

2. 主持人是整个节目的核心与灵魂，鲜明的声音形象、个人形象是广播娱乐脱口秀节目不可或缺的要素。比如河北交通广播的娱乐脱口秀节目《小强来了》主持人的形象特征具有"令人印象深刻"的两面性：面对妻子时他胆小怕事，受到严苛的经济制约，每次反抗总会被无情镇压，是一个典型的"失败者"；面对朋友时他聪明睿智，朋友遇到困难总会第一时间向他求助，他总能轻松给出解决难题的方法，是一个典型的成功人士。在不同场合，主持人个性形象差异相互间碰撞出快乐的涟漪，使听众沉醉在娱乐的氛围里；②中央人民广播电台主持人海阳在脱口秀中小人物的方式自嘲：大龄、单身、没车、没房……主持人用小人物的视角去审视世界、解读生活，反而赢得了众多听友的共鸣与喜爱。

3. 时下的广播脱口秀还有一个特点，就是兼具"新闻""谈话"背景元素。尤其是以"新闻+娱乐"的方式形成的"新闻娱乐脱口秀"广受欢迎。新闻娱乐脱口秀选材新近发生的新闻议题，用诙谐的方式对新闻时事发表评论与见解，从而满足大众获取信息和娱乐休闲的双重需求。如中央人民广播电台文艺之声的《海阳现场秀》、江苏文艺广播的《越说越开心》、陕西人民广播电台交通广播的《老冯说事》、杭州交通经济广播电台的《交通快活人》、浙江电台城市之声的《私家车下班路上》等。③新闻娱乐脱口秀节以谈话、聊家常的方式演绎当下流行话题，让广播节目更加鲜活、亲民、接地气。

（四）新闻广播剧

进入 20 世纪，一个新词"Infortainment"出现在英语词汇中，④它将英文的"信息"和"娱乐"合二为一，意指当今社会信息与娱乐、新闻与文化相互融合，难以割裂的发展趋势。文艺娱乐类广播本身就具有信息传播和艺术表现的双重属性。每一档文艺娱乐广播栏目、广播节目都离不开新闻背景语境。比如像上海台的系列广播剧《刑警803》、北京台的广播剧《寻找刁爱青》的创作背景都基于现实中的深度新闻调查线索。

2016 年，"新闻广播剧"在业界成为热议。"新闻广播剧"是依托一线新闻报道实践创新总结出的一种"前所未有的概念"。"新闻广播剧"顾名思义是将广播剧与新闻

---

① 肖舟. 广播娱乐脱口秀节目的特征与把握［J］. 视听界. 2011（6）.
② 陈昌辉、张晓伟. 广播脱口秀《小强来了》娱乐场的构建［J］. 中国广播电视学刊. 2015（10）.
③ 华树凯. 试论新闻娱乐脱口秀中人文历史元素的植入——以《海阳现场秀》为例［J］. 中国广播. 2014（1）.
④ 王雪梅. 中国广播文艺理论研究［M］. 北京：中国传媒大学出版社，2011（5）：7.

报道充分结合起来,从而丰富广播新闻的叙事方式和表现手法,实现意想不到的文艺传播效果。由中央人民广播电台制作的七集《遇见海昏侯》和 10 集《生死关头》被视为新闻广播剧的代表作品。《遇见海昏侯》首创"录音报道 + 历史广播剧"的形式,用报道呈现海昏侯墓考古重大发现,用广播剧还原历史事件;《生死关头》在纪念红军长征胜利 80 周年之际,用"广播剧 + 口述新闻"的形式,用声音生动、细腻地呈现了长征史诗般的色彩。

《遇见海昏侯》和《生死关头》同属于广播剧,兼具新闻属性。虽然时效性不及消息、新闻明显,但却彰显了新闻的真实性、客观性和社会性等其他层面特点。比如南昌海昏侯墓发掘是 2015~2016 年"最热"的考古事件,出土文物创下多项纪录,无论是考古发现还是墓主任离奇身世,在选题上都极具新闻价值;《生死关头》每一集都进行了实地采访,回访当事人或其后人,寻找历史文物,在各种不同记载中反复论证、判断。创作过程体现了非常严谨的新闻专业主义精神。两部剧的主创都带着做新闻的严谨创作广播剧,把广播剧作为一种手法来"还原"新闻中的故事,从而提升新闻的表现力。

此外,新闻广播剧又不同于以往的纯广播剧,它更多是对事实的艺术再现。以广播剧为依托,用故事化的叙事手法,通过情节、转折、张力等表现形式,具有很强的历史的代入感。比如《遇见海昏侯》和《生死关头》都聘请了业界著名的声音演员加以演绎诠释,经过了后期精心合成、加工,体现了中国广播剧制作最高水准。近年来,传统广播剧日渐势微,市场萎缩。新闻广播剧可谓为广播剧注入了新闻的活力,让广播剧进入了广播新闻频率的黄金时段,同时以 8 分钟左右的"微剧"形式,充分适应了新媒体渠道平台的传播特点。可以说,新闻广播剧不仅丰富了新闻,也丰富了广播剧,反映出了广播人基于市场判断对声音的回归和提升。①

(五) 广播纪录片

在广播国际奖评选中,有一个奖项叫作"Documentary",在国内译法不一,比如有"广播特写""纪实专题节目""相对于广播剧而言的,非虚构的新闻专题节目""将真实的新闻进行了艺术化处理"等多种译法。② 2015 年年底,在业界兴起的"广播纪录片"这一提法为"Documentary"提供了另外一种翻译方案。

"广播纪录片"概念是由中央人民广播电台中国之声在制作系列节目《致我们正在消逝的文化印记》中提出的。旨在报道中大量运用同期声、音响、音效、音乐等纪录片手法,打造"用声音叙事""用声音达意"的精品广播节目。③"广播纪录片"是广播新闻报道与文艺手法相结合的一种新体裁。广播借鉴纪录片的表达形式,更可以寓

---

① 高岩. 用最适合的方式讲述最有吸引力的故事——当新闻遇到广播剧 [J]. 中国广播. 2017 (3).
② 邢晓春. 浅析广播特写对精品节目创作的启示 [J]. 中国广播. 2014 (5).
③ 高岩. 用最适合的方式讲述最有吸引力的故事——当新闻遇到广播剧 [J]. 中国广播. 2017 (3).

教于情，寓理于形，潜移默化。① 在《致我们正在消逝的文化印记·方言季》第一篇《上海的"腔调"》中，以上海童谣开篇，以音乐《婆娑起舞》进行声场转换，将受众带到老上海的光影记忆中。《戏曲季》记录珍贵历史音响，使访谈、唱段、剧场演出有机统一。

从《致我们正在消逝的文化印记》可以看出，"广播纪录片"背后的真正意义是新闻元素与文化元素的融合。广播新闻似乎前所未有地大规模地突进文化领域，呈现出如此广大的文化视角。这反映出，文化已经成为新闻内容的自然深化与延伸，文化将进入新闻报道领域，成为一个更为宏大的主题。②

广播纪录片的概念既是创新，也是继承。有业界提出观点认为，传统的"广播特写"节目形态就属于广播纪录片范畴。但"广播纪录片"比"广播特写"的概念更为广泛，其表现形式也更为多元、宏观、富有层次感。广播特写借鉴类似电影的"特写镜头"手法去截取新闻事实的横断面，即抓住富有典型意义、最能反映其特点或本质的片段、剖面或细节，用广播手段对其进行富有现场感的形象化报道；而广播纪录片不仅是截取新闻事实中的一个片断、一个场面、一个情景、一个镜头，更重要的是将这些片段、场面、情景或镜头串联起来，围绕主旨，用声音的逻辑充分调动音响元素去构思、处理声音与文字、声音与音响之间的关系，从而表现严肃的主题、表达理性的思考，最后呈献给听众的是一个相对完整、深刻的故事与感悟。③

三、文艺娱乐类广播节目发展新特点

伴随以上新类型、新观点和新概念的出现，今天的文艺娱乐类广播发展还呈现出一些共识性的新特点和新趋向，从而共同构成了新媒体时代我国文艺娱乐广播的崭新面貌。

（一）彰显中国传统文化

"文艺是时代前进的号角，最能代表一个时代的风貌，最能引领一个时代的风气。"党的十八大以来，习近平总书记做出一系列重要论述、提出一系列明确要求，为传承发展中华优秀传统文化提供了根本遵循。④ 2017年年初，中办、国办出台《关于实施中华优秀传统文化传承发展工程的意见》，第一次以党中央文件形式全面部署中华优秀传统文化传承发展工作，为实施中华优秀传统文化传承发展工程提供清晰"路线图"。

中华经典传统文化是国家重要战略资源。以弘扬民族优秀文化为核心加强内容创新创新，是弘扬民族优秀文化、倡导社会主义核心价值观的独特表达，是源于生活、

---

① 蔡万麟. 新型广播需要新型产品——《致我们正在消逝的文化印记》之样本意义 [J]. 中国广播. 2016 (5).
② 蔡万麟. 新型广播需要新型产品——《致我们正在消逝的文化印记》之样本意义 [J]. 中国广播. 2016 (5).
③ 张涛. 广播纪录片——新型广播媒介产品生产的精品化方向——由中央电台广播纪录片生产创作现象引发的思考 [J]. 中国广播. 2016 (9).
④ 刘奇葆. 坚定文化自信 传承中华文脉 [J]. 求是. 2017 (4).

高于生活的艺术呈现。博大精深的中华文化、丰富多彩的社会生活、质朴纯真的大众心声是文艺节目创新最坚实的源泉和支撑。近年来，中央人民广播电台《致我们正在消逝的文化印记》、河北广播媒体的《燕赵传奇》、广东广播媒体的《林兆明的艺术人生》、沈阳广播《祖先的传承》、陕西广播《文华三秦》等一大批创新广播节目相继涌现。这些节目对打造文化精品，攀登文化"高峰"，坚定文化自信，推动中华优秀传统文化创造性转化、创新性发展起到了推动作用。

广播人还对经典戏曲、经典乐曲、经曲小说，经典书目等内容和样态加大开掘与创设力度。比如中央人民广播电台推出大型文艺专栏节目《中国大舞台》，让高雅、经典、传统文艺广播精品节目在国家级广播平台上呈现。与中国戏曲学院、国家京剧院等艺术院团建立战略合作关系，打造国家级文艺宣传平台。北京台交通广播推出节目《徐徐道来话北京——话说大栅栏》，用单口相声、评述的方式讲述大栅栏带出的历史文化故事，兼具知识性、故事性和趣味性。河北人民广播电台的《燕赵传奇》用新闻讲历史，用文艺讲文化。以通俗化、故事化的讲述展示京津冀悠久厚重的人文历史、璀璨多姿的文化遗产、慷慨城义的燕赵风骨。①

2017年，刘奇葆在《坚定文化自信 传承中华文脉》一文中强调把握好中华传统文化"守"和"变"的关系。以传统文化资源为原点，各级广电机构积极推进传统文化的创造性转化、创新性发展。郑州人民广播电台将300多位戏曲老艺人的唱段及戏曲资料、稀有剧种的老乐器等，收集在一起成立了中国第一家戏曲声音博物馆——河南戏曲声音博物馆。河南广播电台的戏曲节目《周迪有戏》组织"戏迷专列"走进川渝活动，② 将戏曲传统和旅游文化结合起来，扩大传统文化效能。珠江经济广播设立"云山珠江讲古台"，以"广播+旅游"的融合方式传播岭南讲古文化。

（二）拓展声音艺术价值

广播是有声语言的艺术。就广播节目创新而言，精良的声音、音响是广播特色的本体。广播艺术是以艺术语言表达的各种手段将文字语言音声化的一种再创造。从国家文化大发展的角度而言，根植于传统广播的有声语言艺术理应成为新时期行业水准的标杆，更应该肩负起引领专业标准的重任，为发展全民阅读事业、为国家文化大发展构建一个时代的有声文化环境。

近年来，"声音"的价值与重要性正在被重现发现与发掘：中央人民广播电台推出特别策划《先生》，聚焦当代自然和人文学科领域的"大家"，以声音的形式为他们留痕，向大师致敬；中国国际广播电台的《闻歌识中国》节目，通过大量一手现场材质音响吸引大批听众：在《前门情思大碗茶》（13个音响）里铛铛车的声音，《山歌好比春江水》（17个音响）里的鱼鹰叫声，还有《敖包相会》（15个音响）里羊群叫声，都为作品的展开营造了特殊的意境，增强了现场感；广东新闻广播牵头策划以弘扬广

---

① 孙文洁、张甜. 乘风华人讲故事，胸怀天下播文化——谈《燕赵传奇》的创新 [J]. 中国广播. 2016（4）.

② 柳漫漫. 积极打造传统戏曲与现代旅游结合的双赢新模式——以河南人民广播电台的《周迪有戏》为例 [J]. 中国广播. 2015（10）.

州文化为宗旨的《听见·广州》系列节目,以声音为载体记录粤语文化标志性人物的艺术人生;浙江之声《翊白声音杂志》节目打造广播中的有声"杂志"。

在大型声音项目方面:2016年年底,中央人民广播电台正式与国家语言文字工作委员会签署合作备忘录,全面展开"中小学语文示范诵读库",每天晚上在"中国之声"微信公众平台推出一篇由知名播音艺术家朗读的课文,打造"那些年,我们一起读过的课文"系列朗诵,深受用户好评。2017年4月,江苏人民广播电台启动"江苏传统文化声音寻访与声音库建设项目",建设江苏传统文化首个声音库,面向全省、全国乃至全球展示江苏非物质文化遗产。

围绕"声音"主题,广播人还积极拓展演说、朗读等有声文化活动。江苏新闻广播发起"青年演说家"活动,吸引130多所高校和中学的参与;杭州新闻广播推出大型品牌文化活动"我们读诗"依托节目。江苏文艺台推出全省第一辆"朗读直播车"(如图4-3),在南京德基广场和先锋书店为读书爱好者录制音频。北京人民广播电台与"北京阅读季"联手策划首个"诵读小站"(如图4-4)。苏州新闻广播联袂湖北广播电视台湖北之声打造"朗读亭"(如图4-5),朗读者音频可在苏州新闻广播每晚8:00《完美欣赏·爱上阅读》中随机播出。

图4-3 江苏文艺广播"朗读直播车"①　　图4-4 北京人民广播电台"诵读小站"②　　图4-5 苏州新闻广播"朗读亭"③

(三)本地文化、本地特色探索

从本地生活中挖掘节目素材,增加本地语言特色以及地方文化特点,可以增强节目的贴近性、鲜活感,引发听众兴趣与共鸣,提高节目的认可度、忠诚度和收听黏度。

---

① 江苏文艺台朗读直播车今天让数十万人体验到阅读的乐趣![EB/OL] http://mt.sohu.com/20170423/n490341371.shtml, 20170504.

② 北京文艺广播生日季活动收官暨阅读季活动[EB/OL]. http://mp.weixin.qq.com/s/fyX-oXmx39eQ1jTQ2uUcWg,20170504.

③ 朗读者情感在这里尽情抒发[EB/OL]. http://news.cqnews.net/html/2017-05/10/content_41573709.htm, 20170604.

以曲艺之乡天津为例，天津广播基于天津地域特点设计了《越听越有戏》《京剧大剧院》《曲苑大观》《每日相声》节目。此外，天津广播还围绕本土津味的相声艺术和市民的"哏"文化，推出《包袱抖不完》《老话听不腻》《津味曲汇》等曲艺节目，将相声的笑文化、市民的乐活精神弥漫在声波中。还有《历史回声》节目以彰显天津历史文化特色为依托，《话说天津卫》节目则主打天津乡土民俗。

方言生动、简洁、形象。和普通话相比，方言里有更为丰富的生活、情感用语，表达起来更显生动幽默、有趣传神。中央人民广播电台基于闽南话的文化价值、当地使用情况以及对台宣传的需要，专门开办方言文艺频率——神州之声。同时将对台工作前移至厦门，设立厦门节目制作室，并打造了以《祖地乡音》为代表的一系列闽南话品牌节目。很多地区也开办了方言节目。例如泉州人民广播电台专门开办了FM105.9全闽南话频道刺桐之声，打造了以《欢喜就好》为代表的一系列闽南话品牌节目和广受好评的闽南话广播情景剧《志明与春娇》；西安市开办了以当地方言为广播语言的新闻评论节目《老冯说事》、旅游资讯类节目《吃遍西安》；南京私家车频率用南京方言调侃方式演绎新闻故事《小堵打开心》；杭州AM954《听阿通说》节目主持人用杭州话讲述里弄里的大事小情；湖北楚天交通广播《快活嘴》用的是武汉方言，宁夏台广播剧《的哥哈喜喜》用的也是当地方言；陕西人民广播电台还针对当地特有的秦腔这一区域文化标志性现象，专门设置了针对戏曲的广播节目，深受听众的好评。①

（四）音频内容融合趋势

与时效性较强的新闻、财经等广播节目类型相比，评书、相声、戏曲等经典广播文艺娱乐节目更适合新媒体环境下的重复播放和多次点播。尤其是在移动互联环境下，广播文艺娱乐节目制作正在呈现碎片化、移动性、情节紧凑、实时融入等收听特点。

佛山电台FM92.4将大板块节目进行更为"碎片化"地细分，创新推出"一分钟"系列节目。浙江"FM衢州之声"策划精品栏目《我叫张小扬》，每天单点的15分钟插播一次，每期时长两分钟，讲述古灵精怪的"00后"宝宝张小扬和"80后"妈妈的快乐生活。②浙江电台城市之声为了适应私家车节奏，在原有的碎片化、轮盘式播出的基础上，以每5分钟为一个小节，以每15分钟为一个小段落，以45分钟为一个板块。每天的板块里面都有十几，将近二十几个的碎片化综艺模块。以《娱乐大爆炸》栏目为例，旗下有以"袁老师"为形象针硬时弊的《袁老师上课》模块、以"老陕"为人物讲述前沿科技动态的《老陕脱口秀》模块、表现家庭情感的《夫妻对话》模块、彰显当下婚恋观的《相亲记》模块，还有《时事演唱会》《阿哲评书》《广播一剧冷》等讲述民生、再造经典的多种曲艺形式。③

---

① 董喆. 运用地方元素打造广播个性化探析［D］. 厦门：华侨大学 2012（4）.
② 易楚楠. 广播文艺节目"碎片化"探析［J］. 视听. 2016（3）.
③ 项勇. 汽车收听环境下的广播大综艺突围——浙江电台城市之声《娱乐大爆炸》的先锋体验. 新闻实践［J］. 2013（6）.

借力微信、微博扩大节目互动与影响力成为文艺娱乐广播的"标配"。中央人民广播电台推出2017春节特别栏目《中国声音中国年·雄鸡篇》借力微信"喊红包""摇一摇"等功能，吸引了1700多万人次参与到活动中来。除此以外，在视频直播与其他新媒体平台上还吸引了500万人参与互动，当天互动人数累计超过2200万人次，刷新中国广播新媒体参与互动的人次纪录。浙江台城市之声开发节目实时评价系统，听众可以"点赞"，也可以"打脸"，对内容产品的反馈、优化及创新提供了依据，促使节目内容实时性调整完善。

除了"借平台"，很多广电机构还在纷纷"建平台"。一手借力微博微信，一手打造自己的新媒体产品，让传统经典文艺作品在新媒体环境下焕发崭新生命力。江苏文艺广播的一档综合性戏曲类节目《梨园漫步》，依托节目开设"梨园漫步"微信公号，吸引海内外10万多用户，并为不同戏种的爱好者建立了19个戏迷群，引起了听众的热烈反应。[①]河南人民广播电台戏曲广播依托品牌栏目《欢乐咚咚锵》打造戏曲客户端"河南戏"。截至2016年中旬，"河南戏"日均新增用户近1100人、日均活跃用户近5万人、累计用户24万+。电台频率与APP的深度融合也衍生出系列项目，如微信公众平台"河南戏"上线、"河南电台网络戏曲广播"试播、"大石桥有戏""福塔有戏"等落地活动相继举办。

（五）讲好中国故事

文运同国运相牵，文脉同国脉相连。在中华民族伟大复兴过程中，广播媒体不仅要大力弘扬民族优秀文化传统，更要传播好中国故事，承担好"联接中外，沟通世界"的职责和使命。与新闻、经济等其他类别的广播内容相比，文化娱乐类节目被视为一种"软内容"。文艺无国界。文化类节目在内容制作和形式表达上具有弹性，更能尊重不同国家文化差异，适应国外受众收听习惯，不易引起当地听众反感。更能真正起到"成风化人、凝心聚力"的作用。

近年来，中央人民广播电台、中国国际广播电台等广播媒体积极响应"丝绸之路"国家战略，不断尝试广播节目内容创新，通过讲述中国故事，传播中国文化和主流价值，积极推动中国声音"走出去"，打造国际传播新格局。

有调查表明，在中国国际广播电台播出的各类节目中，文化、旅游、学汉语和音乐类节目最受境外受众欢迎。华语环球广播开设有名为《孔子学堂》的文化专栏，邀请学界名士畅谈多年研究心得，期间穿插制作精良的小广播剧和精致隽永的诗文朗诵；泰米尔语广播开播《中国文化》栏目，以介绍中国的悠久文化和中国民间故事为主，彰显中华文化的源远流长和博大精深。[②]

中央人民广播电台侧重于对丝绸之路经济带的节目落地传播。以共同文化与民族亲近感为切入点，以现有的民族语言广播为优势资源，主打民族牌、文化牌。重点在

[①] 哈艳秋、李卓聪. 思维突破，路径创新：新媒体时代广播媒体的转型之路 [J]. 中国广播. 2016 (12).

[②] 卜伟才. 国际广播电台文化外宣概览 [J]. 对外传播. 2010 (8).

哈萨克斯坦、土耳其和尼泊尔制作哈萨克语、维吾尔语、藏语三种语言广播节目，其大部分为音乐和文化类节目，培养了一批中国广播的忠实听众，为我国对外广播宣传奠定坚实群众基础。

广西人民广播电台开办"北部湾之声"，致力于打造"区域外宣旗舰"。采用英语、泰语、越南语、普通话和广州话5种语言从早晨7点到深夜24点进行播音。借助地缘和小语种优势，重点对海上丝绸之路国家进行输出传播。"北部湾之声"在节目中播放《华人世界》《华夏剧场》等传统音乐、文化和小说联播专栏。"北部湾之声"还开设《学说中国话》栏目，收到当地听众欢迎。①

第三节 文艺娱乐类广播频率创新

一、文艺娱乐类频率发展概况

文艺类娱乐频率的听众忠实度高，收听黏性强，容易形成受众期待。老牌的综合性文艺频率整体实力"雄厚"。像北京文艺广播、天津文艺广播以独特的编排、创新的形式和独有的在地资源在当地收听市场"地位稳固"。戏曲/戏剧/曲艺类等传统广播文艺节目拥有一批忠实听众，戏剧曲艺广播频率尤其在长三角地区广受欢迎。

专业化、类型化、窄播化的传播模式是广播媒介发展到今天的自然选择。小说广播、长书广播、相声广播等专门广播频率从传统的文艺频率中"细化"出来。北京人民广播电台长书广播、青岛快乐603长书频率、安徽小说评书广播和天津人民广播电台小说广播等，由于其内容的连续、长篇、有扣子、有悬疑、有情节等特点，也吸引了一批忠实听众。

当一个文艺娱乐类广播节目形态发展成熟，往往会成长为一个专业的类型化频率广播。阅读类、长篇播讲类节目形态的"火爆"催生了故事广播频率的诞生。我国首个故事频率——合肥故事广播开播于2005年，因起步早、制作精良，多年居于合肥文艺类收听市场首位。目前，我国的故事广播数量不少于50家。②

西安综艺广播、河南人民广播电台娱乐976等以娱乐类、脱口秀类、笑话类等节目形态组成的综艺娱乐广播频率广受欢迎。一些大的省市级电台甚至开办了多个类型化休闲娱乐广播，比如上海电台有五个音乐娱乐类广播频率，天津电台也有四个频率。③

还有很多文艺娱乐类节目在带有文艺元素的交叉频率中出现。这类频率因单一资源不足而多项内容交叉，定位相对宽泛、模糊，如文体频率、文艺交通、音乐健康、

---

① 孟伟. 移动互联时代的中国广播影响力——广西电台广播现象研究［M］. 北京：中国广播影视出版社. 2014（12）：240.
② 中广联广播电视文艺（小说连播）工作委员会2014年10月19日第25届广播小说连播业务研讨会交流发言.
③ 邵军. 娱乐广播十年变迁［J］. 中国广播. 2012（1）.

综艺娱乐、文艺经济频率等，在文艺广播市场中也有较强竞争力。像宁波人民广播电台经济娱乐频道、淄博人民广播电台交通文艺频道、成都人民广播电台文化休闲频道、河南有声文字广播电台、河南电台影视广播、乌鲁木齐人民广播电台交通文艺广播、山东体育休闲广播、广东电台文体广播、河北人民广播电台旅游文化广播、唐山交通文艺广播等。

从节目编排上来看，文艺娱乐频率普遍针对不同人群及其生活习惯和爱好，设置了与新闻、财经、交通等差异化错峰编排方式。比如上海故事广播通过逆向编排在全天打造了许多收听高峰。在早高峰时段安排的是读书、故事类节目，晚高峰时段安排的是法律和小说连播节目。从而使上海故事广播突破了一般频率只有早晚两个收听高峰的现象，全天收听波形呈锯齿状、多峰值呈现。总体来讲，多数文艺娱乐类广播的非黄金时段均不甚清晰，并且不受移动人群早晚高峰的明显制约。只要文艺娱乐频率运作策划得好，可以将全天都打造成黄金时段。

二、文艺娱乐类频率在各地收听表现

（一）文艺类频率在不同地区竞争力差异明显

2016年，文艺类频率在我国36个城市的平均市场份额为9.4%，但地区差异明显，只有9个城市的市场份额高于平均水平。其中在北京表现较好，对比2015年有不错的升幅，占据当地收听市场25.88%的份额。另外，济南、邯郸和成都等也都有一定的升幅，而在西安、天津、乌鲁木齐、合肥和哈尔滨等多个城市则有不同幅度的回落，其中西安、郑州和南京下幅较大，见图4-6。

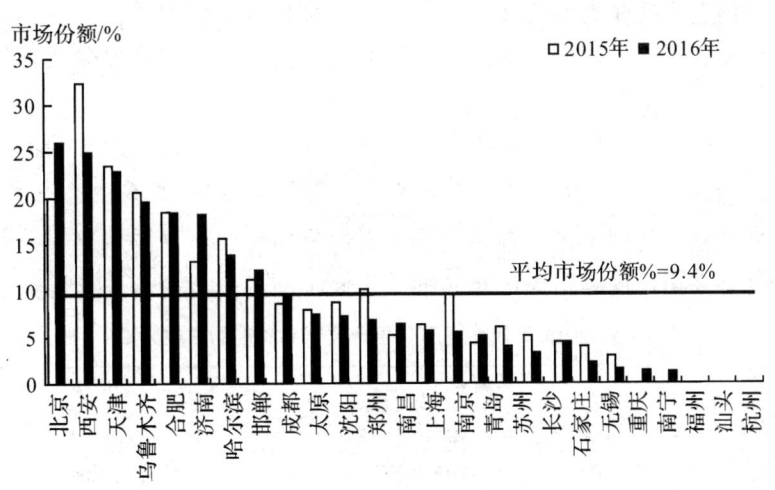

图4-6 2016年文艺类频率在不同地区的竞争力[①]

从听众数量和听众忠实度来看，文艺类频率在北京和天津竞争力较强，听众数量

---

① 何庆金. 雅俗共赏，寓教于乐——2016年文艺类频率收听状况分析[J]. 收听研究. 2017（1）：29.

大。其中天津地区平均每天有 20.64% 的听众收听过文艺类频率，而乌鲁木齐和西安的听众对文艺类频率的忠诚度较高，收听文艺类频率的市场较大。

（二）本地文艺类频率在各地区竞争力强劲

具体到各地的频率排名情况，北京人民广播电台文艺广播（FM87.6/CFM93.8）、新疆人民广播电台 FM107.4 维吾尔语交通文艺广播和哈尔滨广播电视台文艺频率 FM98.4 竞争力较强，分别在北京、天津、乌鲁木齐和哈尔滨跻身当地市场份额排名前三甲位置。北京、南京和苏州等地可收听多个不同类型的文艺频率。另外，除综合性文艺频率外，还有更多细分的具有本地特色的文艺频率，如合肥故事广播 FM98.8、陕西广播电视台秦腔广播 FM101.1 西安乱弹等，均具较强竞争力。

三、文艺娱乐类频率创新发展

（一）戏曲广播

我国是戏曲大国，广播拥有大批戏迷听众。随着频率专业化的发展，再加上国家对戏曲艺术的扶持，2002 年起广播戏曲频率应运而生，上海、北京、长春、河南、安徽等地先后推出专业的戏曲频率。2009 年 9 月，"全国戏曲广播联盟"成立。如今，这一联盟的成员已经达到 30 多家。[①]

1. 戏曲频率发展现状

截至 2016 年，收听率和市场份额排名在当地收听市场较为靠前的专业戏曲类广播频率有：北京人民广播电台戏曲曲艺广播、陕西广播电视台戏曲广播、安徽戏曲广播、上海戏剧曲艺广播、苏州广播电视总台戏曲广播和无锡广播电视台故事戏曲广播。其中，上海戏剧曲艺广播在当地的文艺类频率收听率排行中位列首位。在苏州和无锡的当地文艺类频率收听率排行中，前两位都是戏曲广播。戏曲广播深受我国长三角地区听众喜爱。

大量受欢迎的戏曲节目也被安排在非专业戏曲频率中。根据索福瑞不完全统计的市级及以上广播频率中，我国播出过戏曲类节目的频率数量为 36 个，占比 6.5%，且省级频率占据多数。经过不完全统计的戏曲类栏目在各地收听率相对较高的数据进行汇总计算，综合考虑栏目的平均收听率和播出天数，得到排名前十的频率，如表 4-6。

表 4-3 2016 年戏曲类节目平均收听率较高的广播频率[②]

地区	频率	收听率%	市场份额%
北京	北京人民广播电台文艺广播（FM87.6/CFM93.8）	1.10	21.58
石家庄	河北广播农民广播 AM558/FM98.1	0.68	9.63
广州	广东广播电视台南方生活广播 FM93.6/AM999	0.43	6.42
苏州	苏州广播电视总台综合广播 FM91.1	0.38	5.52

---

① 刘宇飞. 浅论戏曲舞台艺术的广播化呈现 [J]. 中国广播. 2016 (9).
② CSM 媒介研究. 戏曲类节目的视听特征及受众价值 [J]. 收听研究. 2016 (12): 19.

(续表)

地区	频率	收听率%	市场份额%
长春	吉林人民广播电台健康娱乐广播 FM101.9	0.28	4.38
上海	上海戏剧曲艺广播 AM1197/FM97.2	0.26	3.65
南京	江苏文艺广播 AM1053	0.17	3.03
杭州	杭州人民广播电台新闻谈话台 AM954	0.06	2.58
哈尔滨	黑龙江乡村广播 AM945	0.04	0.67
乌鲁木齐	乌鲁木齐人民广播电台经济广播 AM927	0.03	0.44

2. 戏曲栏目发展现状

根据索福瑞数据显示，2016年收听率突出的戏曲类栏目有广东广播电视台南方生活广播《中华戏韵》、北京人民广播电台文艺广播《戏迷类》、上海戏剧曲艺广播《京昆雅韵》和河北广播电视台农民广播《梨园风》（表4-7）。其中，广东广播电视台南方生活广播《中华戏韵》和北京人民广播电台文艺广播《戏迷类》竞争力较强，在这两档栏目播出的时段，在当地市场收听广播的总人口中，超过五分之一的受众在收听这两档栏目。

表4-4 2016年《中华戏韵》等戏曲栏目收听表现[①]

地区	栏目名称	频率	收听率%	市场份额%
广州	《中华戏韵》	广东广播电视台南方生活广播 FM93.6/AM999	1.15	25.13
北京	《戏迷类》	北京人民广播电台文艺广播（FM87.6/CFM93.8）	1.10	21.58
上海	《京昆雅韵》	上海戏剧曲艺广播 AM1197/FM97.2	0.90	17.17
石家庄	《梨园风》	河北广播电视台农民广播 AM558/FM981.2	0.68	9.63
佛山	《晨光粤韵》	广东广播电视台珠江经济广播电台（EFM财富974）	0.38	7.93

从五档收听率相对较高的广播戏曲类栏目的听众特征来看，北京文艺广播的《戏迷乐》中青年听众表现出较高的收听率。上海戏剧曲艺广播的《京昆雅韵》的收听率随听众年龄增长而提高，老年听众收听率最为突出。其他三档栏目均以老年听众收听率较高为主要特点。《中华戏韵》15~24岁听众表现出较高的收听率。

戏曲对目标听众，特别是中老年听众具有较大黏性。因中老年听众多为退休或者社会中高阶层人群，其收入一般高于绝大多数中青年人群。从收听表现好的上海戏剧曲艺广播的数据来看，上海戏剧曲艺广播听众月平均收入高于中央人民广播电台经济之声、上海故事广播和上海爱乐数字广播。尽管老年人群体已经不再是社会经济活动的主要参与者，但他们有稳定的退休收入和较多的休闲时间，所以仍然是特定商品和

---

① CSM 媒介研究. 戏曲类节目的视听特征及受众价值 [J]. 收听研究. 2016 (12): 19.

服务的主要消费者,见图4-7。

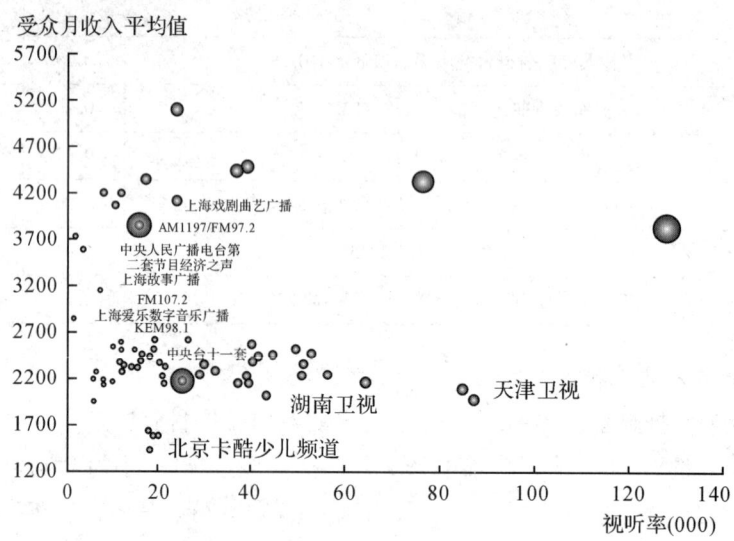

图4-7 2016年上海戏剧曲艺广播等在上海和天津受众平均收入价值

3. 戏曲频率编排创新

今天,拥有悠久历史传统的戏曲频率在栏目编排、品牌活动等方面不断创新,走出了一条顺应时代、独具特色的创新发展之路。

苏州戏曲广播、绍兴戏曲频率、河南戏曲广播、陕西戏曲广播等频率发挥地域性特特点,依托当地文化传统、立足独特的曲艺形式,占据了稳定的市场份额。陕西戏曲广播"大秦正声"则主要以秦腔为主,吸引秦腔爱好者;上海电台戏剧曲艺广播以方言播音为主贴近受众;地方戏曲在绍兴地区拥有27%的市场份额;潮州电台戏曲之声是粤东地区少有的戏曲频率,2008年至今在潮州地区的市场份额在25%以上。①

在节目编排层面,上海电台戏剧曲艺广播主要针对老年闲暇人群,错过一般广播收听的早、晚高峰,专门在午间时段14:00~15:00精心打造《京昆雅韵》品牌节目,成为该频率全天收听高峰;河南戏曲广播《戏迷俱乐部》《有你就有我》两档栏目基于戏曲元素,用主持人角色扮演的方式,为节目增色。《戏迷俱乐部》主持人王唯、李钺采用相声捧逗哏的搭档方式主持节目,风趣幽默、插科打诨的主持风格令听众忍俊不禁;《有你就有戏》主持人媛媛以邻家小妹的形象出现,俏皮、可爱、活泼、机灵,再加上用河南方言和听众拉家常似的互动,使节目很接地气,深受戏迷朋友热捧;② 陕西戏曲广播结合听众多元切实需要,设计了形态丰富的戏曲节目(见表4-5)。

---

① 参考王求. 中央人民广播电台文艺资源整合调研报告[R]. 中央人民广播电台. 2010 (7).
② 中国广播电影电视社会组织联合会广播文艺工作委员会. 中国广播文艺论文选2015[C]. 北京:新华出版社. 2016 (8):123.

表4-5 陕西戏曲广播创新栏目编排①

选秀节目	《今天我是角儿》
戏曲综艺节目	《好戏没嘛哒》《乡党过会》
点戏节目	《天天有戏》
欣赏类节目	《三秦大剧院》《戏曲老唱片》《有你就有戏》
戏曲文化类节目	《名家说戏》《梨园春秋》
戏曲评论类节目	《夜话秦腔》
娱乐类节目	《开心面馆》《戏迷乐翻天》

今天，戏曲广播已不再满足于"你播我听"的传统收听模式，与听众开展多方面互动与交流。陕西戏曲广播的选秀类节目《今天我是角儿》先后举办"寻找王宝钏大赛""戏迷队长大赛""男旦比赛"等比赛；戏曲综艺类节目《好戏没嘛哒》借鉴电视戏曲节目的选秀模式，摸索出一套适合广播运行的节目样态：专业导师现场坐镇挑选优秀选手并教戏辅导，两个月为一季做汇报演出，年底总决赛评选出"年度总冠军"。两档选秀栏目各有侧重，听众参与火爆，反响强烈。在2013年举行的第七届戏迷争霸赛中，陕西戏曲广播通过热线海选，在线下四个地区开展户外大赛，每场都能吸引上万名观众观看。总决赛吸引来自甘肃、宁夏、青海现场观众达3万人。

（二）文艺广播

1. 文艺广播发展概况

以"文艺"命名的综合性广播频率是传统概念中老牌文艺频率，经过多年运转，已成为文艺频率的中流砥柱。在"2016年文艺类频率在各地竞争力"排名表中可以发现，很多以"文艺"冠名的广播收听率和市场占有率都位于当地文艺市场首位，比如北京人民广播电台文艺广播、新疆人民广播电台FM107.4维吾尔语交通文艺广播、哈尔滨广播电视台文艺频率、辽宁广播电视台文艺广播、湖南人民广播电台文艺频道、重庆人民广播电台文艺广播和福建人民广播电台文艺广播。尤其是北京文艺广播多年来一路"高歌猛进"，2016年在北京和天津两个文艺市场均居首位，收听率分别达0.81%、0.76%，市场占有率达16.8%、11.23%。

在北京文艺市场居于第二位的中央人民广播电台第九套节目文艺广播，开播于2004年。中央台文艺广播是一档语言类文艺频率，坚持"故事"定位，节目内容主要涉及故事、评书、长篇联播、相声、小品、都市广播影视剧、文艺资讯等，同时开设有读书等原创直播节目。主要栏目有《名家书场》《开心时刻》《小说联播》《睡前故事》等。中央台文艺历史悠久，《今晚八点半》《评书连播》等文艺节目曾经名称鹊起。但自2008年伴随中央台新闻立台改革以来，原有文艺资源区域分散，亟待在时期进行重新整合。2017年，中央台计划对频率存量资源进行整合调整，形成专门的文艺

---

① 中国广播电影电视社会组织联合会广播文艺工作委员会. 中国广播文艺论文选2015 [C]. 北京：新华出版社. 2016 (8): 44.

板块。①

2. 文艺频率创新发展案例

多年来，北京文艺广播收听率和市场占有率仅次于北京交通广播，稳居北京广播市场第二位；在居家人群中，其收听率和市场占有率位居首位。文艺广播在北京的市场容量大，竞争优势明显。北京文艺频率的竞争力与地缘文化取向有一定关系，也和内部运作密切相关。下文以北京文艺广播为例，介绍其节目编排与运营创新情况。

创建于1994年的北京文艺广播是北京历史最为悠久的广播频率，建台之初确立音乐、文学、戏曲、曲艺、戏剧等为主干的综合文艺节目体系。从2006年开始，北京文艺广播打破原文艺广播的既有模式，变原来的作品立台为主持人立台，打造频率的品牌形象。保留小说、相声、评书等传统优势节目，适度弱减传统类型的文艺节目，打造全新的娱乐节目。几乎每一档节目都要求主持人融入幽默、调侃元素，很多节目音视频共做，更有的节目主持人一边演一边和受众进行互动，完全颠覆了以往想象中的传统广播节目，大大拓展了文艺广播的内涵。一系列举措确保了在抓住老听众的同时，吸引更多年轻人参与，使市场占有率和广告经营同步提升。根据索福瑞测量仪数据，2017年3月27日~4月9日，北京文艺广播在北京市场市场近两周份额和收听率均排名第二，分别为14.495%和0.57%。受众结构也从之前的以20岁以下和60岁以上的人群为主，转变为以三四十岁的人群为主。②北京文艺广播将"快乐很简单"的创新理念渗透在了每一档栏目中，凸显出北京文艺广播的特色和核心卖点。实质上，北京文艺广播是一档都市娱乐休闲类的综合广播：既有传统文艺类栏目《空中笑林》《开心茶馆》《演艺群英会》等贯穿全天，也有旅游休闲类的《环球旅行家》占据上下午时段，还有集美食娱乐于一体的《吃喝玩乐大搜索》把持下班后的晚间时光。同时，北京文艺广播更像集服务性和实用性于一体的都市生活台。多个整点的娱乐资讯为人们的娱乐休闲提供了贴身服务；《天下行》《环球旅行家》《吃喝玩乐大搜索》等更是全面细致地介绍吃喝玩乐等方方面面的资讯、方式、经验，引领、改变着人们的生活方式。③

一个成功的频率，关键在于能够让自己的名牌栏目长办长新。作为老牌文艺广播频率，北京文艺广播既有创新，又重坚守。像《空中笑林》《开心茶馆》《空中笑林》等栏目具有10年、20年的历史，多年来坚持"京味"，焕发着相声、曲艺、小品等传统艺术的崭新光彩。并与《演艺群英会》《娱乐72变》《吃喝玩乐大搜索》《话说天下》等创新节目一起组成文艺广播多个拳头节目，为频率贡献多个收听峰值。见表4-6。

---

① 姜海清. 推动融合发展　构建新型广播 [J]. 中国广播电视学刊. 2016 (10).
② 邵军. 娱乐广播十年变迁 [J]. 中国广播. 2012 (1).
③ 蔺平、傅祯裕. 广播频率高收听率原因初探——北京收听市场前三名北京交通广播、北京文艺广播、中国之声核心竞争力比较 [D]. 2009广播比较研究. 2010 (4).

表 4-6　北京文艺广播创新栏目一览①

栏目名称	内容创新
《空中笑林》	不是简单地选播相声、小品，而是辅之以演员经历、作品背景和行内轶闻趣事介绍，同时力邀相声界大腕儿笑星共同主持，整个节目丰满、信息量大，快乐幽默贯穿始终，让听众听得开心轻松。
《吃喝玩乐大搜索》吃货玩家的小时代	推出"我是体验派"和"食材大冒险"板块。听众通过短信平台和微信公众平台提出想要体验的吃、喝、玩、乐等项目，节目将选取幸运体验者担任"我是体验派"体验团成员，不定期免费体验相关项目并分享感受，最终推出有针对性的指南。
《知道不知道》海量趣味考题惊喜不断	集可听性、悬念性、趣味性为一体的《知道不知道》添加"最强神回复""大牛来了"等环节。节目中，您会听到听友一鸣惊人的回答，会听到来自多个科学领域神秘大咖的专业诠释。节目引入新媒体平台，听众可通过微博、公众订阅号"FM知道不知道"、豆瓣组等多种新媒体平台跟节目组全方位、多角度灵活互动。
《环球旅行家》更多元的旅行新世界	节目将以轻松娱乐的方式，从多角度呈现旅游概念中的若干要素。从传统的应季旅游热点、个性化旅行方案等实用信息的即时传递，到展示"旅行声音"等全新包装的品味之旅，为听众倾力打造一个旅行的新世界。
《娱情娱理》都市娱乐脱口秀	聚焦北京城里的年轻上班族，对近期热点娱乐事件或人物展开延伸式评点讨论，还将不定期设置好玩的互动游戏或互动主题，为听众打造玩起来的声音"大爬梯"。
《乐享生活》都市轻奢广播杂志	通过新媒体发布平台和微信平台分享优质内容。节目关注精品酒店、手作之美、设计生活、衣着搭配、高尚礼仪、传统文化及生活方式、城市文化精英活动等内容，为听众打造轻奢生活品质。
《艺海说宝》讲述艺术传奇	主持人徐德亮以评书和单口相声的形式讲述"珍宝传奇""艺匠传奇""藏家传奇"和"非遗传奇"，以及古今中外珍宝级艺术品、人文建筑、历史古迹背后的故事，为您传递艺海传奇之美。

（三）长书广播

1. 长书广播发展概况

长书广播包括小说连播和评书连播，我国电台的长书连播节目已有60多年的历史。② 1970、1980年代成为极受广大听众欢迎的广播节目样式之一。像王刚的《夜幕下的哈尔滨》、李野默的《平凡的世界》、孙兆林的《青春之歌》和《穆斯林的葬礼》等长书成为几代人的心灵记忆。1990年代，更为专业化、类型化频率从传统的综合文艺频率中分离出来，长书广播、相声广播、故事广播等频率开办起来。以小说和评书联播节目形态为基础应运而生的长书广播频率。

2002年，全国首家以评书联播为特色的廊坊电台长书广播正式开播。廊坊长书广

---

① 北京文艺广播：快乐传递全面升级[EB/OL]. http://topic.rbc.cn/14/2015tzft/tjdxw/2014/1231/1330273.htm. 20170505.
② 徐玫丽、洪云菊. "长书连播"为何失之东隅，而收之桑榆——有声书火爆背后的思考[J]. 视听. 2014(1).

播秉承"廊坊广播、覆盖京津"的发展理念,以其独特的节目编排、丰富的评书内容得到在北京、天津和廊坊地区众多书迷和业界的认可。中国文联副主席、中国曲协主席刘兰芳说:"在评书艺术陷入低谷时,廊坊长书广播为评书艺术的发展带来了二次腾飞,为弘扬评书艺术做出了突出贡献。"①

2005年以后,大庆长书广播、天津小说广播开播、北京人民广播电台、安徽小说评书广播、青岛快乐603长书频率相继开播。这些频率大多以"听长书、讲故事"为主,节目广泛涉猎小说、评书、传记、影视录音剪辑、广播剧等艺术形式。②

2016年,青岛快乐603长书频率AM603/FM99.5(收听率为0.2%,市场占有率为3.87%)位居青岛文艺广播市场首位,安徽小说评书广播(收听率0.2%,市场占有率为5.1%)位居安徽文艺广播市场第二位,北京人民广播电台长书广播FM104.3(收听率0.15%,市场占有率3.04%)位居北京文艺广播市场第三位。③

2. 长书广播创新发展案例

自2002年廊坊电台长书广播开播后,全国各地长书类、故事类广播如雨后春笋般出现。多年来,廊坊电台长书广播一直秉承传统,不改初衷,始终以长篇评书为主打,可以说是独树一帜,保有鲜明的特色。④ 下文以廊坊电台长书频率为例,介绍长书频率的发展特点。

(1)在满足听众需求的同时,牢记媒体的社会责任

廊坊电台长书广播在继续选播经典传统评书的同时,紧跟时代节拍。为配合纪念世界反法西斯战争暨中国人民抗日战争胜利60周年,特别安排播出《太平洋大海战》《二战经典战役》《红岩魂》《新儿女英雄传》《平原枪声》《夜幕下的哈尔滨》《四世同堂》等多部评书;在弘扬社会主义核心价值观、以爱国主义为核心的传统美德以及加强道德建设方面,安排播出《古今荣耻谈》《红顶清风》等书目。十八大后中国反腐重拳出击,反腐不仅是立党之本,更成为民心所向。廊坊电台长书广播的《清官于成龙》《红顶清风》《海青天》等作品为大家讲述了中国历史上的清官典范。

(2)秉承传统特色,以长书立台

廊坊电台长书广播遵循听众"生书熟戏"的欣赏习惯,与袁阔成、单田芳、刘兰芳、田连元、连丽如、田占义、张少佐、孙一、关永超等名家签订广播评书新作京津冀首播协议。⑤ 同时,为了保持长书广播的优势,采取传统与现代、名家和新人相结合的方式,在挖掘传统评书的基础上,不断推新人推新书。其中,青年评书演员袁田、孙刚、梁军、关勇超就是新人的代表。

---

① 徐玟丽、洪云菊."长书连播"为何失之东隅,而收之桑榆——有声书火爆背后的思考[J]. 视听. 2014(1).
② 牛予冬. 伴随改革开放步伐 创新打造专业频道[J]. 中国广播电视学刊. 2009(1).
③ 何庆金. 雅俗共赏,寓教于乐——2016年文艺类频率收听状况分析[J]. 收听研究. 2017(1):29.
④ 李阳. 李红旗浅析廊坊长书广播成长模式[J]. 中国广播. 2012(11).
⑤ 徐丽、冯津苗、刘濑阳. 长书频率节目设置与发展趋势[J]. 广电时空. 2016(2).

（3）尝试评书直播、长书短读、短篇合集等多种播讲方式

2006年廊坊电台长书广播开办"连丽如直播书场"，采取北京——廊坊电话连线的方式，由连丽如老师直播两部短打评书《和氏璧》和《赠绨袍》，给听众耳目一新的感觉。2011年，又推出"现场茶馆评书"这一播出模式，播出了王玥波的现场评书《聊斋》、连丽如的《剑山蓬莱岛》，在听众中引起强烈反响。同时，采用"长书短读"节目形式。大多选择故事独立成章，相互并不影响的"短篇合集"，有利于新听众适时进入，打破必须连续收听的强"卷入度"瓶颈。像长书频率播出的《三言二拍》《古今奇案大观》《中国母亲》《狄仁杰》等评书作品都是采用了这种形式。目前，评书节目每一集的时长缩短为22分钟至25分钟，三集连播。适应了碎片化、伴随性的收听习惯。

（4）加强自制评书的录制

2004年，在廊坊建市15周年之际，廊坊电台长书广播决定将反映廊坊历史史实的"廊坊大捷"录制成广播评书。著名评书表演艺术家单田芳为廊坊电台长书广播独家录制了80集评书《廊坊大捷》，这部书曾先后在全国600多家电台播出。2009年，在庆祝中国共产党建党88周年和新中国成立60周年之际，廊坊电台长书广播和评书新人关永超合作录制现代历史评书《重庆谈判》，首次以评书的艺术形式再现了64年前那场举世瞩目的国共和谈。2003年，单田芳的新书开始在廊坊电台长书广播实现首播。并在单田芳先生的提议下，廊坊电台长书广播成立了我国第一家书迷组织——长书广播书迷俱乐部。目前，长书广播书迷俱乐部的成员达3000人。

（四）故事广播

1. 故事广播发展概况

"讲好中国故事"是习近平总书记对外宣传工作的总要求，同样也为新时期新闻传播工作指明方向。2005年3月，我国第一家故事频率——合肥人民广播电台故事广播开播。此后，北京、上海、吉林、江苏、云南、重庆、辽宁、陕西、新疆、贵州、青岛、郑州、潍坊、连云港等地相继开办故事广播。目前全国故事广播频率不少于50家。[①]

故事广播是一种纯语言艺术类的广播形态，指的是以各种类型的故事作品为基本素材，以有声语言艺术表现为创作手段生产出来的广播节目集合。在故事广播中，"故事"的含义既包括长篇小说、散文、诗歌、寓言、广播剧等文艺作品，还包括来自于生活中发生的各类非虚构事件、经历、心得等。

故事广播属于类型化广播，其节目内容设置大都以故事类连播节目和故事类综艺节目为主。根据不同内容风格，故事类广播基本分为南北两派：北派（以北方城市为主）节目基本以长篇联播节目覆盖全天，南派（以南方城市为主）节目兼具故事播讲与故事综艺。故事广播模式对听众的卷入度要求高。无论是情感类，还是悬疑类节目，

---

① 中广联广播电视文艺（小说连播）工作委员会2014年10月19日第25届广播小说连播业务研讨会交流发言。

要求听众不仅入时间，还投入情感，甚至投入智力，并且是长时间的投入。

2016年，合肥故事广播、济南故事广播和成都故事广播市场竞争力在本地文艺娱乐广播市场居为首位。其中合肥故事广播和济南故事广播市场占有率分别达7.21%、7.68%。此外，上海故事广播、江西故事广播、江苏故事广播、河北人民广播电台故事广播、无锡广播电视台故事戏曲广播、南宁人民广播电台故事广播成功895和杭州的FM106.5在本地表现也都"可圈可点"。①

诚然，今天的故事广播也有一些现存问题。比如还有一些地方故事广播以播出医疗讲座和以"养生"为主题介绍保健知识。一些故事频率的自我生产作品能力低，自创品牌节目数量少。加之高密度、大时段的联播，需要大量小说、长书作支撑，但优质故事节目存量有限，个别频率节目类型相似，主持风格接近，内容同质化现象显现。故事广播在新时期亟待转型创新发展。

2. 故事广播创新发展

（1）节目本土性、特色化

故事广播刚刚开办起来的时候，长书、小说等节目以外购和交换为主，大部分节目缺少本土元素。今天的故事广播已经开始关注节目自制，并关照挖掘本土特色文化，讲述本地故事。从而规避故事广播市场竞争同质化。

由于东部沿海城市生活节奏较快，上海故事广播摸准其听众偏向于短、平、快的收听习惯，在小说类、文学连播类栏目中严格控制时长，并且以滚动资讯的形式，播出实用性较强的内容。在故事内容方面，上海故事广播开办《闲话上海滩》《阿拉讲故事》，采用沪语等方言形式，营造地域特色，黏紧本地听众。与北方评书等传统节目形成鲜明差异，凸显东部特色；② 北京故事广播则推出长篇连播《画虫儿》，展现了一群靠书画收藏或倒卖字画为生的"画虫儿"生活画卷。作品"京文化"底蕴丰厚，语言风趣老到，京味儿实足；江苏故事广播开播《城南旧事》，讲述古都南京的历史文化故事，以浓郁的地域性拉近与听众的距离；新疆电台故事广播在每周末推出《杂话新疆》，节目主持人赵国柱是"中国非物质文化遗产传承人、新疆杂话第一人"，他用新疆话说新疆，讲述别具特色的新疆人文故事；③

适度穿插一些方言节目或直接用方言讲故事也是媒体差异化竞争的一个有效手段，粤、川、陕、闽和东北话等方言类故事节目纷纷登台，深得听众的喜爱，有的还成为当地的名牌节目。比如陕西故事广播打造的三档方言节目形成了该频率的"三驾马车"：在早间开办方言资讯服务栏目《秦人秦事》、在午间1:00~2:00播出方言谈话栏目《谝闲传》、在晚间9:00~10:00播出方言聊天栏目《岔心慌》；"阳泉评说"是山西当地百姓十分钟爱的一种艺术形式。阳泉台通过大胆创新、巧妙嫁接，开办了

---

① 何庆金. 雅俗共赏，寓教于乐——2016年文艺类频率收听状况分析[J]. 收听研究. 2017（1）：29.

② 孟洁、周婷、吴盈、伍安龙. 故事广播频率的专业化之路研究——合肥故事广播、陕西故事广播、上海故事广播对比分析[D]. 赵华. 2011广播比较研究. 北京：中国广播电视出版社. 2012（4）：11.

③ 曾志华. 中国故事广播频率有声语言艺术创作现状与思考[J]. 现代传播. 2016（1）.

一档地方味十足的节目《叨舌叨舌》。用阳泉方言说阳泉人、道阳泉事。甚至连栏目曲也选用了当地家喻户晓的民歌旋律，使节目从里到外飘溢着"阳泉味"。①

（2）丰富节目形态、适当"跨界"

在故事类型层面，很多频率尝试突破传统的故事类联播节目类型，开始向故事类综艺节目发展。比如合肥故事广播发展至今，已形成综合评书、文学故事、畅销小说、传记文学、市井故事等"大故事"的概念。突出主持人与栏目的包装与推广，突出节目与听众的互动，强化地域特点。合肥故事广播的故事类型既包括少儿童话（《童话亮晶晶》）、古典小说评书（《说古道今听评书》）、当代畅销书，也有新闻故事（《胡小图闯江湖》）、生活情感故事（《单身俱乐部》），还有恐怖故事（《愈夜愈惊心》）等。以上品牌栏目在听众中拥有广泛知名度，并成为其他故事广播纷纷效仿的节目样式。

再以上海故事广播为例，除了保留一直深受听众喜爱的《小说连播》《武侠传奇》《说古道今听评书》等传统节目之外，还特别设立了书市排行榜，综合介绍上海书城、全国各大出版社、大型网上书店等三方的销售情况。考虑到少儿广播节目稀缺的现状，上海故事广播联手《故事大王》杂志，在每晚八点档推出了《月光宝盒》。②

节目形式的"跨界"还包括栏目的深层次互动。北京台举办的《胡同传奇》《北京印记》《北京印象》系列征集活动，就是把听众"请进来"，为听众搭建一个讲自己故事的平台。《胡同传奇》注重老北京和传统文化，征集听众胡同记忆和情怀；《北京印记》关注新北京、新风貌，让市民讲述奥运后新北京的故事。这种"请进来"把听众真正当作讲故事的主人，反映了普通人的真情实感，符合大众胃口。③

（五）综艺广播

1. 综艺广播发展概况

近些年，娱乐广播、综艺广播等综合性文艺娱乐类频率逐渐兴起。以辽沈地区为例，几乎辽宁电台、沈阳电台的每一个频率都开办或曾经尝试开办过广播综艺娱乐节目。从 8：00 到 22：00 的各时段中，就有《麻辣二人转》《开心转转转》《正午刚刚乐》《娱乐二人转》《娱乐香饽饽》《小一耍大刀》《信不信由你》等多档娱乐节目可供选择收听。广播娱乐节目成为一种独特的社会文化现象。④

2016 年，位居西安文艺广播市场前两位的都是综艺广播频率，分别为西安广播电视台综艺广播和陕西广播电视台秦腔广播西安乱弹，其市场占有率分别达 7.15%、6.28%。位居邯郸文艺广播市场首位的邯郸大眼睛也属于综艺娱乐频率，收听率和市场占有率分别为 0.28%、7.15%。⑤

---

① 李应宏、朱骐. 故事广播如何凸显故事特征［J］. 新闻窗. 2012（12）.
② 陶青. 节目内容架构频率质感　逆向编排打造收听高峰——上海故事广播节目内容制作与版面排版探索［J］. 中国广播. 2011（11）.
③ 李应宏、朱骐. 故事广播如何凸显故事特征［J］. 新闻窗. 2012（12）.
④ 龚波. 浅谈办好广播娱乐节目的四个维度——以辽沈地区的几档特色栏目为例. 中国广播. 2014（1）.
⑤ 何庆金. 雅俗共赏，寓教于乐——2016年文艺类频率收听状况分析［J］. 收听研究. 2017（1）：29.

2. 综艺广播创新发展案例

下文以陕西广播电视台秦腔广播西安乱弹为例,分析综艺广播节目发展形态。

西安乱弹并不是一个专门播放秦腔的戏曲电台,而是一个综合的娱乐性频率。西安乱弹依托西安城市特有的历史、民俗、饮食、建筑、方言等元素,将秦腔狭义的戏曲概念扩展为体现秦人文化和现代西安城市精神的大"秦腔"概念。同时把娱乐的、现代的精神融入每一档节目创意之中,以期展现西安的现代文明与前进步伐。①

西安乱弹成立于 2010 年 7 月,由陕西广播电视台旗下的西声媒视听节目制作有限责任公司(简称陕西公司)负责管理运营。西安乱弹是陕西广播电视台深化文化体制改革创新的成果案例。西安乱弹运营模式还掀起了西安乱弹在西部省区市被快速复制的局面:2011 年,陕西公司第一家控股子公司——青海声媒视听节目制作有限责任公司与青海人民广播电台签署合作协议,运营青海电台旗下的 FM90.3 青海生活广播花儿调频;2011 年,陕西公司旗下第二家控股子公司——新疆声媒视听节目制作公司试播新疆乱弹,陕西广播电视台跨区域运营模式开启。② 西安乱弹以方言人文历史文化类节目为主,几乎每当栏目都通过娱乐的形式加以包装,出新出奇。节目形式包括亲子节目《天天我最萌》、资讯娱乐类节目《刘翔来了》、健康娱乐类节目《有医说一》、汽车娱乐类节目《车游中国》、历史脱口秀节目《神谝长安》、旅游娱乐类节目《乱弹嘻游记》、美食娱乐类节目《吃在西安》、游戏类节目《文艺小两口》和电影类节目《第一观影团》等。西安乱弹的节目题材也可谓无所不包、无所不有,有相声、小品、评书、戏曲、电影、脱口秀、游戏、教育、新闻、修车、旅游、民俗风情、美食小吃、建筑艺术等多种曲艺、综艺类型。主持人用幽默的主持方式传播历史文化,在嬉笑怒骂中和听众分享生活的智慧和哲理,节目风格真实自然,形式诙谐生动。这些节目找准了西安市民物质生活和精神生活双重需求的结合点,展现了西安古典情怀与现代风韵的融合。③

第四节 文艺娱乐类内容创新趋势

2017 年 5 月,中共中央办公厅、国务院办公厅印发《国家"十三五"时期文化发展改革规划纲要》,提出"要在新时期加强网络文化产品创作生产,推动传统文艺与网络文艺创新性融合,促进优秀作品多渠道传输、多平台展示、多终端推送。"全媒体时代,传媒行业细分与整合加速,音频的载体和平台日益融通,广播不再被称为广播,而是音频媒介。

广播文艺娱乐类节目是最具吸引力、感染力和艺术魅力的广播节目形式。文艺娱乐类广播节目的听众重视度高,黏性大,拥有坚实的听众基础。新媒体时代,与新闻、

---

① 张明仪. 陕西方言广播的发展现状及策略研究——以陕西秦腔广播为例 [D]. 西安:陕西师范大学. 2014 (5).
② 张蕾. 创新孕育黑马——从陕西秦腔广播开播 550 天的表现说起. 新闻知识 [J]. 2012 (3).
③ 张蕾. 创新孕育黑马——从陕西秦腔广播开播 550 天的表现说起. 新闻知识 [J]. 2012 (3).

经济等节目类型相较而言，文艺娱乐类节目对时效性的要求相对较弱，更适合网络移动环境下进行重复点播与深度挖掘。

传统文艺广播亟待利用内容优势，进行音频、产品、产业层面的延伸开发。用做文化产品的态度去做内容，用做流量的方法去做传播，用运营社区的态度去运营听众。在某种程度上地说，传统文艺娱乐广播在发展思路上需要的不是"整合迭代"而是"改革转型"；不是在老路上"愈挫愈勇"，而是在新时代"重新出发"。①

一、文艺娱乐音频内容产品化

（一）文艺娱乐类音频产品概况

文娱节目是音频环境中较受欢迎的节目类型。据"易观"在2016年上半年的统计，移动音频用户较为偏爱阅读和教育类内容，在"得到"和"网易公开课"等应用中，目标群体指数（TGI，Target Group Index）及渗透率都比较高。另据2016年上海交通大学"网络电台用户构成及使用习惯分析"调查显示，在收听蜻蜓FM上非官方媒体制作的所有音频节目中，有一半以上（58%）的用户收听相声、评书、有声小说等文艺娱乐类节目。② 无独有偶，2016年喜马拉雅FM付费音频经典TOP10大多为文化娱乐类节目，题材包括：古典音乐、传统文化、相声、声音教程等。

值得关注的是，京剧、长书、古典音乐等一批传统文艺节目在网络音频环境中脱颖而出，广受网友欢迎，例如，王珮瑜在喜马拉雅开启付费节目《京剧其实很好玩》更新50期，订阅用户过万，播放量达37.7万。③ 上海音乐学院老师田艺苗在喜马拉雅策划制作的《古典音乐很难吗》年收入预计千万规模。计算机系宅男"有声的紫襟"凭借播讲悬疑小说也成为月入数十万的内容生产者。

2016年豆瓣在上线内容付费产品"豆瓣时间"。"豆瓣时间"首推的两个音频产品《醒来——北岛和朋友们的诗歌课》和《白先勇细说红楼梦》均系文化类音频栏目。共102期，定价128元。上线五天销量超过百万元。④ 此外，蜻蜓fm.也推出"付费精品"专区，《蒋勋细说红楼梦》《金庸武侠全集》等文化类节目首日销售过百万。

相较而言，传统广播媒体几十年来沉淀了丰富的文化、文艺、娱乐类节目资源，而现阶段传统广播媒体缺少像《罗辑思维》《吴晓波频道》等能够吸引巨大注意力的网络内容产品。在喜马拉雅颁布"全球华语播客巅峰榜"中，央视的《朗读者》跻身

---

① 方国康．新媒体环境下对传统广播的再认识［J］．视听界．2015（7）．
② 郭兴华．"互联网＋音频"时代的新老争锋——基于广播节目内容生产思路的分析．传媒评论．2016（3）．
2016年上海交通大学"网络电台用户构成及使用习惯分析"调查通过对音频节目的内容细分，用调查问卷及定量分析的方法，对蜻蜓FM用户的内容使用情况进行数据梳理。调查覆盖北京、上海、广州、南京、苏州、杭州、温州、郑州、西安、兰州等城市，覆盖东、中、西部地区及一、二、三线城市，随机抽取收听音频节目（每周收听4小时以上）的蜻蜓FM用户样本．
③ 王珮瑜谈知识付费：别替京剧的生命力担心［EB/OL］．http：//www.sohu.com/a/138271927_114778，20170505．
④ 豆瓣上线内容付费产品"豆瓣时间"首档音频节目定价128元［EB/OL］．http：//www.donews.com/news/detail/1/2948330.html，20170505．

前列，而传统广播节目在网络环境中影响力甚微。尤其是老牌文艺广播、戏曲广播、相声广播在传统文化资源方面具有独特优势，但音频层面的拓展开发还远远不够。2016年，喜马拉雅FM联合全国30余家曲艺社团共同推出国内最大相声专区，可为抢占先机。

（二）内容产品之体制机制创新

广播内容产品化即视广播节目为文化产品，以科学、高效、标准的生产流程规范内容生产，通过严格规范的流程设计使产品形成从研发到改进、持续创新的闭环。① 广播节目产品化发展是适应线上、线下、网络、移动等多元环境的顺势而为，是实现内容与用户、分发渠道、呈现形式等有机结合的综合考量。

《国家"十三五"时期文化发展改革规划纲要》指出要全面深化文化体制改革。近年来，很多广播媒体都在积极尝试通过体制机制创新实现广播节目潜力效能释放，通过"工作室"式的现代企业化机制打造广播节目产品链。

从2014年开始，中央人民广播电台文艺之声在全国众多广播媒体中首家尝试明星主持人工作室的制度，成立"海阳工作室""大铭工作室""杨晨工作室"。同年，北京电台启动节目团队建设，通过市场化运作，使每一档节目背后都能衍生出一批成熟的产品项目。前后有乐童工作室、吃喝玩乐大搜索等7个创收型节目团队，运转良好，见表4-7。

表4-7 北京电台节目团队基本情况介绍②

序号	团队名称	依托节目	赢利点
1	乐童工作室团队	听听糖耳朵	少儿培训产品开发
2	运动体验团队	界内界外/超级体验团	超级体验团训练营；赛事推广
3	爱车团队	1039交通服务热线	露营大会品牌系列活动；微信平台运营
4	教育面对面团队	教育面对面	中高招讲座；招生手册；游学；视频销售；微信群
5	吃喝玩乐大搜索团队	吃喝玩乐大搜索	吃喝玩乐在路上系列活动；微店；自创品牌的食品开发
6	问医生团队	健康加油站	全媒体推广；社区健康推广活动
7	朱红工作室团队	无	剧场演出；演出营销；原创IP开发；文化产品投资

有中央电台的先行先试，有北京电台的规模呈现，各地广播纷纷效仿，以小机制带动大变革。在北方，有知名的吉林台青雪工作室、黑龙江台叶文工作室、天津台刘杰工作室。③ 在南方，上海广播电视台推行独立制作人和节目团队为中心的机制，形成近20支独立制作人团队。广东台成立"黎婉仪工作室""尹铮铮工作室"，江苏台交通广播网成立《男生宿舍》工作室、贵州台故事广播成立"百变主播微剧工作室"、南

---

① 李玥. 解析如何运用互联网思维构建广播栏目——以海阳现场秀为例 [J]. 中国广播. 2015 (8).
② 重磅！2016中国广播创新融合十佳案例之北京电台"节目团队运营模式创新"权威解读！[EB/OL]. http://mp.weixin.qq.com/s?__biz=MzA4OTg3ODAwOA==&mid=2653326319&idx=1&sn=a470b3bb7b76de40ac4fbe187f9aaacb&scene=1&srcid=1026ixT0KQqoe8RFWHCAtGsD,20170510.
③ 顾楠楠. 广播节目工作室生存现状分析 [J]. 中国广播. 2014 (1).

京台《欢乐点点》也以项目制的形式成立节目工作室。这些工作室大多拥有团队组建权、经费支配权、收益奖励权、创意自主权等,跨界广播、电视以及网络,打造声音、视频和文字等多种节目,并将节目内容产品化、市场化,打造全新的传媒运营模式,成为节目生产、项目运营、媒体融合、市场化运营的创新平台。①

（三）内容产品 IP 创新

广播电台建立起一个企业化的规模生产,不仅要有"工业化"的生产监控体系做保证,更需要一个产品化制作的整体思路,需要全面考虑产品的市场、渠道和用户需求,进行品牌化的设计,从而生产出满足多终端适配的节目素材。甚至可以通过多屏适配实现电视、网络、社交媒体和手机应用软件的多屏融合,实现互联网全平台的品牌营销。

内容产品 IP 化发展为整个广播产品链的打造提供了思路。IP 是英文 "Intellectual Property" 的缩写,意为"知识产权"。泛指文化产业领域中文学小说、音乐歌曲、影视动漫、电子游戏等方面的内容版权。简单来说,IP 指的就是已存在的作品故事、内容素材。② 今天,节目内容 IP 化已经全面拓展到整个文化产业。比如以经典小说《盗墓笔记》为 IP 种子成功制作出一批火爆网络剧,从小说《甄嬛传》改编拍摄出来的电视剧也成为一种文化现象。

江苏台致力打造适合碎片化传播的内容产品,《阿束早读》《开卷八分钟》等产品在广播与互联网都产生良好反响。江苏广播在南京的收听市场份额从 8 年前不到 40% 上升到近年最高点 65%；③ 湖南电台让声音形成 IP 进入各类场景,打造虚拟主持人"嘻芮"品牌,初步形成了"广播+视频网站+音频网站+电视+微博+微信+H5"的复合传播模式；④ 杭州新闻广播以文学 IP 为依托,衍生出《我们读诗》广播节目、"春日·远方"系列活动、还绘制了首份"杭州诗歌地图",以诗歌的视角营造杭州独特的文化氛围,让听众重新体会"苏轼看过的山水我亦在看"的诗意绵延。

2016 年,黑龙江台诞生了 16 个大 IP,仅主持人叶文在蜻蜓 FM 上的点播量就超过了 12.6 亿；上海台发布短音频战略计划,从现有广播节目中剪辑出最精华和精彩的部分,实现内容产品化、产品品牌化、受众细分化、使用场景化。并面向移动互联网专门生产适合不同人群、不同用户的有针对性的短音频内容产品；2017 年,北京台七档节目将入驻新媒体平台"北京时间"。北京台广播主持人将在音视频双渠道影响下,成为主流网红 IP。⑤ 特别是针对车载移动环境,陕西秦腔广播西安乱弹自主研发了车载有声读物项目《大话春秋》,为车上人群讲解春秋 300 多年的历史。另外,西安乱弹还计划与西汽总公司合作,在西安近 3000 辆出租车上分批安装点播终端设备,让多元化的

---

① 涂有权. 理念突围 引领广播创新发展 [J]. 中国广播. 2017 (2).
② 李正良、赵顺. 影视业 "IP 热" 的冷思考 [J]. 传媒观察. 2016 (1).
③ 孟伟、宋青. 融合、创新：2016 中国广播发展扫描 [J]. 中国广播. 2017 (3).
④ 孙向彤. 移动互联网时代少儿广播节目的垂直化发展 [J]. 中国广播电视学刊. 2016 (6).
⑤ 涂有权. 理念突围 引领广播创新发展 [J]. 中国广播. 2017 (2).

乘客人群分享秦腔广播的优秀 IP 节目。①

传统广播剧也是广播 IP 化开发的优质资源。由广东广播电视台羊城交通广播制作的广播剧《大吉利车队》，从 2002 年开始，已经播出超过 4000 集。羊城交通广播与广东电视珠江频道联播开发动漫版《大吉利车队》，已被销售到江门、中山、东莞、佛山、清远等地市电视台，节目的贴片植入式广告收入每年都超过 100 万元。② 从 2004 年起，羊城交通广播陆续制作和推出多辑《大吉利车队》精选 CD、漫画书和动漫 DVD 等。③

中央人民广播电台海阳工作室通过不断摸索产品化、市场化运营模式，在互联网、电影、电视、书籍、舞台剧以及网剧出品等多领域实现突破。④ 成为把广播内容产品 IP 化做到"极致"的个案：树立海阳乐跑团、给力观演团和环球旅行团了三大听众活动品牌，打造粉丝经济。创新开拓用户内容生产"听众自我管理"的新模式，设立"海阳董事会"机制，由高端听众智囊团为听众活动品牌策划和服务。

表 4-8 《海阳现场秀》部分内容产品一览表⑤

主题	性质	内容
海阳的快乐生活	日常版	将新闻热点以幽默点评方式呈现
	线性版	全天整半点碎片化冠名播出
	视频版	动漫互联网传播
	衍生	辽宁卫视《海阳俱乐部》
大家来说笑	日常版	播讲听众改编段子
	线下活动	将"我是段子王"听众讲笑话大赛以音视频形式传播
	视频版	动漫互联网传播
时事乱侃	日常版	美式脱口秀风格幽默点评当日热点新闻
	衍生	山东卫视《语众不同》 爱奇艺《晚安朋友圈》
季播创新板块	翻滚吧海小阳	以儿童海阳视角，塑造人小鬼大的幽默形象
	还挺猛的	与娱乐主持人王小蠓合作深度幽默时评
	人间喜剧	尝试制作短视频喜剧的音频版
	败家讲坛	模仿易中天的声音用幽默的方式讲述历史典故
	海大夫热线	以呆萌医生形象，幽默的解答听众问题
	哪里有问题	用神回复的形式回答网友问题
	小蠓耍大牌	与配音演员合作解构经典
	海阳头壳秀	与爱奇异合作主题深度脱口秀

---

① 张蕾. 创新孕育黑马——从陕西秦腔广播开播 550 天的表现说起 [J]. 新闻知识 [M]. 2012 (3).
② 中国广播电影电视社会组织联合会广播文艺工作委员会. 中国广播文艺论文选 2015 [C]. 北京：新华出版社. 2016 (8)：111.
③ 徐立军. 2016 中国广播收听年鉴 [M]. 北京：中国传媒大学出版社. 2016 (8)：123.
④ 华树凯. 浅谈广播节目团队化运作经验 [J]. 中国广播. 2015 (8).
⑤ 海阳. 海阳工作室进化论 [J]. 中国广播. 201612.

二、文艺娱乐音频内容产业化

《国家"十三五"时期文化发展改革规划纲要》提出"全面实现文化发展改革的目标任务，积极推进文化市场建设，优化文化产业结构布局。"文艺娱乐广播产品化的实质过程就是依托优质节目 IP，横向纵向打造延伸 IP 产业链。文艺娱乐类广播内容与产品、产业进行有效对接也是基于对广播市场与发展状况的现实考量。

（一）文艺娱乐广播交易市场概况

目前传统文艺广播节目市场并未形成，文艺广播节目的买卖仍处于零星、小批量、不规范、不成熟阶段，市场有待成熟，规模开发有待时日。造成此种状况的原因主要有：1. 实力强的电台自己制作文艺节目，购买欲望弱；2. 实力弱的电台经济条件有限，无法形成购买力；3. 版权市场不成熟。多数文艺频率采用市场购买或网络下载的几乎免费的文艺作品而不被追究，没有购买欲望；而开发者需支付巨额版权费因市场狭小、价格低廉亏损累累；4. 广播节目的地域性在一定程度也制约了文艺节目市场的发展。

广播文艺节目交易市场目前处于探索阶段。广电总局曾组织过全国规模的广播文艺节目交易会，但交易情况相对冷清。从北京音乐台脱离出来的北京创艺声媒文化传播有限公司，自 1997 成立以来业务呈不断萎缩状态，目前该公司已停止运营。其他社会制作公司，如天津广播的刘杰工作室以生产故事类广播节目为主，但规模相对较小。[①] 盛天丽音公司等以动漫、电视节目、节目包装等多种业务维持运转，光靠制作广播节目很难生存。[②]

目前，广播电台间的文艺娱乐节目交易主要有贴片和付费购买两种。贴片指在广播节目前后贴有广告，电台在播出购买来的节目时保证广告播出，而无须支付费用；付费购买的价格也普遍不高，一般的评书、小说连播的购买价格为半小时单集 25~100 元不等。[③] 像黑龙江台旗下的龙脉影艺影视传播有限公司面向全国各家电台销售有声书定价为每集（25 分钟）18~30 元，远比电台主持人半小时的工资低。[④]

虽然传统文艺娱乐类广播节目交易市场惨淡，但网络环境、音频市场、移动互联和产业经营则为广播内容增值溢价提供了崭新发展空间。根据相关统计，发达国家对媒体内容资产的产业开发已占总收入的 20% 至 30%，法国每年约有 20 亿元的媒资内容开发收入，英国约有 4 亿英镑，日本有 19.6 亿美元。相比之下，我国媒资产业的开发收益不到总收入的 1%。[⑤] 尤其是广播的版权、媒资、有声书产业开发还潜存巨大空间。

---

① 中国广播电影电视社会组织联合会广播文艺工作委员会. 中国广播文艺论文选 2015 [C]. 北京：新华出版社. 2016 (8)：305.

② 王求. 中央人民广播电台文艺资源整合调研报告 [R]. 中央人民广播电台. 2010 (7).

③ 郑涛. 故事类广播节目的采购与编排 [J]. 科技资讯. 2013 (21).

④ 徐玫丽、洪云菊. "长书连播"为何失之东隅，而收之桑榆——有声书火爆背后的思考 [J]. 视听研究. 2014 (1).

⑤ 陈坚白. 媒资内容产业化开发与增值方向浅析 [J]. 中国广播电视学刊. 2015 (2).

（二）文艺娱乐有声阅读市场概况

有声阅读指依托网页或客户端技术，基于 PC、智能手机、平板电脑、电子阅读器、车载、可穿戴设备等阅读载体，为组织或个人提供有声读物的录制、收听和分享等阅读服务。有声阅读内容涵盖小说、电台广播、相声评书、影视原音、广播剧等。2015年，我国有声阅读市场规模已达 16.5 亿元。① 2016 年，我国有声书市场的规模将超过 22 亿元。②

在有声阅读方面，中央电台综艺节目中心启动"中央台全民有声阅读工程"。截至 2016 年底，购买有声版权的作品达 182 部，制作有声书 94 部，共计 3527 集；中国国际广播电台环球资讯广播与中国移动咪咕数媒达成深度合作意向，共同策划推出大型全媒体有声阅读节目《环球阅读》，并在环球资讯广播及咪咕听书平台正式播出。北京台成立悦库时光版权公司，搭建电台的版权内容库，尝试音频版权运营；2016 年，北京台举办"首届图书音频版权采购招标会"，最终签约 39 部，签约金额 52 万元。同时，依托"北京台数字音频版权采购项目"，实施 960 多万元的采购计划。③

虽然传统广电已在有声阅读领域开始发力，但音频市场竞争激烈，从资本积累、人才、到技术储备，广播电台想在"音频红海"占有一席之地的确不易。据易观智库数据，2017 年 1 月，在中国有声书制作发行存量市场份额中，④ 东方视角占比 53.9%，鸿达以太占比 15.6%，天方听书网占比 11.8%，喜马拉雅 FM 占比 6.2%，懒人听书占比 5.6%，蜻蜓 FM 占比 4.5%。截至目前，国内目前的听书网站、APP 已逾 200 家，很多电子书阅读软件也添加了"听书"功能。

音频行业无论如何差异化竞争，仍将是"内容为王"的竞争。对于有声阅读平台来说，优质内容和版权采集能力是移动音频平台运营方获取用户流量的关键因素。随着平台运营方内容布局的基本成型，优质版权资源越发稀缺，其收购及采购成本日趋攀升。传统广播电台要加快音频内容战略规划与布局，有效维护独家音频内容版权，搭建集音频资源孵化、交易、保护、开发、运营为一体的音频版权产业发展平台，积极推动广播声音的全媒体版权运营。尤其像《小喇叭》《长篇联播》等众多拥有几十年历史的经典传统文艺品牌、版权尚未在网络环境中得到有效开发。

（三）文艺娱乐内容产业生态创新

除了进军有声书市场，文艺娱乐音频内容还可在相关产业营销生态中大有可为。近年来我国广播机构在打造服务性、娱乐性 IP 产业链方面颇具新意。比如北京文艺广播朱红工作室准确把握喜剧舞台剧商业文化契机，成功转型公司化运作模式。针对北

---

① 有声书爆发，出版界波澜不惊？[EB/OL]. http://www.bisenet.com/article/201603/157744.htm, 20170510.
② 2016 年有声书市场规模将超 22 亿元 [EB/OL]. http://news.takungpao.com/mainland/topnews/2016-08/3358867.html20170510.
③ 王秋. 广播内容生产的供给侧改革实践 [J]. 中国广播. 2016 (12).
④ 有声书制作发行存量指具有网络原创文学和传统出版物的有声版权，并通过专业主播或组织进行录制并可进行有声版权交易的有声时长总量。

京舞台剧市场的巨大潜力，重点打造北京，乃至全国崭新的喜剧品牌"喜剧研习社"，并顺利推出首部喜剧作品《爆笑夜现场》，为电台发挥内容优势寻求新的盈利增长点；"吃喝玩乐大搜索团队"在新媒体上打造独立IP，完善搜索服务、吃透餐饮文化，成功打通美食旅游产业链。依托官方微信账号新媒体优势，摸索"Onair – Online – Onsite"运营模式。湖北楚天交通广播与湖北经视联合打造生活服务类方言真人秀《好吃佬》，通过手机客户端为用户提供美食推荐、餐饮预订、移动支付等个性化服务，实现了线上内容线下变现，成功将资讯转化为消费。此外还延伸出"好吃佬喜乐会""好吃佬导吃黄页""好吃佬美食课堂"培训班、"好吃佬"网上商城、"好吃佬"生态农庄等跨界融合产业项目。

(四) 音频内容付费模式创新

1. 音频内容付费概况

2016年，被称为知识付费元年。这一年，知乎、果壳（在行分答）、喜马拉雅FM、开氪、得到、豆瓣FM等知识付费平台相继出现，音频知识付费产品逐渐崛起。得到"李翔商业内参"首日订阅金额超200万元，知乎Live单场付费听众达12万，王思聪开通分答一个问题一天收入11.3万元。[①] 音频知识付费改变了靠网络广告的单一收入模式，是音频产品化、产业化的高度延伸，并有望成为未来新盈利增长点。

分答、喜马拉雅FM上知识付费本质上属于音频内容付费范畴。有观点认为，网友消费的产品不是内容本身，而是内容服务行为。内容服务是将源头内容进行分解、梳理、筛选，将精华和内容的应用突出展示给有需要的人。内容服务的重点在于内容的分析、筛选（精华）、分析（提建议，指明作用）、交付（低门槛、易上手、碎片化、高效），内容服务的过程甚至可以比内容本身更值钱。[②]

2. 音频内容付费案例分析[③]

（1）知乎：社区型知识付费模式

知乎主打"真实的网络问答社区"。其付费产品包括知乎Live、值乎及知乎书店。知乎Live是知乎的核心产品，功能为实时问答互动。答主可以创建一个Live，并出现在关注者的信息流中，用户点击并支付票价（由答主设定）后，就能进入到沟通群内。并可通过语音分享专业有趣的信息，通过即时互动提高信息交流效率。

截至2017年1月，知乎共举办了2000多场Live，每场的语音平均时长为75分钟，已有超过200万人次的用户参与了Live。为数百位主讲者创造了近千万元收入。在用户层面，知乎Live人均消费为28.6元，复购率34%。在内容层面，知乎Live目前针对不同主题做了20个分类，其中涉及生活方式、音乐、影视、艺术、旅行、阅读与写

---

① 陈芳.先行一步者似乎已经从收费中尝到了甜头——众多平台入局 内容付费是机遇还是鸡肋 [N]. 中国商报.2017（2）.
② 李蕾.《新闻与写作》副主编谈内容付费及知识变现 [J]. 青年记者.20170520.
③ 我们研究了28家平台，为你揭开知识付费的现状与未来，36氪知识新经济报告 [EB/OL]. http://it.sohu.com/20170506/n491997277.shtml，20170510.

作等较多文艺娱乐类内容。[①]

	听	得到	分答	分答
产品定位	音频分享平台	付费订阅产品	平台内嵌付费问答功能	付费语音问答平台
用户规模 （10月MAU-易观千帆）	2554.41万	215.24万	974.98万	52.04万
付费数量	16个付费精品分类 累计大咖数量850位	付费精选、电子书、音频及系列 15位大咖入驻专栏订阅	20个热门分类累计 600余位优秀答主	最受欢迎答主TOP100 累计回答7万个问题
付费机制	付费订阅 eg.《好好说话》-198元/年	付费订阅 eg.《李翔商业内参》-199元/年	文字提问，回答者设定金额 +付费转载	60s付费提问，回答者定价 +付费偷听
付费规模 （畅销案例）	付费音频课程《好好说话》， 10万付费用户，营收超1980万元	大咖专栏《逻辑思维》 8万付费用户，营收超1592万元	热门答主李开复的关注者达 90万，18个公开问题回答， 收入超万元	红人答主王思聪的收听者超 12万，32个公开问题，收入 达25万
内容生产	联合出品+主播入驻	团队自制+自媒体入驻	平台孵化的名人入驻	平台孵化名人入驻+网红推广
服务形式	在免费基础上，推付费精品专区	知识新闻免费，精品付费订阅	向他人付费提问，每个语音 回答能被所有人收听，收听 收入由提问者和回答者平分	向他人付费提问，每个语音 回答能被所有人收听，收听 收入由提问者和回答者平分

图4-8 喜马拉雅FM、得到、分答、知乎四大知识付费平台对比分析（2016年12月）[②]

（2）分答：超市型知识付费模式

分答早期模式为付费语音问答，答主在1分钟答疑解惑，未付费用户可以通过支付1元偷听回答。分答在2016年5月上线，上线仅42天，超过1000万授权用户，付费用户超过100万，33万人开通了答主页面，产生50万条语音问答，交易总金额超过1800万，复购率达到43%。分答每日付款笔数超过19万次。

作为超市型知识付费模式，分答具有如下两个特点：一是在整体的知识领域中具有一定品牌优势（果壳）和"头部"资源。强调以人为核心的知识售卖，即以特定的专业人士为价值中心，自上线后周国平、马东、罗振宇等众多明星大咖及健康领域、理财领域、职场领域等名人答主曾先后在分答平台回答各类问题；二是倚靠分答（问答）、分答小讲（授课）、在行（咨询），拥有较为完整的知识付费体系。

（3）喜马拉雅FM：以媒体习惯切入的付费模式

喜马拉雅于2016年6月开始推出付费音频《好好说话》，正式进入知识付费领域。12月，推出首届喜马拉雅"知识狂欢节"。并在12月3日单天全平台销售额突破5000万元，马东领衔的《好好说话》以555万销售额夺冠。截至2016年年底，喜马拉雅付费营收占比50%。目前有吴晓波、乐嘉等2000位知识网红和超过10000节付费课程，涵盖音乐、亲子、情感、有声书等16个类目。

喜马拉雅FM作为以媒体习惯切入的知识付费模式，具有如下特点：一是其音乐、文化、情感类资源具有一定的品牌优势，同时在媒体渠道上拥有用户流量优势。截至2016年10月，喜马拉雅FM用户激活量突破3亿，认证主播数量超过10万，入驻媒体

---

① 陈芳. 先行一步者似乎已经从收费中尝到了甜头——众多平台入局 内容付费是机遇还是鸡肋[N]. 中国商报. 2017（2）.
② 易观、国家统计局. 2016中国知识付费行业发展白皮书：知识付费风口来袭[R]. 2016（12）.

超过200家,市场占有率则达到了70%①;二是主播中心上线社群功能,一方面使得主播能够与粉丝实现即时的良性互动,另一方面能够与主播共同打磨课程;三是对知识生产者采取邀约制,平台与付费主播实现深度绑定,保证了课程质量及用户体验;四是不仅对其他音频IP吸引力强,同时培育自有平台音频IP。

(4)得到:头部生产者主导型知识分享模式

"得到"是《罗辑思维》团队推出的主打知识服务的应用。通过订阅专栏、付费音频、电子书等方式为网友每天提供有知识内容。截至3月5日,得到用户总人数为558.4万人,每天增加2万,日活跃用户45万,专栏累计销售144万(扣除"罗辑思维"为80万),专栏平均日打开率占30%左右。②

得到付费专栏除了罗振宇标价1元之外,其余都是199元。按照公开显示的每个专栏订阅数和相对应的定价计算,得到付费专栏推出不到一年的时间,已经获得了1.39亿元的收入。其中李笑来的"通往财富自由之路"订阅金额最多为2468万元,其次是李翔的"李翔商业内参"为1813万元,第三为万维钢的"万维钢精英日课"为1465万元。③

自2016年5月产品正式上线以来,"得到"APP不断邀请各个知识领域的头部知识生产者、业内著名人士加入,目前其专栏作者覆盖经济、管理、科学、艺术、创业等各个知识领域,形成相对完整的知识生态。专栏内容具有专业性,同时兼具鲜明的作者个人风格。得到一共10余个付费专栏,数量不多,但每个专栏生产者都很权威和资深。

2017年5月,得到启动"001号知识发布会"。会上发布的12款知识。其中2大"知识工程"为"每天听本书(年卡)"和"家庭背景声"。每天听本书(年卡),为用户精选一年365本书,并进行人格化的精华提取和语音转述;家庭背景声,通过知名"声音表演者"朗读经典著作、名人演讲等内容,为家庭亲子环境提供有价值的背景声音。

3. 音频知识付费对广播内容创新的启示

(1)知识付费模式的实现让音频在内容领域的价值受到重视。逻辑思维从一个之前在多个网络平台借力发展、贡献流量的头部IP,逐渐形成今天在得到上的独立运营,收入可观。以少儿故事音频节目为根基的"凯叔讲故事"等音频产品在教育长尾市场中打造深度垂直化,以垂直纵深,贯通产品、渠道、社群、电商、硬件等完整产业链

---

① 喜马拉雅FM单日成交破5000万,为知识付费的时代来了?[EB/OL]. http://i.wshang.com/Post/Default/Index/pid/248696.html, 20170604.

② 我们研究了28家平台,为你揭开知识付费的现状与未来 36氪知识新经济报告[EB/OL]. http://it.sohu.com/20170506/n491997277.shtml, 20170510.

③ 陈芳. 先行一步者似乎已经从收费中尝到了甜头——众多平台入局 内容付费是机遇还是鸡肋[N]. 中国商报. 2017(2).

条,依靠主持人"王凯"大IP打造出"凯叔睡前诗""凯叔西游记"故事机、绘本、动画片等产品,受众对其付费内容的接受程度非常高。相较而言,我们拥有优质内容生产能力的广播机构却在这轮付费热潮中"表现失色"。

在内容付费领域,知识提供者的知识背景、经验和开课方的品牌背书是影响用户付费意愿的重要因素。垂直型、专业性内容成为实现知识付费的基础。有调查显示,职业技能类、投资理财类、生活兴趣类和专业知识类的内容最易达成网络支付行为。对于广播电台来说,拥有几十年来沉淀的品牌和资源优势,在网络环境中具有一定的权威与信服力而广播电台的节目制作也更为专业、规范。广播电台可以依托自己的内容资源,积极参与到内容付费新生态中来。比如经济类广播便可为网友提供投资理财等专业化咨询服务,文艺类广播提供音乐、诗歌鉴赏等生活类服务,少儿、健康类广播提供教育、医学类服务,而公共服务类广播则可转化为语言学习、交际常识、法律服务、就业服务等职业技能类音频产品,从而让广播电台聚集更为精准的付费用户群体成为可能。

(2)目前的音频知识付费平台也存在一些问题。比如在用户端,很多网友一开始是冲着名人生产者本身的影响力冲动消费的,因此后续的打开率和续费率可能存在一定的问题。针对技能型音频产品,鉴于学习内容的周期较长,也较难保持用户长期注意力;在作者端,想要持续、系统地生产内容也并不容易,付费用户的期望值普遍较高,双方很难长久地维系交易关系。①而广播电台的优质节目制作与传播具有一定的稳定性与规律性,如若转化为音频产品进入直接付费通道,则更具竞争力。

此外,相较文字而言,音频知识付费模式对知识生产者的要求更高,包括录制音频等技术手段等都需要具有专业声音技能与素养。加之音频知识付费内容缺乏标准化的评价体系,其问答能力与参与水平参差不齐,关于音频内容的筛选、把关与推广都需要专业媒体方的介入。

内容头部趋势也是知识付费领域的关键问题。有专家预测,在音频内容领域,大IP瓜分流量局面即将到来,平台方争夺优质IP也会成为未来知识付费领域的主要战场。

广播电台众多优秀的节目和主持人资源,亟待对现有文艺资源进行梳理、整合、盘活、赋能,从而继续在音频环境中成为"网红"大IP。

(3)我们也需要对内容付费的奇点与未来有一个客观的认识。知识付费是基于认知盈余的分享,不是"高频+刚需"的应用场景,知识交易的频率相对低且个性化程度非常高,所以知识付费用户更需要培育与激励。

虽然知识服务市场很有潜力,但内容付费还属于初期尝试阶段,尚未形成结构化

---

① 五道口沙龙:如何站在内容付费的风口 10大犀利观点[EB/OL]. http://www.xueerxing.com/xinmeiti/2508.html,20170604.

模式。在平台端，内容付费很难迅速扩大规模，在短期内形成大流量、构建大平台得可能性不大。未来，内容付费最终能否成为一个清晰、成熟的盈利模式，尚待探索与考量。

目前对于广播媒体而言，点播业务的尝试可以进一步推进；主播在体制内的创新创业模式亟待提到日程；广播进军互联网内容付费领域面临着商业模式上的水土不服。互联网音频领域与广播媒体的专业性融合和借鉴的趋势有所发展，但不明晰。

第五章　广播服务类内容创新

广播服务类内容主要是以帮助民众解决实际问题、满足民生需求、提高人民生活水平、提供生活决策服务为宗旨的广播节目和线下活动，涉及衣食住行的各个方面。主要节目类型包括帮扶互助类、投诉维权类、交通汽车类、教育成长类、对农服务类、健康养生类、情感婚恋类等。

广播服务类内容体现广播媒体贴近性强的优势，其中互动性强的热线直播节目帮助老百姓解决实际问题的力度大，充分发挥了广播媒体上情下达、下情上传的社会沟通能力，彰显广播媒体的社会影响力，是广播媒体的强项。近年，我国经济飞速发展、社会转型加速，城市化进程加快，城乡居民的生活方式也发生了巨大变化，在这个过程中，现实社会需求与企业、政府机构，包括各级部门管理机制之间的对接尚有不完善的地方。广播通过节目、活动等搭建公共平台，建立多方协调对话机制，促进社会沟通和交往，有助于缓解社会矛盾、化解冲突，推动社会的健康运行和健康发展。

第一节　广播服务类内容的历史与现状

一、广播服务类节目的早期历史

1920年代至1930年代末，中国的广播电台数量较少，主办主管者有党、政、军、民，当时的收音机数量不过2万架，且大多集中于大城市，属于稀缺品。1930年代中期，我国出现了一批民营电台，其中半数以上集中在上海，主要有教育性电台、宗教性电台和商业性电台，教育性电台由地方民众教育馆和大众学校开办，播音内容大多限于文化教育方面。[1] 在当时的民营电台中，有几座广播电台也传播科学知识，如天津中国无线电业公司的科学技术知识就占了很大的比重，哈尔滨台在节目调整时充分考虑季节变化给听众生活习惯带来的变化，已有初步的听众意识。

1940年代，我国广播电台总数量增多，当时处于战乱时期，且经济发展水平落后，人们的生活需求大多停留在最基本的层面。这一时期官办电台主要为战争服务，民营电台内容更贴近民生，有的电台还增加了救护常识。1949年天津人民广播电台开办职工台，突出工商业宣传，加强对全市职工的思想政治教育，[2] 包括一部分职工生活的内

---

[1] 赵玉明. 中国现代广播简史 [M]. 北京：北京广播学院出版社. 1986：23.
[2] 赵玉明. 中国广播电视通史 [M]. 北京：中国传媒大学出版社. 2006：204.

容。1949年6月以来,北平新华广播电台与有关单位联合开办第一个知识性节目——《自然科学讲座》节目,① 内容包括自然科学常识、科学技术新知识。

中华人民共和国成立初期苏联社会主义建设模式成为我国学习的榜样,这带来俄语学习热,1949年12月,北京人民广播电台和上海·华东人民广播电台都开办了《俄语讲座》②。1950年昆明电台和云南大学、昆明师范学院联合举办了昆明空中文化大学,开设俄文、国文、物理、数学等八门课程,是我国远距离教育的尝试。③ 天津电台的《少年儿童时间》节目于1949年开播,节目设有"华伯伯的话""故事会""科学宫"等。上海台的《少年儿童》节目创办初期是组织收听的,四年级以上的儿童按节目内容和爱好为基础,分班级混合编成收听小组,④ 曾播出《格列佛游记》《孙悟空大闹通天河》等故事。中央电台的少儿节目《星星火炬》创办于1955年,1994年10月恢复到每周一至周六播出,主要传播各类科学文化知识,设有《小记者天地》《蚂蚁信箱》《校园内外》等单元;1956年创办的《小喇叭》节目以学龄前儿童为主要收听对象,主要内容有故事、歌谣、谜语等。1979年以来,中央人民广播电台在社教节目的基础上创办中央广播电视大学,将节目和办学结合起来。这一时期外语教学类节目也有所发展,如中央人民广播电台的《星期日广播英语》《广播函授英语课程》,除了空中教学节目外还发行教材、音像资料。1994年起中央人民广播电台第二套节目增设了《科技大世界》《专家热线》等科普节目,又增设《少女课堂》《少男课堂》等青年节目。

从1952年开始,我国在农村建立有线广播站,⑤ 1955年第三次全国广播工作会议确定发展农村广播网,中央人民广播电台的《对农村广播》(后改版为《今日农村》)节目诞生,主要宣传党的农业改造与合作化政策,也有少量的农业科技知识,1981年增设《农民信箱》。其他省级电台也大规模开办农村节目,如河北电台的《对农村广播节目》、北京电台的《对郊区农村广播节目》、江苏台的《农村节目》、甘肃电台的《农村广播站联播节目》、河南电台的《对农村联播》等。1980年12月,中央人民广播电台在对农节目的基础上创办中央农业广播电视学校,培养农业科技人才。

中华人民共和国建立之后卫生条件差,流行性疾病频发,饥荒灾荒不断,广播电台播出相应的卫生防疫类节目,计划生育上升为国家政策后各地电台又普遍增加优生优育知识。

1980年代初,具有开创性的主持人节目出现,广东电台在1981年推出了《大众生活》,开始涉足普通大众生活领域,这一时期面向少年儿童、残疾人、农民的节目,以及教育性知识性的节目增多。1983年中央人民广播电台在公安部要求加强普法宣传的情况下,创办《法制园地》,一些省级电台也纷纷创办此类节目,并也冠以相同的名

---

① 广播电视部地方宣传局. 广播新闻写作理论与实践(下册). 内部发行,1983:655.
② 徐光春. 中华人民共和国广播电视简史(1949—2000)[M]. 北京:中国广播电视出版社,2003:65.
③ 徐光春. 中华人民共和国广播电视简史(1949—2000)[M]. 北京:中国广播电视出版社,2003:65.
④ 《当代中国的广播电视》编辑部选编. 中国的广播节目[M]. 北京:北京广播学院出版社,1987:411.
⑤ 广播电视部地方宣传局. 广播新闻写作理论与实践(下册). 内部发行,1983:659.

称。法制节目很快便取得很好的传播效果,在 1988 年进行的听众调查中,中央人民广播电台的《法制园地》在全国的收听率位居 60 多个节目的第二。①

新中国成立之后计划经济居于主导地位,人民的衣食住行大多由国家或集体包办,到 1980 年代中期市场经济有了初步发展之后,广播的服务功能又得到重视。广播早期的服务类内容主要集中于教育类、医疗卫生类,对农类、少年儿童类等节目中。

二、"为人民服务"的广播理念

1986 年 12 月珠江经济台建台时就提出"寓宣传于服务之中"的办台方针,围绕民生需要开办节目,在设计节目时尽可能满足多方面多层次听众的需要,不搞排他性太强的节目②,开办的《792 为您解忧》《消费者之声》等热线服务栏目,使"为人民服务"的理念在广播媒体深入人心,服务功能或者服务意识成为广播发展的内在要求。

随着广播频率专业化改革的开展,广播的频率资源更加丰富,也意味着广播时间资源的大幅增加,在激烈的市场竞争中,节目定位逐渐从"媒体资源"转向"听众需求"。1990 年深圳人民广播电台在开播时旗帜鲜明的提出"服务就是建台宗旨,服务就是建台风格"的口号;1992 年上海东方广播电台启动改革时将服务、资讯、互动作为立台之本。同一年,专门提供交通服务的上海交通广播开播,广播找到了为社会服务、充分体现服务功能的结合点,这种结合把广播的优势发挥得淋漓尽致。③ 以服务日常生活需求为宗旨的节目不断增多,尤其是体现广播互动性、快捷性特征的热线类节目、资讯类节目。

进入 21 世纪,我国第一家专门的生活服务频率——陕西生活广播开播,将"生活立台,服务为本"作为办台宗旨,并打造出《公众服务热线》《人才在线》等名牌栏目。2005 年北京经济广播改版的北京城市管理广播,是全国首家以城市管理和服务为主要内容的频率,侧重首都建设、管理和发展,贴近市民、服务生活,做好沟通工作。2006 年,广东电台健康之声改版为南方生活广播,在保留部分健康节目的同时注入了更多的都市时尚元素。随后成立的福建都市生活广播、河北生活广播、天津生活广播等,也围绕都市生活提供大量的餐饮、出行、购物、休闲、健康等信息。赛立信媒介研究的调查数据显示,以满足民生需求的都市生活广播频率,收听市场份额在近几年略有上升,在东北片区的市场份额最大。④

这一时期,老年节目、老年频率也得到发展,较有影响的节目有《夕阳红》《老年天地》《桑榆情》《人生晚霞》等。2005 年,我国第一套"服务民众健康,关爱老年身心"的老年广播——江西人民广播电台健康老年广播开播。央视—索福瑞对 2007 年北

---

① 徐光春. 中华人民共和国广播电视简史(1949–2000)[M]. 北京:中国广播电视出版社,2003:257.
② 曾广星. 珠江经济台的节目设计思想[J].《中国广播电视学刊》,1988(1).
③ 张云江、林玲. 依靠社会服务社会——羊城交通台广播改革的一点尝试[J]. 中国广播电视学刊,1996(1).
④ 根据赛立信媒介近 7 年数据整理.

京、上海和广州三地广播收听率调查结果显示,55 岁以上的老人占所有收听广播人的比例分别是 6.4%、7.2% 和 6.8%,比所有其他的收听人群的比例都要高出很多。①

三、从服务交通到服务车主

1990 年代以来,我国大中城市机动车保有量急剧增加,交通问题日渐凸显。交通管理部门迫切需要一个能够快速、广泛发布信息的平台以方便交通管理和市民出行。1991 年全国第一个交通频率上海交通信息台正式开播,1993 年起全国出现了创办交通广播的热潮,当年就有五家交通广播开播②。到 2005 年年底,全国 31 个省、自治区、直辖市中除了西藏以外,已经全部开办了交通频率。③ 2015 年索福瑞媒介研究的调查数据显示,在全国 36 个城市中车载广播是最主要的收听途径,占到了 55.3% 的份额,见图 5-1。

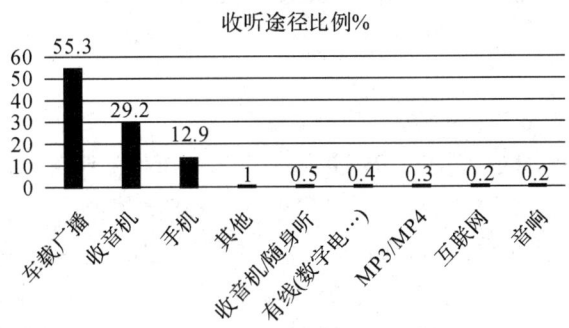

图 5-1　各类型收听途径所占比例图④

长期以来交通广播因为与交通管理部门深度合作而成为交通信息最权威、最直接的提供者,这也造就了交通广播的辉煌。目前以高德地图、百度地图等为代表的智能地图开始普及,打破了交通台、交管部门对路况信息的垄断。此外,车主人群进一步垂直细分,这也促进了交通台的调整转型,不再局限于交通信息服务,而是加大对交通类人群的深度服务。服务方式也随之转变,服务范围更加集中,增加旅游、体育、美食等信息。

2017 年《城市出行半径大数据报告》显示,北京市工作日平均出行半径为 9.3 公里,有 5% 的居民工作日出行半径大于 25 公里,其中最远的出行半径可达 40 公里以上;上海市工作日平均出行半径为 8 公里,有 3.2% 的人工作日出行半径大于 25 公里,其中最远的出行半径可达到 40 公里以上⑤,广州、深圳等城市的通勤时间也较过去有

---

① 罗丽铭.收听率与老年广播节目的发展,新闻爱好者 [J].2008 (11 下).
② 吴红雨、徐敏、邵志择.交通即沟通 中国交通广播的社会价值 对浙江电台交通之声的典型研究 [M].杭州:浙江大学出版社,2016:96.
③ 秦晓天、谢先进.交通广播发展历程与思考 [J].现代视听,2007 (1).
④ 梁帆、黄磊.2016 年上半年全国广播收听及广告市场回顾 [EB/OL].索福瑞媒介研究《收听研究》,2016.4,http://www.csm.com.cn/Content/2016/12-09/1343437223.html,2017.5.21.
⑤ 余晨扬.京上班族通勤时间压力最大,上海紧随其后 [EB/OL].http://www.hrac.org.cn/CN/viewnews/20170214/201721412822.htm,2017.4.20.

所增加。从 2006 年开始，中国汽车普及率进入加速时期，2015 年，我国以个人名义登记的小型载客汽车（私家车）达到 1.24 亿辆①。汽车已经城市生活重要的生活空间，甚或重要的生活方式，又催生出汽车广播、私家车广播等，其他音乐、新闻等频率中也增加了交通出行的信息，并把私家车人群定位为主流人群。2006 年 7 月昆明人民广播电台汽车广播开播，2008 年杭州西湖之声也打出"汽车电台"的旗号，随后不久浙江城市之声改版为"私家车广播"，广播开始迈入私家车时代。除了原来的路况信息、气象信息以外，主要增设汽车销售、汽修汽配、理财购物、旅游休闲等服务性节目。

广播媒体根据驾车认识出行半径进一步扩大、爱好郊游和自驾游的情况，推出专门的旅游节目，以及旅游频率，主要推介旅游资源、传播旅游文化、提供旅游资讯和服务，满足听众需求，也成为是旅游业发展的助推器。以旅游节目为依托开展自驾游服务将线上节目与线下活动结合起来，发展快速、盈利能力好，是很多电台线下活动的主要方式。

四、广播服务走进社区

目前从我国广播服务的范围和影响效果来看，都市生活服务类广播较为普及，城市效果好过乡村，这也是符合广播在发展过程中的一种阶段性特征。目前，全国共有此类广播频率 46 个，其中大部分是与交通、经济、乡村、健康等相结合的复合性频率。索福瑞媒介研究对 36 座城市 2016 年前三波的调查数据显示，都市生活类频率整体听众规模位居第四，虽与交通、音乐、新闻综合类频率差距较大，但仍处于引领第二梯队的位置。都市生活类广播频率人均收听总时长为 355 分钟，排名第五位。都市生活类频率中针对车上收听场景的内容竞争性较强，以人均收听总时长 66 分钟，超过文艺类频率排名第四。在听众结构上，中老年、中等教育程度、中低收入听众收听倾向更强②，见图 5-2。

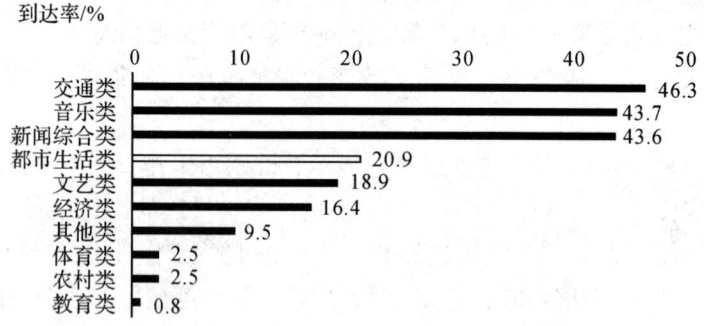

图 5-2 各类频率听众到达率比例（%）③（数据来源：CSM 媒介研究）

---

① 赵婷婷. 日媒：中国汽车普及率相当于日本 70 年代［EB/OL］. http://www.pcauto.com.cn/news/805/8056747.html, 2017.4.20.
② 卢文钊. 聆听都市风尚，演绎生活精彩——都市生活类频率收听现状及典型节目分析. 索福瑞媒介研究《收听研究》2016.5, http://www.csm.com.cn/Content/2017/01-24/1657118948.html, 2017.5.6.
③ 卢文钊. 聆听都市风尚，演绎生活精彩——都市生活类频率收听现状及典型节目分析. 索福瑞媒介研究《收听研究》2016.5, http://www.csm.com.cn/Content/2017/01-24/1657118948.html, 2017.5.6.

广播针对城市人群的服务以社区为服务场景，为社区送文化、健康、体育、法律咨询等，将广播与社区管理结合起来，凸显了广播的本地化特色。"在互联网的介入下，城市已经演变成为一个承载信息汇聚和交流、庞大而又复杂的传播体了。""在这个传播体里，社群、交互都是生活的必然要素，连接成为关键词，透过连接能够实现个体之间、不同主体的打通、混搭……所以，城市如果表达，它应该希望媒体能够成为影响控制新社会形态的帮手。"① 近年广播服务从节目辐射到实体社区，再延伸到网络社区，打通不同圈子的边界，实现社群之间的整合与连接，最后导流到广播节目。广播的粉丝社群功能体现了音频媒体特有的贴近性。目前，从实体社区到网络社群的相互导流，仍然是广播发展中需要解决的课题，也是媒体融合迈进的实质性一步。

五、广播搭建城乡沟通桥梁

从20世纪50年代开始，中央人民广播电台第一套、第二套节目中就开设涉农节目。安徽凤阳小岗村拉开改革开放的大幕之后，城市和农村都发生了巨大的变化，农产品市场与加工、农业技术、致富信息的需求大量增加，但农村广播发展相对滞后，全国1800多个广播频率中，只有陕西、山东两省设立了农村频率，中央人民广播电台中国之声在当时也只有《中国农村报道》一档涉农节目，且时段安排边缘，② 2005年"农村服务年"之后，对农广播进入全新时期，节目和频率数量均大幅增加，对农广播服务更加精细、有针对性。其中政策发布、解读与咨询，新型农业生产与经营、城乡生活对接、休闲娱乐、健康养生类内容受到格外关注。农村广播成为城乡交流、沟通的桥梁。但相对于都市服务来说，受到成本和交通的限制，广播的乡村线下服务还很欠缺。

六、广播服务类内容发展趋势

（一）服务智能化

互联网广泛参与到大众的生活中，信息获取方式、生活方式都随之发生了巨大的变化，新型广播媒体应把内容建设和技术建设提到同等重要的战略位置，为迎接下一次媒介变革时刻做好准备。③ 很多广播电台都在结合新兴媒介技术探索"智媒"之路，提升服务的便捷度，更加顺畅地打通节目内容与用户、线下活动与用户、广告商家与用户的连接，提供个性化服务内容。2016年佛山人民广播电台推出"自助声导游项目"，吉林人民广播电台基于手机摇一摇功能开发真人秀节目《城市藏宝》等，均为广播服务与新技术、新需求结合的新类型。同时，海量的声音资源库也成为人工智能语音识别的重要基础，广播媒体音频传播的价值逐渐得到社会的认可，其服务功能将拓展到更广泛的领域。

---

① 王海滨. 广播转型，要关注网络时代不同主体的传播诉求. 上海广播电视研究，2017年夏季刊.
② 李欣. 类型化广播的中国发展道路 [M]. 北京：人民出版社，2005：161.
③ 孟伟、宋青. 2016中国广播融合与创新 [J]. 中国广播电视学刊，2017（1）.

（二）场景服务的引入

无论是广播服务节目的传播还是线下活动的开展，与听众的个性化收听需求深度契合，才能够获得更广泛、更深远的媒体传播效果。因此，广播媒体研究用户的场景需求十分必要。按照频率分类进行广播节目设计的思路渐渐呈现出它的不适应性，找到与用户垂直需求的自然匹配，根据对应的目标人群以及目标人群的个性化需求设计节目变得更加必要。研究各类需求的场景化特征，才能更好实现广播节目与听众个体的高度契合。

（三）开放的广播互动方式

社交媒体和移动云技术的发展使社会交往方式发生了很大的改变。我们生活的方方面面都以某种方式与无线网络和云计算相连。① 这种发展也深刻地改变了电台和用户之间的沟通模式与关系，广播的互动方式和听众的反馈机制突破了时间版面的限制，交流变得更加多元和方便，过去松散的弱关联有更多机会转化为强联系。

（四）非黄金时段的公益服务类内容开发

生活服务节目提升了电台非黄金时段的价值，特别是健康养生类、情感婚恋类等节目。这些安排在非黄金时段的服务节目以其独特的贴近性和伴随性，成为稳定、拉升收听率的品牌节目，提升了广播非黄金时段的价值。从图 5-3 我们可以看到除清晨 5：00～6：00 的收听率走低、早晨 7：00～9：00 收听率走高明显外，其他时段的收听率基本在 3%～8% 之间波动，黄金时段的内涵发生了变化，非黄金时段的节目内容开发空间还比较大，见图 5-3。

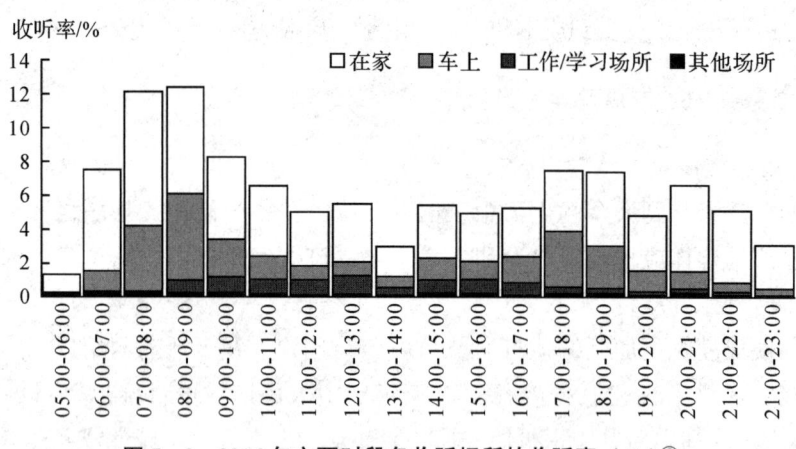

图 5-3　2016 年主要时段各收听场所的收听率（%）②

（五）在线点播带来新的盈利空间

互联网促进了音频点播业务的发展，这种用户对音频内容的消费模式，可以更凸

---

① ［美］罗伯特·斯考伯、谢尔·伊斯雷尔．即将到来的场景时代［M］．北京：北京联合出版公司，2015：2．
② 王平．2016 年广播收听市场概况［EB/OL］．索福瑞媒介研究《收听研究》．2017.1. http://www.csm.com.cn/Content/2017/04-26/1709172112.html，2017. 5. 21．

显出内容的价值。当传播通道和平台没有门槛的时候，比拼的就是内容了。有品质的广播节目在移动终端的分发日渐凸显优势，如北京电台的《教育面对面》《今夜私语时》等节目，在互联网上的表现要远高于其在传统广播中的表现[①]，而郑州新闻广播《今夜不寂寞》的主持人张明在 2015 年 6 月已经从蜻蜓 FM 拿到了总计 10 万元的流量分成，《叶文有话要说》《晓声长谈》等也有优异的表现。广播服务类节目具有很大的需求和开发整合的价值，但悬而未决的版权问题依然是困扰广播节目多平台分发的障碍。电台在制作广播节目的同时，根据内容特点和用户需求，同时研发适合点播的声音产品，实现电台与网络的协同传播，深耕传统广播的非黄金时段，拓展广播的二次、多次分发渠道，是目前电台探索创新的路径之一。

第二节　广播帮扶互助类内容创新

帮扶互助类节目的精神内核是关注百姓需求、服务民生问题，为大众提供针对性、实用性的服务，特别是在突发事件、紧急事件中整合社会力量解决实际问题。

一、广播帮扶互助类内容现状

（一）广播帮扶互助类内容的发展现状

帮扶互助类内容以满足民生需求、帮助社会弱势群体、发展社会公益事业为宗旨，大致可以分为民生热线类、大家帮两大类。其中前者立足于电台满足听众需求，后者重在搭建大家相互帮忙的平台。课题组通过对照、梳理全国省级电台及省会城市、单列市电台网站及蜻蜓 FM、喜马拉雅 FM 的节目单，发现全国省级电台及省会城市、单列市电台共开办帮扶类栏目 81 个。省级电台开办的 44 个，其中民生热线类 23 个，大家帮类 21 个；省会城市及单列市电台共开办 37 个，其中民生热线类 27 个，大家帮类 10 个。帮扶类节目主要集中在新闻综合类频率和交通类频率（包括命名为私家车、汽车、驾车的频率），省级电台中新闻频率开办了 12 个帮扶类栏目，交通类频率开办了 20 个，其他频率开办的为 12 个；在省会城市及单列市情况则更为集中，新闻频率开办 18 个，交通频率开办 17 个，其他频率仅 2 个。

在实际操作中，民生热线与大家帮没有绝对清晰的边界，在民生热线节目中通常会融入大家帮的元素，在大家帮中也包含民生热线的成分。从数量来看，广东、甘肃、江西、湖南、山西、浙江省排在前列。

帮扶类节目受到各地电台的推崇，几乎省、区、市的电台都开设有帮扶类节目，有的同一家电台或同一个频率就开办多个栏目。在播出方式上，大多数电台的帮扶类节目设有固定的时段，有的电台虽设置栏目，但仅有相对集中的时段，遇到听众紧急求助随时插播。较为明显的是栏目的频率集中度较高，交通类频率和新闻综合频率开设帮扶类节目的数量最多。在承担媒体的社会责任、传递爱心、弘扬中华民族传统美

---

① 边建. 广播的变革：从传统电台到互联网音频平台［J］. 中国广播，2014（9）.

德和社会主义核心价值观方面发挥了更大的作用。

就涉及的内容而言，帮扶类栏目主要围绕普通民众的日常生活展开，如交通旅行、购物休闲、饮食起居，对突发的紧急事情也给予高度关注，有些电台对咨询求助频率高的领域开始尝试设置专门的栏目，如合肥新闻广播早间时段的《燃气30分》《供电一刻钟》等，在讲解用气、用电常识以外受理听众的咨询和投诉，服务的针对性强。

2014年湖南广播收听市场中，湖南交通广播的《帮帮您热线》在同时段市场收听率及市场份额排名中均位居第一。上海交通广播的《1057大家帮》节目开播2年时间，在阿基米德APP上粉丝数量已经跃居上海280多个广播节目排名的第9位（前8位都是早晚高峰节目），[①] 组建的线下志愿者队伍已经超过200人，节目的黏性持续增强。河北电台的《992大家帮》开播3年通过听众互助解决问题15000多个，通过舆论监督为听众解决问题3000多个，策划有社会影响力的公益活动30多场。[②] 福建交通广播的《一路帮帮帮》节目以开车接孩子放学的家长为主要群体并辐射下班路上的驾车族，节目通过拨打热线的形式为车友解答行车路上及家庭生活当中的各种难题，截止到2016年5月，节目运作半年时，已经有三个爱心商家提供"帮基金"赞助，热线和微信的参与量较以往有大幅增长，一般情况每期节目导播接听热线量达到70个左右，微信互动量均突破百条，由"帮基金"衍生的公益活动也得到听众的积极响应，两天时间报名近千人。

（二）广播帮扶互助类内容的分类

1. 民生热线节目增强听众意识

在电话普及之前，听众与广播电台的联系主要靠信件，在节目中对挑选出来的听众来信进行反馈便成了最初的互动性帮扶类节目，尽管时效性差、反馈速度慢、内容量小，但还是极大地激发了听众参与节目的积极性，面对纷至沓来的听众来信，很多电台开办专门的听众信箱节目，如上海人民广播电台的《听众信箱》、陕西人民广播电台的《听众来信日》、广东人民广播电台的《大众信箱》等。

电话、手机的普及和广播直播技术的发展，使听众信箱节目逐渐被民生热线节目所替代，特别是1986年珠江经济台改革后，民生热线节目在全国各电台相继开播，也引发广播直播节目的热潮，广播媒体即时、互动的优势发挥得淋漓尽致，也节省了节目的制作成本。随着竞争的加剧，民生热线节目也进一步细分，出现了专题类民生热线，如常熟电台的"空中市场"，下设"电脑时空""空中调剂市场""维修服务网"等单元[③]，徐州电台的《职业好望角》主要提供招工求职、就业指南等信息。1993年郑州人民广播电台就将全天节目板块的90%开设有"热线"节目[④]，并细分为"绿城

[①] 白瑞、唐小婷. 上海交通广播《1057大家帮》开拓广播帮扶新方式 [J]. 中国广播，2016（9）.

[②] 许萌. 河北电台《992大家帮》：电波凝聚正能量 善行搭建大家帮 [EB/OL]. http://www.hebradio.com/jt-gb/201312/t20131228_1167279.html，2017.4.19.

[③] 金震茅、胡大君. 广播"空中市场"大有可为 [J]. 新闻通讯，1999（3）.

[④] 梦非. 电台热线：一条流动的星河 [J]. 新闻爱好者，1993（9）.

传呼""关心焦点等栏目""购销热线"等子栏目以满足不同社会群体的需求。热线直播带来的不仅仅是互动方式的改变,更是节目生产模式的改变、节目理念的改变,听众意识增强。

在手机普及之后,为保证节目播出效果,部分热线节目改为短信、微博或QQ参与,随后又有微信参与,但电话声音传播的连贯性、丰富性、高效性依然使其热度不减。

2. 大家帮节目整合社会资源

社会的发展与生活方式的多元使人们的需求越来越细分、专业、复杂,你问我答的模式已经难以满足听众的需求,传统的民生热线节目需要整合更多、更专业的资源。这一时期网络媒体迅速崛起,各种生活信息变得更加易得,部分民生热线节目的听众被分流。这些因素促使传统的民生热线节目在新的技术条件下改进节目元素,最显著的措施就是增加热线开口,提高时效性,基于节目建立自己的网络社区、QQ群、微信群等,以汇聚更多的社会力量。2006年贵州都市广播与贵州电信联合推出《118114大家帮助大家》栏目,2009年北京人民广播电台推出《京城帮帮团》、2011年河北人民广播电台《992大家帮》等,此外还有新疆电台的《大家帮帮忙》,陕西电台的《陕广大家帮》、南昌电台的《快乐帮帮帮》、上海电台的《1057大家帮》、吉林电台的《好人帮》、天津电台《1068帮帮团》等,节目依然采取热线的方式,与传统热线节目不同的是,主持人不局限于答疑解惑,还调动更多的人参与节目贡献智慧,服务理念也从"我帮你"转向"大家一起帮"。

这种方式有助于汇聚更多的社会资源,提高解决问题的效率,也能激发听众的公益热情,将节目变成爱心互助的平台,并通过举办公益活动将大家帮的理念延续到线下,进一步拓展传播渠道,依托于社交媒体打造网络社群,组建爱心公益联盟,尤其是在突发危急事件和帮扶社会特殊群体中更易于发挥积极作用。公益服务理念成为推动广播媒体融合的内在动力,在内容形态上打破新与旧的差异,理念创新驾驭了新形式、新模式,传播效果水到渠成,[①] 彰显了免费、快捷、民主、去中心的互联网精神。

3. 公益活动走向品牌化、联动协作

广播常规性的线下活动主要有募捐、送温暖、文艺表演、物品捐赠等类型。在过去,往往是以栏目为主,依托频率资源来举办公益活动,这些活动在当地产生良好的社会影响,具有一定的品牌效应,如上海889驾车调频《情义东方》节目的"东广爱基金"、贵州综合广播的"乘着高铁看父母"、安徽交通广播的"回家过年"、河南交通广播的"爱心送考"等,连续多年举办已形成品牌效应。山东交通广播的《应急帮帮团》凸显应急服务能力,与交通、交警、医疗、消防、志愿者联盟等部门建立合作关系,在高速公路和城区开辟"生命救援绿色通道",多次刷新救援纪录。在当今社会流动性大的情况下,有些突发事件、重大事件经常会突破部门限制、地域限制,或产

---

① 孟伟. 移动互联网时代郑州新闻广播的内容模式创新 [J]. 中国广播电视学刊, 2014 (7).

生连锁效应,跨域多个部门、地区的联动协作越来越多,这一现状呼吁更完善的顶层设计和协作机制。

2016年10月26日,上海、河北、安徽、黑龙江等10家电台的交通广播在上海举办"帮扶类"节目分享会,并成立全国交通广播帮扶联盟,建立常态化的协作机制。一些地方电台也联合当地职能部门、媒体成立帮扶联盟,以提高服务民众的效率。线上线下相结合的模式,将广播媒体信息传播、公益服务结合起来。

二、广播帮扶类内容特征

（一）践行社会主义核心价值观

党的媒体要站在全党全国各族人民凝聚、团结的基础上,准确的宣传各种方针政策,凝聚社会力量,协调各方关系,在众声喧哗中旗帜鲜明的弘扬社会主义核心价值观,为社会发展创造良好的舆论环境。"随时随刻倾听人民呼声、回应人民期待,保证人民平等参与、平等发展权利",要"不断实现好、维护好、发展好最广大人民根本利益,使发展成果更多更公平惠及全体人民",① 是党的媒体应该承担的责任。

帮扶类内容发挥广播媒体的自身优势,了解社情民意,抓住当下普通百姓生活中的难题,为百姓解决实际困难、化解社会矛盾,倡导社会主义精神文明、传播正能量,体现广播主流媒体主动承担社会责任、密切联系党和群众的服务意识,有助于形成互帮互助的社会风尚,提高党服务群众、引导群众的能力。帮扶类内容切切实实的为听众解决问题、疏导情绪、提供帮助并带动更多的人参与进来一起"挖掘爱、唤醒爱、传递爱、延展爱",它确实是有温度、有文化、有力量、有深度、有品质的。②

（二）广播帮扶类内容的形态特征

曾有人提出广播不仅是媒体也是生活用品的说法。尽管这种说法值得商榷,但它揭示了广播的核心属性——实用性或者说服务性。帮扶互助类节目是最能提现广播服务性的节目形态之一。听众通过电话、短信、微博、微信等方式参与节目,参与过程成为节目的一部分。主持人的热情真诚、平和亲近等调动听众的能力,对节目的传播效果影响较大。另一种形态是线下公益活动,这种活动与普通百姓的联系更为直接、密切,由此形成线上线下的联动。

（三）整合社会资源搭建对话平台

创新机制是追求创新的内在机能和运转方式,即推动创新的组织机构、运行程序和管理制度。具体到帮扶互助类内容,就是要营造良好的创新空间。根据不同群体的媒介使用偏好和习惯,从技术层面丰富与用户的互动手段、深度经营用户,除了线上节目最直接的电话、短信联系之外,整合微博、微信、客户端、社群等;同时也需要

---

① 郑保卫. 牢记人民至上 确保党媒姓党 坚持党性人民性相统一——论习近平总书记关于新闻舆论和宣传工作系列重要讲话的核心与精髓［J］. 采写编,2017（6）.
② 张海涛. 不忘初心 坚守责任［J］. 中国广播,2017（1）.

整合社会资源，以栏目为中心搭建社会各界的对话平台，提高帮扶互助的效率。对于涉及社会公共利益的部分，建立与政府及职能部门的长效对话机制。社会的发展、人们生活方式的多元化将人们的需求分割得更加碎片化，这种碎片化的需求又通过互联网，特别是移动互联网得到重新整合、重新社区化。

在激烈的媒介竞争中，服务理念是广播的核心理念，如果没有把服务做到极致，广播就不会有市场，服务理念是由市场决定的，市场是根本。①

三、民生热线直播节目案例分析

（一）《1057 大家帮》案例分析

1. 节目发展概况

《1057 大家帮》是上海交通广播于 2014 年 12 月 29 日开办的一档周一至周五播出的节目，播出时间为 12：00～13：00。以"你帮我帮大家帮，帮你帮我帮大家；爱心微力量，大家帮大家"为理念，致力于帮助有急事、难事的人。

2. 节目内容架构

《1057 大家帮》节目主要包括 20 个左右的小环节，以节目导听、求助帮助热线和求助帮助留言，以及特别帮助为主体部分，其中热线是最重要的构成，占节目总时长的 60% 左右，是典型的热线谈话类节目。课题组选择 2016 年 2 月 23 日播出的《沪陕两地交通广播助肝移植女孩回家》为例来进行分析，节目架构表如表 5-1：

表 5-1 《1057 大家帮》2016 年 2 月 23 日节目内容架构表②

序号	单元类型	主要内容	形式	时长
1	栏目宣、导听	报时 + 频率宣 + 栏目宣 + 天气提醒 + 整点路况 问候语 + 互动方式 + 用户留言 5 条 + 互动福利 + 互动电话	综合	4′30″
2	求助热线	胡：女孩出走情况及体貌特征，希望获得帮助尽快找到女儿	访谈	11′30″
3	广告	广告 + 频率宣	音响	0′50″
4	帮助留言	阿基米德社区 6 位网友的建议	播读	1′20″
5	栏目宣	配乐栏目宣	音响	0′20″
6	帮助热线	6 位听众：建议调监控、愿提供交通帮助、分析推断 白：编辑立刻联系上海站查女孩是否已乘火车，发布女孩信息	访谈	12′30″
7	广告	栏目宣 + 广告	音响	1′00″
8	帮助留言	阿基米德社区上网友留言	播读	1′00″
9	栏目宣	栏目宣	音响	0′30″
10	特别帮助	2 位听众：建议再核实火车信息、问最好的同学 白站长9：查林某信息	访谈	5′00″

---

① 董传亮. 车载收听环境下服务理念的再运作 [J]. 中国广播, 2016 (6).
② 该表由课题组根据阿基米德 2016 年 2 月 23 日节目整理.

(续表)

序号	单元类型	主要内容	形式	时长
11	片花	过去节目片花，老兵找到战友通话片花	音响	1′00″
12	帮助热线	4位听众：建议查电话位置、查公交车监控、QQ聊天记录 多名网友：留言、网上寻找情况播报	访谈	7′20″
13	帮助留言	多名网友：反映阿基米德上女孩的照片打不开，建议重发	播读	1′30″
14	栏目宣	栏目宣	音响	0′30″
15	求助与帮助	胡：林某的购票信息 白站长：车票信息与查检票口录像	访谈	4′30″
16	栏目宣	一个篱笆三个桩，你有急事大家帮	音响	0′30″
17	帮助热线与留言	网友有646人留言 听众建议：座位已确定，查隔壁座位，询问邻座	访谈	2′00″
18	结束语	描述总结，导流听众到阿基米德大家帮社区	播读	1′00″
19	新闻此刻	本地新闻8条	播读	3′00″

3. 节目分析

（1）做有价值观的节目

2016年2月23日，胡女士打进《1057大家帮》节目的热线电话称12岁的女儿林某离家出走，能查到女儿的公交卡最后一次刷卡记录和去往西安的火车票。女儿因做过肝脏移植手术，需每天服用抗排异药物，一旦停药就会引起严重的排异反应甚至危及生命，而女儿出走时没带药。接到胡女士的求助后，节目组立刻决定用整个时段来寻找林某。节目将用户的需求作为选题考量的最重要的标准。节目用11分30秒的时间接听胡女士的求助电话，主持人白瑞边详细询问有关林某的信息边安慰胡女士，随即向上海市民、驾车朋友发出求助，各种力量向节目汇聚，或谋划策或提供信息，充分体现了广播媒体对人的生命价值、生活需求的尊重、对媒体责任的勇于担当，以优质的、有价值观的内容传播社会正能量。

《1057大家帮》将"寻找"作为创办宗旨之一，"针对听众需求、满足听众需求"，致力于实实在在的帮助听众解决紧急事儿、困难事儿、麻烦事儿。这不仅仅是节目发展的需要，更为重要的是以节目为依托倡导一方有难八方支援的社会风尚，引领社会进步的时代精神，弘扬社会主义核心价值观，也使个人的爱心被唤醒、价值得以体现，也是重建广播的价值。

（2）借力社会力量让爱心更强大

在这场与时间赛跑的寻人接力中，除了胡女士提供的信息之外，还有14位听众打进电话、多名阿基米德的用户在网上留言，为寻人出谋划策、提供建议或线索，有的听众以自己的经历现身说法帮忙分析、推断事情进展。上海公安局提供了监控录像、交通部门提供公交卡刷卡信息记录、上海火车站提供林某购买车票的信息及进站监控录像等，这些帮助进一步缩小寻找范围，接近真相。节目组还借助微博、微信、客户端发布寻人信息，为更多的市民、民间组织加入寻人队伍提供便利。当晚 9 点左右，离家近 38 个小时的林某被西安当地的志愿者找到。节目组深夜在阿基米德上发布这一消息及图片，很快就有 5000 多名网友点击、300 多名网友评论。

(3) 借力互联网拓展节目影响

在一个小时的节目结束后，还有诸多悬而未决的问题，寻找还在继续。在获取了林某在上海火车站进站的画面，确认林某前往西安后，节目组迅速与陕西交通广播联系，向西安人民发出求助。不久阿基米德上就贴出林某在西安火车站出站的画面。确认林某在西安后，林某的父母紧急飞往西安，节目组也协调上海浦东警方成立工作组会同西安警方共同寻找，同时节目组紧急制作、推出了寻找林某的微信文章，并被大量转发、评论，获得 3 万多名网友的关注和支持，网络成为汇聚力量的大平台。

《1057 大家帮》创办之初就进驻上海东方广播电台的移动音频平台阿基米德，一经上线，《1057 大家帮》的粉丝就以每天 1000 名的速度增长，目前已经积累 1000 多万名用户。用户可以在节目播出时留言，也可以在节目以外的时间参与互动、提供线索，进而形成以节目为核心、具有相似兴趣与爱好、具有共同价值观的网络社区。目前，阿基米德已成为上海地区最活跃的网络论坛之一，以《1057 大家帮》节目为中心的网络社区粉丝数量在节目开播一年半就跃居第九位，节目黏性也位居上海所有广播频率的第二名①。围绕《1057 大家帮》汇聚起来的用户对节目忠诚度高，线下组成的"帮帮团"积极参与寻人寻物、捐赠义卖等爱心活动，使传统媒体的公信力与新媒体的社交优势得以发挥。

(4)《1057 大家帮》品牌影响力持续增强

在节目播出过程中，各种社会力量向节目及阿基米德汇聚，市民通过热线、网络提供寻找林某的线索或建议，交通及公安部门提供权威信息。在节目结束后，听众和用户的注意力转移到阿基米德平台，持续关注事态进展。在各方力量的共同努力下，38 小时便在 1500 多公里之外的西安找到林某，彰显了广播媒体的力量。上海、西安两地交通广播和其他媒体的跨区域合作也为今后的交通广播帮扶联盟的创办与合作机制做了有益探索。

《1057 大家帮》还曾帮助 96 多岁的抗战老兵找到失联 62 年的女儿；为救助江苏淮南一位脑瘫患儿在节目中义拍；为身患重病在上海治疗的孤儿征集爱心代理妈妈；寻找熊猫血救助先天性心脏病患儿；与吉林、哈尔滨两地交通广播联动找到离家出走 5 天的女孩……《1057 大家帮》一次次书写奇迹，在获取广泛关注的同时也在改变人们的行为，在别人遇到困难的时候，积极提供关心、帮助的人多了。此外，《1057 大家帮》连续举办年度十大感动故事分享会等活动延伸节目品牌。

《1057 大家帮》开播一年时就成为上海最受关注的广播节目之一，被誉为"上海

---

① 徐婷．《1057 大家帮》传播向上的力量 [EB/OL]．http：//enjoy.eastday.com/e/tv/u1ai9471303.htm，2017.5.2.

上空最有爱心的广播节目""奇迹帮""爱心帮"等,被网友称为"爱上上海的100条理由之一"。在"2015上海市社会主义精神文明好人好事"评选活动中名列前茅。当下,传统媒体发展困难重重的情况下,上海交通广播《1057大家帮》却蓬勃生长,影响力大幅攀升。

(二)《百姓热线》案例分析

1.《百姓热线》的发展概况

郑州新闻广播的《百姓热线》创办于2000年9月,每天早上7:30～9:00播出,以"替政府解忧、为百姓解愁"为宗旨,听民声、解民忧、促和谐,贯彻"办好群众的小事,就是得民心的大事"的理念,从听众需求出发,解决群众关心的烦心事、困难事,化解社会矛盾。目前郑州新闻广播有《百姓热线》《百姓阳光热线》《@郑州热线》《城市热线》四档服务热线节目和三挡情感热线节目,热线节目的开口更加灵活机动。

2.《百姓热线的》内容架构

郑州新闻广播的《百姓热线》在早高峰时段播出,节目主要包括路况、资讯、热线、专题宣传、广告和报时等内容,以热线为整体架构。课题组选择2017年4月28日的节目为案例进行分析,如下表5-2:

表5-2 2017年4月28日节目记录分析表①

序号	单元名称	主要内容	形式	时长
1	广告、栏目宣	广告、互动方式	音响	4'00"
2	天气、路况	天气预报,路况信息	连线	5'40"
3	昨夜今晨	一分钟刷新昨夜今晨:6条	播报	1'10"
4	频率宣	频率宣+联系方式	音响	0'40"
5	热线	2位听众:磁条卡换芯片卡收费、是否影响水电缴费 主持人:磁条卡换芯片卡信息概述	热线播读	6'30"
6	广告	广告+栏目宣	音响	2'00"
7	热线	主持人解读央行换卡政策	访谈	4'00"
		听众:招商银行换卡不收费,保留原号	热线	1'30"
		听众:郑州银行工作人员解答本行换卡政策	热线	3'30"
8	报时	整点报时+广告	音响	4'00"
9	科普之声	油炸食物的危害	音响	1'30"
10	路况	路况记者播报、公交热线	连线	1'00"
11	精细化管理日特别报道	嘉宾介绍与数字化城市管理中心工作机制	访谈	7'30"
12	热线	3位听众:施工、拆迁扬尘、噪音污染、涵洞积水	访谈	7'00"

---

① 该表由课题组根据2017年4月28日节目录音整理.

（续表）

序号	单元名称	主要内容	形式	时长
13	报时＋广告	报时＋联系方式＋广告＋栏目宣	音响	7′30″
14	城市精细化管理特别节目	听众微信：反映事故办理速度慢 嘉宾：反馈机制、精细化管理的未来趋势	访谈	1′30″
15	广告	广告＋天气	音响	10′00″
16	结束	结束语＋广告	播读	1′00″

3. 节目分析

本期的《阳光热线》前半时段以银行卡换卡为主题，后半时段以城市精细化管理日特别节目为主题。主要包括天气、路况、昨夜今晨、热线、科普之声等单元。

节目在选题上契合老百姓普遍关注的热点问题。《中国人民银行关于进一步加强银行卡风险管理的通知》规定从 2017 年 5 月 1 日起银行将全面关闭磁条卡和芯片磁条复合卡的磁条交易，又恰逢小长假，外出旅游、购物用银行卡交易结算频繁。节目的前半时段以新卡换旧卡时大家普遍关心的问题为主要内容。后半时段为城市精细化管理日特别报道，以近期影响较大的施工扬尘、噪音污染为切入点，围绕数字化城市管理中心的职责、工作机制、社会效果等展开讨论。主动设置议题，避免在一人一事的窠臼中迷失方向，忽视更多人的利益诉求，彰显了主流媒体社会服务中"公共"属性。

在节目形式上以热线为主，融播读、音响、连线等为一体，用频率宣、栏目宣、小专题和广告等将节目分割成若干个小单元，使整个节目具有较强的节奏感强和丰富性。在内容上涵盖早上出行人们最关心的路况、天气、报时、资讯等。

4.《百姓热线》的传播效果

《百姓热线》将百姓关切的话题与社会管理进行对接，既回答了百姓的具体疑问，也为更多的人提供指导，增强了节目的有用性和指导性，在群众中享有较高的声誉。《百姓阳光热线》《@郑州热线》《今夜不寂寞》等节目，随时可接入听众热线，在寻人找物种也发挥了很突出的作用，2011 年冬天的深夜，郑州新闻广播播出寻找走失老人后，百余名民工、出租车司机、市民和民警汇聚到找人队伍中，最终找到老人时，她已走了 20 多公里，冻得、腿肿得走不成路了。2017 年 4 月 18 日郑州一位 80 岁的老人走失，郑州新闻广播再次创造找人奇迹，这样的案例经常发生。4 年曾帮忙找到 100 多位走失人士，时间最短的仅用几分钟，无数个高效率的找人奇迹让很多市民将之称为"寻人台"。

四、公益服务线下活动案例分析

截至 2016 年 5 月底，贵州省跨省外出务工人员达到 609 万人①。2012 年冬天，贵

---

① 章婧. 截至 2016 年 5 月底贵州省跨省外出务工 609.38 万人［EB/OL］. http：//www.gywb.cn/content/2017－03/23/content_ 5476413.htm，2017.5.21.

州省毕节市七星关区 5 名留守儿童因在垃圾箱里烧炭取火导致一氧化碳中毒死亡，2015 年 6 月又有 4 名儿童在家服毒自杀，抢救无效死亡。其他伤残、损害留守儿童的事件也时有发生，贵州毕节一时成为负面报道的典型，引起了社会各界的广泛关注。留守儿童的身心健康、安全成为社会管理得到高度重视。在这样的背景下，2015 年 9 月，贵州综合广播联手贵州福彩中心共同策划了"温暖贵州·大手牵小手——关注留守儿童"的公益活动。毕节市七星关区野角小学以主题班会的形式正式启动，并募集资金帮助学校建设包括音乐室、图书室、心语室、舞蹈室等十个功能室的文化宫，扩充图书、教学器材、设立信箱等。随后，贵州综合广播持续开展此类公益活动。

线下活动激发了节目创意，2016 年 1 月 16 日创办了全国首个以关注留守儿童为主题的栏目——《留守儿童来信了》，每周六 16：00~17：00 播出，讲述留守儿童的故事、播读留守儿童来信、传播留守儿童的心愿，并开设留守儿童心理热线。第一期节目以记者伴随采访的形式讲述 10 名留守儿童乘坐高铁从贵阳到广州看望父母的故事。节目播出后唤起了社会更多的爱心与资助。从开展活动到创办节目再到节目 + 活动，具有创新性。

（一）从帮扶到成就

贵州综合广播在开展活动中，不过多渲染留守儿童的悲苦与困惑，也没有高姿态的施舍，而是用积极乐观的情绪去引导他们，用丰富的活动去感染他们，在快乐的过程让他们感受社会的温暖、增强对未来的信心、获得成长自己的能力，也增进对父母的理解、对他人的接纳、对社会的认知。一改过去居高临下的帮扶，创新发展为一种成就。

（二）建立长效机制

《留守儿童来信了》节目组在多个学校设置"留守儿童信箱"，收集他们的心愿，并进行登记，通过节目传播他们的心愿，呼唤更多的社会爱心人士和团体，在此基础上每个月开展一次"微心愿"线下活动，给学生带来文具、体育器材、乐器等。每个季度开展一次"大手牵小手"活动，针对留守儿童的问题、困难进行分类，邀请专家学者、文艺工作者进行心理辅导，或教授音乐、舞蹈、绘画等；每年寒暑假开展一次"乘着高铁看爸妈"活动，带留守儿童去看望在外地打工的父母，感受父母所在的城市。从而实现月月有活动、季季有行动、年年有动作，持续关注留守儿童成长，积极弥合社会裂隙。

（三）活动效果

《留守儿童来信了》从活动到节目，再到节目 + 活动，搭建成公益平台，吸引到更多的人参与到帮助留守儿童的活动中，得到政府、慈善组织、商家和其他民间团体的支持。除了捐资助学之外，更加关注孩子们的身心健康，在遵义、安顺、毕节等市（州）留守儿童集中的学校设置信箱。从 2015 年 9 月到 2017 年 5 月，已收到留守儿童来信 1600 多封，帮助 1300 多名留守儿童实现了小心愿。社会多方力量的关注使线下活动更加丰富，吸引专业志愿者带来海洋动物、野生动物、科技知识、生活常识等方面的公开课，继续开展"走出大山看世界""乘着高铁看爸妈"等系列活动。

节目理念的创新、生产机制的创新使得广播帮扶互助类内容繁荣发展、影响力不断提升，努力成为大众离不开的生活助手。依托于节目的线下公益活动不断整合社会资源，成长为社会力量的黏合剂，凝聚社会公益力量。

第三节 广播投诉维权类内容创新

一、广播投诉维权类内容现状

（一）广播投诉维权类内容的发展背景

伴随改革和市场经济的快速发展，出现了产品质量不合格、警示提醒缺位以及假冒伪劣、欺诈消费者等乱象，人们的维权诉求高涨，但过高的维权成本和相对稀缺的维权资源又难以满足这种诉求。1984年12月中国消费者协会正式成立，消费者维权开启了新征程。与此同时，政府部门进一步加强对市场监督与管理，为投诉维权类节目提供强有力的配合，并借节目提高管理效率、宣传相关政策。

早在1986年珠江经济台就在大板块热线节目《午间快语》中设置《消费者之声》子栏目，开创了消费维权的先河，到20世纪90年代初，节目调整为每天播出半小时，到90年代中后期发展成为一档从周一到周五每天播出1小时的大板块节目，邀请消费者协会及工商管理部门官员走进直播间，直接对话消费者，解决问题的效率和节目的影响大幅提高。这一节目形态在各地电台得到推广，形成了投诉维权节目热潮。

中央电视台财经频道从1991年开始举办消费维权专题晚会"3·15晚会"，每年的3月15日20：00~22：00播出，以揭穿骗局、陷阱和黑幕，维护公平公正为主要目。中央电视台新闻频道2003年创办《每周质量报告》，每周日12：35~12：55播出，主要是关于产品质量和食品安全领域的调查报道，以打假除劣扶优，推动质量进步为宗旨，是中国电视新闻界质量新闻领域的旗帜性节目。中央电视台财经频道的《经济与法》栏目，每天以一个典型案例的方式剖析背后的法理和规章制度，挖掘中国市场经济活动中存在的问题，传播法律法规，关注社会个体的法律疑惑，推动市场经济的规范化和法制化。这一节目主要讨论的往往是大案和复杂、有争议的案件。此外，省、市级电视台民生频道、民生栏目也对当地消费者维权给予了高度关注，尤其是帮忙类、曝光类节目。

（二）广播投诉维权类内容的发展现状

广播媒体传播及时快速、互动性强、保密性强的特性使它在维权方面具有得天独厚的优势，从中央台到地方台，出现了一系列投诉维权类节目，主要有维权专题节目、热线投诉节目、法律咨询节目三种类型。

维权专题类节目着眼于影响范围大、破坏性强、具有普遍性的事件，以记者的采访录音为节目素材，一般不设投诉热线电话，目前具有代表性的是中央人民广播电台经济之声的《天天315》。《天天315》节目一直保持较高的收听率，每天接到听众爆料电话 100 多个，在新浪微博上的粉丝数接近 3.5 万人。在地方电台，维权专题节目更多的是分散在新闻报道中，很少形成专门的栏目。

地方电台常见的是投诉热线节目，通常与当地政府管理部门、民间团体组织合作，解决当地民生消费中的问题，如上海东方广播电台的《渠成热线》、温州人民广播电台的《消费面对面》、安徽经济广播的《维权先锋》、福建交通广播的《维权 007》等，在当地都有较强的影响。近年来生活、生产领域的变迁也带来人们关注点的转移，相对于前期维权节目的内容，近年维节目中的诉求对象不断升级并进一步细分，向房产、汽车、家用电器等大宗商品和劳务纠纷转移，仅汽车消费领域，全国就出现多档维权节目，如湖北之声江苏电台的同名节目《汽车有话说》、杭州交通广播、深圳交通广播的同名节目《我的汽车有话说》，金华交通广播的《打开天窗说亮话》等，主要涉及汽车产品质量、汽车销售行为、汽车售后服务、车险理赔等问题。

随着国家法制环境的改善和人们法律意识、风险防控意识的增强，特别是涉及金额重大的事件，如公司兼并重组、房产买卖或继承、家庭财产分割等，用法律防控风险、捍卫权利的需求增加，专业的法律咨询节目应运而生。目前比较有影响的主要有北京电台的《警法在线》《警法时空》、广东人民广播电台的《以案说法》、山东电台的《周末说法》、陕西电台的《法制时代》、重庆新闻广播的《身边说法》等。

截止到 2017 年 5 月，仅入驻阿基米德的法律咨询类节目已经超过 110 个，这些节目在形态上并没有特别之处，普遍采取案例分析、政策解读、热线咨询的方式，在内容上则立足于当地，融汇业界热点话题。2016 年中共中央、国务院转发了《中央宣传部、司法部关于在公民中开展法治宣传教育的第七个五年规划（2016－2020 年）》，"七五计划"提出要健全媒体公益普法制度，这为法律咨询节目提供了更广阔的空间。

二、广播投诉维权类内容特点

（一）解决问题的时效性强

珠江经济台《消费者之声》开办初期，囿于当时的通信条件和社会条件，都是在收到投诉举报信或电话后几经调查落实，做出反馈回应的时间通常需要十天左右。随着电话和手机的普及，"主持人＋听众"的热线直播模式被稳固下来，在广播制播技术进一步发展、与政府管理部门和社会职能部门合作密切的情况下，节目升级为"主持人＋听众＋当事人＋嘉宾"的模式，进一步缩短解决问题的时间。嘉宾专业性的评析有助于深入挖掘事件的本质，提供科学理性的解决方案；与政府管理部门的对接、合作，在很大程度上提高了投诉维权节目解决问题的能力以及节目的权威性、公信力，也有助于政府管理的效率和亲和力。这也是政府管理部门、社会职能部门乐于和节目开展合作的根本原因。

温州经济生活广播的《消费面对面》就是与温州市工商局、消保委联手打造的，其办事成功率高达 98%。对于一些不能及时办结的事件，节目转办到相关部门并进行后期追踪反馈。有些电台为了提高时效性，延长热线接听时间，以更快地获取、反馈投诉信息，有的成立线下现场调解室和维权服务站，将有限的节目资源向线下延伸。

在互联网发展的背景下，投诉维权节目利用网络优势开设爆料平台，如江苏新闻综合广播的《法治在线》节目与南京市政府网站龙虎网联合打造《草根爆料》，每天开通广播、网络两个服务平台，全天24小时接受听众爆料，筛选出具有典型性、普遍性、重大性的内容在节目中报道。

这种借助广播搭建的平台高效处理问题的能力有力地化解了社会矛盾，更为重要的是推动了社会的文明法制进程，有助于社会的和谐、理性、公正与风险控制。

(二) 用政策、法律撑起专业、理性精神

无论维权专题还是热线投诉、法律咨询类节目，听众反映的都是自己遇到的不公正遭遇，而事情的本来面貌远比节目中陈述出来的复杂得多，且立场不同态度也相去甚远，因此，投诉维权类节目很容易被情绪左右，陷入情绪宣泄、牢骚发泄中。也正因为如此，投诉维权类节目的批评性强、影响深远，更需要秉持客观公正的立场，对关切听众反映问题、抨击不良商家侵害消费者的违法行为的同时，将之纳入到政策、法律层面进行剖析，以探明真相，寻找出问题的症结与责任，给予当事双方有理有据的答复，在帮助解决问题的同时也让双方明白事理，促成类似情况在规范下运行。在这一方面，北京电台的《警法在线》（原名为《法制天地》）做出创新探索。《警法在线》节目大部分以案件报道为主要内容，有举案说法、法律帮助、警察故事及法制新闻等类型，将法律政策作为节目的核心要素。

常熟市交通广播的《法制红绿灯》，设有《新公安在线》《法制新闻》《案件聚焦》等单元，将法律法规政策讲解与答疑解惑结合起来，既确保了信息量又增强了互动性，大量鲜活的案例增强了节目的故事性和可听性，在当地具有很高的影响力。

三、广播投诉维类内容的创新

(一) 以节目为平台建立多方对话机制

大众媒体在舆论监督中发挥着重要的作用，有些问题通过媒体的聚焦与曝光能够得到更多的关注，从而促进问题的解决。但真正解决问题的核心力量是在行政执法部门以及民间团体。因此，以为民众解决实际问题、维护公平正义的节目，需要与行政执法部门、民间社会团体合作，建立多方对话的机制，提高解决问题的实效，减少对消费者的伤害，缩小不良影响的范围。

投诉维权节目进一步探索"主持人串联＋听众投诉＋当事人回应＋嘉宾评析"更有效的合作、协调机制，开展形式丰富的线下活动，如专题讲座、咨询会、竞答等，走进百姓生活，拉近广播媒体、政府、民间团体与民众的距离。更好地树立节目的公信力、影响力，使此类节目在听众、商家当中保持良好的声誉和权威性。将广播的地域性、互动性、服务性的优势发挥得淋漓尽致，

(二) 创新节目形式

投诉维权类节目以语言为主要传播符号，以热线和谈话为主要方式。该类节目本

身就带有强烈的冲击、曲折复杂的故事、浓郁的情感和鲜明的立场,通过增加案例分析、故事演绎、追踪解密等元素,用音响、音乐等丰富节目的听感。通过增加节目的丰富性和信息量,提升节目服务大众的能力。

(三)注重数据分析开发衍生品

尽管每个人需要解决的问题千差万别,但在案例库中可以发现普遍性的类似事件,对于这些带有普遍性的事件,投诉维权类节目应进行分析整理,以此为素材开发衍生品,制作成知识手册、故事、小品、公益广告、影视剧等,以延伸节目的影响力,为用户需求提供更多的选择。特别是在新的媒体环境下,在线点播收听的比例不断提高,这就需要打破原有的以日期为主的音频标注方式,建立更为明晰、细分的多元化类目,方便用户根据个人化的需求搜索、点播,尤其是以案件内容为主题的类目。

四、《天天315》案例分析

(一)发展概况

《天天315》是中央人民广播电台经济之声于2010年10月16日创办消费监督维权类节目,覆盖全国,每天12:00~13:00播出。节目秉持维护公平、公正的商业环境,让投资者、消费者更有力量的理念,选择影响重大的题材和热点问题为报道对象,节目播出后往往能引起广泛关注、促进问题妥善解决。

(二)节目内容架构

《天天315》上半时段通过新闻报道提出问题,下半时段以专家分析点评为主,结尾处有《消费小课堂》专题。从总体来看,是一档深度报道专题节目,既深入挖掘新闻事件的来龙去脉,又有深刻、理性的分析,有观点、有态度、有锐度。课题组选取2017年1月9日的节目为例来进行详细分析,其内容架构如表5-3。

表5-3 《天天315》2017年1月9日节目架构表①

	单元类型	内容	形式	时长
上半时段	频率宣、导听	声音logo、迅雷赚钱宝的提现风波、互动方式	音响+播报	1′30″
	报道	迅雷赚钱宝不能提现风波的来龙去脉	主持人播报	1′20″
		4位消费者:迅不能提现的现状、投入情况主持人及时总结每位消费者的录音并引入下个问题	采访录音 主持人播报	3′50″
		4位迅雷赚钱宝方人员:解释原因、目前已采取措施、提醒迅雷赚钱宝不是理财产品,尽快解决问题 主持人:及时总结每一条信息并引入下个问题	采访录音 主持人播报	6′10″
	导听、报时、广告	迅雷赚钱宝的提现风波、互动信息、半点报时、广告	音响、播报	3′30″

① 该表由课题组根据电台网站2017年1月9日节目整理.

(续表)

	单元类型	内容	形式	时长
下半时段	栏目宣、导听	栏目宣、互动方式、迅雷赚钱宝的提现风波	录音+播报	1′50″
	报道	主持人:回顾话题,介绍嘉宾	谈话	1′30″
		2位嘉宾:迅雷赚钱宝名实不符、消费者购买设备时迅雷赚钱宝方没有制止、告知、如果没有牌照属非法经营、存在欺骗嫌疑,需及时处理遗留信息	主持人叙述+嘉宾点评	15′10″
	消费小课堂	单元宣	音乐+播讲	0′40″
		房地产买卖中商铺未投入使用被改为写字楼是否可解除合同,是否需要承担责任,是否可以索赔	问答	1′50″
	音乐、广告	歌曲、2条广告	音乐、音响	4′30″
	节目预告	新春特别节目预告	音响	0′50″
	报时、气象	整点报时、气象	播报	2′10″

(三) 节目分析

1. 做好选题注重深度报道

《天天315》是一档覆盖全国的节目,听众规模庞大、构成复杂,要满足全国各地各阶层听众的需求。《天天315》选择具有时效性、典型性、贴近性、重大性的主题——迅雷赚钱宝无法提现这一主题。实际上《天天315》一直在选题上利用自身积累的资源,不断开拓独家的、高品质的信息渠道,通过与记者站或地方电台记者合作,整合高素质的专家团队资源,对选题内容进行深入挖掘、独家报道,如食品安全、儿童安全座椅、汽车品质、民间借贷等。注重选择当下的热点事件,尤其是涉及面广的重大主题。

《天天315》一周报道主题来看表5-4,该节目根据社会变化不断拓展维权范围,坚持非盈利的公益立场、整合各方资源、建立了快速回应机制。开播以来美誉度、知名度、影响力快速上升,成为中国广播中颇具品牌影响力的栏目。

表5-4 《天天315》一周报道主题表[①] (2017.5.4-10)

日期	报道主题
5.4	2000多名业主陷伪智能家居陷阱
5.5	特价库存车 购买要小心!
5.6	电商"砍单"问题频发 首要原因是违约成本低 精装商品房质量问题成投诉热点
5.7	详解《汽车三包规定》保护车主合法权益
5.8	记者揭秘"抓娃娃机":抓取成功概率受商家控制
5.9	中消协约谈易到用车 要求其尽快整改
5.10	情感咨询服务有没有行业规则?

---

① 该表由课题组根据电台网站资料整理.

2. 丰富传播要素

在节目的上半部分，通过主持人口述及涉事消费者、迅雷公司相关人员的采访录音，详细介绍了迅雷赚钱宝提现风波的来龙去脉和发展状况，在节目第二部分，主持人与一位律师和一位互联网行业的专家谈话，两位嘉宾就这起纠纷给出了自己的意见和评析，然后围绕议题展开更深入的讨论。

《天天315》将每天长达1个小时的节目划分为节目导听、频率宣、栏目宣与广告、消费小课堂等多个小单元，制作大量的录音报道增强节目的平衡性与表现元素，信息容量大，在节目架构上注重起承转合。值得注意的是，节目注重及时总结提炼话题，使传播的信息更加明晰，适当的重复更契合伴随性收听。在节目编排的偏好方面，《天天315》的采访多为预先录制的，倾向于客观地陈述存在着的消费者权益纠纷。[①]

3. 拓展传播渠道

《天天315》在做好传统覆盖、落地的同时，也不断开拓传播渠道、丰富传播手段，除了在网络电台、微电台、电台之家等PC端提供音频在线点播、下载图文信息之外，还在BBS设有讨论专区，并入驻新浪微博、腾讯微博、开通微信公众号，入驻中国广播客户端，及其他移动音频客户端等，仅在喜马拉雅音频客户端日均点播收听量就达1300多万人。立体、多维的传播方式既是对节目传播渠道的延伸，也是对节目影响的重构。

五、《东方大律师》案例分析

（一）节目概况

《东方大律师》是上海东方广播1995年4月创办的法律咨询类节目，并逐渐从周播节目发展为日播节目，每天17：00~18：00播出。节目播出后，在听众中影响不断扩大，逐渐从单纯的广播节目发展为《新民晚报》东方大律师专版、电视剧《东方大律师》、法制图书、电视访谈节目，并提供网络、移动音频等。

（二）《东方大律师》的内容架构

《东方大律师》节目一般由10个环节走出，包括资讯、音乐、片花和《法律咨询》《阿基米德互帮》《律师来了》小专题，从总体来看是法律咨询为主的综合节目。课题组选择2016年7月11（周一）日的节目为例进行分析，见表5-5。

表5-5 《东方大律师》2016年7月11日节目架构表[②]

序号	单元	内容提要	形式	时长
1	片花	栏目宣	音响	1′00″
2	概述	节目导听	播讲	3′40″

---

① 孟伟、史德凯（Guy Starkey）于颖、李运．中英消费维权类广播节目模式对比研究——以中央人民广播电台《天天315》和英国广播公司4台You and Yours为例．中国广播，2017（4）．

② 该表由课题组根据阿基米德FM2017年7月11日节目整理．

(续表)

序号	单元	内容提要	形式	时长
3	法律咨询	听众1：离婚后动迁房产权分割，继承人移民且病危，如何过户 听众2：上班炒股遭到公司解聘是否属于违法解除劳动合同 桂律师：分别给出处理建议	热线	7′00″
4	广告	广告	音响	2′30″
5	法律咨询	听众2：上班炒股遭到公司解聘是否属于违法解除 桂律师：是否有相关规定、循序渐进处罚，如没有应支付赔偿金	谈话	3′00″
6	音乐	歌曲	音乐	5′30″
7	阿基米德互帮	网友1：借钱给堂兄，堂兄签小名赖账，借条是否有效 网友意见：网友1、网友2、网友3 桂律师：点评网友分析，给出建议	谈话	12′00″
8	音乐	歌曲	音乐	5′00″
9	资讯	蚊子为何爱叮咬穿深色衣服的人	播讲	1′50″
10	律师来了	听众3：公司开除犯错员工被判赔款近40万，桂律师诉讼免赔偿 桂律师：解释诉讼过程，举证、测谎鉴定等处理办法	谈话	15′30″

（三）节目分析

1. 借力新媒体提高互动性

从《东方大律师》的节目架构来看，主要由法律咨询、阿基米德互帮、律师来了三个部分构成，除了热线电话外，节目注重借力互联网提升互动性，特别是在阿基米德互帮单元，不仅法律案例的信息来自于网络，回复网友意见也是重要一环。在这里，互联网不仅仅是一种互动工具，也改变了节目内容生产的方式。

2. 专业性与故事性

节目内容涉及房产、婚变、劳保、医疗、税费、旅游等，由专家型主持人与资深律师对一个个具体的案例进行剖析，在讲述故事中解读、普及相关的法律政策，以及如何规避风险、维护自己的权益。节目以理性精神做支撑，避免陷入猎奇、血腥的误区。《东方大律师》还成立东广爱基金，为权益受到侵害而无钱聘请律师的人士提供法律援助。

3. 以节目为中心的多维传播

《东方大律师》注重拓展传播渠道，2006年就在《新民晚报》上开设《东方大律师》专版，宣传优秀的律师事务所、律师、典型案件。2011年，在节目播出16周年之际，在上海市政法委的牵头下，与数字电视法制天地频道合作试水电视节目，联合制作播出《一周法制新闻评述》《案件会诊室》《东方大律师》剧集等，并尝试与中央电视台等电视媒体和视频网站合作，与出版社合作编写、出版《交通事故处理傻瓜手册》《中小企业维权之道》《劳动合同法律漫画读本》等十多册法律事务书籍。除此之外，还针对市民的普遍需求，围绕房产、医疗、劳动、交通、继承与赠予等举办线下讲座、咨询活动。目前已形成以《东方大律师》品牌为中心,包括广播节目、电视节目、报纸版面、图书出版、线下活动、网络平台、移动音频等在内的传播矩阵。《东方大律师》用丰富的产品开拓传播渠道,而传播渠道的拓展进一步提升节目的品牌影响力。

4. 互联网平台创业转向

2016年8月《东方大律师》的广播节目因为人事变动暂时停播,由于节目多年来积累了大量忠诚的听众和用户,节目停播在网上引起了强烈的反响,基于这种情况,原《东方大律师》团队的成员从广播媒体脱离出来制作网络版《我要找律师》节目,在阿基米德上继续播出,后入驻蜻蜓FM,发展成为一个独立的个体,在延续《东方大律师》品牌、形式、机制的同时,也做出适合新兴媒体传播的探索,尤其是适合网络点播与收听的短音频概念,节目不再受时长限制,在传播上也更加注重案件本身。[①] 在当下内容创业、知识分享的大潮中,这样的探索和节目发展轨迹值得我们思索。

第四节　广播交通服务类内容创新

一、广播交通服务类内容的现状

(一) 交通广播与新的媒介环境

机动车保有量的增加与道路资源的相对不足,为交通广播发展创造了契机。1983年,上海人民广播电台与上海交通警方联合开办《上海交通广播专栏》,提供专门的交通服务信息,1991年在该节目的基础上创办的上海交通广播成为全国第一交通频率,1993年北京交通广播诞生,随后全国范围内引发了交通广播热潮。

截止到2017年3月底,全国地市及以上行政区共开办237个交通频率,其中110个单纯交通频率,127个复合性交通频率;31个省、自治区、直辖市除西藏之外全部开办有交通广播频率;省级电台单纯交通频率有28家,复合性交通频率2家;在全国27个省会城市和5个计划单列市电台中,共有28家开办交通频率,其中单纯的交通频率的15家,复合型交通频率13家。2006年以来,全国范围内共有43个其他频率改为私家车或汽车、驾车等定位于交通服务的频率,[②] 如果将这些频率也统计在交通频率之内,目前全国地区市及以上行政区的交通频率总数量达到280个,是名副其实的第一频率。

2013至2015年间,在"所有场所"收听市场排名中,有34个交通类频率进入前三,在"车上"收听市场份额排名中,则有53个交通类频率进入前三,如图5–4[③]。

交通广播的市场占有率一直处于上升状态,2016年,全国交通类广播的市场份额达到23.53%,比去年提高了0.18个百分点,其中1.12%的收听率中有56%都来自车

[①] 根据《我要找律师》节目制作人、主持人别访谈资料整理,2017.5.20.

[②] 课题组根据中国国家新闻出版广电总局《地级以上广播电视播出机构及频道频率名录》统计得出,截止时间为2017年3月31日.

[③] 曹金毅. 行驶中的听觉盛宴——2015年交通类频率收听概况[EB/OL]. 索福瑞媒介研究《收听研究》2016.2, http://www.csm.com.cn/Content/2016/12-01/2117268326.html, 2017.5.10.

上收听，车上的收听率达到了0.63%，其次是在家，为0.4%。而排名首位的新闻综合类广播则主要来自家中收听，家中收听量占到了全部收听量的79%。①

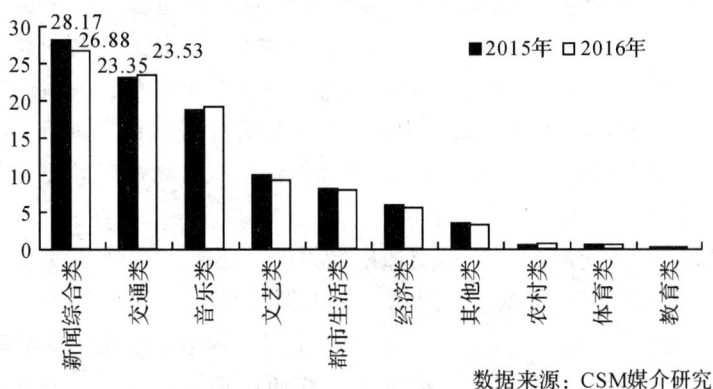

数据来源：CSM媒介研究

图5-4 主要类别广播频率市场份额图②

交通类广播全天的收听时段区别较大，有鲜明的高峰，一个高峰处于早晨07：00~09：00，另外一个高峰处于傍晚17：00~19：00，且傍晚的收听率明显高于其他所有类别频率，在该时段中具有绝对的竞争优势。早晚高峰时段的节目以新闻资讯和动感话题、路况信息、出行信息、天气信息为主，见图5-5。

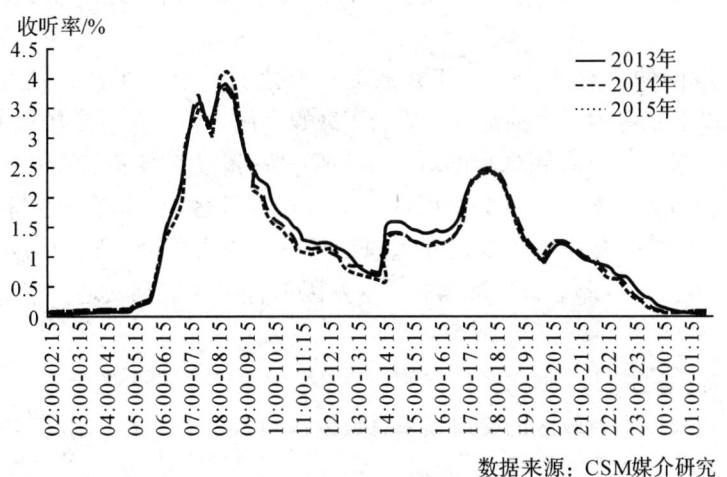

数据来源：CSM媒介研究

图5-5 2013-2015交通类频率收听率走势比较图③

生活服务类节目是交通频率中播出时段最长的节目，占到节目总时长的29%，其

---

① 娜布琪. 交通和私家车广播收听特征及典型节目分析［EB/OL］. 索福瑞媒介研究《收听研究》，2016.5，http：//www.csm.com.cn/Content/2017/01-24/1703005547.html，2017.5.12.
② 娜布琪. 交通和私家车广播收听特征及典型节目分析［EB/OL］. 索福瑞媒介研究《收听研究》，2016.5，http：//www.csm.com.cn/Content/2017/01-24/1703005547.html，2017.5.12.
③ 曹金毅：行驶中的听觉盛宴——2015年交通类频率收听概况［EB/OL］. 索福瑞媒介研究《收听研究》，2016.2，http：//www.csm.com.cn/Content/2016/12-01/2117268326.html，2017.5.12.

次是音乐类节目，占比为 20%。由此可见，服务是交通广播的主要职能。进一步说，国内交通广播在一定程度上是依托城市和服务城市的①。这种服务是大交通范畴下的多元服务，主要包括车主服务与汽车服务，如路况信息、交通法规、交通管制、驾驶技术和汽修汽配、汽车交易、汽车维权等内容。其中最核心的服务是提供路况信息，为随时满足驾乘人员的需求，交通广播加大路况信息采集与报道力度，大多选择与当地的交通管理部门合作，将直播室设在交通管理部门的监控大厅或派记者进行连线报道。提高路况报道的密度，如羊城交通广播全天设置 46 次交通信息，高峰期每 15 分钟播报一次。

（二）交通服务类内容面临的新情况

地方电台除了以"交通"命名的交通广播以外，还出现专门的汽车频率、私家车频率，在同一个城市形成激烈竞争。以湖北省为例，所辖的 12 个市和 1 个自治州有 8 个专门的交通广播频率，6 个复合交通频率和 8 个汽车频率。仅在武汉市就有湖北交通广播、湖北私家车广播、武汉交通广播和楚天交通广播 4 家定位于交通的频率落地，同质化竞争现象比较突出。激烈的竞争使其他频率为争夺路况信息，通过出租车司机、车友自建路况信息采集渠道，这对交通类广播形成一定的冲击。

移动互联网、云计算、定位系统等正在打破过去交通类广播对路况信息、气象信息等核心竞争资源的垄断，点对点的人机交互方式正在取代点对面的线性信息接收方式。济南地区车上人群的（收听）调查中，地图软件已成路况"神器"，通过地图软件了解路况信息的车主逐渐占据主导地位，达到 45.9%，而通过广播了解路况的车主只占 22%②。

依托于互联网的车载移动音频正在成为后起之秀，节目丰富，且可以自主选择（占比在 40% 以上）等内容上的优势，成为车载媒介用户愿意在行车场景中收听移动音频的主要原因。随着移动音频内容的进一步井喷，有超过 67% 的传统广播用户在调研中表示，愿意迁移到车载移动音频，因此未来选择收听移动音频的车主将会呈现出快速增长的趋势。③ 2017 年中国车载媒介用户在行车中收听移动音频的为 40.5%，收听广播的为 89.3%，收听音乐的为 86.4%。这些因素直接影响到交通广播核心服务类内容的版图与模式。④

二、广播交通服务类内容的特性

（一）车主服务类内容转向

1. 路况信息从权威到亲民、从零散到品牌

在原有的管理体制下，交通路况信息资源几乎完全掌握在交通管理部门，大部分

---

① 邓炘炘、黄京华. 广播频率专业化研究 [M]. 北京：中国传媒大学出版社，2006：109.
② 孔祥玉. 移动互联时代的交通广播发展浅析 [J]. 记者摇篮，2017（1）.
③ 艾瑞. 车载媒介场景下移动音频发展潜力不容小觑 [EB/OL]. http://www.iresearch.com.cn/view/267682.html，2017.4.18.
④ 核心车载媒介用户是指年龄 40 岁以下，个人月收入在 5000 元以上的具有车载媒介收听行为的汽车用户。样本：N = 588；于 2017 年 1 月艾瑞 iClick 社区调研获得。艾瑞. 车载媒介场景下移动音频发展潜力不容小觑 [EB/OL]. http://www.iresearch.com.cn/view/267682.html，2017.4.18.

路况信息节目与交通管理部门合作，入驻交警指挥室或监控大厅，多采取"主持人+记者"连线的报道方式，风格严谨，在短期内迅速建立了信息权威性。但随着社会的发展，汽车消费已不再是少数人的专享而是走向大众化，车主对城市路况拥堵情况也更加熟悉，车主对路况信息的关注已不是路况本身，而是与我同在的心灵共振，这种权威严肃的播报方式不再受欢迎，需要一种新的形式来缓解因交通拥堵而产生的烦躁，亲民活泼的形式受到欢迎。如浙江交通之声将路况播报赋予一个虚拟的角色——"路灵灵"，为路况播报提供了更为宽松的空间，也契合了路况也并非每次都拥堵的实际情况，而高速路况则是更为人格化的"高速007"，此外还有湖南交通广播的"平安小精灵"、河南交通广播的"小Q报路况"，无锡交通广播的"路宝宝"等。即使播报道路拥堵也不再是简单的车多拥堵、行驶缓慢之类的词语，而是更加形象活泼，如路灵灵的路况播报：

小雪怡情，大雪添堵。纷纷扬扬的雪花飘了一整天，201314的早上除了浪漫还有啥？事故？堵车？抱怨？NO！这些都不要！即使有冰冻，只要守法规、谨慎行，明天的早高峰一样能战胜！BUT，路灵灵希望，明早新手莫上路，老将小心开，的哥的姐拿出爱，老板领导后门开。新年第一个工作日，安全排第一。

现场感强、语调更加亲和，如同面对面与朋友交流。这种角色化的处理还给节目的衍生留出空间，其中湖南交通广播已经以"平安小精灵"举办路况播报选秀节目。自建路况信息采集系统的节目，则通过出租车司机或车友电话连线或微信平台播报路况，尽管不够专业，但扩大了信息来源、丰富了播报方式，重要的是提供了更为鲜活的信息，特别是在发生突发事件时能够增强现场感。

路况信息处于时刻变化中，驾乘人员在路上的时间也是片段性的，这就要求路况信息不能太长。在全天的节目时段中，被打碎的路况信息很容易显得凌乱，如何盘活路况信息这一核心资源、打造品牌影响力成为交通节目面临的一个问题。浙江交通广播做出创新实践，栏目固定，专门制作一批形式多样、灵活机变的线性插件，有规律在特定时间点上播出。因其时间散点分布密集，故"吸金"能力也是一流[1]，如表5-6所示。

表5-6 浙江交通广播路况信息表[2]

插件名称	播出时段	播出次数
路灵灵	7：00~21：30	19次
高速007	7：00~21：00	17次
空港百灵	7：30~19：00	5次

---

[1] 吴红雨、徐敏、邵志择. 交通即沟通 中国交通广播的社会价值 对浙江电台交通之声的典型研究[M]. 杭州：浙江大学出版社，2016：171.

[2] 该表由课题组根据电台网站及文献资料整理.

2. 交规管制类内容搭建交管部门与老百姓沟通的桥梁

交通车主服务类内容的另一个重要领域是交通法律法规、交通管制信息、驾驶技术等。此类信息多分散在板块节目中,大多冠以"交警直播室""交警直通车"等名称,重在宣传交通法律法规、事故处理与理赔、解决纠纷与困难,接受投诉与建议、反馈信息、曝光违法行为、道路安全提示、交通管理等。如北京交通广播的《警法时空》、天津交通广播的《交管局长热线》、湖南交通广播的《交警直播室》、黑龙江电台的《998交警直播室》等。有的对常见问题设置子栏目,湖南交通广播的《交警直播室》下设《支队长热线》《连线高速》《事故分析室》《交管辩论会》《帮助进行时》《每日一报》等子栏目,见表5-7。

表5-7 湖南电台交通广播《交警直播室》2017年4月24日节目分析表①

单元名称	主要内容	主要形式	时间
广告+栏目宣	5条	音响	2′30″
帮助进行时	单元宣+拒不赔偿的事故责任方	音响+访谈	2′50″
	互动方式信息	播报	0′20″
每日一报	单元宣+不系安全带专项治理	访谈+音响	4′50″
	导听+广告+栏目宣+总结	音响+播报	2′2″
听众建议	红绿灯设置不合理、路况缺少提示牌、信号灯时间太短	访谈	11′00″
	广告+路况+报时+频率宣	播报+音响	3′00″
财经连线	财经动态	播报	1′10″
	频率宣	音响	0′40″
交通服务	违章处罚不当、是否可载3个孩子、红绿灯设置、用驾驶证消分、建议	连线	8′20″
	网约车被拍违停、交通事故拖车费	热线	6′50″
	广告	音响	1′50″
	红绿灯设置、摩托车报废、买房	主持人+热线	3′00″
结束	广告+资讯+音乐	音响+播报	3′00″

节目通常采取"主持人+嘉宾+听众"的模式,对于一些常见的交通安全问题,如疲劳驾驶、随意变道、违规停车等,注重以案说法,以讲故事方式来普及道路安全法律法规,更为生动、鲜活、有警示意义。通过热线接受听众的询问、建议、投诉并做出回答,在特殊天气或节日里提供安全驾驶提示信息,搭建交管部门与听众沟通的桥梁。

(二)汽车服务类节目市场化程度高

随着汽车工业的发展和私家车的普及,交通服务类内容衍生出一个新的领域——汽车服务类,内容主要包括汽车销售、汽修汽配、汽车装饰等。如上海交通广播的《汽车世界》《王蕾车管家》、广西私家车广播的《930车库》、深圳私家车广播的《爱车新鲜汇》、浙江交通广播的《93车世界》等。此类节目一般是综合性的,根据主题

---

① 该表由本章作者根据湖南电台交通广播《交警直播室》2017年4月24日节目整理。

下设多个子栏目，内容涉及汽车销售、车辆改装、车辆性能、驾驶技术等信息服务，如深圳交通广播的《缤纷车世界》设有《汽车情报站》《新车落地》《新车试一试》《汽车科技》。

除了各地的交通广播之外，新兴起的汽车频率、私家车频率也都开办有大量的汽车服务节目，而新闻频率、文艺频率或音乐频率等将车主作为主要目标听众的节目，也围绕车主需求开发节目，同时也注重差异化，避免同质化竞争。例如在上海地区有7档汽车服务类节目，但节目定位与主要内容同中存异，具体情况如表5-8：

表5-8 上海地区的汽车服务类节目分析表①

电台	播出时间	节目名称	主要内容节目定位
上海交通广播	9：00~10：00	汽车世界	车型资讯，汽车产品信息，买车、驾车、养车、评估一站式服务
	14：00~15：00	汽车会说话	汽车行情、汽修汽配、文明行车、汽车性能
	16：00~17：00	王蕾车管家	二手车评估与咨询，故障处理、车险理赔
驾车调频（原东方广播电台）	12：00~13：00 20：00~21：00	汽车D时代	新车资讯，车型，法规
	14：00~16：00	899车主汇	车主生活服务
上海五星体育广播	16：00~17：00	G速车世界	赛车运动、汽车改装

汽车服务类节目长期保持较高的收听率，常州交通广播FM90的《汽车世界》主要提供本地购车、养车、修车及玩车方面的各类信息，节目播出以来广告创收、电话热线互动、新媒体平台互动等表现均保持台内前列，并且成立了工作室，形成汽车服务产业，听众集中在中青年、高学历、干部/管理人员、高收入人群。

收听表现突出的还有新疆交通广播FM949的《开心路路通》和无锡交通广播FM106.9的《欢乐直通车》等，在当地市场收听表现及广告创收常年保持前列，其中新疆交通广播晚高峰时段的《开心路路同》车载收听份额更高达60%以上②。汽车服务类节目高收听率带来高广告回报，尤其得到汽车、房产、金融类商家的青睐。见表5-9。

表5-9 《开心路路通》和《欢乐直通车》收听表现图③

节目	频率	所有场所			车上		
		收听率%	市场份额%	排名	收听率%	市场份额%	排名
开心路路通9：00~10：00	新疆交通广播FM949	8.58	35.29	1	4.49	59.15	1
开心路路通19：00~21：00	新疆交通广播FM949	4.50	36.63	1	2.71	62.99	1
欢乐直通车16：00~18：00	无锡交通广播FM106.9	2.59	30.30	1	1.86	51.26	1

---

① 该表由课题组根据电台网站、喜马拉雅FM、阿基米德FM节目单整理.
② 曹金毅. 行驶中的听觉盛宴——2015年交通类频率收听概况［EB/OL］.索福瑞媒介研究《收听研究》2016.2.，http：//www.csm.com.cn/Content/2016/12-01/2117268326.html，2017.5.10.
③ 曹金毅. 行驶中的听觉盛宴——2015年交通类频率收听概况［EB/OL］.索福瑞媒介研究《收听研究》2016.2，http：//www.csm.com.cn/Content/2016/12-01/2117268326.html，2017.5.10.

3. 交通广播的日常服务与特殊应急

交通广播在长期的发展中积累了较高的公信力、影响力，有着特殊的地位，掌握着公路、铁道、航空、气象、医疗等众多公共关系资源，形成了自己独有的新闻网络，在突发事件、交通疏导、灾区救援、预警发布、事故处理等方面彰显了交通广播的独特功能，① 在权威交通信息发布上有着不可替代的作用。

2012年6月26日中国高速公路交通广播开播，在日常状态下，提供实时路况、天气、资讯、娱乐等信息服务和应急科普知识，在紧急状态可以提供数据推送，实现智能差异化交通信息服务，提高应对公路突发事件和应急处置能力。

中国高速公路交通广播从京津塘高速路段开始逐步覆盖全国主要高速公路。2015年1月湖南段开播第一个省级采编播中心成立为司乘人员提供"进出城交通服务、高速路网出行服务和重大事件应急疏导"。

2017年1月10日，中国高速公路交通广播升级为中国交通广播，更注重城际城市连续收听、大区域同频覆盖、既联网播出又具备趋于差异化信息分布实现覆盖，内容涉及新闻资讯、音乐、服务、旅游、美食、汽车、法律等内容，将跨越地域的广泛性与服务本土性结合起来。

三、《车主宝典》案例分析②

（一）《车主宝典》节目概况

南京市汽车保有量以每年20多万的速度在增加，2017年3月公布的数据显示，南京汽车保有量已经超过200万，其中私家汽车保有量已达192.71万辆，③ 庞大的驾车群体是交通广播坚实的听众基础和广阔的市场空间。《车主宝典》根据利用这一优势，精准定位汽车服务，深耕本土汽车市场，聚拢最优秀的汽车维修、服务专家，提供汽车销售、维修、改装、保养、保险、估价、维权理赔等信息，将节目与线下服务紧密结合，将听众转化为用户，在南京及其周边地区有较高的美誉度与众多收听群体。

（二）引入O2O模式提高公信力

传统广播节目只能在节目中给予一定的解答或者请专家在节目后给予帮助，这无形中会降低了效率，并错失了一些可以转化为销售的需求。江苏电台围绕《车主宝典》这档节目开展了O2O服务，通过微信公众号号第一时间响应听众需求。针对当代都市人时间紧工作忙的特点，开展LBS定位上门接送车服务，线下维修将当下流行的视频直播功能与传统送修进行嫁接，车主打开手机，便可以实时监控自己车辆的位置，看修车的视频，提高线下服务的可靠性。

---

① 梁毓琳. 在全媒体时代交通广播"危""机"并存[EB/OL]. 广播资讯网，http：//www.bpes.com.cn/zh-CN/displaynews.php？id＝4202，2017.5.16.
② 根据江苏广播电视总台《车主宝典》O2O服务，江苏交通广播融合服务案例内部资料及网络资料整理.
③ 江滢、何刚. 南京汽车保有量首破200万辆[EB/OL]. 新华网，http：//www.js.xinhuanet.com/2017－03－28/c_1120709327.htm，2017.5.12.

为了提升节目平台的公信力和 O2O 服务的效率与质量，江苏电台联合保险公司和交通管理部门搭建"诚信维修网"。进入"诚信维修网"的汽车服务企业可以获得保险公司的直赔资质，直赔使保险公司的赔付速度加快了，规范了汽车维修企业的经营，降低骗保情况，最终赔付数额在降低。线下服务还为《车主宝典》节目听众（车主）提供特约车位、上门接送车、24 小时实时咨询等增值服务。上诚信维修网的听众也就成了监控维修企业质量的调查员，有利于管理部门实时管理和量化监控，既兼顾了商家的利益也保护了车主的权益，还可以提升节目公信力，巩固《车主宝典》乃至江苏电台在南京汽车售后市场中的影响力，实现广播节目、车主、汽车维修企业、保险公司等各方的多赢。

（三）《车主宝典》内容运营效果显著

《车主宝典》在节目中提供买车、修车的咨询，在线下提供专业、权威的买车、修车服务，增加听众对节目的依赖和黏性，提高节目内容运营的能力。目前已经有 20 个汽车维修品牌（接近 40 家门店）进入"诚信维修网"，且平台上每一家汽修企业都会提供 1~2 名维修专家为《车主宝典》的节目服务。目前，平台已经整合了 50 多名专家，除了在节目时段为听众解答问题之外，节目以外的时间还可以通过客服电话或者微信服务群等为听众提供信息。

四、《1039 交通服务热线》案例分析

（一）爱车团队发展概况

在 2016 年上海广播节上发布"2016 中国广播创新融合十佳案例"中，北京人民广播电台的"节目团队运营模式创新"榜上有名。2014 年 7 月北京电台启动节目团队建设工作，依托线上广播节目的资源和影响力发展线下的多元化产业，力争通过市场化运作，使每一档节目背后都能衍生出一批成熟的产业项目。[①]

爱车团队是北京电台交通广播依托于名牌栏目《1039 交通服务热线》打造的新媒体品牌，主攻线下汽车行业延伸产业链的各项服务，如自驾游、汽修汽配等，2015 年就完成全年预算收入的 176%。目前已经摸索出广播汽车媒体由传统线上节目、新媒体平台与线下产业三位一体相互促进的发展模式。微信公众号"爱车一点半"粉丝达到 17 万人，日活跃用户上万人，单条点击量峰值达 14 万次。

（二）爱车团队露营大会系列活动

露营大会是北京交通广播"爱车团队"重磅打造的线下系列活动。从 2015 年 6 月开始到 2016 年 9 月，共举办了"你好·繁星""你好·草原""你好·宝贝""你好·雪山""你好·神州"五场不同主题的露营活动，在国内开创了大规模汽车露营大会的先河，引领了北京假日娱乐休闲新风尚。首场露营活动"你好·繁星"于 2015 年端午节期间在北京密云南山房车小镇举行，包括自驾、烧烤、帐篷露营、房车露营、夜拍

---

① 张琳. 团队化+项目化，北京电台有了新玩法！中国广播微信公众号，2017.06.02.

星空等多种休闲体验活动,现场同时提供汽车保养维护福利,共吸引一万余人现场参与。① 随后又在内蒙古乌兰察布的集宁草原、内蒙古阿木古郎草原等地举办露营大会,吸引了大量车友的参与。

(三)广播线下活动分析

1. 差异化体验式服务

驾车旅游成为一种常态化的汽车生活方式。然而,目前市场上的自驾游更多的集中于知名旅游景区、特色小镇,同质化程度高。北京交通广播《1039 交通服务热线》通过对主要听众群体驾乘人员的分析,策划独具特色的自驾游露营活动。当时正值小长假,正是父母带孩子出去旅游的最佳季节,主打亲子家庭游。远途的"你好"系列露营大会活动以越野车队为主,在越野车队之外还特地安排大巴车队,让更多的人能参与进来。活动形式丰富多样,有户外技能、应急避险、密林逃生、露天电影、野炊、摄影等,既能让人远离都市、亲近自然、感受自驾越野的乐趣、学习知识,又能以独特的露营方式给家庭出游的车友带来别样的体验。

2. 商业化运营

北京交通广播爱车团队露营大会吸引到了与汽车、车生活密切相关的行业的商业支持,与奥迪、中国人保、英特尔、360、农夫山泉、摩圣等 20 多家优质品牌积极进行合作,带来了商业价值并凸显出潜在的市场前景。活动的独特魅力也吸引到《人民日报》、新华社、《北京日报》《CHINA DAILY》《北京晚报》《北京青年报》《新京报》、北京电视台首都经济报道、旅游卫视、新浪网、养车之家、《户外越野》杂志、砾石网等十多家媒体的关注和报道,进一步提升了活动的影响。这一规模较大的品牌活动不仅没有花费电台的资源,还实现了盈利,为后续活动的开展奠定了基础。

3. 深耕汽车服务导流用户

西方发达国家汽车的销售利润约占整个汽车业利润的 20%,零部件供应利润约占 20%,其他 60% 的利润是在服务领域中产生的,售后服务利润一般是整车销售利润的 3 倍。在我国,国内汽车市场销售额中服务所占的比重还比较小,仍有很大的上升空间。爱车团队依托《1039 交通服务热线》节目的资源,寻求汽车厂商、经销商与消费者的共同关切,继续巩固专家型主持人的形象,整合综合测评维修嘉宾、合作的汽车品牌,提升服务的时效性与贴近性。对突发性行业热点事件给予及时的权威解读,如速腾"断轴"、丰田"安全气囊"、奥迪"刹车异响"等。对出台的各项政策,如"限号""小面淘汰""摇号"等政策及时传播并作出解读。在节目中开设听众在买车、养车、修车、学车中的共性需求的短小精炼的专题节目,以增强节目对听众的黏性。参与线下汽修服务,如汽车玻璃、除碳、汽车配饰等,重构节目的产业链。

爱车团队也重视开发新媒体产品,重点打造微信公众号"爱车一点半",注重策划

---

① V 传媒. 16 年老牌节目的新掘金之道 | 解密北京电台"爱车团队"运营模式,[EB/OL]. https://www.ishuo.cn/doc/uoktziqf.html, 2017.06.06.

专题报道，如"主持人林贺实地探访走进现场""联合交通管理部门、各大车企、4S店等汽车相关行业专家发布权威信息"等，迅速树立权威、专业的品牌形象，常规栏目主打服务牌，内容涵盖车辆检测、车辆报废、违章查询、限行、摇号、车管所等，也为非驾车人员提供客运场站、铁路线路查询、公交线路查询等信息。截至2016年9月，"爱车一点半"粉丝数近18万人，在清博指数中，"爱车一点半"的传播力指数位列北京电台之首，在汽车类全媒体排名中位列第18位。①

第五节　教育成长类广播内容创新

从广义来看，教育成长类节目包括教学节目和社会教育节目；从狭义来看主要是教学类节目。广播教育成长类节目在长期的发展中呈现多元化态势，从内容来看，主要集中于教育教学、教育服务、科普知识类等方面，在形式上主要有空中课堂、演讲讲座、资讯、热线等类型。

一、教育成长类内容的发展

新中国成立以来，党和国家高度重视基础教育和大众教育，1986开始实行九年制义务教育制，2005年12月以后逐步将农村义务教育全面纳入公共财政保障范围。在这个过程中教育制度、考试政策也出台一系列改革，尤其是2010年《关于开展国家教育体制改革试点的通知》出台后，素质教育的呼声更加高涨，各地教育政策频出，教育产业快速发展，推动了教育的发展。由于我国教育资源分布不均、优质教育资源过于集中，再加上教育改革不断深入，教育途径多元、社会竞争激烈，人们更加关注教育政策的一举一动，关注个人的成长。2016年互联网知识付费的火爆，显示全民教育信息传播和教育服务成长潜力很大。

广播媒体传播范围广泛、接收便捷，门槛低，伴随性强等特性，有立于搭建教育类内容的媒体平台，推进全民教育事业。就目前而言，我国专门的教育类广播频率包括：北京教学广播、河北科教广播、河南教育广播、黑龙江少儿广播、黑龙江高校广播、云南教育广播、云南少儿广播、陕西青少广播和湖北妇女儿童广播，省会及单列市仅有宁波老年与少儿广播、大连少儿广播、苏州儿童广播、武汉青少广播、广州青少广播②。

二、教育成长类广播内容分类

（一）教育教学类节目

早期广播电台利用自身优势开办外语教学节目，获得了忠诚度高、黏性大的听众

---

① 北京电台研究中心.16年老牌节目的新掘金之道 解密北京电台爱车团队运营模式.V传媒微信公众号，2016.10.27.

② 课题组根据国家新闻出版与广播电视总局网站材料整理．目前有的教育广播仅象征性保留了几个教育类节目。其他频率中也会零散见到教育类广播节目．

群体。广播声音传播的特性有利于外语学习，无论是基于各种升学考试对外语的重视还是交流、出国，外语学习等需求，外语教育均具有扎实的群众基础。

从 1978 年到 1984 年的不完全统计，六年间全国电台共举办了 90 个外语广播讲座节目（其中英语 64 个、日语 20 个、法语 4 个、德语 1 个、世界语 1 个），仅英语讲座就有幼儿英语、中学英语和大学英语，还有普通英语、科技英语和商业英语等。[①] 一些有影响的节目在改革中停办，如中央人民广播电台经济之声的《英语之夜》，也有一些被保留下来，并有新节目诞生，但总体而言已经不像 80 年代末那样繁荣了。

目前发展比较成熟的有北京教学广播的《张道真自学英语》《大学生英语在线》《趣味青春英语》，天津滨海广播的《空中英语课堂》等。此类节目多为录播，具有明晰的教学计划，内容集中，注重节目的二次开发，如制作相应的音像资料、图书、视频等。

（二）中小学生教育服务类节目

教育服务类节目主要围绕现有的教育考试制度、升学就业政策等，以热线和资讯、谈话为主要方式的节目形态，如湖北之声的《开课啦》、河南电台的《教育时空》、西安电台的《1061 老师好》、吉林电台的《约会班主任》、北京的《教育面对面》、云南电台的《学霸来了》等。湖北电台的《开课啦》每天上午 9：00 ~ 9：30 播出，主要聚焦于教育政策的发布与解读、名师学习指导、专业介绍等内容。

河北交通广播的《新东方教育时间》则是与新东方培训机构联合创办的谈话节目，周一至周五晚上 20：00 ~ 21：00 播出，主要由教育管理机构权威人士、新东方一线名师、中小学教育专家、留学咨询专家、优秀学生等担任嘉宾，针对目前的考试政策、招生政策、学科学习、留学移民等问题进行讲解、讨论。节目从一开始就与社会教育力量合作，带有一定的商业色彩，2016 年年底与新东方终止合作并于 2017 年年初停播。

服务于青少年的另一类节目以成长为主题，主要张扬青春魅力，在青少年、家长和学校之间搭建沟通的平台，如北京电台的《男孩女孩》。

（三）科普分享类节目

科普知识类节目大多是演讲或谈话为主要形式，互动性、现场感强，形式更加灵活、内容更加丰富。且处于不断创新中，1999 年 12 月到 2000 年 2 月期间，上海人民广播电台的《今日科技》栏目曾推出《两院院士展望新世纪》讲座，以通俗易懂的语言介绍海洋世界、宇宙天体、原子物理、生命科技等，知识性、趣味性、专业性强，节目播出后获得听众高度好评，电台又对精品节目进行回放，并编辑出版以提升传播效果。

山西人民广播电台的车上谈话节目模式别具一格，节目根据驾车人群关注点多集中在市场经营、工商管理知识的特点，为加强节目的场景感，由主持人和嘉宾在真实的驾车过程中以谈话的方式来讲解企业经营、工商管理、法律法规等信息。这种真实

---

① 唐狄新. 发展广播教育的现实意义及有待解决的阿题 [J]. 电化教育研究，1988（4）.

的场景营造更易于拉近与听众的距离,也是广播收听仪式感的一种有益探索。

深圳交通广播的《人才驾到》根据深圳市场经济繁荣、创业氛围浓郁的情况,每期邀请成功人士走进直播间讲述自己的创业精力、心得体会等,嘉宾来自于不同的领域,既有白手起家的老板、继承父业的新一代企业掌门人,也有在校大学生、公司高管。内容涵盖招工实习、职场面试、职业规划等,是带有真人秀性质的新型教育服务类节目。

(四) 亲子关系类节目

目前国内家庭教育得到了更多的关注,以家庭教育、幼儿教育为主要内容,以少年儿童及其家长为目标人群的亲子教育类节目快速发展。2015年12月合肥电台徽商广播开办的亲子节目《家长课堂》迅速受到当地年轻妈妈的喜欢。此外,还有多家电台开办类似节目,目前仍在播出的省级电台的亲子类节目如表5-10所示。

表5-10 省级电台亲子关系类节目表①

电台	频率	节目名称
黑龙江电台	都市女性广播	母爱好时光、妈咪宝贝
	爱家广播	播播龙的故事口袋
上海电台	新闻广播	教子有方、辣妈朋友圈、月光宝盒
	故事广播	月光宝盒
	驾车调频	辣妈朋友圈
北京电台	爱家广播	宝贝计划、毛毛狗
	文艺广播	听听糖耳朵
天津电台	经济广播	妈咪宝贝
	生活广播	童年童话
广东电台	新闻广播	童声童气
	南方生活广播	超级辣妈团
	城市之声	家有董事长
吉林电台	教育广播	母爱时光
	资讯广播	约会班主任
江苏电台	女性时空广播	亲亲宝贝
	故事广播	小星星
	健康广播	今天我最棒
浙江电台	女主播	辣妈分享会
安徽电台	交通广播	家有好BABY
山东电台	经济广播	爱贝果妈咪好宝贝
重庆电台	经济广播	妈咪宝贝

---

① 该表由课题组根据电台网站节目表和阿基米德FM绘制.

(续表)

电台	频率	节目名称
江西电台	民生广播	超级爸妈
福建电台	私家车广播	私家车家长会
云南电台	交通广播	时尚妈妈帮
陕西电台	新闻广播	家有宝贝
	秦腔广播	天天我最萌
辽宁电台	经济广播	家长大课堂、宝贝好榜样
河北电台	生活广播	家长学校
	农民广播	爸爸妈妈上学堂
四川电台	新闻广播	晚安宝贝
河南电台	经济广播	小蜗牛
湖北电台	亲子广播	睡前故事、亲子乐园
西藏电台	汉语广播	金色童年
贵州电台	综合广播	小小少年·非你不可
青海电台	经济广播	石头·剪刀·布

亲子节目在内容和形式上也更加丰富。以天津经济广播的《妈咪宝贝》为例，这档日播节目在保持整体风格一致的基础上，每期的内容和形式都做出一定的变化调整，主要包括育儿朋友圈、空中课堂、童言无忌等，以满足不同用户的需求。具体节目安排如表5–11。

表5–11 《妈咪宝贝》一周节目安排表①

播出时间	主要栏目	栏目内容提要
周一	添丁送喜	出生100天以内的新生儿，家长拨打热线，节目组送大礼包1份
周二	育儿辩论会	就最新的具有争议的育儿话题进行辩论、讨论，儿保专家总结。
周三	空中课堂 美丽孕妈咪	音乐、国学等知识讲授，优秀教师和学生现场教学 孕婴专家解答怀孕期间的问题
周四	大厨星推荐 儿保答疑	林大厨推荐并教授宝宝爱吃的家常菜 儿科专家解答儿童医疗保健科室问题
周五	烘焙课堂 亲子阅读	某蛋糕店烘焙师教妈咪烘焙点心、面包 绘本作者或编辑介绍最新绘本，分享亲子阅读
周六	童言无忌 宝宝秀场	发布一个问题通过微信公众平台收集宝宝答案并在节目中展播 宝宝打热线电话展示才艺，专业老师点评
周日	亲子时间	对奶爸、辣妈、育儿达人或才艺宝贝深度访谈

教育成长类内容的用户忠诚度高，无论是教育教学类、教育服务类，还是科普分

---

① 赵盼迪．天津经济广播《妈咪宝贝》节目发展策略研究［J］．天津师范大学硕士学位论文，2015：9–10.

享类、亲子关系类，都注重从实际问题出发，探索行之有效的对策，满足用户需求。

在知识付费发展的背景下，广播媒体的教育服务类内容提现了媒体的公益属性和社会责任。但在市场创收等压力下，教育成长类内容逐渐被边缘化，而2016年互联网知识付费领域，该类内容却迅速崛起，这是值得广播媒体管理者深入思考的事情。

索福瑞媒介研究数据显示，2013年至2015年广播听众喜欢收听的节目类型中教育类广播位居第8，落后于新闻时事类、音乐类、生活服务类、文艺类、法治类、财经类、体育类，仅高于其他类和外语类。可喜的是2015年相对于2013年、2014年略有上升，见表5-12。

表5-12 2013年至2015年广播听众喜欢收听的广播节目类型①

节目类型	2013年	2014年	2015年
新闻\时事类	67.4%	65.0%	65.4%
音乐类	53.1%	51.3%	53.5%
生活服务类	37.6%	40.3%	40.0%
文艺类	26.9%	22.6%	24.1%
法治类	7.4%	6.2%	6.9%
财经类	4.6%	5.0%	6.1%
体育类	5.6%	5.0%	4.1%
社教类	1.3%	1.3%	1.4%
外语类	0.5%	0.6%	0.2%
其他类	2.6%	2.0%	2.5%

三、《教育面对面》案例分析

（一）节目概况

北京城市广播的《教育面对面》可追溯到2003年"非典"期间，这一节目的前身最初只在高考、中考季播出，当时命名为《北京大型高招直播咨询》，节目播出后收听率和美誉度迅速提升。自2007年开始，节目改版成为日播节目《教育面对面》，在内容上超出了中招、高招范畴，新增了中小学教育、升学择校、考试就业、留学移民等内容。

（二）节目内容架构

《教育面对面》90分钟的节目中，主体部分为当期主题报道和《每日教育播报》《开讲了》，其他小单元还包括1个频率宣、5个栏目宣、4个节目片花以及插播的路况、气象信息等。节目通常是两位主持人、两位嘉宾，以谈话为主体。

课题组以寒假开学后第三周周末，即2017年3月5日的节目为案例分析，见表5-13：

---

① 张琼子. 广播受众新媒体接触与消费状况分析. 索福瑞媒介研究《收听研究》2016.4, http://www.csm.com.cn/Content/2016/12-09/1433149412.html, 2017.5.6.

表 5-13 《教育面对面》2017 年 3 月 5 日节目分析表①

序号	单元类型	主要内容	形式	时长
1	频率栏目宣、片花	频率宣、2017 北京高招咨询片花 1、《高考保障，饮食为先》片花	音响	3′00″
2	导听、概览	本期话题介绍、专家介绍、互动方式、内容预告	口播	4′00″
3	每日教育播报	单元宣+单元导听+6 条教育短讯+2 条天气气象信息	口播	7′00″
4	开讲了	单元宣+人物简介+惊蛰节气知识讲解	录音	2′40″
5	栏目宣、导听	栏目宣、预告片花、节目片花	音响	2′20″
6	节目内容	常见疑问+专家介绍+营养误区，互动方式	口播	3′30″
7	咨询	主持人提出 4 个问题：是否该给孩子吃补品营养品、是否需要比平时加餐、是否可以吃海参、是否可以大换食谱 2 位嘉宾分别给予回答	谈话	9′30″
8	栏目宣、广告、路况	栏目介绍、收听与互动方式、广告、报时、路况、片花	录音	7′20″
9	咨询	主持人提问题 5 个问题：怎么做到营养均衡、换季是否有不同的营养搭配、熬夜是否可以通过饮食调理、如何做到清淡食物、是否需分阶段调整营养 2 位专家分别给予回答	谈话	17′40″
10	栏目宣	互动方式+栏目宣+播出时间+传播平台+互动方式+歌曲	录音	1′30″
11	咨询	话题介绍+互动方式+专家介绍+问题 问题 10：吃什么可以精力更充沛、缓解精神压力？ 2 位嘉宾给予回答并提出建议	谈话	3′00″
12	广告	京华学校、学大教育、新东方优能 1 对 1+栏目宣+频率宣	录音	1′30″
13	天气+路况	天气+预防火灾+路况信息	口播	1′30″
14	栏目宣、片花	栏目宣+广告+特别节目片花、话题概述、互动方式	综合	4′10″
15	咨询	4 位家长提问：菜谱、菜单是否合适，能否开一周的菜谱？ 2 位嘉宾分别给予回答，并给出建议	谈话	11′20″
16	音乐、导听	歌曲、话题介绍+专家介绍+互动方式	录音	0′50″
17	咨询	4 位家长提问：学生住校周末晚饭需注意什么、适合晚上带的夜宵、学生口腔溃疡应多吃什么、是否适合吃三文鱼 2 位嘉宾：分别给予回答并给出建议	谈话	8′50″
18	结束语	总结话题+预告下期节目+专家简介	口播	1′10″
19	广告	4 条+1 条重复	录音	0′50″

（三）节目分析

1. 在选题上具有针对性、贴近性、时宜性

3 月 5 日距高考仅剩 3 个月，考生刚从寒假的放松状态转移到紧张的学习状态，家

---

① 该表由课题组根据北京广播网 2017 年 3 月 5 日节目收听整理.

长对高考的关注度有所提高，能为考生做得最基本又最持久的服务就是营养健康。选择在这个节点上推出考生营养专题节目，既契合家长的普遍关切，又不显得生硬突兀，同时又给家长调整考生营养留出足够时间，让家长能够从容应对。服务类节目的精神内核是为民众解决问题，选择合适的时机是需要重点考量的问题，否则很有可能会导致添乱。

选择时机看似是业务问题，实际上是用户意识问题，站在用户的立场上考虑其需要和接受规律，才能做到润物细无声，这就需要节目组提高策划能力，深谙用户需求，从用户关切的兴奋点出发，按照报道对象的发展规律来进行策划。

2. 节目表现元素力求丰富多样

90分钟的大板块直播节目，很容易显得拖沓冗长。《教育面对面》2017年3月5日的考生营养专题节目，采用大量的频率宣、栏目宣、节目片花、过渡音乐、天气、路况、广告等分割节目，每个小单元2~4分钟，最短30秒，最长5分30秒，长短交错排列，灵动性强；在表现元素上，将语言、音乐、音响等融为一体，特别是男声、女声的搭配处理的巧妙精致，无论是主持人还是嘉宾，都做到了均衡、且分工明确、配合默契，这在一定程度上增强了节目听感的丰富性。

3. 容量大、节奏快

该期节目的主要内容围绕营养就提出了18个相互关联的问题，在上半时段，主持人先提出10个具有普遍性的问题，下半时段由听众通过微信以图文并茂的方式，提出8个富有代表性问题，如住校生可以带什么饭、学生晚上熬夜怎么加餐、有口腔溃疡在饮食上需要注意什么，等等，几乎涵盖了考生营养的各个方面。专家对这些问题分别给予回答，既具有针对性又具有实操性，增强了节目的生动性和现场感，整个节目干货足。

此外，增强互动感也是《教育面对面》的一个显著特色。节目通常邀请两位主持人，以具体的问题作为切入点进行深入探讨，形成主持人、嘉宾、用户三方互动，并在微信平台上开拓互动空间，使互动信息立体、可视。

4. 提高策划能力增强节目的持续黏性

作为一档90分钟的大板块日播节目，保持节目内容的充实丰富、持久新鲜至关重要，这就需要较强的策划能力和执行能力。提高节目策划能力：首先，需要准确把握目标用户的关切点，根据事情进展和用户需求制定长期规划；其次，获取独家资源、提高节目内容的不可替代性。北京城市广播《教育面对面》与北京市教育主管部门、教育行政部门独家合作，深耕独家、权威教育资源，做好政策宣传与咨询，提供服务信息，尤其是中考、高考重大选题的系列节目，见表5-14。

表 5-14 《教育面对面》2017 年 5 月 1 日至 10 日节目安排表①

播出日期	节目内容	直播嘉宾
5月1日（一）	北京教育新地图——2017 北京新高考方案解读	北京市教委副主任李奕 教委发展规划处处长姚林修
5月2日（二）	北京教育新地图——2017 北京中招政策解析	北京市较为发展规划处处长姚林修 市教委基教处二处副处长王雪青
5月3日（三）	2017 北京中招直播咨询——2017 北京中考考试说明解析及备考指导（上）	北京二中化学把关教师张欣然 数学把关教师杨丽敏
5月4日（四）	2017 北京中招直播咨询——2017 北京中考考试说明解析及备考指导（下）	西城南区语文教研员、中考研究专家吴东 西城区英语教研员刘恒
5月5日（五）	2017 北京中招直播咨询——2017 北京中考复习备考指导（语文）	京华学校副校长、语言研究专家、北京市学科带头人申怡
5月6日（六）	2017 北京中招直播咨询——2017 北京中考复习备考指导（物理）	精华学校物理教研组组长、新浪"五星全国金牌教师"、北京市教委开放性教学实践活动主讲教师韩盛桥
5月7日（日）	2017 北京中招直播咨询——贯通培养（一）	北京电子科技职业学院、北京工业职业技术学院、北京财贸职业学院

2017 北京中招节目分为两个阶段，即考前一个多月、考后一周的时间，北京市教委、北京市中招办、各区县中招办主任和 50 余所示范高中、中高职院校、本科高校招生负责人及中考专家名师等将来到直播间现场，第一时间直播发布 2017 年本校的招生方案，为广大中考生和家长提供政策解读、志愿填报、冲刺备考等全方位中招直播咨询服务。

（四）《教育面对面》的发展创新与多维传播

1.《教育面对面》的发展创新

2003 年春天由于"非典"的影响，教育管理部门和学校无法像往年那样对即将到来的高考、中考做现场的信息交流与推广活动，就在城市广播制作播出《北京大型高招直播咨询》节目，仅在高考季、中考季播出，节目播出后收听率、美誉度、听众参与的积极性迅速攀升。

2006 年，北京电台对该节目进行改革，并于年底成立了节目制作中心，2007 年正式改版为日播节目《教育面对面》，内容也从考试、升学等扩大到入学、择校、学科、辅导、留学、就业、移民、心理、健康等领域。2015 年起节目调整到晚高峰时段播出，根据社会需求继续扩容，下设《每日教育播报》《留学面对面》《意想不到开讲啦》《谁是学霸》等栏目以及《2015 高招咨询》《2015 中招咨询》等，趣味性、丰富性增强，成为一个综合性栏目。其中《谁是学霸》将中小学语文、数学、历史、化学、音

---

① 该表由课题组根据北京广播网上的资料整理.

乐等学科中的知识有机融入生活常识,吸引用户微信报名、直播竞答、线下互动。

《教育面对面》经过几年的积累发展成为一个名牌栏目,2007年、2008年、2009年度国家广电总局优秀原创少儿精品栏目奖、精品节目奖,仅2014年就获得北京人民广播电台年度最佳品牌活动奖、听众喜爱的优秀栏目奖、名牌栏目奖和全国城市电台品牌栏目奖。央视—索福瑞调查显示,连续几年收听市场份额达到13%~17%,形成北京新闻广播晚间收听最高峰[①]。以2015年为例,在传统媒体影响力和广告收入大幅下滑的情况下,《教育面对面》的时段收听率比上年提高了103%,广告创收同比翻一番[②]。

2. 《教育面对面》的多维传播

《教育面对面》注重资源整合与平台建设,借助互联网平台拓宽传播渠道,在北京广播网、搜狐、新浪等门户网站提供在线点播服务,还通过博客、微博、微信和地面活动做立体推广,并拓展输出渠道,包括移动媒体(微信、微博、听听FM等)、PC端网站(与节目合作的新浪网、人民网、搜狐网、中国网等综合门户网站、商业网站)、中高招咨询、游学等地面活动、节目文字手册、中小学讲堂、小记者团等。从多渠道分发中不断创建新盈利模式,包括音视频产品的商业输出、二次分账、内容产品的整合营销、延伸产品的物流营销、新媒体营销等。以往广播节目的盈利模式已从单一的线上广告收入(即自产自销式)变为多种方式并存的模式。产品化,应当是扩大它的内涵和外延进行输出。《教育面对面》的天然身份是媒体节目,属性身份是教育背景,而媒介功能中具有天然的教育功能。如何有效地利用这些属性和功能,就成为我们思考的重点。

四、《小喇叭》案例分析

(一)节目概况

《小喇叭》是中央人民广播电台中国之声1956年9月4日开播的少儿节目,也是我国大陆覆盖范围最广的少儿节目,每周一至周六20:00~20:30播出,主要有少儿故事、歌曲、广播剧,曾经连续播出过《西游记》《魔方大厦》等长篇故事和《神笔马良》《孔融让梨》等短篇故事,还曾播出大量经典儿歌。在2008年汶川地震发生后,特别播出《小喇叭特别节目——星空下的故事》抚慰灾区小朋友的心灵,产生了很好的社会效果。

(二)《小喇叭》的内容架构

《小喇叭》每天的节目结构有所变化,但总体而言主要包括片花、小问号、故事和儿歌四个部分,结构简单明快,知识性与文艺性兼而有之。课题组以2017年3月20日的节目为例进行分析,具体情况如表5–15。

---

① 张延红、黄缘缘.《教育面对面》品牌创建分析[J]. 中国广播微信公众号,2016.6.6.
② 葛文婕. 从《教育面对面》到粉丝团团,教育类广播节目可以怎样做中国广播. 中国广播,2016(5).

表 5–15　《小喇叭》2017 年 3 月 20 日节目分析表①

序号	单元	主要内容	类型	时长
1	栏目宣	栏目宣 + 音乐	音响	1′30″
2	小问号片花 1	9 个小问号	音响	1′40″
	博士爷爷回答	希望小朋友多读书，多思考长大以后也去研究	语言	1′50″
	小问号片花 2	4 个小问号	音响	0′30″
3	小问号	小朋友 1：小喇叭微信公众平台语音留言，为什么海豚会跳呢？ 博士爷爷：有关的海豚知识，游得更快、躲避危险	音响 语言	3′50″
		小朋友 2：小叮当邮箱提问，早上去幼儿园时，又能看到太阳又能看到月亮，这是为什么呢？ 博士爷爷：解答相关的天文知识	配乐 播讲	5′30″
4	抱抱熊 故事时间	小猪和月亮：在炎热的夏天，小猪想尽办法让自己凉快一些但都没有效果。后想象着冰一样的月亮静下来找到了凉爽	配音响 播讲	6′00″
5	结束	结束语 + 互动方式	语言	40″
6	儿歌	睡前儿歌	音乐	1′10″

（三）节目分析

近年来，少儿广播节目的市场日益被电视、网络、手机等媒体分割，听众大量流失，但《小喇叭》依然能够坚持下来并保持较高的收听率，说明以《小喇叭》为代表的少儿广播节目依然有其自身的优势。

1. 形象、生动的语言魅力

《小喇叭》节目根据少年儿童稚气未脱，对外面的世界充满好奇心、想象力丰富、语言能力尚未成熟的特点，在节目片花和主持人播音上力求形象生动，多使用具体的名词以引发小朋友的联想，如片花和节目中明晰的名词，花、猫、鸡、星星、鲨鱼、植物、企鹅、海豚、小猪、月亮、太阳、小灰驴等，这些具体可感的形象使节目变得生动有趣。

广播媒体声音符号的抽象性本身就给小朋友理解故事留出广阔的想象空间，能够激发他们探索新鲜、未知的世界，对生活保持持久的好奇和热情。在播讲的语速、节奏上缓慢、柔和，并有适当的重复和解释，以便于儿童的理解与模仿。在阐述理解难度较大的问题时，特别做出解释说，等小朋友长大就会懂了。这种处理方式有助于激发小朋友的求知欲和好奇心，满足其渴望成长的自我意识而不打击其自信。

2. 在内容上展现童真童趣

对于少儿节目而言，尽管主持人和团队成员努力接近儿童心理，但实际上依然会存在距离。这就需要在内容上注重真正的童真童趣，避免承载太多、太重的思想意识和说教。《小喇叭》节目是学校教育、家庭教育的补充，尽管没有明确的范围和目标，但在内容主题的策划上是有目的有计划的，诸如注重道德品质、人文修养、知识科技等内容，将正面引导放在首位，为少儿生产阳光、向上的精神食粮，将趣味性、知识性融为一体，符合儿童的审美要求等。本期《抱抱熊故事时间》中，郑晶姐姐讲的《小猪与月亮》，以小猪在炎炎夏日下追求凉爽的过程，来表明让自己的心静下来才会找到凉爽

---

① 该表由课题组根据阿基米德 2017 年 3 月 20 日《小喇叭》节目整理．

的感觉，节目力图避免说教的成分，让小猪在不断的尝试和犯错中自己体悟出来。

3. 品牌影响力

《小喇叭》是新中国儿童节目的拓荒者，从开播之初就精选中外优秀儿童故事、儿童歌曲、儿童音乐、人物故事、历史故事、科学知识等，许多作品影响了几代人，至今仍在流传。就目前的儿童广播节目来说，移动音频已经占领了整个市场的半壁江山，蜻蜓 FM 和喜马拉雅 FM 上就有上百个儿童故事栏目，影响比较大的有"凯叔讲故事""睡前故事"以及众多的"妈咪故事屋"等。但现在的 80 后父母、90 后父母都是在《小喇叭》的陪伴中长大的，对《小喇叭》有深厚的感情和信任，这为《小喇叭》凝聚新的听众打下了坚实的基础，利用好这一点适当增加亲子元素对节目的发展比较重要。

4. 打造美妙的听觉世界

《小喇叭》节目不讲究时效性，有相对自由、充裕的时间来打造精品，力求每一个音响、每一段音乐、每一句话都做到尽善尽美，栩栩如生地演绎故事里的每一个角色。在短短 30 分钟的节目中，播放 2 段充满童稚气息的片花、2 首精选儿歌，在博士爷爷回答小问号时配合轻柔的背景音乐，尤其是在郑晶姐姐讲《小猪与月亮》故事时，配以凸显夏天炎热的蝉鸣音响声，既烘托了炎热的气氛，也增强了节目的听感。《小喇叭》也注重节目传播渠道的拓展与可视化开发，线下活动经营等。

陪伴孩子入睡是少儿父母最常面对的任务，《小喇叭》在节目中注意培养少儿早睡早起的习惯，刻意打造入睡陪伴的概念，不仅播讲的语调平缓，在语言上也体现睡前的安抚、陪伴与引导，强化场景收听意识，使收听成为一种生活习惯。

第六节 广播对农服务类内容创新

一、广播对农服务类内容现状

（一）广播对农服务类内容的发展

我国早期的农村广播节目诞生于 1950 年代，当时并没有设立专门的对农广播，而是在中央人民广播电台第一套、第二套中播出涉农信息；70 年代末到 90 年代末期，对农广播节目发展趋于成熟；1978 年改革开放之后，城市和农村都发生了深刻的变化，城乡对接更为紧密。在这样的时代背景下，对农广播节目更加贴近农民生产、市场需求，注重经济信息、农产品加工技术和致富信息，但在随后的系列台改革中大都被取消了。2003 年，即使是国家级的"中国之声"，当时也只有一档以农村听众为特定传播对象的节目——《中国农村报道》。截至 2003 年年底，全国 1800 多个广播频率中，只有陕西、山东两省设立了农村频率。[①]

国家广电总局确定 2005 年确定为"农村服务年"，要求围绕建立健全农村广播影视公共服务体系，各地方广播电台在扩充原有农业节目的同时，有条件、有资源的地方开办专业的农村广播，对农频率和对农节目进入一个全新的发展期。截止到 2017 年

---

① 李欣. 类型化广播的中国发展道路 [M]. 北京：人民出版社，2005：161.

3月底,全国地市级及以上电台共有49套,单纯的农业频率41套,复合性农业频率8套;国家级农业频率1个,省级台16个,地市级台22个①。此外,农村听众收听率明显低于城市收听率。城市听众车上收听率更高,且在中老年群体中,城市听众也远高于农村听众群体,这说明二者之间在媒介接触和使用习惯上存在很大差异,见图5-6。

数据来源:CSM媒介研究
单位:%

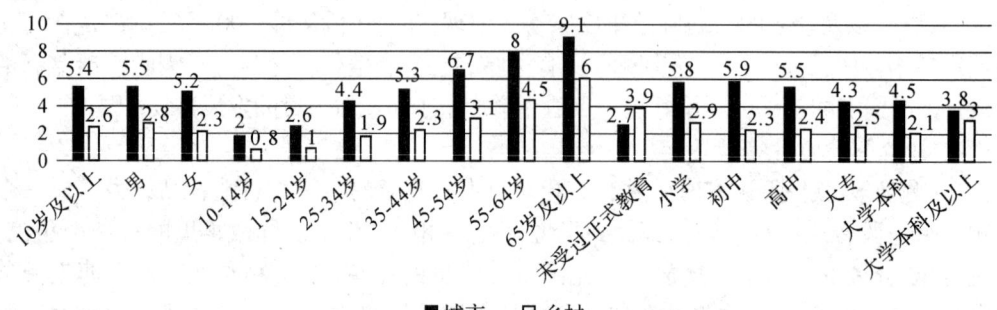

图5-6 城乡市场不同目标收听众收听率数据对比图②

2014年索福瑞的调查数据显示,新闻综合、文艺和农村类广播频率在乡村听众中的收听量明显高于在城市听众中的收听量。相反,交通、音乐和都市生活类广播频率在城市听众中的收听量大幅度高于在乡村听众中的收听量③。农民群体对农村类新闻资讯、交通类和音乐类节目的关注度还是比较大的,见图5-7。

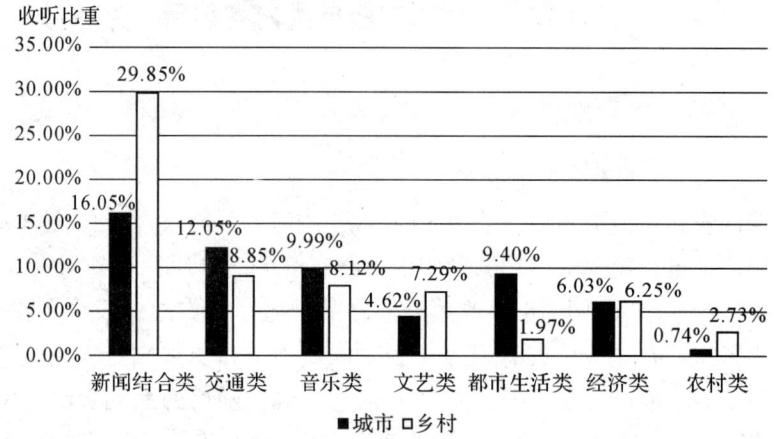

图5-7 城乡听众对不同频率类别的收听比重(10+,全天时段)图④

---

① 课题组根据国家新闻出版广电总局网站资料整理.
② 王钦. 于无声处听有声——2015年广播收听市场概况 [EB/OL]. 索福瑞媒介研究《收听研究》2016.1, http://www.csm.com.cn/Content/2016/12-01/1845502650.html, 2017.5.20.
③ 王钦. 于无声处听有声——2015年广播收听市场概况 [EB/OL]. 索福瑞媒介研究《收听研究》2016.1, http://www.csm.com.cn/Content/2016/12-01/1845502650.html, 2017.5.20.
④ 王钦. 于无声处听有声——2015年广播收听市场概况 [EB/OL]. 索福瑞媒介研究《收听研究》2016.1, http://www.csm.com.cn/Content/2016/12-01/1845502650.html, 2017.5.20.

从辽宁、江苏、安徽、福建四个省份的收听份额来看,乡村的居家收听占有较大比重,均超过70%,尤其是在辽宁地区,居家收听高达90.8%。[1]

(二)广播对农频率、对农节目增多

2005年以后,专业化农村广播频率陆续建立,对农广播节目向农村频率集中,出现专业化态势。2005年7月安徽农村广播开播,设有《农民服务台》《法制时空》《致富金路》《农家养殖场》《空中医院》《农家生活》《乡音传情》《空中大戏台》《田园故事会》等栏目,涵盖农业生产、农村生活的多个方面,社会影响持续稳步上升。赛立信媒介研究的数据显示,安徽农村广播在农村地区收听率排名长期稳居第一。其中《法制时空》以讲故事的方式普及法律知识,可听性强。大板块直播节目《农民服务台》每天中午11:30~13:00播出,设有"信息搜索"《市场导航》《致富金点子》《信息供求热线》《专家热线等》小单元,主要汇聚农产品资讯、农机交易与租赁、种苗供需、农业科技、劳动力转移、农村新政解读以及农村电商。

2005年江西电台以综合化的服务节目为主,更多的注入时尚元素、现代元素,注重"绿色、科技、人文",也关注美丽乡村,健康消费、安全生产等内容,开设《法制进行时》。同一年开播的还有河南农村广播,重点打造名牌栏目,如《信息广场》《专家咨询热线》《绿色生乡》《1074创富人物志》等。办好线上节目之外注重整合资源。2007年创办的吉林乡村广播注重覆盖,部分节目在吉林55个频率同步播出,关注农业信息、科技推广、致富经验,如《12316新农村热线》《12582移动信息村》《乡村保健站》等。2012年第一套全国性对农广播频率——中央人民广播电台中国乡村之声开播,除了自办《三农信息》《致富天地》等栏目外,注重与省市级广播电台的合作。

2013年元旦天津电台在农村广播联盟的基础上创办了农村广播,也是直辖市发展对农广播的新尝试,开办有《城乡大流通》《玩转农家乐》《生活百事通》等栏目。在没有开办农村专业化频率的省级电台,新闻频率一般设有农村节目,其中影响比较大的有江苏新闻综合频率的《新鲜农村》、新疆综合频率的《金土地》等。

目前我国省级电台开办的农村频率及主要对农节目均有所增多,具体情况如表5-16所示:

表5-16 我国省级电台农村广播频率及主要节目统计表[2]

所属电台	所属频率	开播时间	主要栏目
陕西电台	农村广播	2003.3	三农热线、乡村淘宝、致富大赢家
山东电台	乡村频道·绿色之声	2003.10	淘淘农资、美丽乡村游

---

[1] 封翔. 辽苏皖闽 城乡听众收听分析 [J]. 索福瑞媒介研究《收听研究》, 2013 (3), [EB/OL]. http://www.csm.com.cn/data/editor/pdf/5247c66fa8536.pdf.
[2] 该表由课题组根据电台网站、喜马拉雅FM、蜻蜓FM节目单综合绘制.

(续表)

所属电台	所属频率	开播时间	主要栏目
安徽电台	农村广播	2005.7	农民服务台、致富金路、法制时空
江西电台	985绿色之声	2005.7	老表有话说、法制进行时
河南电台	1074农村广播	2005.10	专家咨询热线、创富人物志
湖南电台	乡村之声	2005.12	致富金桥、老乡客栈
山西电台	农村广播·金色频率	2006.8	有事您说话、帮您找工作
河北电台	农民广播	2006.8	农博士在线
辽宁电台	乡村广播	2006.10	致富大篷车、金农欢乐购
甘肃电台	农村广播·乡村之音	2007.1	三农热线、致富直通车、健康有故事
吉林电台	乡村广播	2007.1	12316新农村热线、12582移动信息村、绿优优特惠商號
黑龙江电台	乡村广播	2007.10	农村天地、信息大市场
内蒙古电台	农村牧区广播	2008.3	致富阳光路、塞外田野
湖北电台	农村广播	2011.8	田园交响、农门新鲜送、三农热线
中央电台	乡村之声	2012.8	三农信息、致富天地、农民之友
天津电台	农村广播	2013.1	城乡大流通、玩转农家乐

二、广播对农服务类内容特点

（一）立足于城乡一体化发展

纵观长期以来对农服务类节目的发展，尽管形式上没有多少突破，但内容一直与社会的发展共振，其范围不断在延展、注入时尚元素。特别是2005年以来的对农服务类内容注重城乡一体化进程中的新现象、新问题、新风貌，在节目设置上既有一定数量服务于传统农村的节目，如农业科技、农村生活，同时也积极探索城市视角与农村视角的融合，关注新型城镇化建设中的问题，如土地政策、土地流转、农村金融等。江西电台985绿色之声旨在于服务城乡一体化，湖北电台农村之声在建台之初明确提出将"行走城乡，同人发展"作为自己的职责，特别是天津电台农村广播的创办，更加注重城乡之间的信息沟通，从农村发展的新气象、未来趋势与城市需求等方面寻求突破，创办的《玩转农家乐》《城乡零距离》《区县直通车》等栏目津贴天津周边农村的发展现状、未来趋势，满足城乡发展需求，在城市、农村都有较高的收听率。

随着电子商务的快速发展，农村的生活方式、生产模式、经营模式也发生了变化，特别是距离城市较近的郊区以及具有特色农产品资源的地区，越来越多的农民开始尝试电商，这也成为对农服务节目的新领域。在一些农业大省，如吉林、黑龙江、河南、山东、安徽，对农广播节目也开办了《绿优优特惠商号》[①]《金农欢乐购》《绿色生乡》

---

① 见吉林广播网乡村广播．[EB/OL]．http：//fm976.jlradio.cn/，2017.6.7．

等栏目，传递优质农产品的信息以及市场行情、电商信息。注重本地特色农产品信息，并将健康理念贯彻到农产品信息传播中。

（二）积极开展线下公益活动

农业生产因为周期长、受自然因素影响大，也存在农产品储存难、信息滞后等原因，往往风险较大，容易造成种植养殖受灾、农产品滞销等情况。广播电台密切关注农业生产中的问题，并借助自己的影响力开展各种对农公益活动。2009年广西大部分地区发生严重的干旱灾害，农业生产和农民生活受到了严重影响，广西电台音乐广播对灾情进行持续报道的同时发起了为灾区送水与建水柜义卖活动。对于滞销农产品寻找销路，制作特别节目。2015年12月珠江经济台针对连山县滞销生姜问题，播出长达15小时的节目，在节目里详细介绍连山县生姜生产情况、滞销原因以及希望得到怎样的帮助，收到了很好的社会效果。类似的情况还很多，且不局限于对农广播频率。

电台围绕日常节目开展线下公益活动搭建各方对话的平台，注重长效机制，特别是根据季节变化开展的农家乐休闲旅游活动、农业采摘活动。此外，对节目中的专家、嘉宾以及先进人物，举办各种形式的见面会、恳谈会、茶话会等，以促进与听众的交流、内部的交流。对农服务类内容的社会整合能力有所增强。

（三）构建新农村文化

在节目中弘扬尊老爱幼、重视家庭、父亲恩爱、妯娌和睦、邻里团结、勤劳踏实、遵纪守法的社会美德，倡导整洁美丽、健康环保的生活方式。如福建人民广播电台的《现代农村》《城乡新景观》中报道农村新气象，通过鲜活、真实的生活故事来感染听众。尤其在一些情感谈话节目、法制节目中，尤其重视传播正确的价值观、人生观。推进农村普法教育也是农村文化建设的一个重要方面，电台开办的法制节目深受听众欢迎，如中国乡村之声的《举案说法》等节目。

（四）加强城乡沟通

无论是国家电台还是地方电台的农村广播在近几年的实践中都有所创新和发展，节目样态更为丰富、更贴近"三农"，但由于广播媒体经营创收的压力、节目制作成本、宣传任务等影响，对农广播节目往往被改版、调整时间段或者被搁置，逐渐被边缘化。

此外从业人员与农业农村的疏离、脱节也成为阻碍对农节目发展的因素之一。农村人口的大规模流动也给对农广播带来了新的挑战，村地区年轻力强的农民大多外出打工，农业生产渐成为农村经济中无足轻重的一部分，留守的多是老人、孩子和妇女。相对比较发达的农村地区则是乡镇企业、民营企业发达，劳动力已经从传统农业转移到工业和服务业领域，成为新一代农民，他们不同于传统意义上的农民也不同于市民群体，如何满足他们的需求是对农广播今后需要思考的问题。

三、天津农村广播案例分析

（一）发展概况

作为直辖市、国家中心城市、环渤海地区中心城市、改革开放先行城市、中国六大超级城市之一的天津，创造了中国近代 100 个第一，在铁路、邮政、教育、科技、文化、贸易等领域处于领先地位。与这些成就相比，其农村辖区面积少、农业产值低、农村经济落后。在这样的环境下，天津人民广播电台对农广播反而取得了卓越的成就。

天津人民广播电台 2006 年 12 月联合 11 个区县电台组建统一呼号、统一节目、统一播出时间的区县广播联盟，每天 18 个小时节目中除 3 个小时为区县电台自制之外，15 个小时的节目由广播联盟共同制作。2013 年元旦，天津人民广播电台在区县广播联盟的基础上创办专门的农村广播频率，成为全国首个直辖市的农村广播。延续了区县广播联盟时期的名牌栏目，如《乡村大舞台》《科技大篷车》等，还根据形势需要开播新的节目，如《城乡大流通》《微播885·生活百事通》《玩转农家乐》等节目。

（二）"农民"听众定位的拓展

近年来，津郊农村居民非农化趋势日趋显现。亦工、亦农、亦商型农户迅速增多，农村人口进入中、小城镇生活的新城镇居民人数迅速增多，在郊区星罗棋布的卫星城镇购房的市民迅速增多，外省市来天津务工经商的流动人口迅速增多。[①] 天津农村广播根据这一情况，将听众定位从原来传统意义上的农民，扩大到以农民、区县城镇居民和外来人口及希望了解农村发展的人士为主要目标人群。明确将"农村走向城市的桥梁，城市了解农村的窗口"作为频率的发展目标与职责，立足于城乡互动发展。开设《城乡大流通》《玩转农家乐》《都市外乡人》等栏目。《玩转农家乐》是根据城乡生活方式由生产迈入休闲消费阶段的情况，采用线上节目与线下旅游、采摘、餐饮等活动相结合的办法，与天津市及周边区县特色农业、牧业、渔业及乡村游资源展开合作，深耕节目内容提高节目的精准到达，有助于当地农业，特别是健康特色农业发展开拓更多的途径，也为丰富市民生活，增进城乡沟通、交流提供了平台，顺应并引当下农业发展的新方向、新趋势。《都市外乡人》是一档晚间谈话节目，主要为外地打工者提供心理引导、情绪疏导以及心灵安抚、子女教育等信息，以满足打工者漂泊异乡的心理需要。

增加时尚元素是天津农村广播吸引年轻听众的一大法宝。如《微播885·生活百事通》根据现代农村生活中的新问题，如新居装修、互联网使用、数码产品购买与维修、网上购物等提供相应的信息。根据城市生活的新动向开设《阳台小菜园》《一村一品》等小栏目，根据实际需要切换兴奋点，最大限度地吸引听众注意力。

---

① 刘艾娜、任静. 对农广播如何适应城镇化进程中听众的新需求［J］. 中国广播电视学刊，2015（3）.

(三) 对农广播注重办实事

服务的核心目标在于解决实际问题。而复杂问题的解决需要整合多方资源。天津农村广播与天津市及各区县的农业局、科技局、林业局、法院、医院等合作。同时也注重与其他媒体的合作，截止到目前已经和全国16家省级电台、20余家地市级电台的农村广播建立合作机制，并参与组建《中国农村广播联盟》。

开办有《科技大篷车》《快乐健康行》《科普大讲堂》《普法大讲堂》等贴近性强的节目，内容丰富。中共天津市委农工委、天津市农委联合天津电台农村广播共同打造的农业服务类节目《三农办事处》，邀请天津市农业主管部门相关领导走进直播间，采取"现场办公"的方式，通过节目平台第一时间服务本市的"三农"工作。在节目首播时就有听众打电话咨询问题，当时正值春节临近，听众咨询了农产品质量追溯和产品质量保障，以及休闲农业的景区建设分布、政策扶持等问题并得到了回答，真正搭建起农口领导和听众"零距离"交流的平台。针对听众提出的问题，农委领导进行了详细解答，获得了听众的好评。① 基于广泛的社会影响，该节目升级为全年无休。

《晓飞帮你办》是一档科技帮扶节目，"如果您遇到解决不了的技术难题，那么您千万别急。只要拨打热线电话，晓飞就会带着科技专家到田间地头为您解决这些问题"开播以来实实在在地为农民解决技术问题，效果显著。在节目开播不久，天津一位姓刘的养猪大户就打电话求助，说他养殖的多头猪有一半在发高烧，已经死了5头，用药也不管用，节目编辑立刻联系了天津农学院养猪专家王学玲教授。王教授通过热线电话指导他用药，在之后的十几天中还多次打电话询问直到完全控制住病情。事后，该养猪户在写给节目主持人的感谢信中说："这个节目真是我们农民的好帮手，现在我和我周围的养殖户每天都收听。"②

(四) 创新节目生产机制

天津农村广播以评优活动带动常态节目、以业务培训带动编播人员素质提高，称为"双带"活动，以创新节目生产机制③。以开放的姿态办广播，既注重新闻性节目，也重视服务性节目，实现"节目与活动并重、节目与创优挂钩、节目与产业相连"。

四、《惠农热线》案例分析

(一) 服务农民、农村、农业

1. 节目概况

《惠农热线》是黑龙江乡村广播的一档日播节目，每天早上7:00~8:00时段播出农业科技、政策发布与解读、供求信息、农业行情、农技资讯、求职招工等各方面的信息服务。由黑龙江省委农村工作办公室、黑龙江省农业委员会、黑龙江人民广播

---

① 李灏桢.天津农村广播的现状调查及发展策略研究 [J].陕西师范大学硕士学位论文，2014：29.
② 李灏桢.天津农村广播的现状调查及发展策略研究 [J].陕西师范大学硕士学位论文，2014.29.
③ 参见樊国安.天津农村广播1月1日正式开播 创新服务"三农"的"天津模式" [J].中国新闻出版报，2013.1.29：008.

电台联合主办。2012年6月21日开播。

2. 《惠农热线》的内容架构

《惠农热线》节目的主体部分为《期货市场》《945收听导航》《供求热线》三个大单元，此外还有导听、气象、路况、广告等，就《供求热线》而言，互动方式主要以微信留言、主持人播讲为主，传统意义上的电话热线已经退居次要地位了。课题组选择2017年5月19日的《惠农热线》节目为例进行分析，具体情况如表5-17：

表5-17 2017年5月19日《惠农热线》节目内容架构表①

序号	单元	主要内容	形式	时长
1	广告	频率宣+广告	音响	2'00"
2	导听	互动方式、专家介绍，微信公众号互动方式	直播	1'00"
3	天气气象	气温升高，风力加大	直播	1'30"
4	广告	广告	音响	1'00"
5	期货市场	大豆、玉米、棉花、红小豆、芸豆、绿豆、花生行情	连线	11'30"
6	945收听导航	栏目宣传+哈尔滨家庭医生签约+乡村书场+惠农热线微信公众号	播讲	2'00"
7	广告	主题宣传+商业广告+栏目片花+互动方式	音响	4'00"
8	供求热线	18条出售信息：农机、林地鱼池土地、果树、稻苗、劳动力、农用车、太阳能灯、农场房产、空油桶、粮食、农产品加工设备等 2条求购信息：蒲公英、大栗子种子及农用车	热线 播讲	3'30"
9	广告	主题宣传+电台主播来了广告+房产广告	音响	3'00"
10	供求热线	6条出售信息：返青肥与插秧、树苗、粮食、稻苗、农机等。 2条需求信息：玉米增产技术、剪羊毛技术 1条科普知识：如何判断非转基因品种玉米	播讲	3'30"
11	活动消息	龙广主播来了 养老护理培训班	播讲	5'00"

3. 《惠农热线》节目分析

（1）立足于农业农村，为农民服务

《惠农热线》主要包括天气气象、期货市场、供求热线等单元，从内容来看是一档对象性很强的节目，主要为农民生产、生活服务。《期货市场》通过对近期期货行情的变化分析判断当前及未来农产品价格变化趋势，从宏观层面给农民种植提供指导。在《供求热线》单元中，则以大量具体的供求信息帮助农民解决生产、生活中遇到的农产品、农机、农业技术、劳动力等实际问题，信息量大，本期节目发布29条听众信息。实现宏观与微观的结合。

节目的互动性强，通过热线电话及微信公众平台与听众联系，特别是微信公众平

---

① 课题组根据2017年5月19日节目收听记录资料整理.

台的使用，有助于突破节目的时间限制，为用户发布信息、查看信息提供方面。节目中主持人多次发布互动方式提醒，有助于听众的参与。从实际来看，微信公众平台最为活跃。"收听导航"栏目提供更多的节目信息，便于导流听众。

（2）节目听觉元素丰富

《惠农热线》时长达1个小时，主持人播讲的内容较多。主持人温和、甜美的主持风格，增强了节目的亲和力，特别是对大量供求信息的播讲，对内容处理简明扼要，对联系方式给予适当的重复，同时提醒听众搜索、查询信息的方式，既保证了信息量又确保了信息的有效性。《惠农热线》是一档直播节目，注重直播的及时快速反应，插播的栏目片花和广告、宣传片中使用了大量音乐、音响和娱乐性元素，增加了节目听感的丰富性。但整个节目在单元分割上还存在问题，在"供求热线"这一主体部分插播广告有割裂节目的嫌疑。

（二）对农广播创新运营的实践

1. 《新鲜农村》的发展概况

江苏新闻综合广播的《新鲜农村》节目的前身是1953年创办的《对农村广播》，截止到目前创办时间已经超过60年。长期以来，节目致力于关注"三农"、服务"三农"，曾经在江苏广播的发展史上有过辉煌的业绩。但在新的时期，作为一档以服务三农为主的节目，一度遭遇了被"边缘化"的命运。收听率长期低迷，经济创收疲弱，在很长的一段时间内，只是被"政策性"保留了下来。① 从2008年《新鲜农村》改版，开设《空中农展会》（展示和销售优质农产品）、《土地经纪人》（空中土地流转平台，深受大户和家庭农场主欢迎）、《跟着申琪下乡去》（带市民每周一次玩转农家乐）、《周末同乡会》（城乡交友相亲栏目），均受到城乡听众的极大欢迎。②

2. 听众从传统农民到涉农群体

《新鲜农村》根据变化了的农业生产和农村社会，将节目受众定位从传统的农民扩展为涉农领域的生产群体、流通群体和消费群体。这一转向既契合了现状又扩展了听众基础，带来节目理念的变化。央视—索福瑞的调查数据表明，《新鲜农村》的城市居民听众已经超过50%，许多白领、知识分子、家庭主妇和退休职工成为节目的忠实听众；而在农村听众的构成中，农业大户、合作社负责人、三农企业主的人数大幅度增加。③

3. 搭建城乡全面服务的桥梁

《新鲜农村》的主要内容以展示美丽乡村、解读三农政策、服务农民生活为主题，包括乡村的优美风光、绿色优质的农产品、城乡创业致富商机、市场供求信息等。近年来开设的子栏目有《魅力农产》《美味江苏》《劳务合作社》《劳务大集》等，均是

---

① 张永刚. 新形势下如何做好对农广播节目——以江苏电台《新鲜农村》节目为例 [J]. 新闻窗，2015 (5).

② 张永刚. 新形势下如何做好对农广播节目——以江苏电台《新鲜农村》节目为例 [J]. 新闻窗，2015 (5).

③ 蒋宁. 对农广播的城市化经营 [J]. 新闻战线，2014 (5).

迎合"城市化经营"的需求，从过去关注农业产业链中的农产品生产环节，转变为关注农业产业链中的农产品消费环节，把触角伸向城市。其中子栏目《信息发布会》就是一个全天候的农产品信息发布平台，听众不仅能在节目中发布买卖信息，还可以通过短信平台、QQ群进行24小时不间断发布。现在，每年通过《新鲜农村》平台销售的各类大宗农产品交易额都在亿元以上。在《新鲜农村》策划的"江苏农村老板"QQ群、"新鲜农村城乡互助联盟"等平台上，每天发生的各类农产品交易额都在百万元以上。

《新鲜农村》跨越地区和各种汽车俱乐部、车友会合作，组织采摘、钓鱼、品吃等乡村体验活动，深耕乡村休闲旅游。以《劳务大集》为平台，在节目中提供劳务供求信息，并由电台出资注册专业的劳务服务机构，与各地劳务市场上的正规职介合作，帮助他们招聘紧缺工种。①

4. 借助新媒体建立数据库

《新鲜农村》节目登记整理了开播以来所有参与节目热线的听众的数据，还通过超级QQ群、BBS、手机短信、微信、微博进行收听者数据库的建立。目前节目已经拥有超过25万人的"听众数据库"②。听众数据库的建立为用户分析、节目优化提供了真实可靠的依据。

第七节 广播健康养生类内容创新

一、广播健康养生类内容现状

（一）净化频率传播环境

部分电台的健康养生类内容过度追求经济利益走向扭曲的坐堂卖药甚至虚假、低俗内容，一度成为投诉、监管的对象。据第72届全国电台经济信息交流会统计，"医疗广告"平均占到电台广告总收入的50%~70%，个别电台甚至达到了96.7%③，这严重损害了电台的公信力。当时"广播媒体的影响力和公信力极低，电台成了很多人口中的笑柄，被称为'卖药台''江湖医生台'，可以说不良医生、保健品专题广告拖垮了这个队伍、击倒了广播这块招牌"。④ 广西人民广播电台自2009年开始历时4年，彻底整治不良广告，置之死地而后生，进行"绿色频率"建设，清除全部医疗药品、保健品专题广告，是全国首家省级电台全面拒绝医疗药品、保健品专题广告的单位。曾先后有20多家电台到广西电台参观学习。"绿色频率"改革在全国范围内逐渐铺开。

后续专项整顿治理带动全国电台的改革，健康养生类内容得到净化，走上健康发展的道路。2013年4月22日，中国国家工商总局、中央宣传部、国务院新闻办、工业

---

① 蒋宁. 对农广播的城市化经营 [J]. 新闻战线，2014 (2).
② 蒋宁. 对农广播的城市化经营 [J]. 新闻战线，2014 (2).
③ 潘兵、翟志玲、袁新萍. 广播医疗广告还能走多远 [J]. 青年记者，2006 (9).
④ 孟伟. 移动互联时代的中国广播影响力——广西电台广播现象研究 [M]. 中国广播影视出版社. 2014：334.

和信息化部、国家卫生和计生委、新闻出版广电总局、国家食品药品监管总局、国家中医药局等八部委召开会议决定联合整治虚假违法医药广告。2015年9月1日起正式实施的新修订的《中华人民共和国广告法》对医疗、药品、医疗器械广告进行规范，并规定医疗、药品、医疗器械之外的其他广告不得涉及疾病治疗功能，不得使用医疗用语或者易使推销的商品与药品、医疗器械相混淆的用语，将医疗药品、保健品广告纳入到法律的层面，进一步强化整顿力度。2016年8月国家新闻出版广电总局颁布了《关于进一步加强医疗养生类节目和医药广告播出管理的通知》①，将医疗养生节目纳入规范治理范围。

新广告法和156号文件实施以来，全国多数广播媒体取缔大量违规节目和广告，节目环境得到净化，也为规范、优质的科学健康养生节目提供了良性发展空间。

（二）健康养生类节目范围

广义上的健康广播是指广播传播内容中与生活、健康相关的信息和服务，旨在传播健康信息、提供健康相关服务为宗旨的服务性节目。范围涵盖公共卫生政策、公共卫生新闻、公共健康环境、突破性医学科研课题、医学人物、心理学发现等相关的新闻资讯；广播体操节目、舞曲节目等与健身运动相关的节目。狭义的健康广播主要涉及生命健康的内容，如疾病、保健、诊疗、养生等。② 这部分内容是最能体现健康类节目的服务功能。本章将健康养生类节目归为服务大类别中，就是侧重于这类节目呈现出的促进民生健康的服务功能。

健康养生类节目主要分为公共卫生事件类，如流行性疾病和突发事件中伤病的预防和救治；养生保健类，如中医知识、饮食起居、锻炼保养等；诊疗服务类，如具体的导医问药、诊断咨询等。在形式上主要有讲座、谈话、资讯等类型。

（三）健康养生类内容发展

新中国建立之后由于当时的基本卫生条件较差、缺医少药，而流行性疾病、瘟疫鼠疫等疫情频发，再加上饥荒灾荒不断，人民健康受到很大威胁。国家极为重视卫生工作，开办医药卫生节目。1981年以来计划生育定为基本国策，各级电台陆续增加计划生育和优生优育知识，如《人口与优生》《青春期卫生》等讲座节目。1990年代以来中央人民广播电台和省、市级电台自办的健康节目凸显出一定的影响力。如中央人民广播电台的《医药咨询台》、北京电台的《健康加油站》和《百姓健康大讲堂》、山东电台的《保健麦克风》、广东电台的《健康之声》等。1996年全国电台医药卫生保健节目经验交流会召开，并建立起"全国健康广播网"。③

1995年山西健康广播成立，这是我国首家健康频率。22年来，以健康单独命名的

---

① 新广电发〔2016〕156号.（一）医疗养生类节目只能由电台电视台策划制作，不得由社会公司制作.（二）严格医疗养生类节目备案管理.（三）医疗养生类节目聘请医学、营养等专家作为嘉宾的，该嘉宾必须具备国家认定的相应执业资质和相应专业副高以上职称，并在节目中据实提示.（四）严禁医疗养生类节目以介绍医疗、健康、养生知识等形式直接或间接发布广告、推销商品和服务.

② 常昕. 中国健康广播研究［M］. 北京：知识产权出版社，2016：3-4.

③ 江西人民广播电台. 全国电台医药卫生保健节目经验交流会在庐山召开. 声屏世界.1996（11）.

省级频率仅增加了江苏健康之声、黑龙江健康广播2家,还有1家综合性健康广播——吉林健康娱乐广播,健康养生类内容更多的是分散在其他频率中。一家电台的多个频率或一个频率多个时段开设健康养生类节目成为普遍现象。天津电台的新闻、经济、相声、生活、农村、小说广播各频率的健康养生节目均超过1个小时,长的超过4个小时。吉林电台经济广播的《健康广场》长达7个小时。中央台的"老年之声"设有《半点养生坊》《健康大讲堂》《1053健康之家》三个栏目,对象性强。

2008年以来,国家启动应急广播体系建设,注重紧急卫生救助和日常预防,公共健康类内容逐渐增多,形式更加丰富。

(四)健康养生类内容发展空间

当前居民可支配收入增幅明显,追求更加健康长寿的生活成为一种共识,获取健康养生信息的愿望空前高涨。物质生活丰富之后,大众对健康知识的需求也越来越高,全国各级广电媒体播出的健康类节目近千个[①],刮起一股全民养生风。清华大学媒体调查研究室对北京、辽宁、上海、湖北、广东、四川、陕西等8省市居民健康信息需求的调查也显示,公众对饮食、运动等健康生活方式信息的关注度最高,表示"非常需要"和"比较需要"的人群高达88.5%。[②]

目前我国的医疗体系与医保体系处于改革探索中,还不能满足人们多方面的需求。老龄化社会的到来进一步加剧了这一问题,截止到2015年年底,我国60周岁及以上的人口已经占到总人口的16.15%,但人均国民生产总值仅为4000美元,未富先老的情况加剧了养老问题。同时,越来越多的农村青壮年劳动力涌入城市,留下老人和孩子留守在医疗基础薄弱的农村而无人照顾。从媒体上报道出来的未成年人及老年人自杀的信息可知,这个群体的身心健康状况令人担忧。近年来,医疗资源分布不均、医患关系紧张等问题也十分突出。这些现状,对于广播媒体而言,实际上带来很大的成长空间。

二、广播健康养生类节目特点

(一)注重应急救助与日常预防结合

2003年非典期间,中央人民广播电台中国之声设置《农村防治"非典"特别报道》专题和《众志成城防"非典"》专栏,讲解防治"非典"知识、报道全国防控"非典"的最新动态和经验,经济之声在《空中医院》栏目以知识讲座、医疗快讯、热线直播等形式,宣传防治"非典"知识。2008年年初的南方冰雪灾害中,中国之声推出了全天不间断直播节目《爱心守望 风雪通行》的节目,湖南电台也立即启动应急广播《抗击冰冻 温暖三湘》,与政府应急办联合开办全天候的空中热线,提供抗击冰冻灾害的知识并提供心理疏导和情绪安抚。2008年5月12日四川汶川发生特大地震,中央人民广播电台迅速启动"汶川紧急救援"特别节目,除了报道灾情和救灾之外还专门设立《医疗救助》和《卫生防疫》两个单元,邀请消防和医疗专家、心理专家为

---

① 宓素琼. 浅析健康类节目传播要素[J]. 新闻窗, 2014 (6).
② 同上.

震区人民提供专业、及时的救助和自救信息和心理重建的援助。

此后推进统一联动的国家应急广播体系建设普遍将各地覆盖范围广、影响力高的交通广播或新闻综合广播纳入应急广播体系，平时节目中即要求注重突发事件或灾害事件的预防及应对、救助措施的传播，如发生火灾、地震、车祸时如何逃生、救助他人与自救等。

2012年6月12日开播的中国交通广播，按"平时服务、突发应急"的原则建设，在日常节目中提供大量突发应急常识，如发生爆炸后如何自救、被困废墟如何脱险、冬季滑雪如何注意安全、如何给伤口止血，以及烧伤烫伤、噎食窒息、家中发生火灾时如何正确处理等。值得注意的是这些健康知识的介绍不是简单的直接播讲，而是融入最新的突发事件、公共卫生事件或气候、天气变化的报道中，增强了健康信息的感染力和黏性，能够有效提高传播力。

无论在应急状态还是平时，广播都发挥着中枢神经的作用，发挥伴随性、便捷性和即时性的优势，传播并普及健康救助知识。

(二) 导医问诊节目专业属性高

导医问诊节目是提供就诊信息、病情资讯、诊疗服务的节目类型，通常是由主持人串联、医药专家讲解、听众热线参与的节目形态，具有鲜明的对象性、专业性和互动性。随着网络的发展，尽管互动方式有所改变、预告性增强了，但整体节目架构并没有多少改变。如上海东方广播电台的《名医坐堂》由当地医疗专家和电台主持人轮流主持，在直播中通过热线解答听众的问题，普及卫生保健知识，并举办线下义诊咨询活动，节目的专业性、实用性、公益性强，内容与具体的疾病密切相关，被誉为空中医院。此外，还有江苏电台的《阿松导医台》、山西电台的《寻医问药》、北京电台的《健康加油站》、陕西电台的《有医说一》等。

科学、权威、丰富的内容才能满足听众需求，因此对嘉宾的选择至关重要，以广东南方生活广播的《名医面对面》2017年2月一周节目安排为例，如表5-17所示。同样是春节后的保健专题，但内容尽可能丰富多样。导医问诊节目需要丰富、可信、可靠的医疗资源，这也是促使广播电台与卫生管理机构、医院合作的动因，也是节目建构品牌的重要途径。一旦与具体的利益挂钩，可能会损害其公信力，见表5-18。

表5-18　《名医面对面》2017年春节后第一周专题节目安排表①

日期	主题	嘉宾身份
2.13	节后保健专题：节假日大鱼大肉，血脂升高怎么破？	广州中医药大学第一附属医院心血管科主任教授
2.14	节后保健专题：一节胖三斤，节后如何调节？	广东省第二中医院内分泌科副主任医师
2.15	视力保健专题：关注进士激光治疗相关问题	中山大学中山眼科中心进士激光刻副教授
2.16	胃肠保健专题：医院喊你去捐粪，专家告诉你捐粪如何助人	中山大学附属第六医院消化内科副教授
2.17	口腔保健专题：识别口腔癌的早期信号	中山大学孙逸仙纪念医院口腔科副教授

① 该表由课题组根据广东南方生活广播网站内容绘制．

(三) 养生保健类内容富有传播的潜力

近些年刮起来的国学热，带来了一股养生热，电视、报纸、网络及图书杂志等媒体，养生保健类内容都有着较大比例和受众。无论是省级上星频道还是省市级地面频道，健康及电视导购节目在全天的播出时长比例都接近12%。[①]

养生保健节目注重中医、营养、保健、食疗、运动等内容，基本采取主持人串场、嘉宾讲解的方式，一般没有热线，时长大多为30分钟。影响比较大的有中央人民广播电台的《养生大讲堂》、南京电台的《养生坊》、北京电台的《百姓健康大讲堂》、广东南方生活广播的《健康365》、天津农村广播的《健康快乐多》、湖北生活广播的《健康快车道》等。此类节目无论是收听率还是市场占有率都曾创下奇迹。在中小城市的电台也有较好表现，从2014年11月到2015年3月，丽水广播《文馨说养生》的收听率从2.11%升至3.35%，市场份额由29.8%升至33.2%。[②]

养生保健类节目注重节目编排与策划，既介绍传统中医养生知识，也注重具体实用的养生方法，具有深厚的群众基础，尤其受到中老年人的喜欢。然而在实践中，基于利益追求，过去部分电台、药商、医院联合制作带有鲜明广告倾向性，甚至由药商、院方独立制作节目，从而丧失了节目的独立性，甚至成为虚假宣传的重灾区，目前电台此类节目已杜绝。但是"黑广播"目前在个别地区仍比较猖獗，提供虚假的医疗药品保健品信息，蛊惑力强，导致很多中老年人上当受骗。"音频媒体打假"需要长期进行。

(四) 老年听众是重要的服务对象

我国已经处于老龄化快速发展时期，老年人口数量逐渐增多，截止2016年年底，60岁以上的老年人已经超过2.3亿，占总人口的16.7%，这一比例还将继续升高。慢性病负担重，而老年医疗资源相对紧缺，再加上社会流动带来的空巢问题，老年人的身心健康成为备受关注的问题。

老年听众是健康养生保健类节目的重要服务对象。中央人民广播电台的老年之声、河南电台乐龄广播等专门的老年广播频率成立。此外，除了常规的健康养生节目之外，还有大量专门的老年节目，如《蔚蓝晨曲》《关爱夕阳》《晚霞》《夕阳红茶馆》《桑榆情》《老年之友》等。

三、"健康之声"案例分析

(一) 发展概况

山西电台"健康之声"频率开办于1995年6月，是国内首家，也是现存连续开播时间最长的"医疗卫生专业频率"，培育了《寻医问药》(上午版、晚间版)《专家门诊》《中医百草园》《健康宝贝》等健康养生服务类品牌栏目，持续巩固老年听众群的

[①] 吴凡. 新广告法实施四个月：违规养生节目骤减 公益广告增多 [J]. 中国新闻出版广电报, 2016.1.27: 007.

[②] 曾彤. 新媒体语境下的广播养生节目 [J]. 试听纵横, 2015 (4).

基础上吸引年轻群体。2016年全年市场收听份额排名前三，全年居家收听率位居全省所有广播频率的第一。节目表如表5-19所示。

表5-19　2017年山西健康之声节目及健康养生类内容表①

栏目名称	主要内容	单元
健康雷达网（早）	健康资讯、民生话题	今天早知道、健康快讯、健康小窍门、三晋名医
寻医问药（上午版）	专家出诊情况、用药指导	
专家门诊（周日为健康达人的幸福生活）	专家坐诊、空中诊疗	
健康宝贝	育儿知识、幼儿健康	儿科保健、营养配方、健康父母、育儿经、潜能开发、走进孩子心里
家健康（新增节目）	家居环保	
寻医问药（下午版）	专家出诊情况、用药指导	
吃出健康来	饮食营养搭配	营养课堂、食疗养生、厨艺大比拼
中医百草园	中医养生良方	
决战到底（心灵之约，新增节目）	健康益智	
悄悄话	夫妻情感故事、健康	

从节目表来看，陕西健康之声秉持"时尚生活，成就健康"的"大健康"理念，内容涵盖医疗、养生、保健、心理、娱乐、美食、居家等领域，在节目形态上包括新闻资讯、访谈、讲座、广播剧、热线、评书等，既有大量医疗健康为主题的节目，也重视休闲娱乐类节目，以满足用户的多样化需求，实现节目收听的平稳过渡。

（二）主持人具有全科医生的专业素养

山西电台健康之声选择主持人时坚持两个原则：拥有医药专业背景、具备一定的临床医学经验。山西健康之声在创办之初就得到山西省卫生厅的支持，主持人全部从省直医疗医院和其他单位选拔，主持人大多具有执业医师、执业护士的资质，且具有至少三年以上的临床经验。② 既能够对听众咨询的问题提出专业性的意见，又能快速地将医学专家讲解的专业术语转化为普通大众能够理解的语言。涉及医药专业的知识必须科学、严谨，这就要求主持人具备一定的临床经验，快速掌握医疗业界的动态，能够准确判断听众咨询的问题并作出科学的指导。

在《寻医问药》节目中，一位听众切西瓜时不慎切到手指，自行包扎后咨询注意事项，主持人则从听众描述中准确判断不是简单的切割伤，可能已经发生断离，必须立即进行断指再植术，便立即指导听众赶往医院接受手术治疗，从而避免了严重后果的发生。③《中医百草园》的一位听众多汗、体弱、怕热，服用六味地黄丸两个月不见

---

① 由课题组根据山西网络广播电视台网站资料绘制.
② 卫裕智、乔志远. 浅谈健康专业广播主持人的队伍建设［J］. 中国广播，2014（7）.
③ 同上.

好转，主持人立即告诉听众应停用六味地黄丸，因其为阳虚，而六味地黄丸只对阴虚症状有效，药不对症反而会适得其反。① 这种情况在山西健康广播时有发生，具有全科医生般专业素养的主持人为节目赢得了较高的公信力。

此外，山西电台健康广播注重主持人的持续成长，要求主持人每周抽一天跟随专家出诊、做专家的助手，每个月精读一本医药专业书籍、每个季度举办一场健康专题活动、每年出版一本问题汇总或知识手册。② 这也是健康广播节目或频率最为宝贵的资源。在新的媒介环境下，主持人还需要借助 QQ、微博、微信、论坛等新媒体拓展节目的传播渠道和生存空间。

（三） 整合医疗人才资源充实广播团队

在山西省卫生厅的支持下频率积极整合人才资源。山西健康广播创办之初从医疗卫生队伍中选拔主持人并组建 300 多人的专家顾问团队，后续不断扩充在医疗卫生系统的通讯员队伍。在山西省卫生厅的支持下将《健康杂志》并入健康之声编辑部，既弥补了编辑人才短缺的不足，又实现了人力资源的优势互补，开拓了传播渠道。

节目开展丰富的线下活动拉近与听众的距离，实现多方的对话与交流。连续多年举办健康服务到社区、专家门诊进医院、健康大讲堂、广场健身舞大赛、金秋广场赛歌会等活动，并形成一定的规模，构建频率大健康的形象。2017 年策划了"走进"系列活动，陆续举办走进高新药企、走进社区卫生服务站、走进社区健康老人等活动，深受听众好评。

四、《燕赵名医堂》案例分析

（一）《燕赵名医堂》发展概况

《燕赵名医堂》是河北广播电视台生活广播的一档直播节目，2010 年开播，每天 17：00～18：00 播出，由"潇彤健康工作室"出品，在石家庄、保定、涿州、廊坊、唐山、天津、北京、怀来等地落地。在京津冀协同发展的背景下，致力于整合京津冀三地优质医疗资源，服务于三地民众身心健康，是目前京津冀区域内覆盖范围最广、公信力最强、影响力最大的健康类广播栏目。③ 获得"2011 年度全国十佳健康节目"、2012 年"全国健康品牌栏目"称号。

（二）《燕赵名医堂》内容架构

《燕赵名医堂》主要由节目导听和《急诊最前线》《健康资讯》《医生开讲》《名医私房菜》构成，其中频率宣、栏目宣、导听、广告、预告共 30 分钟，《医生开讲》30 分钟。在节目类型上，主要有资讯、访谈和专题。从总体来说，是以访谈为主的综合性节目。课题组以 2017 年 4 月 28 日的《燕赵名医堂》为例来进行分析，具体情况如

---

① 卫裕智、乔志远. 浅谈健康专业广播主持人的队伍建设 [J]. 中国广播，2014 (7).
② 整理自：卫裕智、乔志远. 浅谈健康专业广播主持人的队伍建设 [J]. 中国广播，2014 (7).
③ 内容来自于 2015 河北电台"双十佳"评选材料 [EB/OL]. http：//www.hebradio.com/hbwzt/1010/program/2015/0928/695841.html，2017.4.24.

表 5-20 所示。

表 5-20 《燕赵名医堂》2017 年 4 月 28 日节目分析表①

序号	单元类型	内容提要	形式	时长
1	栏目宣	全国十佳健康节目，汇集京津冀 600 多位专家片花	音响	0'30"
2	导听	减肥瘦身关系到外貌、健康、工作等 嘉宾介绍	谈话	2'00"
3	急诊最前线	急诊科大夫：中暑病人抢救情况，中暑的特征与救治方法	连线	3'30"
4	健康资讯	停水、高温防暑、空调病、营养管理、母子体重关系	播讲	3'30"
5	导听	落地频率与互动方式	音响	0'30"
6	医生开讲	1. 嘉宾介绍 2. 肥胖的不良影响、指数判断、原因及临床观察	谈话	15'00"
7	广告	一带一路丝绸之路中欧班列 消防宣传 河北爱·绽放助残公益活动	相声 音乐 语言	2'40"
8	导听	落地频率与互动方式	音响	0'30"
9	医生开讲	1. 嘉宾介绍与话题回顾 2. 手术干预：对重度肥胖进行手术干预，手术成熟 3. 问题咨询	谈话	14'10"
9	名医私房菜	片花、建议菜谱	音响	4'00"
10	节目预告	下期嘉宾：眼科专家	播讲	0'40"

(三) 节目分析

1. 差异化的定位

《燕赵名医堂》是一档下午晚高峰时段播出的日播节目，主要听众群体为驾车、乘车人群。同时段的竞争市场中的有新闻资讯类、娱乐类、育儿类、美食类、音乐类等类型的节目，《燕赵名医堂》主要覆盖区域内这一时段的医药健康类节目少，这种差异化的策略避免了同质化竞争，有助于吸引到主流人群。

2. 以科学性、权威性树立专业形象

《燕赵名医堂》以"名医指导健康、专业服务大众、权威铸就品牌"为节目理念，组建了 600 多人的专家队伍，专家均为京津冀三甲医院的知名科室、具有副高及以上职称的医学界人士。这种专业的背景和去除传统医疗药品广告的做法，使节目迅速建立起科学、权威的形象，赢得听众的信赖，节目的公信力大幅提高。

在内容上主要包括"急诊最前线""健康资讯""医生开讲""名医私房菜"等，将紧急情况与日常保健、医疗专业广度与深度融汇在一起，节奏有张有弛。本期节目的"急诊最前线"由权威医院的专业急诊医生根据自己工作中遇到的高温中暑抢救病

---

① 该表由课题组根据《燕赵名医堂》2017 年 4 月 28 日节目整理.

人为切入点,联系近期华北地区突然出现高温天气,普及中暑的判断、预防和救治常识,既有时效性又有实用性。"名医私房菜"不同于一般的美食节目,而是以国家级营养师在专业营养、健康知识的基础上,提供食材、烹饪方法。"医生开讲"在策划与选题上兼顾常见病和重大疾病、治疗和预防,贴近大众的医药需求。此外,每次节目的嘉宾来自于不同医院不同科室,避免短期内嘉宾资源重复。

3. 创新创意科普故事化

专业的医疗健康知识很容易走入枯燥乏味的困境,为避免这一困境,《燕赵名医堂》在日常性节目中优化节目的听觉元素,特别是融入童声、相声、音乐元素的片花,增强节目的听感。在主题选择上贴近群众生活、贴近医疗健康现状,增强听众的持久黏性。

节目团队通过7年科普,发现健康科普同质化竞争激烈,要用老百姓喜欢的方式做科普,同时打差异化竞争牌。于是创意"医生也会讲故事"板块,① 平时采访医生,周末制作音频版特别节目。2016年春节期间独家首播北大医学博士网络红人@烧伤阿宝讲述的科普性原创小说《八卦医学史》,共32集,每天播出2集,每期23分钟。全剧从诸葛亮的机关算尽到张居正的难言之隐,从拿破仑的溃败到世界大战的终结,从埃及艳后的悲哀到安吉丽娜·朱丽的幸运,揭秘古今中外数十位名人因病离世的传奇经历,展现了名人和疾病的历史渊源。故事性、趣味性强,引人入胜,成为一种全新的医学科普形式,② 是健康科普故事化的典范。医生也会讲故事之《八卦医学史》获得2016年国家卫计委宣传司"健康中国"优秀传播作品创新传播活动(栏目)类二等奖。

4. 孵化新媒体节目

在京津冀协同发展的背景下,《燕赵名医堂》汇聚三地权威医院、知名科室的优质医疗资源,自2016年下半年开始推出"京津冀名医名院名科室"活动,节目从单纯医药科普信息向提供就医服务信息转型。节目汇聚了大量忠诚度、活跃度高的听众。除了在健康纪念日常年举办公益活动外,尝试举办名医陪伴为特色的健康旅游活动,并在2016年实现创收。

随着《燕赵名医堂》节目影响的扩大,节目继续细分新的板块,孵化出新的栏目,如"李幼东心理时间""潇彤导医"和"890健康大管家"。如果说《燕赵名医堂》是大锅菜,那么孵化出来的专业化节目"八卦医学史""医生也会讲故事""李幼东心理时间""潇彤导医"等就是专业化节目,更适合新媒体用户的收听习惯。③

第八节 广播情感婚恋类内容创新

一、广播情感婚恋类内容发展现状

广播情感婚恋类节目为嘉宾和听众提供了很好的隐私保护机制。同时声音媒体的

---

① 根据河北广播电视台生活频道健康工作室制作人、《燕赵名医堂》主持人潇彤访谈资料整理,2017.5.16.
② 潇彤:春节期间 生活广播特别节目精彩纷呈 [EB/OL]. http://www.hebradio.com/hb1/wangkun/2017/0123/780628.html,2017.4.24.
③ 根据河北电视台生活频道健康工作室制作人、《燕赵名医堂》主持人潇彤访谈资料整理,2017.5.16.

独特属性直击心灵,情感婚恋类节目可以做得有深度、有灵魂。

(一)广播情感谈话类内容的发展

20 世纪 80 年代以来,快速的经济发展与社会转型,以及社会流动性的加剧,给人们带来心理上的冲击和情感上的困惑,产生了层出不穷的情感、婚恋、家庭、事业、道德、利益等问题,很多人处于一种既与外界频繁交往又内心孤独封闭的境地,特别是夜晚独处的时候,内心更加柔软脆弱,需要一种心灵的倾诉、抚慰和引导。在这样的背景下,情感婚恋节目应运而生,主要分为情感谈话类和婚恋相亲类两种。

1993 年上海东方广电台创办的《相伴到黎明》开创了情感谈话节目的先河,很快便形成第一次热潮,短暂的繁荣之后便陷入不温不火的处境,一部分节目在创收压力下被医疗药品专题节目所取代。保留下来的情感谈话节目在 2000 年以后再次在全国范围内火爆,如湖北电台的《今夜不寂寞》、黑龙江电台的《叶文有话说》、郑州电台的《今夜不寂寞》、陕西电台的《长安夜话》、河北电台的《灯火阑珊》、北京电台的《心理家园》、吉林电台的《晓声长谈》、浙江电台的《伊甸园信箱》等,其中不乏 20 多年甚至 30 多年的老牌节目。

大约 40%的人固定收听此类节目,使得这类节目及节目主持人在听众中具有极高的影响力。[①] 多档节目在同时段收听市场中所占份额超过 40%,其中《晓声长谈》2009 年上半年在长春收听市场的同时段市场份额达到 41%,在同时段长春收听市场份额占据第一位,是第二位的 2.53 倍,同比增长 192%。[②] 郑州新闻广播的《今夜不寂寞》近年来在同时段收听市场中占 60%的份额,最高超过 70%,[③] 收听率多年领跑郑州市 300 多档广播节目。火爆的情感谈话节目还催生了 2004 年中国广播电视政府奖评选项目增加心理咨询类节目。

湖北电台的《今夜不寂寞》注重营造开放式的谈话氛围,经常将节目直播室搬到校园、军营、社区、医院、网吧、家庭乃至监狱,延伸了节目有限的时间,把小小的直播室和社会大舞台紧密地连在一起[④],设置有《今夜有约》《午夜书房》《心理健康杂志》等栏目。先后有多组节目分获中国新闻奖、中国广播奖、湖北新闻奖和湖北广播奖等。

(二)广播婚恋相亲类内容的发展

快速发展的社会增强了人口流动性,社会分工的精细化也拉大了人与人之间的距离,再加上工作紧张、生活忙碌,很多年轻人无暇或无从寻找合适的结婚对象,而过去以血缘为纽带的人际关系难以提供有效的帮助,特别是只身在异乡打拼的年轻人,他们在面对婚姻这一重大问题时更是心有余而力不足,由此产生了一股新的单身潮。

[①] 王西濛. 中国情感谈话广播研究——以天津情感谈话广播为例 [J]. 吉林大学硕士学位论文,2012:13.
[②] 梁帆. 收听率语境下的东北情感谈话类节目 [J]. 中国广播电视学刊,2010 (7).
[③] 付天喜. 声音·力量——郑州电台主持人张明研讨会综述 [J]. 中国广播电视学刊,2012 (11).
[④] 成红珍、李汉如. 湖北人民广播电台《今夜不寂寞》10 年不衰 [EB/OL]. http://www1.people.com.cn/GB/14677/14737/22037/2329564.html,2017.4.15.

电视近几年涌现出数档现象级的相亲节目，如江苏卫视的《非诚勿扰》、湖南卫视的《我们约会吧》、浙江卫视的《为爱向前冲》等；婚恋相亲网站，如世纪佳缘、珍爱网、百合网等也都创造了不菲的商业业绩和社会影响。这跟媒体自身的优势密切相关。就广播而言，创办婚恋相亲节目，没有电视媒体的可视化优势，也没有网络媒体那么好的互动体验感，但具有私密性强、地域性强、公信力高的优势，且广播媒体声音传播的特性过滤掉一些信息而变得更加纯粹，这也是广播婚恋相亲节目发展的优势。

目前我国省级电台、省会城市及单列市电台约有10档专门的婚恋相亲类栏目，如天津生活广播的《相约玫瑰园》、河北新闻广播的《有缘天空》、杭州电台的《全城热恋》、陕西秦腔广播的《乱弹红娘》、南京体育广播的《男婚女嫁》、东上海之声的《阿拉结婚吧》等。

目前婚恋相亲节目主要包括主持人播讲、热线谈话、真人秀三种类型。主持人播讲类形式最为简单、隐蔽性最强，表达清晰易懂；热线谈话类则相对信息量丰富些，这两种类型每期节目都可以发布多人情况，信息量大。真人秀类节目则通常是深度谈话与个人表演并存，能够更立体、多维的呈现嘉宾。在实际操作中往往是两种或三种类型兼而有之。

相对而言，婚恋相亲类内容与商业活动联系更为密切，容易得到房产、汽车、珠宝、装修、家具家电等商家的赞助。在一部分节目中，情感热线类节目与婚恋相亲类节目有融合发展的趋势。

二、广播情感婚恋类内容的特点

（一）坚守美好的心灵家园

情感婚恋是最贴近人性本质的问题，也是最错综复杂、影响深远的问题，导向直接影响听众对情感、婚姻、人生、家庭、社会的认识和个人与家庭的未来走向。广播情感婚恋内容坚守正确的价值取向，面对情感、婚姻中出现的出轨、分手、离异、同居等负责问题，以及婆媳矛盾、夫妻矛盾、赡养老人与抚养孩子、暴力等家庭问题，节目坚守弘扬人间真爱、倡导社会和谐的立场，注重情绪疏导、心灵安抚，同时也严厉抨击对婚姻感情不忠、对老人不孝、损害他人利益的行为。

面对农村和农民的情感谈话热线节目《今夜心语》，还注重政策咨询服务，如农村新型合作医疗、新型农村社保、土地流转等政策，节目中无法现场回答的问题会到相关部门采访后再在节目中反馈。从这个意义上来说，在很大程度上承担着政策普及、解释、答疑解惑的作用。

有的听众打通节目的电话后悲伤得一直哭泣无法正常沟通的情况也时有发生，主持人通常采取先安抚劝慰，为不影响节目效果，在节目结束后再主动打给听众具体了解情况，进行心理疏导，甚至进行家访。

（二）犀利为主的多样化风格

纵观收听率高、影响大的情感谈话节目，既有柔声细语的风格，也有平和低沉的风格,但更多的是以犀利著称,这既是由情感谈话节目冲突激烈、问题复杂决定的,也是主持人个人的风格决定的。婚恋相亲类的风格多平和温馨,区别并不明显。

求助的听众往往深陷事情的漩涡,无论是当局者迷还是不能自拔、无法自控,主持人在节目中通常对复杂问题的剖析一针见血、直击痛处,在无法说服时则表现出极大的愤怒和失望,经常是一顿痛骂或直接打断听众电话。在遇到劝说无效的情况时,主持人说完"现在我的心流血的时候你没有看见,当你的心流血的时候我也不会看见,你愿意继续就继续吧,就此别过"就挂断电话,节目中经常出现类似"都这样了你为什么不离婚""这么垃圾的人你要要,你是回收站?""你老婆给你的感觉是左手握右手了?那我砍掉你一只手你干吗?",等等。有的听众打进电话后一开口就直接请主持人骂醒我、骂骂我。黑龙江爱家广播的卢汉直接以"犀利哥"命名新的节目。以犀利为特色是建立在深爱的基础之上。郑州电台《今夜不寂寞》的主持人张明在自己的微博中这样解释"犀利":犀利是准确直接精准干脆利落,是一针见血,不是一剑封喉,是当头棒喝,不是当头一棒。犀利不是戾气,每一个听众都是你的朋友,恶语毒舌绝不是风格,是无底线的发泄和炒作!诚然,主持人的"鸭梨山大",但不能把压力变恶气,热线中个别人是糊涂,可批评后更需给他方向勇气![1] 叶文经常被人形容为"像仙人掌,字字带刺",她对此的理解是"风格就是一个包袱皮,一个花架子,真正体现水平的是内容。关键是节目中我们展现的对感情、家庭生活持有的态度,传递的积极向上的世界观。"[2]

(三)主持人明星化包装

情感谈话节目主要是以听众电话参与为主的节目形态,通常采用"主持人+听众"或"主持人+听众+嘉宾"的模式。相对于其他类型的节目,情感婚恋类内容主持人的个性特征、情感倾向、思维方式、表达风格等更容易渗透到节目中,主持人的品牌价值直接影响到节目的品牌价值,这也是情感热线节目着力打造名主持的重要原因。除了在节目中提高名字出现频率之外,还通过召开专题研讨会、制作音视频宣传材料、开展线下活动等对主持人进行明星化包装。特别是线下公益活动更有助于拉近与听众的距离,建立更丰满的形象。郑州电台《今夜不寂寞》的主持人张明多年来到高校、社区、企业、部队举办婚恋情感公益讲座100多场,连续7年担任郑开国际马拉松大赛的志愿者,多次为失学儿童、贫困学校和贫困大学生募捐,还义务为特殊群体的听众主持婚礼。

在移动音频媒体快速发展的情况下,情感婚恋节目更易于跨越区域限制,在更广范围内的传播,互动方式也更加多元。通过栏目宣、栏目主题曲、插播音乐、线下活动等方式,对节目、栏目进行立体化包装,通过提高节目识别度,达到扩大社会影响

---

[1] @张明.腾讯微博,2013.3.15.
[2] 刘畅.叶文见听友谈主持风格 称犀利的风格只是花架子[EB/OL].http://ent.sina.com.cn/s/m/2010-02-01/16072864348.shtml,2017.4.22.

的目标。

三、《叶文有话要说》案例分析

（一）《叶文有话要说》概况

《叶文有话要说》是黑龙江都市女性广播2005年1月1日创办的一档情感谈话节目，前身为《有话好好说》，每天下午16：30～18：00播出，主要关注情感选择、夫妻相处、子女教育、赡养老人等问题，具有强烈的是非感和道德观，维护感情、婚姻中的公序良俗和正义诚挚，主张女性独立坚强，用自尊自爱的态度面对婚姻家庭中出现的问题。

（二）跨地域、跨媒体的立体化传播

《叶文有话要说》单体广播节目收听率常年位居第一，12年来高居黑龙江省所有频率、所有时段、所有节目第一位，创造了广播收听时尚的奇迹。2005年开播当年收听市场份额就翻了三番。此后连续三年暴涨，2009年以来收听率市场份额常年稳居70%左右。[1] 自2008年下半年开始，节目销往外省，在山东、河北、新疆、吉林等地区落地，目前已经有十几家升级电台和二十几家地市级电台合作。见表5－21：

表5－21　《叶文有话要说》跨地域传播时间表[2]

黑龙江哈尔滨	FM102.1	每天16：30～18：00
辽宁沈阳	FM95.9	每天23：00～0：00
辽宁大连	FM90.6	每天16：00～17：00　22：00～23：00
吉林长春	FM96.8	每天12：00～13：00
河北石家庄	FM89.0	每天22：00～23：00　00：00～01：00
河北石家庄	FM100.9	每天23：00～0：00
河北邯郸	FM100.3	周一至周五每晚21：00～22：00
浙江杭州	FM105.4	周一至周五每晚23：30～0：30
北京地区	FM91.5	每天00：00～01：00
江苏地区	FM99.7	每天12：00－14：00
新疆地区	FM94.9	每晚22：00

节目还在喜马拉雅FM、蜻蜓FM、考拉FM、企鹅FM等音频平台上线，累计收听量高达16亿。[3] 仅在蜻蜓FM上，每期节目点播率均破百万，位居喜马拉雅FM情感节

---

[1] 新闻夜航公众号.《叶文有话要说》大IP：成在坚守 贵在创新 重在传承！[EB/OL].
http://www.weixinyidu.com/n_4202428，2017.4.23.
[2] 该表由课题组根据电台网址、蜻蜓FM节目表整理绘制.
[3] 新闻夜航微信公众号.《叶文有话要说》大IP：成在坚守 贵在创新 重在传承！[EB/OL].
http://www.weixinyidu.com/n_4202428，2017.4.23.

目榜首，在企鹅 FM 上线不到一年就位列企鹅 FM 所有节目点击量的前三名，占据车语传媒情感节目 60% 的份额。① 叶文工作室官方微信的粉丝量也突破 60 万，影响力进一步扩大，目前跻身新榜榜单情感榜第 78 位。

《叶文有话要说》在新媒体的影响力、号召力持续上升，2015 年为一位不到 1 岁的罹患肝母细胞瘤的男孩募捐，仅在官方微信平台这一个渠道，不到 1 周就收到近 50 万元善款，且每天粉丝增量达到 1000 人以上。

基于《叶文有话要说》节目的广泛影响，在紧随其后的时段创办 90 分钟的《叶文故事会》节目也发展快速，节目的孵化能力显著增强。

(三) 用真诚打造魅力型主持人

主持人叶文曾获得黑龙江电台首席主持人、十大杰出青年以及金话筒奖获得者。主持风格犀利、直爽、泼辣。她认为，节目长久存在要靠内在，靠每一个故事，每一个细节。听众才是节目的主人公，主持人只是引领者。②

叶文常年研修心理学、伦理学、婚姻法、继承法、妇女保护法等知识，提高分析问题的技能，对于复杂的问题能够直击要害、鞭辟入里，用深度和真诚给听众带来力量，而不是以毒舌来哗众取宠。以真诚、热诚的态度对待每一个听众。一个因恋爱分手失去理智的小伙子爬上哈尔滨繁华路段的跨街广告牌准备自杀，引来几千名群众围观，造成封路长达 4 个小时，几百名警力维持秩序，谁都劝不动小伙子，他只提出最后一个要求就是要在临终前见一下叶文。叶文接到 110 的电话后急速赶到现场，在寒风中登上十几米高的云梯接近该男子与他谈话，用了 40 分钟劝服了该男子，协助警方将其安全解救，事后还多次带礼物到看守所看望他。在直播中接到听众轻生的电话后迅速多方联系，展开营救的例子也为数不少。也正是这样的真诚与热情让她赢得了听众的信任和喜爱。此外，在节目中或官方微信平台、线下活动中常常为社会弱势群体提供帮助。

2009 年叶文出版《叶文有话要说》图书。并在黑龙江电视台都市频道《妈妈来了》节目担任嘉宾评委，通过多种渠道塑造广播主持人的影响力。

四、《相约玫瑰园》案例分析

(一)《相约玫瑰园》的发展概况

天津生活广播的婚恋交友《相约玫瑰园》从 2006 年下半年开始策划，2007 年 1 月开播，每天 18:00~19:00，立足于本地为单身青年的恋爱、婚姻服务，真实、服务和娱乐并重，为单身男女搭建了交友的平台，是天津电台唯一一档婚恋交友节目，基于节目精准的定位和广阔的市场，很快赢得了听众的信任。2009 年《相约玫瑰园》节

---

① 新闻夜航微信公众号.《叶文有话要说》大 IP：成在坚守 贵在创新 重在传承![EB/OL].
http://www.weixinyidu.com/n_4202428, 2017.4.23.
② 力之声网易博客. 黑龙江人民广播电台《叶文有话要说》的成功之道, [EB/OL].
http://powerfm.blog.163.com/blog/static/11332214720123894822266/, 2017.4.22.

目荣获天津广电协会"十佳节目"称号。2014年节目全新改版,增加了"相亲进行时"环节。

(二)《相约玫瑰园》的内容架构

《相约玫瑰园》是一档日播节目,节目在十年间多次改版,目前是以周为单位,每周中每天的主题各不相同。一般情况周一为天津电视台婚恋交友节目《爱情保卫战》的录音剪辑,以什么是真正的爱情、如何守护爱情、化解恋爱婚姻中的矛盾为主题;周二为话题讨论,一男一女两位嘉宾走进直播间就婚姻恋爱中经常遇到的问题或近期的热点问题进行深入讨论,如婚前财产是否需要公证、是否应该做婚检、如何看待"闪婚"、如何看待校园爱情等话题。其实质是普通人对恋爱、婚姻中的问题的看法。周三、周四、周五则是真人秀性质的个人展示,集深度访谈和才艺展示于一体,故事性强;周六集中发布或查询征婚信息;周日则是与婚恋交友距离较远的兴趣俱乐部。最终形成三重信息,核心层是婚恋交友信息,中间层为婚恋交友态度与能力,边缘层为个人多方位信息展示。这样逐层深入、过渡性的安排既有助于信息的丰富,也有助于打消单身适婚群体的顾虑,可以更放松的来参与节目,每期节目的参与主体都是年轻人,这也是天津生活广播《相约玫瑰园》与一般的婚恋热线节目年轻人参与度低、父母参与度高不同的主要原因。

《相约玫瑰园》一周之内每天的节目都各有侧重,如表5-22:

表5-22 《相约玫瑰园》一周主题安排表①

时间	主题	内容	嘉宾
15:00(周一)	爱情保卫战	电视节目录音	录音剪辑
16:00(周二)	恋爱对对碰	恋爱和分手的留言截图	80后男,90后女
17:00(周三)	相亲倒计时	个人才艺特长	1位女生
18:00(周四)	我型我秀	分享健身	1位健身达人
19:00(周五)	欢迎你来听我的演唱会	故事与才艺展示	校园歌手
20:00(周六)	相亲进行时	发布或查询征婚信息	周三重点推荐嘉宾和三位异性嘉宾
21:00(周日)	兴趣部落聚会	健身组和分享健身知识	多位嘉宾

(三)《相约玫瑰园》趣味性强

《相亲玫瑰园》注重节目具体环节的策划,以契合当下年轻人的思维活跃、生活丰富多彩的特点。在《相亲倒计时》中除了对嘉宾深度访谈外,还播放提前录制好的亲友团的录音与推介,在《相亲进行时》中则是一位重点推荐的嘉宾和三位异性同时参与节目,同时也接受场外听众的电话连线,整个过程充满悬念和乐趣,互动性强、故事性强。除此之外,也集中发布征婚交友信息。节目吸引了大量年轻人听众和他们父母的关注。在中间层和边缘层的节目中,具有大量的个人观点和个人才艺,流畅自然,

---

① 该表由课题组根据节目收听情况绘制.

趣味性强。

（四）立体化的传播

1. 举办丰富多样的线下活动

《相约玫瑰园》几乎每个月都会举办线下婚恋交友活动，且形式丰富多样，早期的有为爱K歌、正月情歌会、玫瑰沐爱河等，后来注入时尚元素、商业元素等，也策划组织公益性的婚恋交友活动，如我与万达有个约会、情人节交友活动、环保行动交友活动、助残交友活动、教师专场交友活动，也走进军营、警营举办专题交友活动等，延展了节目的影响，增加了可视化性。

2. 立体化传播

《相约玫瑰园》在10年的发展中，与天津电视台、世纪佳缘网、百合网等建立了长效的合作机制，并开通微博、微信公众号等。重点打造的微信公众号，既是推介嘉宾的平台，也是节目互动的平台，接受听众报名、征集嘉宾，产生了很好的效果。目前，《相约玫瑰园》节目收听率不断攀升，在天津电台全部节目中居前列。

目前我国广播服务类内容多分散于各频率中，如生活频率、交通频率、新闻频率、女性与亲子频率中。在内容上紧贴时代发展与民生需求，涉及的领域进一步扩大，既注重帮助解决实际问题，也注重情绪疏导和精神指引、行为改变，在紧急、突发事件中作用突出，提现了广播媒体的影响与力量。

在运行机制上整合政府及社会各界的力量，搭建各方的对话平台、建立对话机制，提升服务类内容的权威性。依托节目组织、举办形式多样、主题丰富的线下活动拓展了节目的影响力。

广播服务类内容属于人们生活的强需求，既是生活的陪伴也是生活方式本身。在移动互联网快速发展的情况下，社会管理方式和人们的生活方式也发生转变，这既是对广播服务类内容发展的挑战，也是发展的契机。利用广播媒体长期积淀的传播力、公信力、影响力优势，整合更多的社会资源，促进社会管理机制和社会关系的优化。

移动互联网的快速发展使移动在线收听成为一种常态，模糊了传统广播媒体黄金时段与非黄金时段的边界，这为传统广播非黄金时段的经营提供了更广阔的空间。此外，移动音频海量的节目为伴随收听提供了个性化的选择，准确捕捉个人的生活轨迹，开发富有个性、契合场景化收听的服务类节目，是未来广播服务类内容的趋势所在。在内容付费大爆发的情况下，有品质的广播服务类内容有助于弥合社会裂隙、促进公平和谐，更加凸显广播媒体的公益服务属性，更是大众媒体社会责任的担当。

第六章 广播体育类内容创新

体育是历史悠久、宏大而富有竞争精神的一种社会现象。近年来我国体育行业发展迅速,特别是群众性的体育活动,促进了体育突破专业领域,在广泛的社会文化领域内得到交流和普及。1995年我国首次发布《全民健身计划纲要》。后从政府层面做出远景规划,到2025年"体育产业总规模超过5万亿元,成为推动经济社会持续发展的重要力量"。[①] 这意味着,8年内我国体育产业的增长速度年均需达到15%。

社会层面的旺盛需求和体育广播当前的发展现状,让我们不得不期待,体育广播未来发展可能拥有较大的想象空间。

第一节 体育类广播内容发展概述

一、体育类广播内容范畴

广播媒体以声音传播为特色。体育广播是体育运动政策、体育运动项目、大型体育赛事以及群众性体育活动等传播内容的声音载体。

具体而言,体育广播内容主要有两大类:竞技类体育及其周边信息报道;大众健身,包括与体育相关的娱乐和健康类节目,甚至是围绕这部分热衷体育类内容的听众群,所提供的专属、个性化服务。

竞技运动为主题的体育节目,体现为以体育赛事的本体及其衍生内容作为节目呈现,可以称之为广播体育竞技运动节目。如项目规则、以某项或某几项竞技运动构成的体育赛事、从事各项竞技运动的运动员赛场内外的行为表现等。此类节目是体育广播最具标志性的表现形式。又可细分为两种:一种是以体育赛事本体,即体育比赛的竞技过程为传播内容,即广播体育赛事转播类节目;另一种是以体育赛事的衍生内容为传播内容,其表现形式为体育赛事消息播报,体育赛事相关话题的讨论、观点展示(包括场内嘉宾和场外观众)等。第二种内容比较灵活,也适用于没有赛事转播权的一些体育项目。

非竞技运动相关体育节目,包括身体锻炼和通过运动达到身体娱乐的内容,是一种"大体育传播"的范畴。目前此类内容的开发,在国内需求旺盛,但尚处于探索阶

---

① 中华人民共和国中央人民政府网站. 国务院关于加快发展体育产业促进体育消费的若干意见 [EB/OL]. http://www.gov.cn/zhengce/content/2014-10/20/content_9152.htm, 2017.05.11.

段，有较大的潜力和发展空间。

体育广播在组织媒体与社会互动层面，显露出比较强的社会动员能力。例如，北京体育广播的"京都球侠"活动，组织听众参与马拉松、冰雪体验等，其中2016年以球迷听众参加运动的方式为候选人投票，在咕咚APP中全国约有43.9万人次的球迷将自己每天徒步、跑步、骑行的运动公里数为候选人投票；南京体育广播开展"今天我是运动员"系列活动；上海五星体育广播举办滨江夜光跑、青少年三对三篮球系列赛活动；山东体育休闲广播开展了室内Mini马拉松活动；大连体育广播举办"雏鹰篮球行动"，听众的亲身参与度很高，由此产生的媒体黏性很强。

目前广播与其他传统大众媒体类似，过去的媒体优势需要重新评估。体育广播作为体育传播的声音平台，近年来也可以提供视频的附加内容，但因其具有独特的媒介属性和媒介使用特性，且体育信息对于部分人群而言是强需求，具有强烈的新闻属性和互动群体传播特征，广播突出的时效性和灵活插播等优势，可以优于电视和报纸成为大众特定场景下唯一接触的便捷媒介；对于网络媒体而言，广播在媒体公信力和社会活动组织中，也彰显了突出的优势，且听众接触的门槛低，无须付费，也没有网络信号不稳定的制约。总体来看，目前体育广播的传播优势尚未得到全部开发，包括体育广播的地域性开发和产业属性开发。此外，容易让人忽视的是，未来农村也是一个潜在的体育市场，特别是一些已经富裕或逐渐富裕的东部沿海地区[①]。

二、体育类广播内容发展历史

（一）欧美早期体育广播

无论中西方，早期广播的发展中体育都曾被作为重要的广播内容呈现。1920、1930年代恰好是英美等国职业体育逐渐走向成熟的阶段。社会大众对职业赛事和奥林匹克运动旺盛的信息需求，成为当时体育广播迅速成长的重要因素。

1898年7月20日，马尔科尼运用无线电电报技术，跨越爱尔兰海峡，将金斯敦赛艇大赛的信息传给了《都柏林每日快报》。[②] 这是世界上最早通过无线电播报的体育信息。1912年，美国明尼苏达州立大学的F·W·斯普林格教授和年轻教师H·M·特纳以9X1－WLB作为电台呼号，使用火花发射机和电报信号进行了广播电台的实验播音，将明尼苏达的一场美式橄榄球比赛赛况发布给了当地少数听众。[③] 1920年9月6日，刚刚成立17天的美国底特律WWJ电台播报了密歇根州本顿港进行的一场拳击比赛，对阵双方是杰克·邓普西和比利·米思科。10月5日，这家电台还播报了MLB总决赛世

---

① 王延辉. 农村体育广播的发展条件及其对策 [J]. 中国广播，2006，（06）.

② Ronald Smith, Play－by－play: Radio, Television, and Big－Time College Sport [M], Baltimore: The Johns Hopkins University Press, 2001: 13.

③ Stuart Bailey. 9X1－WLB Experimental Radio and Broadcasting Station of the University of Minnesota. Minnesota Techno－log 6 [J]. 1926（4）.

界系列赛,被视为最早的棒球赛况播报。①

美国商业电台的出现促使社会个体接触体育赛事更方便和频繁,特别是高水平的职业联赛和大学生比赛。AT&T 和西屋等电气公司建立很多地方电台,比如华盛顿特区的 WRC,旧金山的 KGO,纽约的 WJZ,芝加哥的 KYW 和丹佛的 KOA 等。先后成立的美国电台纷纷把转播体育赛事作为自己出售收音机的重要手段,体育赛事转播随之成为电台的日常节目。② 与体育相关的节目内容和表现形式也变得丰富而稳定。

1923 年 4 月 20 日,BBC 第一次播出了体育谈话类节目,节目内容与刚结束的英格兰足总杯决赛有关,但还没有广播体育赛事转播。澳大利亚是继美国第二个通过广播电台转播体育赛事的国家,1923 年 7 月,墨尔本的 AWA 实验电台转播了在当地弗莱明顿赛马场举行的澳大利亚全国障碍赛马大奖赛。③ 1923 年 10 月的法国巴黎,当地一家位于奥斯曼大道的广播电台转播了法国拳击手克里基对阵比利时拳击手昂利·艾布朗的比赛,这也是在欧洲第一次进行的广播体育赛事转播。据法国的《广播杂志》报道,这场比赛的转播几乎完美,听众甚至可以收听到来自现场的喊叫声。④

实际上法国体育广播在 1920、1930 年代以环法大赛为核心,在很大程度上改变了法国人了解环法大赛的方式,提供了以往报纸无法带来的现场感。甚至从 1932 年开始,一辆专门为环法大赛制作的转播车开始用于电台转播,跟随运动员们翻越阿尔卑斯山和比利牛斯山。1935 年开始,法国电台记者开始骑着摩托车跟随运动员一起前行,发回最新的赛况报道。而每年有关环法自行车赛的报道是巴黎 TSF 电台收听率最高的节目⑤。今天体育赛事的播报形态和方式,实际上在那一时期已经成型。

1936 年 2 月德国冬奥会历史上第一次设立了广播中心,组委会为来自世界各地的广播媒体设置了转播席,各个媒体可以在相对偏远的比赛场地把最新的赛况通过电波传递出来。250 家广播媒体在这届冬奥会上一共发回了 2000 多个小时的报道(平均每天 8~9 小时),大约 300 小时时长的 200 个左右的节目都是通过广播中心制作的。同年 8 月在柏林进行的夏季奥运会,有近 3000 名解说员来到这里,通过广播向全世界传播奥运会。德国不惜成本,研制出了许多当时的新技术,向 40 多个国家传输了短波信号,比赛的赛况通过 28 种语言由 2500 多个电台转播⑥。今天国际赛事全球媒体转播的流程和惯例在那一时期逐渐固定下来。

---

① Joseph Kane, Steve Anzovin, Janet Podell, Famous First Fact: A Record of First Happenings, Discoveries and Inventions in American History, 5th edition [M]. New York: H. W. Wilson Company, 1997: 548.
② 魏伟. 国际广播电视体育史 [M]. 北京:中国广播电视出版社. 2012: 26.
③ McCoy J. Radio Sports Broadcasting in the United States, Britain and Australia, 1920 – 1956 and its influence on the Olympic Games [J]. Journal of Olympic History, 1997, 5 (1).
④ Dick Booth. Talking of Sport: The Story of Radio Commentary [M]. Cheltonham: Sportsbooks Lmd, 2008: 18 – 19.
⑤ 魏伟. 20 世纪 30 年代国际广 20 世纪 30 年代国际广播体育发展研究 [J]. 体育文化导刊, 2014, (06).
⑥ Ward B. Television in the Olympic Games [M]. Lausanne: International Olympic Committee, 1999: 23.

(二) 我国体育广播历史发展①

我国的赛事报告员被看作是体育传播的广播媒体雏形。报告员在当时的职责除了及时向现场观众传达比赛结果以外，已经开始为观众解释比赛中出现的一些问题、比赛规则甚至是叙述赛事过程。他们后来成为旧中国最早的广播体育新闻播音员和赛事解说。

早期的"体育赛事报告员，由于没有麦克风，多是手持白铁皮话筒，运用丹田气力喊话发布比赛项目的预备、开始等口令或公布成绩"②。随着1923年之后广播在中国的发展，体育运动会中赛事报告员开始逐渐使用商业无线电设备为现场观众传递比赛结果。1927年上海举行的远东运动会较早使用商业电台无线电设备进行大会报告。

1930年4月，浙江举行为期11天的第四届全国运动大会，浙江广播电台、亚美电台和上海新新电台参与赛事信息播送，中国第一次体育广播传播诞生。③ 一个月之后，日本东京举行远东运动会，亚美电台和浙江广播电台参与赛事消息播送，此后体育广播节目逐渐在上海的商业广播电台中占有一席之地。

抗战胜利后，一些广播电台重新恢复了对体育赛事的实况转播，其中尤以篮球比赛较受欢迎。1948年1~2月上海市篮球联赛进行期间，上海电台和胜利电台对部分比赛进行了实况转播。使用地方方言解说体育赛事大致肇始于此。

1950年年底，苏联体育代表团访华，分别在北京的京联、学联、体联等各队进行了篮球友谊赛，上海电台进行了实况转播，由张之和陈述两位老师负责解说。这是新中国接待的第1个外国体育代表团，也开启了新中国体育实况转播的先河。

1951年5月，全国篮球、排球比赛大会在北京举行，这也是新中国成立以后举行的第一次全国性体育比赛。中华全国体育总会建议中央人民广播电台向全国转播比赛实况。中央电台在北京先农坛体育场转播了三场比赛，以前所未有的现场感和感染力获得广泛好评，体育实况转播由此起步。

1955年4月，中央人民广播电台创办新中国广播史上第一个体育节目《体育谈话》，标志着全国范围内第一个以体育运动题材作为栏目内容的广播出现，成为我国体育广播诞生的重要标志。节目报道国内外主要赛事情况以及中国取得的主要成绩，记录了中国体育发展的辉煌历程。

(三) 我国体育广播的黄金时代

1980年代中期是我国广播发展的黄金时代，也迎来体育广播发展的好时期。1979年11月我国恢复在国际奥委会的合法席位，1984年洛杉矶奥运会我国实现金牌零的突

---

① 本部分未标注处多参考魏伟. 1923~1949年我国体育广播发展分析 [J]. 体育文化导刊, 2010, (07).
② 吴逸民. 旧京体育的一鳞半爪 [A]. 北京市体育文史办公室. 北京体育文史（六）[C]. 北京：北京市体育运动委员会文史办公室, 1993：7、24-27. 转引自魏伟.《国际广播电视体育史》[M]. 北京：中国广播电视出版社. 2012.
③ 开幕后至全国运动会（续）[N]. 大公报（天津）. 1930-04-10：3. 转引自魏伟.《国际广播电视体育史》[M]. 北京：中国广播电视出版社. 2012.

破，获得金牌榜的第四位，为体育广播的发展提供了大量的报道素材，也形成那一时期体育广播斗志昂扬的播音风格。

1981年中央人民广播电台对台广播推出《体育天地》，是国内广播界最早的主持人形式的体育节目。1981年新年，美国的企业电台（Enterprise Radio）开播，被称为全体育电台（all‐sports radio）或者体育专业频率，为全球第一家。主要播出体育谈话评论节目和体育赛事直播节目。

1985年7月22日北京电台新闻部成立了体育组。1990年亚运会前后早上10分钟的《大宝体育大世界》栏目开播，体育报道开始相对规范。1993年北京电台的新闻广播开播，体育广播单设频率未能实现，新闻台下设文体部，体育广播报道并入其中。

1995年到1999年迎来我国体育广播第一个黄金期。北京电台的《空中百花园》《走进竞技场》和《球迷热线》深受大众欢迎。后两个节目是及时的跟踪报道和即时的热线互动，成为两大特色节目。第一档节目是文体综合节目，每天一个主题，因为每周邀请的嘉宾都是部级领导和大腕明星，节目的影响力很大。①上海电台的《空中体坛》节目从体育新闻时效性、播音风格、直播互动探索等方面，成为江浙一带影响力很大的名牌体育节目。

1994年10月2日，全新形态的演播室谈话节目《体育沙龙》在中央电台诞生，著名运动员、教练员被请进直播间，讲述体育人自己的故事，并注重与听众的互动交流，电台与体育界之间融入度提高。1995年1月1日中央电视台体育频道正式开播。截至2000年，全国体育专业报纸达到80种。而此阶段网络媒体出现并逐步显示出其个性和新锐，体育信息网、鲨威体坛、TOM等体育专业网站诞生。②体育广播面临着多媒体环境的竞争。

21世纪初，随着北京申奥成功、中国男足冲进2002年世界杯决赛及2002年冬奥会中国金牌取得零的突破等重大体育利好消息，迎来了广播、电视、纸媒体育节目的蓬勃发展期。③对于广播媒体而言，频率专业化成为一种新的趋势。2002年南京体育广播和北京人民广播电台体育广播开播，上海五星体育广播、广东电台文体广播、大连体育广播、山东体育休闲频道、青岛音乐体育广播和沈阳体育健康广播等纷纷成立开播。部分交通、新闻、经济、音乐、都市生活频率中也推出了一些体育节目，如湖北楚天交通广播、嘉兴新闻广播、青岛经济广播、厦门音乐广播、广东电台城市之声等频率。④上述这些频率，按照体育专业化程度又分为完全专业化和混合专业化频率两种。而混合专业化频率包括文艺与体育混合、体育与交通混合以及体育与健康混合三种。

---

① 边建、张友信、姚钢等. 体育声儿——北京范儿［M］. 中国国际广播出版社，2013：14-17.
② 徐正驰. 自媒体时代体育传播范式变迁与融合发展研究［D］. 山东大学，2016.
③ 礼桂华、迟殿凯. 广播体育笑春风——谈广播体育的优势与"经营"［J］. 记者摇篮，2002，(06).
④ 俞同. 中国广播、电视及互联网体育传播的比较研究［D］. 吉林大学，2011.

三、体育广播发展现状

目前我国广播行业发展中,新闻广播、交通广播、音乐广播是各级电台的三大支柱,市场份额估计在八成以上。文艺、都市生活等广播内容保持在一成以上。体育广播频率目前在国内的数量屈指可数。2008年奥运之后,部分体育栏目、体育频率大批改版转型。我国体育广播被看作是专业性很强的一类小众广播门类。虽各地收听规模差异不小,但在当地市场份额多在5%以下,在地区广播频率排名中尚未进入TOP5。北京体育广播、上海五星体育广播、南京体育广播目前可以进入TOP10阵营。①

赛立信数据显示:从听众构成看,体育类频率听众以青少年和中青年为主。其中,北京电台体育广播以34岁及以下听众为主;上海五星体育广播和山东体育休闲频道均以25~44岁听众为主;南京体育广播以15~55岁听众为主;广东电台文体广播以25~34岁听众为主。而25~34岁均为五大体育频率的主要听众人群。可见,体育类频率在年轻听众中更受欢迎,见图6-1。

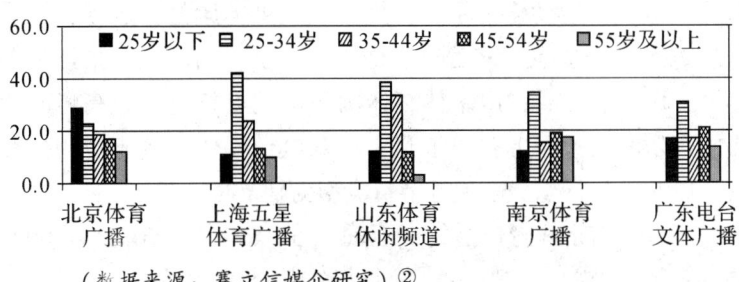

(数据来源:赛立信媒介研究)②

图6-1 2016年10月1-31日部分地区体育广播的听众年龄构成(%)

截至2016年12月,我国网民规模达7.31亿,新增网民4299万人;互联网普及率为53.2%,较2015年年底提升2.9个百分点。新增网民年龄呈现两极化趋势,19岁以下、40岁以上人群占比分别为45.8%和40.5%,互联网逐渐向低龄、高龄人群渗透。③互联网蓬勃发展的大背景下,体育传播的移动化、全媒体化、个性化优势逐渐显露,传统广播的部分优势受到冲击。2008年北京奥运会后,面对强大的收听和创收压力,国内体育广播改版较多。有一些频率每天除了1~2档体育新闻外,更多内容为休闲、交通、音乐、都市生活。创办中国第一档体育栏目的中央人民广播电台,因为"中国之声"战略发展的需要,取消了播报体育新闻的相关栏目。不可忽视的是,作为小众广播门类的体育广播,因体育转播权问题、体育新闻资源相对匮乏、国际体育资讯来源较一致等原因,体育广播媒体内容同质化趋势明显。后奥运时代的体育广播发展处

---

① 《参见赛立信媒介研究》. 张婷婷. 体育广播——有声运动,声声不息[EB/OL]. http://www.bpes.com.cn/zhCN/displaydownload.php?id=1152,2017.04.08.
② 同上.
③ CNNIC:2017年1月第39次中国互联网络发展状况统计报告[EB/OL]. http://www.cac.gov.cn/2017-01/25/c_1120378750.htm 2017.05.09.

于道路摸索阶段。

互联网带来挑战的同时,也为体育广播带来了新的发展生机。广播的现场直播拓展为网络图文视频的同步直播,互动方式多元灵活,线下活动组织丰富多彩。体育广播"直播"和"互动"两大优势功能得到彰显。这既是体育传播的特色,也是互联网传播的大趋势,这些契合点为未来体育广播的可持续发展埋下伏笔。

四、体育广播未来趋势

(一)"大体育"大有可为

体育广播在内容传播领域,强化以体育内容为核心特色的同时,辐射体育类周边内容的传播,即"大体育"的传播;并开发体育听众人群的非体育类周边信息需求;音频信息为主的前提下,提供融媒体信息内容。

上海五星体育广播以"新闻滚动、听众互动、电视联动"方式制作体育节目,涉及多个体育领域,并推出了健康类、体育旅游类节目;南京体育广播以"运动正能量,健康好时光"为口号,将运动作为主打,为听众提供健康健身服务为宗旨,全天整点体育快报,从早7点到晚7点,陈若琳、仲满、丁宁、刘国梁、张常宁等著名运动员和教练员为体育台做整点报时;山东体育休闲频道重点打造早晚高峰时段的体育类节目外,还推出了音乐和生活服务类等节目;广东电台文体广播定位为体育+文化,主打体育类节目,以文学、音乐、小说等节目类型为辅。

就具体节目而言,南京体育广播的《运动处方》("13:00~14:00"),是一档专业的针对运动健康类的节目。包括各大健身场馆教练的"放松小贴士"、运动专家的"笑侃运动健康"、女主播关爱生活的"体贴入微"等板块。结合大众运动健康话题,推荐运动项目、提供及时的健康资讯。为运动爱好者提供专业的帮助和指导。同时节目中邀请教练、运动达人等嘉宾,以身边人的运动经历带动全民健身。

体育广播的发展需要一批热爱体育广播事业,并愿意以专业持守为荣的广播创业者,借助互联网的机遇,在后奥运时代再创辉煌。

(二)体育广播媒介优势潜力再开发

互联网高速发展到今天,体育广播发展和推进着听觉媒体的极致领域:开掘特定场景下体育传播的"时效性"和"便捷性"。

例如一场重要的国际比赛进行中,所有的比赛结果在电视还在合成片子、报纸还在排版的时候,广播已经以主持人播报的形式完成了传播过程。这正体现了广播传播时效性高的特点,特别是在突发新闻事件中具有不可代替的作用。以2016年里约奥运会的信息传递为例,浙江之声作为浙江广播主频率在单独设立了里约奥运节目板块的同时,提出了逢重要比赛随时可插播,比赛结果第一时间播报的要求。[①] 这在电视和报纸中都均难以实现。作为国家级媒体的中央电台在这一方面做得尤为突出,本章后文

---

① 周雯雯. 体育节目的广播呈现——以浙江之声"里约奥运会"报道为例 [J]. 视听纵横, 2017, (01).

会专门谈到这一点。

随着媒体融合步伐的加深，体育广播作为传统大众传媒的专业机构，以媒体公信力为背书，借助网络平台和最新的传输互动技术，不断拓展体育信息传播的方式和渠道，紧随大众获取信息的新方式和消费体育的新特点，提升体育广播的服务功能，在此基础上扩大体育广播的影响力。

（三）互联网经济模式下体育广播联动的空间

体育广播的联动分为两个部分：一个是体育广播之间的联动；一个是体育广播与社会各界的联动。

体育广播需要把联动作为一种机制化、常态化的工作模式，而非仅仅春节、奥运期间的联播模式。在某种意义上，体育广播与应急传播有某种共同特征，赛事报道需要一种集体"作战"的工作方式。在体育广播赛事联动方面拥有很多成功案例，例如北京奥运报道期间，由中央电台发起，全国广播电台共同组成的全国奥运广播联盟，联盟使全国听众最大限度地享受到了广播带来的奥运听觉盛宴。这也是中国广播有史以来最大规模的联合行动。持权转播商以公益形式组织全国上百家同业共享奥运赛事转播、报道权，在国际奥运会新闻报道历史上还是第一次。据不完全统计，奥运会期间，有16家广播电台从报道中心使用40路赛事信号，直播1000多场次比赛，平均每台直播场次达到100次左右。32家广播电台还从报道中心发回大量报道，平均每家电台每天的供稿量达到100分钟，创重大赛事报道之最。中央电台中国之声也充分利用联盟资源，邀请联盟台体育解说员担当了足球、羽毛球等多个项目的多场次直播解说工作，并在《梦圆北京》直播中，多次邀请联盟成员台记者主持人走进直播间，跟全国听众一起分享奥运的激情与欢乐。为实现资源共享，中央电台建立中国广播新闻共享平台，100多家联盟台在第一时间上传、下载、共享奥运报道资源，通过平台发稿950余篇，其中80%是录音稿件。此外，近年春节期间北京、上海、南京、山东、大连等体育广播频率进行春节广播联播活动，既锤炼了队伍，听众也享受了听觉盛宴。[①]

体育广播与社会各界的联动，步子需要迈得更大。毋庸置疑体育广播是"小而美"的广播内容类型。体育广播加强与体育界、体育商业公司等建立广泛的合作关系；为政府机构做好宣传服务工作，促进全民体育公益事业的发展；对于广播体育频率而言，需要发挥体育广播联盟的优势和作用，借助行业组织的力量、重大赛事的契机、全国体育产业发展的势头，突破一些机制束缚，在共赢的前提下，形成常规化的联动机制，在全国范围内进行有效的常态化合作，形成体育广播发展的大势头。

第二节 体育类广播内容创新

国内体育类广播主要由三类内容构成：体育信息类（赛事直播、体育新闻、体育人物专访等）体育休闲类（旅游、登山、探险、钓鱼、博彩及以娱乐方式制作的体育

---

① 中央电台内部工作总结资料．

节目等）体育健康类（晨练、晚舞、健身房、社区赛事等全民健身运动节目和医疗、保健、养生、美容等有关健康类的节目）。① 体育栏目或者体育频率就三大类节目的设置比例大致为4∶3∶3，即体育信息类节目占总节目时间的40%，体育休闲类和体育健康类各占30%。② 体育内容一般栏目时间短、节奏快、愉悦感强。

体育节目形式由赛事直播、脱口秀、资讯类、访谈类、故事类、有奖互动类等多种形式构成。在体育运动项目方面，篮球、足球、武术、赛车、体彩、围棋等大多数体育领域均有涉及。

各地的体育频率在体育项目上拓展自身的内容特色。上海五星体育广播除转播大型赛事外，网球和赛车等也会进行转播，尽最大可能找到与其他媒体差异化的传播空间，满足当前听众对个性化内容的突出需求；广东电台文体广播突显足球领域，在全天多个时段推出了《足球世界》；山东体育休闲频道推出了《光蓉大CAR秀——极速车世界》，涉及赛车领域……

本节所涉及的体育广播内容创新主要体现在赛事直播、体育脱口秀、体育评书、体育真人秀等节目类型。同时也分析了经典节目创新路径、互联网基因属性的创新节目和融媒体外宣节目的创新特点等。

一、赛事直播创新③

体育赛事直播是体育广播节目的重要表现形式。在有些国家的广播体育频率中，赛事直播的节目可以占到一半以上。我国广播体育节目目前来看赛事直播存在时长短、涉及体育项目数量少等情况。近年来，体育广播工作者在现有条件下，为达到最优的传播效果，在内容、形式、技术等多个层面，积极进行创新实践。

（一）多点直播创新

多点直播可以看作是转播国际赛事的一种标配，可以发挥广播媒体灵活、速度快、内容含量丰富等传播优势。

多点直播早期的案例，可以追溯到1990年北京亚运会的《亚运赛场实况》节目。当时在4个赛场设立转播团队，并在其他赛场安排记者随时插报赛事消息，台内设总主持和总调度，《亚运赛场实况》每晚固定7∶30~10∶00进行多点直播。④

2002年10月釜山亚运会。中央电台发起7场多点直播，当时的亚运会赛事我国选手获得金牌多、看点和热点多，同一个时间段内，重要球类赛事和夺金项目呼声高的赛事重合。广播比较电视媒体，可以更为迅速地在多点之间进行切换，提供给听众丰富、新鲜的大容量信息。以当年10月4日为例。"在开播前的十几分钟，根据各项赛程的进展，报道组及时调整播出方案，先将即将结束的游泳和击剑比赛的实况播出，

---

① 参见礼桂华.关于体育广播节目设置的思考.[J].记者摇篮，2003，(04).
② 赵章涛、吴亮、陈阳.浅谈广播体育节目的多方位拓展[J].电视时代，2010，(01).
③ 奥运赛事直播放入本章第四节专门讨论，本节为除奥运直播外的其他赛事直播.
④ 2017年6月5日中央电台中国之声编辑部副主任梁悦老师访问。当时亲身参与转播，任总主持和调度.

然后播出正在进行的中国女足对朝鲜队的关键之战,在女足比赛的间隙,及时切到体操赛场和乒乓球赛场,转播体操决赛和乒乓球比赛,最后又切回足球赛场,听众在短短30分钟的时间内,了解到多个赛场的进展,直接感受到大赛的气氛。"①

(二)打通音视频融媒体传播渠道②

2016年3月23日19:00~22:00,中央电台中国之声音视频同步直播世界杯预选赛亚洲区十二强赛中国对阵韩国,《战长沙!十二强赛中国男足迎战韩国队》视频在央广网、央广新闻客户端、腾讯新闻客户端、新浪微博同步播出,央广解说犀利、观点独家,引发听众网友广泛参与,其中,腾讯新闻客户端观看量突破1000万,峰值最高达1324.6万人,近300万人参与讨论。

音视频通畅的渠道,加之强大的嘉宾阵容,以及豪华的解说队伍,中央电台在体育直播内容呈现上,创造了集新闻性、权威观点与群众豪情互动的广播独有的特色内容。在这个意义上,音频也好,视频也好,媒介形态不再是传播效果的障碍,而在于传播者如何组织一场传播行为:前文提及的特别直播邀请了前国家队教练金志扬、前国脚谢朝阳做客点评,足球评论员梁悦、主持人方亮全程解说,现场记者张闻、朱宏源、潘毅等参与直播。三个小时的直播引发网友广泛"围观"和提问,直播聚焦的"现场球迷齐唱《浏阳河》,声势震天为国足加油"等细节感人至深。该视频观看量突破1300万,其传播效果被业内广泛热议,再次成为中国之声新机房视频直播的有效尝试,为"广播可视化"和接下来一系列重大事件音视频融媒体直播起到示范作用。

在音视频同步直播之外,中国之声还推出特别报道《中韩大战72小时》,独辟蹊径,由记者张闻写给里皮的一封信的形式,在广播端和新媒体端推出,引发网友大量关注。

(三)强强联手,生产高质量的直播内容

我国体育广播在重大赛事中,往往能够调动强势的体育频率、体育广播同行,体育电视同行,实现互相补台,强强联手,确保所呈现的音频内容,在现有条件下质量最优化。高质量的节目内容是节目创新在内容层面的一个衡量点。

2013年11月9日,亚冠联赛决赛第二回合广州恒大主场对阵首尔FC。这场比赛不仅是中国足球再度冲击亚洲荣誉巅峰的最佳契机,同样也是思考中国职业足球过去和未来的良机。上海五星体育广播联手中央电台中国之声,从当天晚间的20点到22点,推出2个小时的特别节目《决战亚洲之巅》。

《决战亚洲之巅》传递最新最及时的球场动态,并利用电台良好的体育业缘,云集众多足坛名人对中国足球的现状进行深度观点解读。嘉宾包括前国脚郝海东、谢晖等

---

① 张庶卓. 多点直播:体育广播发展趋势 [N]. 中华新闻报,2004-08-18.
② 中国之声音视频直播《战长沙!十二强赛中国男足迎战韩国队,观看量突破千万》,中央电台内部总结资料.

权威的足球界人士，也包括央视的新闻评论员白岩松、《第一财经》的评论员马红漫等，不同的视角和鲜明的话语信息，解读足球赛事背后的中国足球现状和走向。

2017年，南京体育频率将与江苏体育休闲频道、乐视体育等进行密切合作，为男足世界杯预选赛、中超联赛、足协杯、亚冠、NBA、男排联赛以及天津全运会的等各项赛事转播报道工作做准备工作，为听众生产独一无二的高质量节目。

（四）赛事现场直播间搭建，制作独家、独到节目内容

以2015年首次在北京举办的世界田径锦标赛为例。北京电台体育广播多方进行协调，克服困难在鸟巢搭设直播区域，把中午的《喜鹊登枝》、晚间的《激情赛场》《体坛夜话》节目的直播间搬到了鸟巢。北京电台体育广播也成为除中央电视台、田径世锦赛官网网易外，在鸟巢搭建直播平台的中国广播媒体。赛事现场直播间搭建，是一种在内容生产和传输渠道上的优化，目的是保障内容的获取和传播更为独家和迅捷。

尽管赛场外直播间的搭建形式本身不新鲜，但是在单次传播活动中，调用一切有利于营造优质广播内容的资源，这种专业的媒体意识，在自媒体喧嚣和多媒体激烈竞争的今天，本身就是一种专业持守的创新。

借助便利的场外直播间优势，北京电台体育广播顺利邀请到了前百米亚洲冠军胡凯、在世锦赛中创造出个人最好成绩的中国短跑女飞人韦永丽、北京田径队教练等作为转播嘉宾，以独家、独到的广播节目内容赢得听众。

（五）赛事直播技术为内容创新提供基础保障[①]

目前对于体育赛事直播而言，平地而起的创新并非节目内容提升的常规途径，而应立足于当前广播内容可以提升的空间，调用一切资源，以为听众提供最优化的节目内容为首要目标，在这个大前提下，进行内容形态、渠道、平台和技术等层面的提升，克服常态化的缺陷本身就是一种难得的创新精神。

2002年开播的《激情赛场》栏目是北京电台体育广播特色栏目之一。解说员在赛事现场或直播间对体育比赛过程进行形象描述，为听众提供第一时间全程比赛进展情况和比赛结果。《激情赛场》开播于北京电台体育广播成立初期，声音传输质量差一直是制约节目发展的最大问题。对于高音质的追求，是目前听众的一种刚需，也是节目创新的基础。

针对这一问题，北京电台体育广播曾先后尝试了电话线、手机信号转播机、3G、4G、ISDN等多种方式，但效果都不很理想。记者电话虽可以使用移动通信信号，能够满足体育赛事转播地点几乎遍及全国和使用便捷的要求。但是，这种转播方式的音频带宽仅7K，播出音频质量低，且比赛现场噪音大、杂音多，使得最后呈现在听众耳中的声音非常嘈杂，很难满足听众对赛事转播的需求。"赛前测试的时候完全没问题，但到了比赛当天，足球比赛半场比赛45分钟的转播，中途会出现十多次中断，转播会出

[①] 参阅北京电台体育广播张晓亮的《节目制作创新奖〈激情赛场〉》内部材料．

现比较严重的事故。"① 2011 年前后，随着科技的发展，体育广播又尝试用 3G、4G 网络信号。电台现场直播信号通过 BTV 转播车光缆传送至北京电视台，再由北京电视台光端机通过主备两路光纤传回，再将解说声解嵌出来，实现了真正意义上的高清转播。整个过程历时将近半年。

技术层面的基础问题解决后，2014 年北京电台体育广播的赛事直播除了声音质量有保证外，现场的一些珍贵的声音，例如国际声、场边的无线话筒收声、教练员现场布置战术的声音、现场观众的声音等都可以通过光缆传回到广播直播间，这些现场声音资源有效强化了音频传播的现场感和立体感。《激情赛场》节目在实现高清音质转播后，其收听率、评奖、创收等方面均有喜报传出。该节目也获得了"北京广播影视奖"，北京电台荣誉名牌栏目；2015 年荣获北京广播电视台节目制作创新奖。回看 2015 年的重要场次转播，单场收听率基本上能够达到 0.8 以上，比赛密集的 11～12 月份，晚 19：30～21：30 的单周平均收听率基本保持在 0.8～1.0，10.1 国庆长假前后的男篮亚锦赛期间，单周的赛事转播收听率上升到了 1.0 以上，达到 1.087。

广播节目质量持续发展，才可以让听众把通过广播直播关注比赛当成一种"习惯"，使广播赛事直播在新媒体的"围追堵截"下重新焕发生机。这一领域仍然是值得广播人思考的话题。②

（六）直播节目形态的创新融合③

2013 年 8～11 月，中央电台中国之声在中国足球职业化改革 20 周年之际，推出 11 场系列直播节目《一路向前——"中国足球职业联赛二十年"特别节目》，获得 2014 年亚广联最佳报道类大奖。主持人方亮在同一期直播节目中将体育赛事现场实况直播和新闻热点现场访谈两种节目形态有机融合，每场解说和谈话的比例大约控制在 3∶7，以点带问，做到解说和话题的切换自如，创造出最佳传播效果。在节目进程中主持人就赛场赛事、热点访谈、听众互动等内容节奏安排得当，对体育节目呈现形态做出创新性的探索。11 场直播时段同比 2012 年同期收听率平均提升 242.39%，市场份额平均提升 277.86%。

二、体育脱口秀节目创新

除赛事直播外，体育谈话类节目也是树立权威体育广播频率、体育广播节目形象的重要内容。上海五星体育广播的体育谈话评论类节目独树一帜，如《足球上海滩》以及之后更名的《球爱绿茵场》《辣椒体坛》《强强三人组》等。以上海五星体育广播的《强强三人组》为例，该节目 2002 年开播以来长盛不衰，节目把体育评论与娱乐性

---

① 北京电台体育广播张晓亮的《节目制作创新奖〈激情赛场〉》内部材料.
② 张晓亮. 广播赛事直播创新浅议——以北京电台体育广播《激情赛场》节目为例 [J]. 中国广播，2016，(08).
③ 方亮. 一个节目 两种形态——《一路向前——"中国足球职业联赛二十年"特别节目》创作感悟 [J]. 中国广播，2015，(01).

完美结合，常办常新，具有较强的可听性，成长为听众追捧的经典节目。

（一）突出的体育专业属性

节目通过设置体育事件为话题，进行深层剖析，主持人和嘉宾语言幽默诙谐且充满睿智，风格犀利明快。2011年五星体育广播《强强三人组》的265期节目中，选题覆盖14项体育运动，足球话题最为突出，总计107次，其中国内足球话题66次，上海足球话题23次，国际足球话题41次；篮球话题次之，话题52次，其中国内篮球27次，上海篮球18次，美国职业篮球话题25次。265期选题中，约19.62%的选题没有直接指向某项运动，但节目均围绕大众体育、青少年体质健康展开。在这个意义上，《强强三人组》节目名称中的"强"被听众理解为"专业"强。专业的主持人和专业的嘉宾，对体育赛事的专业分析，提升节目的专业属性，在激烈的媒体竞争环境中，凸显声音媒体在体育传播领域的创新价值。

（二）广播和电视联动促进品牌深入人心

五星体育广播频率一个突出的特色是广播与电视联动突出。《强强三人组》也不例外，节目除有广播版权外，一度还有电视版权。在优势渠道的基础上，着重树立节目的品牌形象。品牌节目在不同媒介和渠道上的互补和呼应，形成良性互动。具有一定传承和沿袭的经典广播节目，目前需要倡导和保护。经典节目品牌化延伸，有效的路径是保障其时时创新能力，"经典性+创新力"是当前广播节目内容扩大传播影响力的有效路径。目前抛开经典广播节目的传承，过度看中互联网内容制作的一些传奇效果，倡导另起炉灶做新节目的思路，可能是对于广播节目（内容）创新的一种误读。

（三）深度评论人才汇聚

好的广播节目在于重视节目资源的积累和深度开发利用。自《强强三人组》节目开播至今，嘉宾库已经从当初的唐蒙、娄一晨等少数几位嘉宾扩充到近150位嘉宾。对于嘉宾资源的积累，是该节目的一笔财富，随时调用的嘉宾资源匹配个性化的节目需求，提升节目的专业性，促使节目创新可以立足于扎实的一手信息和权威评论基础上。

（四）互联网属性拓展

《强强三人组》不仅服务于广播用户，且向互联网派生，每天有同步网络直播。网站上还可以点播过往栏目资源，建立微博，发布信息与听众互动。同时，借助SMG的资本运作优势，优化配置，资源共享，在商业属性上迅速与新媒体运作模式发生关联。

对于体育脱口秀节目而言，各地电台多有自己的王牌节目。例如山东体育休闲广播的郑晋和庄涛曾联合推出《70在路上》广播脱口秀，用互联网的思维解读热点、关注民生、畅谈体育新常态，是一款为都市白领服务的广播互联网产品。

当然此类节目本身也存在一些问题。个别节目随意性强，口无遮拦。少数主持人把即兴表达看成是纯个人的事情，率性而为。① 在形式创新的同时，进一步提升体育广

---

① 李强. 广播体育谈话节目的问题与建议［J］. 中国广播电视学刊，2011，(09).

播内容的品质，增强其可持续性的发展十分必要。

三、体育评书节目创新

体育评书是通过广播、电视、网络等媒体，将体育的内容以传统评书的艺术形式演绎。它创新了体育解说评论的形式，拓展了评书的播讲内容。[①] 与传统评书不同，节目十分注重播讲内容的时效性，以评书的形式演绎体育评论，将理性和娱乐性相融合。

2008年北京奥运期间，北京电台播出的《评书奥运》，由著名的评书大家马岐先生播讲。中央电台《文艺之声》联手大地评书艺术研究所共同打造的"评书说奥运"系列节目，由评书界名人袁阔成先生担任顾问，其弟子张少佐播讲等。此类节目涉及内容广泛，包括赛事评说、奥运历史、奥运故事、体育规则、体育趣闻、奥运人物等。节目形态除直播之外，也采用了录播的方式。北京奥运会之后，很多体育评书类节目相继停播。近期一些电台策划推出的体育评书节目，结合互联网渠道特色，做出了创新实践。

北京奥运会期间，最有代表性的体育评书节目当属中央电台梁宏达（老梁）的《体育评书》，该节目播出时间长，影响大。2005年12月24日在中央电台中国之声首播。2007年11月10日起，腾讯网联合中国之声《体育评书》节目进行网络视频直播。2008年12月6日，中国之声《体育评书》时间为22:00~23:00。2009年6月27日之后《体育评书》停播。2012年，伦敦奥运会期间《体育评书》在新浪网恢复播出。[②]《体育评书》在播出方式上主要为直播，对直播前一周内的体育重大赛事做出点评。主持人老梁（梁宏达）自幼学习京韵大鼓、评书、相声等多种曲艺形式，在节目中用其极富个性魅力的语言，采用民间说书人的表现手法来播讲体育。该节目热播期间深受听众好评，内容特色鲜明，借助评书演绎的形式特色，揭露体育界的假丑恶，发出不一样的媒体人声音，符合了听众的心理期待。

2017年6月4日北京电台的《梁书之土话新说》播出第100期。这是一档新媒体原创体育评书节目，该节目充分利用广播、互联网、客户端等多媒体媒介优势，发挥北京电台著名体育评论员梁言的号召力，以体育、文化等热点事件为切口，以北京土话为连接，展现老北京文化。《梁书之土话新说》在北京电台体育广播微信公众号、腾讯视频、优酷、爱奇艺、今日头条等多平台播出，并获得较高关注度。2015年8月，该栏目在北京市新闻出版广电局主办的"2015年北京市优秀网络视听节目征集评选"中获优秀原创网台联动视听节目奖；2015年度北京广播电视台节目创新奖评选中，获得新媒体视听节目创新奖。该节目在北京体育广播微信公众号的观看人数累计超过30万人，在各视频网站的浏览、播放量达到100万人次。[③]

---

① 肖宁. 创新和传承——体育评书发展研究 [J]. 湖北社会科学, 2012, (12).
② 苗巍. 《体育评书》何以制胜 [J]. 记者摇篮, 2010, (09).
③ 北京电台体育广播内部资料：《梁书之土话新说》总结材料.

《梁书之土话新说》创新主要体现在以下几点[①]：

（一）内容上有干货，有实力，有特点，甚至承载文化价值

《梁书之土话新说》选择了"体育＋京味儿＋土话"的角度，把逐渐被人遗忘的北京老话儿与时尚年轻的运动结合在一起，帮助球迷们尤其是年轻的球迷们了解地域感极强的北京文化，找寻声音里的归属感。《没球儿看的日子五脊六兽》《国安队员训练穿的那叫"号坎儿"》等内容深受年轻听众喜爱。

节目的核心价值是传播北京传统文化，如：《把家收拾四致去看球》《见煮饽饽都不乐的运动员》节目中将北京城最新鲜的赛事与老北京过年的习俗、待人接物的谦和等"老理儿"结合在一起，宣传北京文化中的精华内容。使节目内容厚重，有多次传播的价值。

网络时代传统文化被逐渐吞噬，语言方面表现得尤为严重，节目借助年轻人熟悉的方式，老词新解，以新鲜感带动年轻人的网络二次传播。

（二）借鉴新媒体内容呈现形式

某种意义上讲，形式也是内容的一部分。《梁书之土话新说》遵循新媒体用户碎片化的阅读习惯，每期节目时长为3分钟左右。打破传统的结构束缚、语态束缚，创新节目剪辑和节目包装，充分发挥主持人在表现形式上的优势，丰富表现手法，使用佳能5D、GPRO等新设备，使得节目做到图文并茂、言简意赅地阐述观点和传播知识。

（三）节目传播渠道创新

互联网时代的节目创新，平台十分重要。2015年1月起该节目除在传统广播FM端播出外，又新增了微信公众号播放，加强了体育广播公众号用户的黏着度，公众号关注人数激增。听众可以随时观看、留言，并点播自己感兴趣的北京土话儿。目前节目在微信公众账号、微博、视频网站（优酷、爱奇艺等）、新闻客户端（今日头条、新浪新闻、Zaker等）等均有传播，实现全媒体覆盖推广。

（四）双向引流听众

新旧媒体渠道融合形成合力，引流听众，实现节目传播效果最大化。该节目在PC和手机等移动端播出，在广播节目中虽不播出完整的内容，但主持人与听众在互动中会经常引用微视频中的典故，以内容为纽带打通新旧媒体的融合。从新媒体平台中吸引用户引流到广播中去，吸引传统广播用户关注北京电台体育广播的新媒体平台，双向引流。自该节目在新媒体平台播出后，主持人梁言在北京电台体育广播播出的唯一一档广播节目《雄鸡唱晓》的收听率和市场占有率持续上升，截止到2015年9月20日，该节目收听率比去年同期上升23%。

过去，体育评书播讲者往往单打独斗，没有团队支撑，整体文化产业化的配套机制不健全也有直接关联。[②] 当一些创新性广播节目火了之后，如何研发其可持续发展的

[①] 参考北京电台体育广播内部资料：《梁书之土话新说》总结材料.
[②] 参见胡志斌. 广播电台体育报道节目特色探析——以《体育评书》为例［D］. 华东师范大学，2007.

可能，并积极谋划与其他媒介形态形成良性共赢，最终把用户导流到广播媒体，形成广播节目创新的一套保障流程。同时，降低广播人创新的不确定性，提升创新研发的工作热情，这在今天体育广播内容创新层面，尤其值得重视，也是体育评书节目给广播人的一种启迪。

四、体育真人秀节目创新

广播媒体所讨论的"真人秀"节目没有电视真人秀节目那么"彻底"，更多体现的是节目中突出的"体验"功能，张扬的是声音介质带来的"联想式"的对"真实性"的还原。近年来成为体育广播节目创新的一种趋势，如北京电台的《超级体验团》、南京体育广播的《今天我是运动员》、上海五星体育广播《中华武魂》建立的少儿武术国学特色活动社区体验基地等，均在不同程度上借鉴了"真人秀"的元素。

北京电台体育广播的《超级体验团》节目重视"体验"感的真实呈现。2016年开始采用团队运行模式。主要特色是"形式+内容"两方面的创新。"体验"主要是两个层面：一个是广播主持人记录自身的体验在节目中播出。在马拉松运动体验中，记者出身的主持人带着采访机全程跑，整个过程，把身体和心理形成的反应都记录下来；同时也是对赛事服务的体验，呈现赛事服务的内容，效果如何等。电台组织听众训练营，形成一个运动体验的闭环："培训—参赛—形成广播节目"。《超级体验团》在赛事合作及体能训练等领域逐渐树立良好口碑，先后获得多家知名赛事公司授权，参与报道北京马拉松、越野赛、铁人三项赛等赛事近50场，主持人宋扬一年中不仅自己也完成了3个全马、做了全程记录式报道，而且还组织百余名听众进行科学系统的体能锻炼并参加多项比赛，很多听众在节目的帮助下成功完成了自己的首次马拉松越野。2017年，运动体验团队推出新节目《体育的101种可能》，为听众提供最为个性化的内容服务。① 经过频率持续性的培育，《超级体验团》获得2016年度国家新闻出版广电总局的广播电视创新创优节目奖。"开播16个月，团队每个休息日都在为马拉松、越野赛、铁三等赛事做着高强度的媒体服务。看着冲过终点的跑者激动地和主持人击掌庆贺；看着越来越多的听众在体育广播的引导下开始科学健康地参加马拉松；小伙伴们把爱好变为责任，不由得感慨一档广播体育真人秀节目改变了太多人、太多事。"②

2016年南京体育广播推出《今天我是运动员》系列大型体验式直播节目，融合多媒体将直播报道最大化传播。主持人、记者编辑通过深入一线运动队，真正和运动员共同生活，全方位体验运动员训练生活的方方面面。目前该系列活动已经进行了三站直播报道：江苏省水上运动学校、南京市重竞技学校以及南京体育学院。在三站报道中，举全频率之力，投入记者、主持人、技术人员上百人次，不仅体验了皮划艇、摔跤、柔道、拳击、网球、高尔夫等多个比赛项目，而且在节目直播中专访了蒋宏伟、

---

① 北京电台体育广播内部资料.
② 引自2017年5月6日北京电台体育广播蔡明可台长微信.

陆春龙、王娟等一众奥运冠军、功勋教练。通过实际体验，南京体育广播的主持人、编辑记者加深了和运动员的感情，也更加真实地了解运动员日常生活和悲欢喜乐。该节目在专业媒体、运动圈以及听众中引起了广泛的反响。

五、经典体育节目创新

今天称得起经典的体育节目，往往在当年秉承为听众提供最佳服务的信念，捕捉最新的传播趋势，突破常规节目制作方式、播讲和播出方式，进行大胆创新。经典的节目的创新历史值得我们借鉴。经典节目常办常新也是一个需要探讨的重要问题。广播节目的传承和创新一样重要。缺少传承的创新是不牢靠的，没有创新的传承是死水一潭。

1986年上海电台《空中体坛》节目创立，最初订购新华社通稿、专稿作为主要信息来源，节目组也有自采内容，以及从其他报纸等媒体渠道获取的信息，根据这些内容节目组进行广播稿的创作。《空中体坛》在中午时段播出，而同城的《新民晚报》的体育新闻要到傍晚才能看到，消息来源一部分也是来自新华社，这就使广播节目占领了时间的先机。1992年该节目在上海地区已经很有影响力。但是节目组看到媒体直播的魅力。而当时东方卫视和东方广播发展起来，媒体竞争格局形成，广播媒体需要进行改革，占据传播先机。1993年4月12日周一，《空中体坛午间直播》在上海电台开了直播的先河，4个人做30分钟的日播节目，从主持、采访到编辑、翻译稿件，工作压力和任务重。创新调整后的节目在当时产生了轰动性的效应，收听份额跃升到8%~10%。节目播出时间为11:30~12:00，是很多上海市民吃饭的时间，听众边吃饭边听广播，节目在大学生中十分流行，造就了那代人深厚的广播情结。①

今天看，该节目创新主要体现在以下几个方面：

1. 资讯新；
2. 主持风格创新：节奏快，信息量大；
3. 根据广播规律制作短而快的广播新闻；
4. 节目内容层次搭配丰富：第一部分是资讯；第二部分是新闻背景分析，包括一些体育新闻故事等；第三部分是明星访谈与听众互动。最后一部分以电话直播采访和直播间访问的方式进行，嘉宾包括郎平、聂卫平等当时最炙手可热的体育明星；
5. 节目间的衔接与呼应：每天上海电台7~8点早新闻有一个3~5分钟的小栏目给《空中体坛》，播发短消息同时预告接下来中午重要节目内容。
6. 注重与听众交流，甚至每周一次的"球迷热线"专栏，主要是读听众来信，可能是评一场球，或者是建议报道哪位体育人物，应该报道什么的建议等。
7. 锤炼全能型的体育广播人，集采访、编辑和主持于一身，同时驾驭最新的转播技术，外语能力强，适应国际传播语境。

---

① 根据2017年6月6日上海五星体育传媒有限公司编委、高级记者胡敏华老师访问整理.

8. 电台强大的播出功率，当时 990 有 1000 多瓦的发射功率，辐射到江浙一带，最远甚至辐射到山东和黑龙江。

今天的《空中体坛》在 11：00～11：30，仍出现在 2017 年上海五星体育广播的节目单上。

南京体育广播 18：00～19：00 日播的《天天足球》也已经有十余年的历史，是一档专业足球栏目，内容涵盖本地足球、中国足球、国际足球以及足彩推荐。通过录音采访、电话连线、主持人评论等方式对当日的足球事件进行专业性阐述和分析。节目时长 1 小时。重点关注本土足球的赛事、引援等各种消息。节目形态变化不大，重要的是在内容上常办常新，在当地球迷群体中具有强烈影响力和公信力。

六、互联网属性的可视化体育节目创新

互联网的节目属性特点之一，十分强调"展示"和"圈粉"的特征。广播做视频节目不新鲜，但是体育广播借力网络通路，选取目前已有的体育健身类节目，在此基础上做升级改版，十分难得。目前很多运动达人在 APP 中分享自己的健身照片，圈粉无数，以至于健身达人平时的饮食、穿着，粉丝都产生跟风效仿的趋势。南京体育广播在 2017 年 5 月设计了一档"广播可视化健身节目"。频率针对健身达人已经做过海选的节目，有一定的积淀，创新的节目思路："每天节目中，两名主持人分工，一名主持人负责直播室的衔接，另一名主持人在现场。与教练、听众进行现场互动，展示运动之美，健康之美。节目中设置力量练习、瑜伽、健美操等内容。通过视频直播的形式，邀请私教走进直播室，或者主持人走进健身馆，如前文所述每天和私教一起练习，既可以切身感受，也可以及时和听众互动。每天的节目变成一堂私教课，让听众可以看、学、做。该节目主持人设计为运动达人。在节目中可以售卖自己健身时所用的同款瑜伽垫、弹力带、小哑铃、健身服等各项运动专备，增加节目的运营空间。"①

竞猜类节目一般适合电视媒体。但是目前借助互联网平台，广播可以设计"室外视频直播竞猜答题节目"。将活动与节目融为一体。"每天开设电话或者微信互动抢答问题，根据听众的回答情况，选出相应的听众进入周末的场外互动答题直播节目。周末的节目可以把直播室设在电台外，利用现有的各区文化馆等场地资源，用小演播厅的方式，将该节目进行可视化的播出，每周提供奖品，通过周冠军、月冠军，最后产生总冠军。"②

七、融媒体全球体育传播项目创新③

2015 年上海广播电视台东方广播中心开办《中华武魂》节目，这是一档大型融媒

---

① 引用内部资料：2017 年 5 月南京体育广播节目创新设想．
② 同上．
③ 参阅内部资料：传星火 扬国威 树和谐 立自信——上海广播电视台《中华武魂》探索武术国际传播新路径、构建武术自觉文化新格局．

体跨境传播项目。以武术文化传播为切入点,践行"文化走出去"国家战略。目前线上广播节目《中华武魂》已经实现上海本地三个频率联播(上海新闻广播、上海五星体育广播、上海交通广播),全国六台率先联合制播(包括北京、天津、山东、南京、大连等)。

项目组通过专业团队系统规划、制作,推广立意深远、内容精益求精的广播及视频、新媒体节目和报道,举办精彩丰富的活动和赛事,积极拓展项目的全媒体化、全球化。2015年4月,与上海体育学院签署战略合作协议,在教育部体卫艺司指导下,携手推进"武术进校园",该节目在国内通过社区公共文化配送平台、建立少儿武术国学特色活动社区体验基地。把学习武术这一活动作为全家三代人"家庭活动日"的内容,以家庭为单位,主打亲子武术,进行全国、全球社区的同步推广;在海外传播方面,与2016年美国达拉斯举办的第14届世界精武武术文化交流大会合作,设立首个海外"中华武术文化全球推广项目工作站",将国内社区推广的成功模式在海外复制。

除上述几类体育广播创新节目外,体育广播的专业属性也促使其在跨界节目形态上多有探索。例如上海五星体育广播从2008年起开办的《G录2008》,可以看作是"广播纪录片"节目类型的尝试。目前已经开播到《G录2017》,每周六播出,讲述当周发生在国内外的重要体育事件,以及平常人的体育小故事;节目内容有的是记者亲身经历、亲自叙述,有的是利用电视声音元素、采访对象的原音重现等方式剪辑而成,目前已经播出了数百期。

第三节 体育广播频率创新

目前我国体育广播频率主要有北京体育广播、上海五星体育广播、南京体育广播、山东体育休闲广播、大连体育广播等几家。① 在奥运会、足球世界杯、亚运会、大运会、青奥会等一系列重大国际体育赛事中,体育广播频率均发挥过独有、重要的报道宣传作用。体育广播频率在联合报道、成果共享等方面做出了特色。② 2008年北京奥运会之后,从国家体育宣传的平台转型为体育日常化报道的平台。从全国范围看,体育广播频率的主要创新特色体现在以下几个层面:

一、传播通道拓展③

新兴媒体冲击下,广播的生存和发展很大程度上依赖于如何延续传统传播通路的前提下,大力拓展新的、更具渗透力的传播通路。节目再优秀、节目生产者再优秀,

---

① 广东文体广播、湖北旅游体育广播、青岛音乐体育广播等频率名称中都带有"体育",在实际节目编排中体育内容占据的比例小,占总时间版面在5%及以下,且有些频率名称也发生了变化。
② 2017年4月25日在南京体育学院举行的中广联合会体育传播(广播)工作委员会换届大会中中广联副会长王求发言。
③ 本部分内容多引自2017年4月9日北京电台体育广播蔡明可台长访谈,及北京电台体育广播内部总结资料。

如果新的传播通路不拓展，内容不能最大程度上到达目标人群，无从谈到节目传播效果，这也是新兴媒体十分重视平台开发的缘由。因此频率层面的创新，首要一步是为广播节目开拓畅通的传输通路。例如：南京体育广播采用国际先进的全数字化制作播出技术，节目收听呈现高质量的调频立体声效果，全天 24 小时播音，100% 有效覆盖南京地区，可以辐射镇江、扬州及安徽省相邻地区。频率在保障电波传播最优质声音畅通的前提下，进行包括互联网和其他传播通路的研发、内容的创新研发等才会意义更大。

（一）网络通道的融合创新

互联网通路对于所有的传统大众媒体和自媒体开放。一方面为传统媒体，特别是广播媒体的多媒体延伸通路带来了便捷的路径，另一方面也把传统广播代入自媒体与专业媒体竞争发展的大语境中，目前广播媒体需要重新评估传播的语境和传播对象的习惯养成。

2015 年开始，北京电台体育广播改造官网、正式开通官方微信、重新设计视觉 LOGO，与新浪微博、今日头条、爱奇艺、蜻蜓 FM、北京时间等建立合作关系。北京电台体育广播官方微信账号稳步增长，因目标人群准确而得到了客户认可。微信账号开通之初，北京电台开始探索媒体融合的流程创新，从节目策划到赛事转播的信号传输，从记者发稿、节目组稿、审稿人推荐等流程，这为接下来的网络通路融合拓展奠定了基础。一些充满北京风情的短视频、独家的录音消息等在通路融合拓展后，传播力明显增强。截至 2016 年年底，北京电台体育广播官方微信号的粉丝数到达 6.1 万人，日均阅读量过万。据新榜统计，体育广播微信号累计阅读数超过了 242 万次，累计点赞数超过了 1 万次，原创传播力超过了 89% 的微信运营者；发布篇数 1160 篇，总字数 96 万以上，超过了 93% 的运营者。2015 年度被腾讯和今日头条等评为全国体育优质公众号；在人民网研究院 2016 年 12 月 15 日发布的《2016 中国媒体融合传播指数报告》中，北京电台体育广播是广播电台融合传播 50 强之一。

（二）人际转播通道的线下活动创新

线下活动是目前我国广播媒体与听众互动的重要方式之一，也是除广告之外，具有盈利能力的主要方式。相比较于其他专业化频率，体育的竞技性和参与性使得体育频率的线上、线下结合具有天然的大众参与优势，易于提升电台的影响力。

北京电台体育广播通过主题类的体育线下活动，参与度和活动效果明显。例如本章前文提及的"京都球侠"活动。"2016 年度第 6 届京都球侠评选活动"创新倡导"用运动表达爱"的投票方式，把全民健身与竞技体育更为紧密地联系起来，广播听众与体育专业运动员在参与互动中进入一个闭合的交流语境。新华社、中新社、人民网各大媒体以及马布里等运动员的自媒体都发布了本次评选活动的相关信息，为体育广播赢得更多社会认可。听众球迷通过自身的健身活动获得的有效票全部用于投票。共 71.6 万人次参与本次活动。有的听众为了给喜爱的运动员投票，坚持运动减重，用各种历程的积分进行投票。"用运动表达爱"，通过支持运动员，也养成了运动习惯，并减了体重。第一轮评选中胜出的马布里、杨智、刘晓彤等运动员听到球迷为支持自己跑出了几十万公里后，都深受感动。体育广播为运动明星与粉丝之间搭建了有意义的社会交流平台。

北京电台体育广播运动体验团队对马拉松等跑步运动进行深度开发，并全力倡导科学理性地参与马拉松运动。组织百余名听众进行科学系统的体能锻炼并参加多项比赛，线下各类体验活动四十多场，成功举办体能训练营共12期，实现线上线下总收入90万。成立不满一年的运动体验团队已经在赛事合作及体能训练等领域树立良好口碑，获得多家知名赛事公司授权。

（三）实体直播间通道的延伸搭建

北京电台体育广播借助首都平台和赛事资源丰富优势，高度重视拓展传播通道，为节目的创新和创优提供基本的舞台。2014年仁川亚运会、2016年里约奥运会，北京电台体育广播均搭建境外直播间，并创下E-one首次海外直播以及最长距离跨海直播34小时的记录。实体直播间的搭设，便利广播节目的制作和播出。

（四）社会合作通道的强化

北京电台体育广播与北京竞赛管理中心、首钢体育文化有限公司、体育之窗（排球之窗）文化股份有限公司等建立战略合作，不仅丰富了广播节目，同时在全国职业排球联赛北京主场、斯坦科维奇洲际篮球冠军杯的场地上体育广播进行了宣传推广。听众代表京城球迷在中国职业篮球联赛（CBA）五棵松篮球主场地唱响国歌，线上线下的互动增加了听众群体基数、增强了听众黏着度。让体育广播的身影与热门、大型赛事紧紧绑定在一起。做到不缺席，延伸媒体影响力。

1. 良好的政府合作关系

体育广播成为北京市体育局、北京市社会体育管理中心、北京市体育竞赛管理中心的重要媒体（战略）合作伙伴，体育广播逐步成为全民健身、体育赛事的首都媒体展示平台。南京体育广播以《走吧》节目为产业纽带，与政府和企业联合举办不同类型的体育活动，推进不同产业的社群营销。

2. 优质的嘉宾资源

北京电台体育广播长期关注北京三大球运动等群众基础扎实的运动项目，多名专项记者深入运动队，与运动员、教练员建立彼此信任，获得很多独家资源，节目生产部门发挥业缘优势，在重点栏目加强议程设置功能，强调舆论引导作用。同时，体育广播拥有权威的专家团队。很多著名的体育评论员都与体育广播建立长期合作关系。

3. 培育青少年作为潜在的听众资源

体育广播十分重视培养青少年作为其未来主流的听众群，在节目开发和创新上，以青少年为主体，新设了一些体育栏目。

2016年南京体育广播与南京市教育局进行合作，以体育为切入点，推出午间《阳光体育》节目，将南京市各中小学的进行的校园体育在节目中进行呈现，通过校长、体育老师、同学的访谈，让更多的听众了解不同学校进行的各类体育活动。

2017年4月14日全国第一家"校园足球通讯社"在成立。北京电台是发起单位之一，是"足通社"常设服务机构，为学生提供培训和实战的机会，搭建汇集广播、电视、报纸、新媒体等多媒介校园足球展示平台，让校园足球成为促进学生全面发展的新载体。体育广播的潜在听众从娃娃抓起。

北京市青少年校园足球工作领导小组指导下，市教委、团市委、北京人民广播电台、北京体育大学、国奥集团等多家单位在北京市第十八中学，联合发起成立全国首家北京市校园足球通讯社。报名的小记者们，来自北京市16个区县的200所校园足球特色学校，总人数达到600人。足通社陆续为他们安排新闻理论课程和实战报道课程。小记者们可以参与报道本校或本区校园足球开展情况，报道北京市校园足球公开赛、中超比赛。优秀小记者还将获得专访足球明星、参加国际足球赛事报道的机会。

二、媒体融合赛事转播

（一）1990年代媒体融合雏形创新案例①

1995年中国足球职业甲A联赛在山东5万人体育场进行，当时山东电台广播的体育直播产生了一系列轰动性的效应，培养了一大批热心听众，也锤炼了体育广播记者和主持人。1996年吉林延边赛事，当时山东电视台没有直播车进入赛场，广播则有这个优势。事先，山东电台与全省几十家寻呼台都做了沟通，"独家直播"的同时，要通过BB机与听众实现互动。体育直播的互动效果明显，但需要建立现场听众顺畅的发声通道。而赛事直播的魅力也在于现场与听众进行共情和分享。事先的沟通产生效果，当时2个小时的广播直播互动节目收到了轰动性的社会效应。我们可以看到媒体融合的发生，是在不同的时代有不同的方式，中心的目标是如何借助最新的通信技术，特别是电台与听众之间，听众与听众之间建立起即时、畅通的交流和沟通的通道。今天也如是。

1999年12月5日联赛最后一场，足协杯双冠军。北京对战辽宁队到了火热的关头，我当时正在济南体育场进行山东对武汉一场没有悬念的比赛。北京方面的赛事悬而未决，球迷十分期待那边的消息，但身在球场无处获得信息。恰好一个听众朋友带入足球场一个黑白电视机，我就拿过来一边看小电视的画面，一边对北京赛事进行解说。当时很多球迷是带着收音机入场的，听着本场次广播解说的同时，不用调台就可以同步收听到北京方面的比赛情况，当时球迷太高兴了，因为没有人想到能在现场看球的时候同步了解异地的精彩赛事。②

广播人超过听众的预期，给予了听众一场意外的赛事盛宴。1999年的赛场"加料直播"是一次大胆的创新，体现广播体育直播的魅力，体现以"听众需求"为核心进行大胆创新的价值。

---

① 根据2017年4月8日与山东体育休闲频率郑晋总监电话访问内容梳理．
② 2017年4月8日与山东体育休闲频率郑晋总监电话访问材料．

(二) 广播与电视联动的基因①

广播和电视的联动是五星体育广播的一大特色。2004年上海体育广播在成立之初就制定了以"新闻滚动、听众互动、电视联动"为内容制作的模式,30~39岁为最多收听目标人群,见图6-2。五星体育广播成立伊始,演播室中已经设立了灯光调试设备,为今后将广播节目搬上电视屏幕打下了一定的基础。在该阶段的发展过程中,上海体育广播的播出节目中,《今日体育快评》《唐蒙视点》《电视体育新闻》等一大批优秀体育电视节目成为上海体育广播专栏节目的重要组成部分。2014年东方广播中心成立,广播与电视剥离,但是长期的合作关系,奠定了良好的媒体互动基础。

目前,五星体育广播和电视19:00《体育新闻》并机播出。早间的《940体坛风云》和午间的《空中体坛》经常会从五星体育电视的新闻单片中挑选适合广播使用的音频文件,经过编辑后再播出。

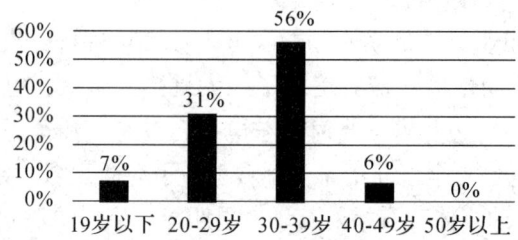

图6-2 五星体育广播听众年龄分布占比②

(三) 广播电视主持人、记者资源共享

上海五星体育广播早间的《940体坛风云》和午间的《空中体坛》在记者连线、专家分析环节经常连线同行参与到节目的直播过程中;此外,电视记者外出采访,同时也为广播做连线报道。体育广播与电视融合,也可部分解决赛事期间采访证的限制问题,广播记者也可以在电视新闻中进行一些现场报道、口播报道、评论报道等。

《强强三人组》节目录制过程中,主持人经常会邀请来自报纸、网络、电视等其他媒介的记者参与到节目中来,这不仅提升了节目的内容质量,也丰富节目的声音元素。《强强三人组》栏目中,唐蒙、娄一晨、译男、张迅、晓薇、庄宁宇等优秀电视主持人也尝试广播栏目的主持和制作。

广播和电视在赛事解说方面也有很多合作。广播主持人如刘阳、许俊君、俞佳男等经常为电视解说足球、斯诺克、篮球等项目。而电视主持人,如晓薇、陈君乐等也为广播制作节目并担任赛事解说。电视记者经常为广播做连线直播,而广播记者在电视记者无法到达现场的情况下,也会为电视发回电话报道,或者成为出镜记者。《今日体育快评》《唐蒙视点》《19点体育新闻》等电视栏目精华也被引入到五星体育广播中,

---

① 根据2017年4月23日与上海五星体育广播顾洁总监电话访问整理。
② 上海五星广播体育提供。

用广播声音传播来满足路上人群的体育信息需求。

三、体育频率编排创新

（一）北京电台体育广播节目设置特色①

1. 北京电台体育广播基本情况

北京电台体育广播，开播于2002年1月1日，是全国开播最早的体育专业频率之一。据央视—索福瑞统计显示，2015年北京电台体育广播听众结构明显优化，中青年、高收入、高职位的听众增长明显，21～30岁听众数量增幅高达133.68%，学生、公务员白领比例明显增长，公务员白领比例由去年的31.2增长到今年的41.9%。2015年度央视市场拦截访问504名被访者中，体育广播有三个栏目进入最喜爱的十大栏目范围如图6－3。

不同听众群体喜欢的广播节目TOP5

男	女	15-24岁	25-34岁	35-44岁	45-54岁	55岁及以上
一路畅通	京城帮帮团	男左女右	一路畅通	一路畅通	京城帮帮团	京城帮帮团
京城帮帮团	一路畅通	爱的更久点	男左女右	雄鸡唱晓	雄鸡唱晓	一路畅通
雄鸡唱晓	男左女右	雄鸡唱晓	吃喝玩乐大搜索	京城帮帮团	喜鹊登枝	评书联播
喜鹊登枝	爱的更久点	空中笑林	爱的更久点	吃喝玩乐大搜索	一路畅通	老年之友
金戈铁马	交通热线	一路畅通	开心茶馆	金戈铁马	评书联播	话里话外

Base: CATI+拦截访问所有被访者 N=504　　调查结果源自2015年北京电台忠实听众调查报告（央视市场CTR）

图6－3　听众喜欢的广播节目TOP5②

北京电台体育广播的听众在节目中被亲切地称之为“家里人儿”，依此可以看出听众与频率的亲密关系。统计数据显示，北京电台体育广播在收听方式上，以移动人群为主要目标听众群，在收听时段上以早7：00～9：00，午11：00～13：00，晚17：00～19：00，21：00～23：00为主要经营时段。体育广播收听人群的日均收听时间明显高于各类广播节目的日均收听时长，证明体育广播听众的忠诚度优势。北京电台体育广播可为体育品牌、时尚快消品、餐饮娱乐、汽车、金融以及突出男性定位的品牌提供更多的宣传渠道和营销思路。

北京电台体育广播全年转播体育比赛100场，总时长超过200小时，是全国电台中赛事转播品类全、场次多的突出频率。体育转播员以王昇为代表的激情派，听众网友送绰号为“嘶吼哥”，受到听众喜爱。

近两年，北京电台体育广播一直思考如何打通竞技体育和全民健身的关联，不仅

① 根据2017年4月11日北京体育广播台蔡明可台长访问内容整理.

② 北京电台体育广播内部资料.

让大众关注比赛,更要让每个人自己行动起来。

2. 节目布局特色

根据上述频率目标听众的基本情况,以及电台的发展思路,北京电台体育广播定位:倡导时尚的体育生活理念、传播专业的运动健身知识,在满足专业体育迷需求的同时吸引普通运动爱好者。新闻、赛事、服务三大内容加之特有的京味儿节目风格,构成频率特色。

频率全天节目架构:北京电台体育广播设置全天五档《体育新闻》进行硬新闻播报,新闻内容结合广告每档10分钟,贯穿各个时段,滚动播出体育资讯。由于时差的原因,10点、11点的新闻是以国际体育消息为主,而16:00、17:00、20:00点综合全天体育消息进行播报。在此基础之上北京体育广播打造了三个直播板块:《体育新世界—雄鸡唱晓》《体育新世界—喜鹊登枝》和《体育新世界—金戈铁马》,作为贯穿全天的体育新闻综合节目,分别在一天的三个黄金时间段播出。

北京地区清晨5:00~7:00一般为中老年群体的晨练时间,针对这一习惯,体育广播在该时段为听众安排《健康绿洲》和《医医道来》,有效留住中老年听众在收听完自己喜爱的节目后通常不会立即调台或关掉收音机,而是继续收听一段时间,这样便为7:00~8:30播出的早间王牌栏目《体育新世界—雄鸡唱晓》留下可观的潜在听众群。

晚间21:30~22:30播出的《体坛夜话》是一天中收听率的另一个高点,这一时段听众一般处于休息状态,而《体坛夜话》邀请名家名嘴就当前体育热点话题进行评论,深度剖析,阐明观点。《金戈铁马》两位主持人能够轻松熟练地为听众呈现出观点和事实,在谈话和互动中营造出和谐融洽的栏目氛围。

除了上述节目,北京体育广播会在北京本地足球队、篮球队、排球队的比赛日进行赛事直播。另外,北京体育广播的节目体现了其"大体育"的观念,设置了多档与体育健康和体育休闲有关的节目,如《1025动生活》《1025体育商城》等节目,还有每天两档固定播出的广播体操,充分将体育赛事和全民健身相结合。具体节目如表6-1所示。

表6-1 北京电台体育广播节目表①

2017年北京体育广播节目时间表　　2017年1月1日执行

时间	周一至周日
0:00	商业专题(每周二停机检修)
5:00	节目介绍3′ 商业专题
7:00	雄鸡唱晓 7:30冬奥加速度3′
8:30	天下体育
9:00	激情赛场3′ 1025动生活 9:30 运动小贴士
10:00	商业专题

---

① 北京电台体育广播内部资料.

（续表）

时间	周一至周日
11：00	体育新闻3′ 北广生活时间 11：30 商业专题
12：00	喜鹊登枝 12：30 冬奥加速度3′
13：00	激情赛场3′ 健康相对论 13：30 运动小贴士
14：00	商业专题
15：00	体育新闻3′ 北广生活时间 15：30 商业专题
16：00	激情赛场3′ 老年之友
17：00	体育新闻3′ 运动最时尚（周一至周五）/快乐小足球（周六至周日）
17：30	界内界外
18：00	金戈铁马 18：30 冬奥加速度3′
19：00	激情赛场3′ 天天有彩
19：30	超级体验团（比赛日播出《激情赛场》）
20：30	体育的101种可能（比赛日播出《激情赛场》）
21：00	体育新闻3′ 体坛夜话（周一 大师高尔夫）
22：00	1025动生活（重播）22：30 运动小贴士3′
23：00	商业专题

从节目时间段的划分上来看，北京电台体育广播节目时间区间基本在1个小时左右，符合体育广播的专业特点和听众对此类节目的收听习惯和收听心理，也有助于丰富栏目内容和类型。

3. 重点节目创新

北京电台体育广播《雄鸡唱晓》是该台的一档经典节目。主要内容特色是"资讯+评论"，以说新闻的方式呈现，在十几年的发展中，节目语态发生了很大变化，目前采用夹叙夹议的方式，在独家信息基础上加上"有意思"的评论。评论员梁言把北京文化融入节目中。在"北京味儿"中体现亲密性和与听众的共情关联。节目原创录音内容约为30~40分钟，观点评论50分钟，编辑的文字占到三分之一。目前该节目受到网络体育新闻的注意，如新浪头条和凤凰都在看这档节目。某种意义上电台的这档节目是引领网络体育内容报道的方向，特别是一些体育热点人和热点事。例如，郎平首次面对媒体发声，是在北京电台首发采制。而电视台是以综艺方式呈现的，当时北京电台体育广播是在浙江采录的郎平本人。但是后来各类媒体都刊发了此类稿件，这里面就有一个版权的问题，目前广播媒体在版权上实际上是很难去界定的。

（二）上海五星体育广播节目设置特色[①]

1. 五星体育广播基本情况

2004年8月五星体育广播开播，是上海第一家专业体育频率。2006年五星体育广播（FM94.0）在频率波段和频率呼号上逐渐稳定下来，非大赛期间频率的播出时间固定为6：00~24：00。广播收听市场份额常年保持在4%~5%之间，每档节目的收听人

[①] 部分内容引自2017年4月23日五星体育广播顾洁总监电话访问内容及频率内部资料。

数在 10～20 万之间。综合性大赛如奥运会、亚运会、全运会,以及单项体育重大赛事如世界杯、欧锦赛、英超、F1、网球大满贯等均在频率中呈现;中超、CBA、上海网球大师赛等亦为频率报道内容。

该频率以"O2O + PUGC + 职业赛事/全民体育"的崭新理念,为目标人群带来全方位的融媒体传播体验。强调体育传播的专业属性,十分重视体育赛事直播,强调与听众的互动,90% 的节目都可以通过电话、微信或者阿基米德平台进行互动。名牌栏目包括:《空中体坛》《强强三人组》《辣椒 Sports》《体坛怡佳壹》等。

五星体育广播的 25～44 岁听众占 76%,上海广播则占 71.4%,其中男性占绝对多数,但在重大赛事期间会增加不少女性听众;以白领为主,普遍高学历、高收入,且有相当一部分私家车主,消费潜力巨大;学历在大学及大学以上的,五星体育广播占 73.9%,上海广播占 66.6%。五星体育广播的听众也是家庭各项消费的主要决策者,如图 6-4。

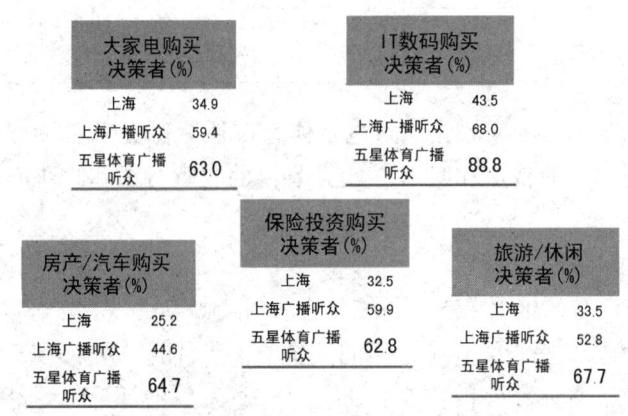

(数据来源:CTR 媒介与消费行为研究部,N = 1255)

图 6-4 五星体育广播是家庭各项消费的主要决策者①

2. 节目布局特色

五星体育广播主要包括以下五类内容:综合体育新闻、广播音乐娱乐内容、体育谈话评论类内容、服务类内容和体育赛事直播。综合体育新闻类内容的早晨板块主要针对移动人群,是集体育、资讯、娱乐于一体的互动性栏目。五星体育广播对音乐类栏目无特别划分,整体是以与栏目结合的方式来播送音乐,采取了音乐加资讯的方式。五星体育广播不仅有体育娱乐栏目,也有服务类栏目。播出重点关注、实时气象、交通路况以及服务资讯,同时以开放式话题讨论方式吸引移动人群、出租车司机、办公室白领以及学生群体,营造轻松惬意的下午茶时间。频率有时候以上海方言与听众互动,强调本土化特色。

---

① 五星体育广播内部资料.

赛事直播是上海体育迷最为关注的内容形式。如2011年上海国际马拉松赛采用直升机航拍直播；全程、全景、全天候大直播。无论是以传递资讯的新闻栏目，还是《强强三人组》等谈话类栏目，该频率都开设有微博、微信或通过阿基米德平台与听众直接交流。每周末的《五星超级周末》，更是让听众直接走进直播室，与主持人互动。

从图6-5看，节目时间表赛事直播多、资源丰富是五星体育广播主要特点。在赛事直播、新闻资讯、谈话评论类节目内容外，辅之以健康养生类的节目。由专业人士领衔主持的《健身940》，通过情景剧、袖珍健身操等方式，让听众在每个半点时分"活动"起来，成为节目编排中的一个亮点。

2017年五星体育广播（FM94.0）节目表

时间	周一至周五	周六	周日
0600-0605		广播体操	
0605-0700		重播活到100岁	
0700-0800		体育旅行家	
0800-1000		940体坛风云	
1000-1100	体育点点点	星期运动汇	全民爱体育
1100-1130		空中体坛	
1130-1200	辣椒sport	G录2016	黑白世界
1200-1300	强强三人组	球爱绿茵场	篮球嘉年华
1305-1500	轻松下午茶		体育乐动听
1510-1600		体育旅行家	
1605-1700		G速车世界	
1705-1800	体坛怡佳壹	重播星期运动汇	重播全民爱体育
1805-1900		体彩斗乐会	中华武魂
1900-2000		五星体育19点体育新闻	
2000-2100		940超级周末	
2100-2130	跑酷DJ	五星访谈	
2130-2200		重播黑白世界	重播G录2016
2200-2300	重播强强三人组	重播中华武魂	重播篮球嘉年华
2300-2400		活到一百岁	

图6-5　2017年五星体育广播节目表①

3. 鲜明的本土化特征

上海五星体育广播追求节目内容的本地化特色，主要体现在：聚焦本土赛事、本土球队、本土运动员。五星体育广播的参与模式大致分为两种：一是直接挑选可以转播的赛事进行转播；二是利用五星体育的品牌，参与举办或承办相关的赛事，一方面推动群众体育的开展，一方面能提升品牌的知名度。上海的各个区县目前已形成了较具特色的品牌赛事，19个区县发展具有特色的体育赛事，例如青浦的水上龙舟运动，静安的攀岩运动，杨浦的极限运动，虹口的足球健身运动，卢湾的拉丁舞项目，等等；金山区承办世界沙排巡回赛上海金山公开赛，崇明县的环崇明岛男子、女子国际公路自行车赛，长宁区的体操、健美国际大赛，静安区的国际剑联男女花剑世界杯赛等赛事……上海五星体育广播依托上海城市发展的体育特色，在内容设置上拥有天然的土壤。

---

① 五星体育广播内部资料.

以《G录》为例，由五星体育广播全体编辑记者轮流制作。该节目为 2008 年开播、时长 30 分钟的专题节目。聚焦体育圈内热点话题为其主要内容，通过主持人的旁白、当事人的采访和记者的画外音等不同声音素材，以人物通讯或者事件通讯的形式呈现节目内容。在内容的选择上，上海本地体育事件往往是编辑记者的首要选择目标。让听众在心理和地理位置上产生亲近感，提升了听众对节目的关注度、黏性。

《足球上海滩》（后更名《球爱绿茵场》）的上海本土化特色突出。2010 中超和中甲新赛季开展之前，五星体育广播推出《足球上海滩》。是该频率首个以上海足球为主要报道对象的广播谈话类节目。节目通过聚焦上海足坛发生的大小事件，邀请上海足坛新闻事件的当事人共同参与。重点内容是其深度对话板块。主持人刘阳和嘉宾主持姬宇阳定期邀请一位上海足球圈的重量级嘉宾，就各种敏感和热门话题，与嘉宾展开深度对话。每期《足球上海滩》节目中，两位主持人还将就过去一周上海足球新闻，发表自己的独家解读和分析，同时辟出专门板块留给球迷以及听众，让更多人可以听到并分享来自球迷的真知灼见和连珠妙语。① 2015 年，《足球上海滩》节目由于主持人的更迭，节目也更名为《球爱绿茵场》，但依然聚焦本土的几支职业球队，成为球队与球迷沟通的一个桥梁。

四、体育频率品牌运营创新

体育广播今天面临的是媒体内容相对过剩、竞争相对剧烈的传播局面，单纯依赖节目样式创新和广播新技术平台的开发，都属于一种单兵作战行为，无法凸显广播的整合实力。广播节目品牌、频率品牌营销仍是我国广播运营领域的弱项。"坚持体育特色，积极开展各种类型的活动，以融媒体的发展思路努力做好体育市场的运营，我们一直在摸索中，也特别想在体育培训整合上做点文章"。②

（一）从专业体育频率到"大体育"频率

自 2009 年上海在全国率先整体实施制播分离改革，通过广播品质的不断提升，五星体育的品牌价值日渐凸显，吸引了大批年轻、高学历、购买力强、忠诚度高的目标人群。五星体育广播早期充分利用上海体育电视的赛事资源，全天只有 4 个多小时的节目内容为非体育内容（包括这些节目的重播时间）。这一阶段上海体育广播是按照国际体育广播频率通行的做法在做频率内容设计，体育专业性突出。

上海地区除了五星体育广播外，FM93.4 上海新闻广播、FM90.9 东广新闻台、FM105.7 上海交通广播都有自己的体育栏目和体育资讯，但是由于频率定位的限制，除了五星体育广播，其余 3 家广播频率都无法进行现场直播，所以作为体育专业播出平台的五星体育广播在这几年的发展过程中，一直坚持打"赛事直播"牌，突出自己的体育特色，使之成为自己的品牌。③ 这一思路奠定了其体育广播商业运作的内容基

---

① 洪超、陈国强. 上海五星体育广播节目现状与发展 [J]. 体育科研, 2014, (01).
② 2017 年 6 月 5 日南京体育广播朱凯总监微信访问语录.
③ 翁伟民. 后奥运时代体育广播的发展之路 [J]. 中国广播, 2012, (09).

础。从 2008 年开始，五星体育广播的节目内容打破此前专业频率设置，开始强调节目内容的服务性。这一阶段，《都市节拍》《凡人凡语》《940 音乐空间》《午后乐逍遥》等众多非体育内容的节目出现在五星体育广播的节目版面中。2008 年年初，五星体育广播推出了《午后乐逍遥》节目，该节目时长 2 小时，进行构建大板块节目尝试。2010 年 3 月 15 日，五星体育广播进行全面改版。"专业体育内容立台"指导下，实现"大板块、全直播"的播出形式。重视专业体育内容的同时，将气象动态、交通路况、体育资讯、健康休闲等信息纳入其中，延伸频率服务性功能。将赛事直播、球迷互动以及体育评论融合在一起。

北京电台体育广播开播后，更多倾向于走"大体育"的路子。2013 年 1 月 1 日调整后的节目版面中，在坚持体育新闻、体育专题和体育赛事的同时，继续打造其《体育新世界》系列和《体坛夜话》等品牌节目。新推出的《1025 动生活栏目中》是北京电台体育广播与北京市体育局合作，从专业角度更好地推动全民健身运动。《百姓健康大讲堂》节目中，北京体育广播与北京市卫生局合作，与全市三甲医院密切联系，邀请国内优秀的健康专家介绍健康常识。五星体育广播的《运动与健康》节目及此前的《健身总动员》和《健康一百》，节目的制播人员会和上海市部分医院取得合作，但这些合作基本是主持人或者编辑通过个人努力而形成的节目资源。

北京电台体育广播的《运动体验团队》从内容生产和线下活动两方面吸引听众，目前在国内有影响的 22 个马拉松比赛中植入了频率和栏目形象，在收听市场和广告客户投放方面都有大幅度提高。2016 年截至 6 月完成全年任务的 61.63%。2016 年全年实现收入 1589 万元，超出计划收入 13.5%，同时减亏 100 余万元。运动体验团队以及全民健身类节目都在客户维护与市场开拓方面做出了新贡献。[①]

无论是纯粹的专业体育台，还是"大体育"的发展思路，体育频率的运营，始终需要以"体育"为其核心，围绕体育开展活动。例如南京体育广播的《走吧》是一款多平台一体化节目，结合传统调频、网络平台推送、线上线下互动、精细化会员制、社群维护为一体，节目内容主要为线上召集听众和网友组织跑步、暴走及户外徒步活动等，其中可以穿插运动相关企业宣传、产品展示试用，充当企业与跑者之间互动的纽带。在组织、服务大众体育需求的同时，引入企业服务，减少占用线上广告时段，建立听众个体与企业公平、互惠的交往机制，在此前提下做好频率运营。

(二) 从"大体育"到"体育资源"平台

体育赛事作为文化产业中最活跃的元素，深刻影响着大众的休闲生活。追求身心健康、更高品质的生活，成为主流人群的选择。

体育频率在内容设计上，首先保障"体育"的标签特色外，要十分重视对于体育听众社群需求的深度开发。有些看起来不是体育节目的内容，可能会在体育频率火起来，甚至成长为名牌栏目，这不是偶然的现象。很大程度上是该档节目满足了"体育

---

① 北京电台体育广播内部资料．

听众"这个社群更为隐在、深入的需求，加之节目的制作人深谙这个群体的收听心理，节目就能够抓住体育听众的心，提供不同于其他广播节目的独特内容呈现。因此节目火爆。实际上深层是对"大体育"概念的延伸，也是体育资源平台的延伸。例如南京体育广播的《男婚女嫁》是南京体育广播在2003年开播的一档商办节目，节目宗旨就是给未婚男女提供一个交友恋爱的平台。经过14年的时间，这档原本的商办节目已经变成了一档家喻户晓的品牌节目，促成了上千对情侣走到了一起。

不同于北京和上海两地的地缘、业缘优势和媒体量、广播人才等优势，山东体育休闲广播试图走出体育特色下的资源平台运营特色。

山东体育休闲台总监郑晋针对频率的9项内容：体育赛事资讯、转播及专题；健康养生信息知识；运动知识；旅游；美食；茶文化；红酒知识；经典流行音乐等板块进行调研，郑晋也在其个人的微博平台（微博粉丝近3万名）进行了相关调查。在此基础上，内容定位采取聚焦战略和差异化竞争战略，锁定专注体育资源平台的打造，在全天开通八档体育节目的基础上，全天大时段用经典流行音乐布局，同时用体育资讯穿插其中，用现代传媒和新媒体传播的特点，制作短小精悍不超过3分钟的碎片化体育内容广播产品，比如突发赛事热点、体育明星小故事、运动常识推荐在音乐中随机推送，让体育的元素更丰满，体现更专业的体育特色。在此基础上，频率与互联网平台联动频繁，促进真正的全媒体打通运行。

（三）体育广播产业化运营的前景

体育广播需要在节目生产的过程中重视节目管理的成本、节目设置的市场特点和节目制作的标准化，提升体育广播内容营销效果。建立一个从策划、选题、生产、播出和效果评估的稳定、科学的生产流程机制。

未来随着体育产业的开放与成熟，有效开发体育产业的赛事转播特许权、赛事冠名权、赛事组办权等无形资产，开发和经营好体育竞赛表演市场。尝试与境内外、业内外的体育经纪公司、体育广告公司、体育技术专利公司、体育信息咨询公司、体育文化公司，特别是体育俱乐部、体育人才培训院校等建立广泛的联系与合作。广播体育的资本经营也并非没有机会，将体育广播所拥有的可经营性资产通过价值成本的流动、兼并、重组、参股、控股、交易、转让、租赁等途径进行运作以实现资本增值最大化。广播与体育结合后的边缘产业，则更具有资本经营的可操作性。[1]

五、体育频率创新发展难点

（一）体育广播人才培养的难点

体育广播人才一方面具有广播媒体的专业要求，另一方面又需要懂体育专业，懂体育圈子，人才成长也需要长期的培养。例如北京电台体育广播专业记者团队20余人，分项目分专业与各个运动协会、委办局机构、专业项目的评判等进行深耕。北京

---

[1] 礼桂华．关于广播体育产业经营的思考［J］．中国广播电视学刊，2002（12）．

电台体育广播的记者比有的报纸媒体跟进赛事和体育圈子还要勤。这就意味着好的体育内容需要的代价和成本也比较高。如果为了省事，记者长期到不了体育现场，对于媒体的长久发展是很成问题的。[①]

这也意味着对于体育广播人员的考核需要准确、灵活、公平，富有远见卓识。2015年北京电台体育广播规范节目质量管理办法中，细化记者发稿标准并实行新闻机动记者采访制度，原创稿件按 A–D 不同打分情况对应120%～80%制作费；2016年，北京电台体育广播全面推行节目综合考核制度，体育广播全员工资按照收听数据、质量、策划、创新、创收等多个维度进行动态管理，各栏目根据评分结果可获得110%～70%不等的制作费，充分调动采编播人员主观能动性和积极性。

目前体育广播体制内尚缺少灵活的人才激励机制。现有的人员结构及人员使用办法难以调动采编播人员对新媒体的学习、创新孵化及节目营销积极性。

（二）体育广播转播技术的突破

比较其他专业频率，体育广播转播十分频繁。特别是重大体育赛事的转播，如前文所述往往面临着声音质量难以保障的困难。

同时，直播、录播和转播切换频繁，对广播解说要求很高。体育广播听众群互动交流需求旺盛，对现场交互技术有很高的期待。

直播机房应具有较强的内部通话功能，以便主持人、嘉宾、导播通过文字、视频、语音等方式及时联络和沟通。

（三）体育节目内容同质化，听众分流明显

无论是专业化的体育内容，还是服务型的文体节目，目前体育广播的节目内容和形态容易出现相互模仿和抄袭的情况，对于频率创新的知识产权保护不够。体育节目存在明显的内容同质化现象。

互联网网聚人气，导致一批用户离开广播，或者尽管使用广播，但同时也借助其他应用获取信息或者进行体育消费。广播听众分流明显。

（四）从松散的体育广播联盟到可持续发展的常态化联盟

目前广播界的联盟，多为有了联播选题后进行合作的松散型组织形式。并非组成全新的、常态化的、独立的经济合作共同体。北京体育广播、上海五星体育广播、山东体育休闲广播、南京体育广播、大连体育广播五家联手为各地听众带来2016年春节特别节目《体育过大年南北贺新春》。这是继2015年在南京体育广播合作之后，五家电台的体育频率名牌主持人齐聚北京，再度联手制作特别节目。春节大联播特别节目从除夕到大年初六，七天七大主题，每天两个小时，涵盖了2015年国内外重大体育事件。节目突出地方特色，用讲述的方式聊赛事、聊民俗、聊科学健身等。

中国广播联盟电台联手制作节目的做法值得肯定，既突出了广播特点，又扩大了广播媒体的影响力。联合录制节目过程中，各地电台还有针对性地进行了业务交流，利用新媒体客户端的推送，方便了各地听众收听，延展节目的影响力。

---

① 根据2017年4月11日北京体育广播台蔡明可台长访问内容整理．

第四节 奥运赛事广播内容创新①

1956年中央电台第一次派记者到墨尔本采访奥运会,开辟了中国广播奥运报道的先河。1992年第25届巴塞罗那奥运会中,中央电台派出记者首次在国外租用手持电话,报道5场游泳比赛、4场跳水比赛以及1场射击比赛,开创了记者用手持电话进行新闻报道的先河,成为体育同步直播的重要手段。1992年上海电台在报道巴塞罗那奥运会中,第一次用记者主持人替代了播音员读稿子,完全打破播音腔,打造半个小时的《巴塞罗那之夏》现场直播节目,该节目包括新闻、访谈和观点,持续了20多天的直播创新活动引起听众轰动性的效应。1993年上海电台派出记者到蒙特卡罗直播北京申奥,上海电台从晚上8点到凌晨2点进行了6个小时的全程直播。记者一边听各申办城市的陈述报告一边做手机连线报道,第一时间把国际上有关北京申奥的信息传递进国门,各种条件限制之下报纸和电视都没能做到这一点,成为广播奥运直播突破性的创新。② 1993年中央电台通过外派记者报道,与世界各地记者发回的相关报道、演播室嘉宾的点评和烘托气氛的文艺节目等,以《奥林匹克之夜》6小时大直播的方式,为全国体育迷奉献了一道体育报道大餐……正是这些体育广播的开拓者们开启了今天广播奥运报道创新的大幕。

一、音频媒体优势传播属性开发

奥运期间的体育广播在对音频媒体属性的优势开发层面,做出了探索。客观上说广播与视频媒体相比不占优势。"真球迷是不在乎手机的流量的。但是奥运会女排赛是例外,因为是早上9:00打比赛,一般人都在上班族或者是不方便看电视和手机。"③ 体育广播直播借助诸如此类差异化传播机会,深耕音频媒体,创造体育广播独有的价值和意义。

(一)奥运广播报道的"时效性"新观念

中央人民广播电台④凭借奥运报道中的"时效立体战",创造"体育广播时效性"的新解读。具体做法如下:

1. "分秒不让随时插播"机制。台长授权体育部,免去以往的层层汇报,凡是"奥运"的重要新闻,都可以打断其他节目、栏目的正常播音,分秒不让地插播出去,保证收音机前的听众最快地听到重大的体育新闻信息,简化行政管理上的环节,提升时效性,例如奥运会的第一块金牌,中国选手的第一块金牌,中国选手每一次的重要

---

① 中央电台的内容,除特别注明外,多参考中国之声编辑部副主任梁悦老师整体的内部总结资料.
② 根据2017年6月6日上海五星体育传媒有限公司编委、高级记者胡敏华老师访问整理。胡敏华为五星体育广播第一位频率总监,1986年创立上海五星体育广播的王牌节目《空中体坛》.
③ 根据2017年4月11日北京体育广播台蔡明可台长访问内容整理.
④ 2005年的中国之声节目时间表显示8:00《体育直播间》,16:35《体育直播间》,22:10《体育直播间》。2008年又开办《奥运评书》,2009年停播,现中国之声没有专门的体育栏目,但体育新闻以消息、资讯、评论、通讯、谈话等方式打碎出现在各时段的节目中,如《央广新闻》《直播中国》等.

胜利,等等,都在最快的时效点上发出去。从体育广播插播的内容量上看,报纸不可能出那么多号外,电视字幕又不便出得太多,也很难如广播这样"全天候"进行随时插播。广播在时效性上的创新,保证了体育广播在内容上独具的媒介优势。

2. 开创国家电台现场电话直播的先例。中央电台体育记者不经过台里的录音、编辑,用来自巴塞罗那比赛现场的"大哥大"直接报道,这是一次大胆的创新实践。过去使用移动电话在关键时刻作现场直播,是对没有直播线路的一种补救。移动电话相对于其他转播设备最便于携带。随时转战赛事紧张的场次进行直播,直播时间可长可短,具有操控上的主动性。这对于广播而言又提供了独有的机会:有些赛场不允许电视设备进入,比如射击,要求非常安静。再如飞蝶比赛还没结束,我国运动员张山的冠军已定下来了,当其他运动员还在加赛决亚军以后名次时,记者就联系好了中央电台本部,第一时间把张山的即席讲话用电话直播的方式播报出来,广播在各种媒介中凸显了时效性的优势。

3. 节目编排上呈现"立体化"时效性组合传播。广播奥运报道的时效性不仅体现在具体"点"上的突破,更体现在奥运广播节目全天内容系统性的"时效性"传播。清晨5:00奥运新闻开始播出(巴塞罗那时间23点,前天赛事基本结束)全天赛场综合消息。接下来,5:45第二次播出,6:00第三次播出;6:30第四次,7:00第五次,8:00第六次播出……从即席采访、评论、专家分析到听众参与,信息不断更新和深化,使报道层层递进①。奥运赛事广播转播的"时效性"以系统化的方式贯彻在全天的节目编排中,强化了媒体属性和优势。

2016年8月6日至8月21日,中央人民广播电台中国之声在北京的收听率、市场份额、日均听众规模均比7月明显提升,日均听众规模扩大了9.24万人,增长了20.4%,其中8月7日市场份额和收听率分别为11.31%和0.45%,收听率创今年新高;在深圳,中国之声市场份额比7月大幅提升,上涨17.74%,排名由第4升至第3,其中8月14日的市场份额达到20.39%,创今年新高,见表6-2。

表6-2 中国之声全天收听表现②

地区	单位	2016-08-06至2016-08-21	2016-07-01至2016-07-31	涨跌情况
北京	市场份额%	8.03	7.67	+4.75%
	收听率%	0.302	0.295	+2.37%
	日均听众规模(千人)	545.11	452.68	+92.43
深圳	市场份额%	10.09	8.57	+17.74%
	收听率%	0.09	0.08	+11.90%
	日均听众规模(千人)	133.96	116.84	+17.12

在新媒体平台,中央人民广播电台中国之声奥运话题微博阅读量突破1.8亿,原

---

① 李乃光. 让"奥运"报道战役成为新闻改革契机——访中央人民广播电台体育部副主任刘桂兴[J]. 视听界,1992,(05).
② 内部资料:中央人民广播电台新闻节目中心奥运报道工作总结,2016年8月25日.

创视频直播观看数超过2500万,微信阅读量146万,数篇微信报阅读量10万+,从8月6日奥运开幕当天起,中国之声微信订阅增长量暴增,奥运期间净增公号粉丝近10万,日均增幅较平日增加800%,见图6-6。

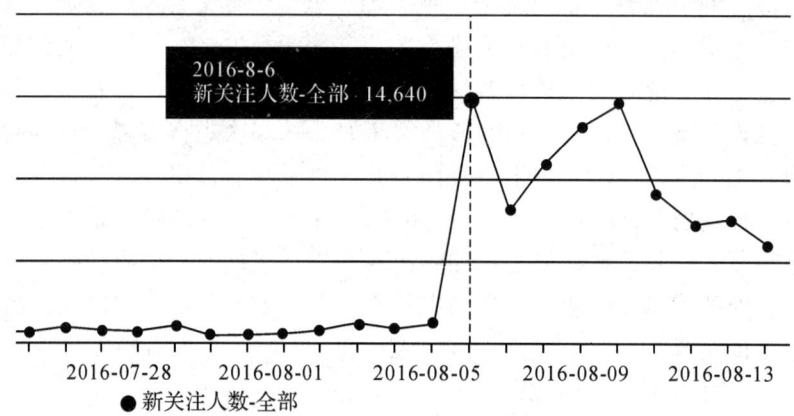

图6-6　中国之声微博新关注人数涨幅表(2016.7.28-2016.8.13)①

对于北京电台体育广播而言,从2008年8月1日到25日,共转播赛事175场,平均每天转播8.4个小时。转播内容覆盖奥运28个项目中的23个"全景奥运";前方记者累计发稿量为937条,时长超过3000分钟。中国体育代表团所获的100枚奖牌中,除了在青岛奥帆赛场获得的一金一铜外。其余奖牌在北京电台体育广播报道中无一遗漏。据索福瑞数据显示,北京电台体育广播8月份的收听率和市场份额比2016年前7个月的平均数值上升20%和18%,个别时段上升幅度达80%,2016年8月7日~13日收听率和市场份额0.181和3.49。前后方报道团队利用北京电台体育广播官方微博开通视频直播,累计观看人次超过15万人。"直播北京"收听率和市场份额上升118%,北京广播市场排名从第7位上升到第4位。经营创收比去年同期增长58%,奥运期间增加300万广告收入。

(二)奥运广播彰显广播"伴随性"优势

2016年奥运会大部分比赛项目在北京时间深夜到第二天上午之间举行。大众早起后无法长时间收看电视和视频,中国之声抓住时差优势,在早高峰7:00~8:00、夜晚20:30~24:00开设奥运特别直播节目《里约大挑战》,在上午时段《央广新闻》内也穿插转播赛况,为听众"量身定制"奥运报道内容。早间版《里约大挑战》把重点放在"同步赛况、见证金牌"上,充分利用听众的洗漱时间、早餐时间、驾驶时间,把正在进行的比赛第一时间以声音伴随的方式推送给听众,充分发挥广播的伴随性媒介优势。

早间版《里约大挑战》时段在深圳的市场份额和收听率分别达到13.21%和0.22%,相比7月涨幅均超过50%,份额排名也由第5升至第2。其中8月14日,该时段的市场份额和收听率分别达到45.80%和0.76%,创2016年同时段新高,见表6-3。

---

① 内部资料:中央人民广播电台新闻节目中心奥运报道工作总结,2016年8月25日。

表6-3 中国之声 7:00~8:00 收听表现

地区	单位	2016-08-06 至 2016-08-21	2016-07-01 至 2016-07-31	涨跌情况
深圳	市场份额（%）	13.21	8.40	+57.30%
	收听率（%）	0.22	0.14	+53.90%
	日均听众规模（千人）	25.61	22.52	+3.09
	听众人均收听时长（分钟）	20.36	15.07	+5.29
	市场份额排名	2	5	上升三位

（三）奥运广播彰显广播媒体的互动优势

晚间是媒体争夺比较激烈的时段，电视收看是一个强需求。对于广播而言另辟蹊径，彰显广播互动灵活便捷的优势：中央电台晚间版《里约大挑战》把重点放在"话题大挑战"上，实现听众在边看边听比赛的同时，通过"弹幕"等互动方式参与话题讨论。晚间版《里约大挑战》每天根据赛场的话题热度设置一个节目话题，并努力将讨论层面从体育领域拓展到社会领域，以引发更多人的共鸣。例如，《傅园慧刷新表情包，新生代运动员为何不老套?》《三大球全面失利，为何只有女排挺得住?》《美国单独重赛"活久见"，奥运也可如此"儿戏"?》《铁打的"爱酱"，流水的大魔王！乒乓无敌是怎样一种寂寞?》《场上"势如水火"，场下"惺惺相惜"，看无数奥运CP英雄会》……节目整合多种评论的视角，如"专家评论""明星评论""大众评论"等，直播间请到体操奥运冠军邓琳琳、世乒赛冠军曹臻、跳水名将周吕鑫和张晶、"眼镜飞人"胡凯等明星运动员揭秘幕后，汪大昭、金汕、刘艾林、徐力等体育评论员专业点评，再加上谷峰、庞龙等热爱体育的演艺明星分享感受，节目有热点、有趣点、有知识点，在此基础上广播听众互动就有了高质量节目内容作为基础。

奥运期间，晚间版《里约大挑战》时段的听众规模与7月相比，北京涨幅为73%，上海涨幅为78.3%、深圳涨幅为85.7%，如表6-4。

表6-4 中国之声 20:30~24:00 日均听众规模

地区	单位	2016-08-06 至 2016-08-21	2016-07-01 至 2016-07-31	涨跌情况
北京	日均听众规模（千人）	129.25	74.71	+54.54
上海	日均听众规模（千人）	91.58	51.36	+40.22
深圳	日均听众规模（千人）	36.13	19.46	+16.67

（四）奥运广播贴近性优势发挥

北京电台体育系列节目《奥运家书》，从运动员、教练员征战里约前和家人的短信微信，到里约夺金后跟家人的交流，系列节目从最朴素的生活话语入手，展现温暖的奥运故事。该系列节目播出10期，采访了宫鲁鸣、许利民、邵婷、王宇、陈颖以及在本次奥运会夺金的丁宁、马龙、曹缘、林跃、刘晓彤等北京籍运动员，播出后受到听众好评，他们与家人日常的沟通显得非常自然俏皮，和家人谈论更多的是心态，关注的是彼此的健康，想念的是家人的厨艺，当一些运动员用家乡话念出给父母的短信和微信时，听众潸然泪下。用有温度的语言，讲好中国故事，彰显广播声音的温度和穿透力，凸显广播声音的魅力。

广播贴近性也体现在可以更好地通过线下活动将奥运与全民健身紧密结合，拓展体育题材广播内容的听众覆盖面。北京电台体育广播主办的《约战2016》活动既有"里约之战"的意思，也有普通百姓与冠军"相约挑战"的含义。活动从中国金牌项目、优势项目、奥运新增项目三个维度选取10个奥运项目，邀请王丽萍、王海滨、田佳等10名世界冠军与普通百姓一起了解奥运项目。活动直接参与听众近500人，报名人数约2000人，活动现场录制的音视频节目分别在体育广播、爱奇艺网站播出，视频播放次数已经突破10万次。

（五）奥运广播个性化、本土特色创新

北京电台体育广播与北京电视台"北京时间"合作，双平台播出北京电台体育广播的原创10集视频节目《土话说奥运该节目》，该节目每集长度3分钟，拍摄地点选择在老北京四合院中，把奥运赛事用老北京土话跨界诠释，把奥运热点与京味儿文化深度集合，重新整合了体育评论员梁言以及两台的音视频资源。《奥运家书》《土话说奥运》，在北京电台体育广播官方微信、今日头条、"北京时间"、爱奇艺等多个客户端重点推荐，阅读（观看）总量超过30万次。从声音辨识度和情感温度的角度出发，用声音媒体触动心灵深处的温情。

二、专业化媒体运作流程创新

（一）建立奥运报道流程手册

北京电台体育广播在2012年伦敦奥运会报道中，第一次组建大规模报道团队境外采访报道奥运会。坚持专业化办台，在报道形式和内容等诸多方面做出创新和突破，形成《奥运报道手册》，保障节目整体策划、播出编排、合作媒体谈判、节目包装、推介、招商以及团队后勤保障等工作的顺利进行。① 《手册》包含十几项制度、办法、操作流程等，成为奥运会报道的基础保障。每项工作都有专人负责，以后方报道组为例，共有十几个工种：文字编辑、录音编辑、连线编辑、机房编辑、片花编辑、背景编辑、资料编辑以及节目监制、主持人、导播、网络编辑等，广播人在分工的基础上加强合作，确保工作顺畅。除在伦敦的报道团队，在北京电台大后方还有一只20多人的报道团队承担全天的奥运节目制作播出工作。

（二）确立赛场指挥调动机制

2016年里约奥运会，中央电台为使报道工作顺畅有序，设置了赛场指挥调动机制、前后方制定了联络流程。中国之声具有近30年体育报道经验的梁悦老师承担此项工作。此次奥运报道共派出5名记者，加上广播联盟台浙江台、江苏台、山东台、上海

---

① 张松华、边建、顾楠楠. 龙腾不列颠——北京体育广播伦敦奥运报道简析 [J]. 中国广播，2013，(01).

台、广西台的 5 名记者以及对台广播的 1 名记者约为 11 人。调动机制体现在以下几个层面：

1. 每天制定前方工作表

奥运报道指挥需要在奥运会前做好预案的基础上，每天根据赛事的变化制作一张前方工作图表。图表显示当天奥运会产生多少块金牌，重点项目是什么，争金运动员是谁，哪位记者去完成哪项比赛的采访，国际广播中心（IBC, International Broadcasting Centre）① 由谁值守，全都清晰明确。要想做到这一点，必须对赛场形势十分了解，对每天的夺金点、关注点了然于胸。

2. 调动每个人的特质和潜能

充分发挥每一名记者的最大潜能，对做好奥运会报道非常重要。根据地方台记者对本省教练、运动员熟悉的特点，在安排报道时充分整合采访资源，同时针对赛事变化，在初期、中期和末期分别安排不同体裁的报道，如人物特写、项目综述等。

3. 设立奥运报道的专门"工具"

此次奥运报道组申请了统一的奥运报道邮箱和中国广播云采编平台奥运专区。这样做，有效地避免了多头指挥而使记者无所适从，也解决了紧张工作中的记者不断接听不同节目部门的电话，影响采访的问题。

此次奥运报道共完成广播录音 129 篇，连线 221 次，IBC 直播 56 场，及整场直播了中国女排与塞尔维亚队的女排冠军争夺战。此外，前方报道组每人都开设了各具特色的小专栏，共撰写专栏 30 篇，另外有三篇为报摘制作的记者评论，《体育大国金牌减少不是坏事》《中国体育需要加强国际话语权》《关键在心态》，以专业冷静的独特视角点评奥运中的现象。

（三）高频次统一调性的内容呈现

2016 年，上海东方广播中心为了更好地报道里约奥运会，由新闻中心策划部、五星体育广播、上海新闻广播、东广新闻台、上海交通广播联合组成"奥运混成旅"，前方共派出 7 名记者，而后方则组成了 24 小时连轴转的"奥运编辑部"。前后方共同为四个相关频率提供奥运报道、奥运评论、奥运新闻等，成为大型活动协同报道的一个典型。

北京电台体育广播在奥运报道中，打破节目制作流程，建立体育广播的"奥运广播内容生产体系"。每天有专人收集前方记者的报道，并按不同时段节目要求制作，将同一题材加工为多个长度、风格、重点规格的录音成品，供体育广播各时段以及北京新闻广播、北京交通广播、北京外语广播使用。据不完全统计，体育广播在比赛期间共生产了近 300 件录音作品。

奥运报道的节目制作流程成为录音节目及时播出的重要保障，对里约直播的节目辅助尤其明显，缓解了前方采访人员有限、采访场馆分散、交通不便、时差等不利影

---

① 国际广播中心是奥运会期间奥林匹克广播电视运行的中心及世界各地持权转播商的前方总部，所以被称为全世界观看奥运的"眼睛"。

响因素。

体育广播的日常节目强调各自的特色,而赛事必须高频次、统一调性,这是广播媒体在媒体激烈竞争中做出的差异化布局。

三、传播者身份转变的创新

(一)从奥运志愿者到"广播志愿者"

里约奥运期间,北京电台体育广播前方报道团队的规模与实力无法与大报、大台、大社相比;很多运动员、教练员、评论员资源在奥运期间都成为稀缺资源;跨洋、时差也使得一些消息灵通人士获得的多为互联网二手信息……北京电台体育广播另辟蹊径,在里约奥运会上邀请了8名中国籍志愿者为其提供新闻线索,把奥运志愿者变为广播志愿者提供信源。志愿者人群有这样几个特点:年轻、爱体育、综合素质高、能近距离接触比赛。志愿者们利用自身优势,从其特有的视角,介绍赛场内外的细节。奥运期间,志愿者从里约通过微信发回录音20余条,播出18条,涵盖乒乓球、射击、自行车、游泳等大项的比赛情况和赛事运营等。

志愿者孔潇雪在游泳赛场第一时间发现了升旗仪式上国旗悬挂不规范这一事件,拍了图片、做了录音,并通过微信同步传回北京,体育广播在微博上首发这一内容,不仅指出了问题,而且把颁奖典礼上几种正确的升旗位置和理由进行了分析解释,该篇文章阅读量突破54万。

此外,参与了对中国游泳运动员傅园慧的赛后发布会翻译工作的志愿者嘉儿,感受到了对于"洪荒之力"的翻译困难就此引发的对多元文化的思考,她把各国志愿者热议的话题反馈给北京电台体育广播,电台及时制作了录音小专题"洪荒之力带来的翻译难题",得到比较广泛的关注和转发。

此外,北京电台体育广播与志愿者们共同策划了"巴西,你比七夕多一夕"等视角独特的报道,这一系列内容在志愿者们的自媒体平台也得到很好的传播,辐射了更多85后、90后人群,得到听众好评。①

(二)从运动员、体育爱好者到"广播评论员"

伦敦奥运会报道中,北京体育广播员工、退役的专业体操运动员丁独伊和排球运动员以评论员身份参与奥运比赛解说成为节目亮点。其通俗易懂、深入浅出的风格受到听众广泛好评。

此外,北京体育广播邀请了游泳、排球、田径等领域的十几位专业人士作为嘉宾参与直播,还有一些常年从事体育报道的记者、爱好体育的杂家也参与到节目中。他们不仅从体育的角度,也从社会的角度解读奥运,引导大家参与到全民健身的行列中来,带给听众全方位的感受。伦敦奥运报道中,北京电台体育广播多年来积累的专业

---

① 吴易洋. 广播奥运报道的差异化布局——以北京体育广播(FM102.5)的奥运报道为例 [J]. 新闻与写作, 2016, (10).

人才，在体育社会化方面做出了有益的探索。① 在国外体育节目当中，搭配主持的方式十分普遍。例如美国的 NBA，职棒 MLB 等几大联盟的比赛当中，都会出现一名主持人搭档一名专业体育运动顾问进行解说的形式进行通力配合。②

（三）"健身达人"引导互动节目内容

里约奥运期间，正是我国移动互联成熟爆发期，也是奥运与全民健身的交汇。晚间版《里约大挑战》紧跟时代潮流，专门开设"健身大挑战"板块，每天邀请一位草根"健身达人"走进直播间，给听众带来专业的健身知识、正确的运动理念。

这些"健身达人"来自各行各业，他们中有马拉松爱好者，有户外运动爱好者，有健美爱好者……每个人的背后都有一个精彩的故事。他们的共同特点是愿意分享并教授大家简单易学的健身方法。

节目游戏互动部分也成为直播的一大亮点，在健身达人的陪伴指导下，主持人在"第二现场"导播间进行了平板支撑、仰卧起坐、水下憋气、卷腹抬腿等趣味比拼，极大地提升了听众的参与度。

四、融媒体传播方式革新

（一）建立视频直播架构③

中央人民广播电台拥有中央级媒体的优势资源和优质内容，在做好音频传播的同时，借助互联网传播音视频和文字的融媒体内容，从而拓展广播的传播范围和影响力，发挥更大价值。

中国之声里约奥运报道的目标是实现"前方现场视频直播和后方节目视频直播突破升级"。晚间版《里约大挑战》与中央电台其他栏目的直播探索，已经初步建立起"新闻现场＋直播间节目＋户外节目"的视频直播架构，成为中央电台融媒体的创新力作。

1. 现场报道可视化，全体记者都是全媒体记者

经过赛前的专业培训，中国之声前方记者每人都成为全媒体记者。他们拿起手机对混合采访、新闻发布会、赛场内外花絮随时随地进行视频直播，并同步解说和实时互动。例如孙杨200米决赛，中国之声前方记者王艺、吴喆华分别对孙杨赛前准备、比赛进程、赛后混合区采访、新闻发布会等进行了全程视频直播，记者边直播画面边进行现场解说，观众随着镜头一路看过来，有着"真人秀"般的观看体验。在一小时直播过程中，王艺视频直播的观看人次超过547万，吴喆华视频直播有180万粉丝围观，总计观看人次达到727万。

整个奥运期间，王艺的"艺直播"为例，共进行13期视频直播，涉及了赛事、赛后采访、场馆探营等奥运赛事的报道，也包括贫民窟探营、依帕内玛大市场、基督山、

---

① 张松华、边建、顾楠楠. 龙腾不列颠——北京体育广播伦敦奥运报道简析 [J]. 中国广播，2013，（01）.
② 谢军. 关于如何做好广播体育节目的若干思考 [J]. 视听纵横，2015，（05）.
③ 参阅中央人民广播电台中国之声编辑部副主任梁悦的《前方总结》.

里约大教堂等里约的风土人情介绍,报道多元,内容丰富,收到了观众点赞。仅仅王艺一人的视频直播,总观看量高达 730.84 万次。中国之声前方记者通过新浪微博"一直播"共进行手机现场视频直播 42 场,观看人次 1210 万,粉丝参与互动数 1910 万,微博阅读量 8300 万,转发和评论 53 万。

2. 广播节目可视化,打造"看得见的广播"

晚间版《里约大挑战》每晚通过电波向全国听众直播的同时,还通过中央电台新闻客户端、网易、优酷、乐视等视频平台,对节目直播间进行了视频直播,尤其是体育冠军、演艺明星作为嘉宾加入,吸引了数百万网友观看和"弹幕"互动。

与此同时,晚间版《里约大挑战》还在直播间以外设置了"第二现场",通过新浪微博"一直播",每天发起四场视频直播。直播内容既有办公区、制作间里的广播幕后,也有导播间里教练、运动员、健身达人示范体育动作要领,教授大众健身技巧,吸引了大批热爱运动的网友围观,累计观看人次达 220 万。

直播间视频直播和"第二现场"视频直播,为晚间版《里约大挑战》16 天收获网络观众约 500 万人次。

如此大量的观看量,基于前方强调视频直播的时效性和独特性,比如赛后混合采访的直播,对观众有极大的吸引力。说明利用自身资源,突出独家优势是中央电台日后媒体融合的一个方向。

(二) 网络新媒体平台拓展

伦敦奥运会期间,北京电台广播网专门设置了奥运频道,结合网络优势制作了大量伦敦奥运会前方记者连线、录音报道,及时加工北京电台体育广播原创音频,将电波与文字有效转化为新媒体形式,并制作大量视频专题配合全台奥运报道。

其中独家策划制作的伦敦奥运会特别节目《奥运天天报》,力求通过别样的视角,全景化展现伦敦奥运会的魅力。奥运会间共计播出 29 期,创下 551243 次的高点击率。为凸显新媒体特色,北京广播网还开辟了微博平台。奥运会期间积极配合体育广播转发、互动并推荐前方记者微博百余条,引来众多微博粉丝围观、转发。利用微博平台与北京电台体育广播联动,将频率和北京广播网制作的精彩节目互相推广,在新媒体领域不断拓展传播空间,取得了很好的效果。

北京电台体育广播官方微信在里约奥运期间增加内容数量、突出音频特色、放大独家观点、调整发布时间,每天在奥运比赛全部结束后的 3 小时后再次引发一轮奥运题材的新媒体热议。奥运期间,北京电台体育广播微信的活跃度达到 18%~22%,提高了 5% 左右。奥运期间,前后方报道团队利用频率官方微博开通的视频直播,累计观看人次超过 15 万。

五、报道内容的创新规划与设计

(一) 广播声音包装

北京电台体育广播奥运期间专注做"奥运频率",大板块特别节目《激情奥运 里约绽放》均匀分布于早午晚间；奥运快讯、赛事预告和重要消息随时插播，使全频率全天候奥运内容不断；晚间《体坛夜话》奥运特别节目，每晚一个半小时和嘉宾听友共话奥运。《激情奥运 里约绽放》开辟专题专栏：奥运快讯、记者在里约、奥运金牌榜、奥运明星谱、奥运锐观察、赛事前瞻、奥运家书等。

北京体育广播以"激情奥运，里约绽放"的统一声音形象安排各时段节目，早、午、傍晚及夜间的重点四大板块使用统一的节目标志。全天 24 小时的整点及半点都围绕奥运会进行了声音包装，在中国代表团每一块金牌产生后 1 小时内就制作并高频次播出"夺金时刻"，即便是在非比赛时段、非重点节目时段也依然可以体现浓郁的奥运气氛。

（二）广播内容差异化传播优势

对于因时差问题无法进行视频转播的节目，广播人进行差异化分析后，确定下大力气在其他媒体的真空地带大有作为。

例如：里约时间 8 月 17 号晚 22：15，奥运会女排 8 进 4，中国女排遇到了东道主巴西女排，凌晨 12 点前方直播开始时，正值比赛最关键的时刻。北京电台节目组放弃了常规报道的方式，前方的两位主持人依照巴西电视台的信号为广大听众直播这场焦点战，并在赛后第一时间连线央视在里约的排球解说员洪钢、体育广播现场采访记者王昇，向球迷们立体展现了这场备受关注的比赛。[1]

在奥运期间采录"来自巴西声音"，收集具有巴西特色的如：巴西电视台解说声音、里约海滩的海浪声音、里约街头小贩的叫卖声、奥运赛场的加油声等等，对于听众而言可以增加鲜活的力度。

（三）宏大主题进行有温度的差异化转换

人们常说"讲"故事，因此对故事的把握与传播是声音的长项，这也成为媒体激烈竞争中广播差异化布局不能忽视的部分。

在奥运报道中，北京电台体育广播尝试把爱国主义和民族精神这些宏大的主题转化为有温度的故事，借助新的视角、新的方式吸引听众，尤其是吸引年轻听众，这也是对奥运主题的回归。将奥运回归于对身心和谐的追求，引导年轻听众模仿榜样，完善自己的身心健康。

从这个思路出发，北京电台体育广播系列节目从最朴素的生活语言入手，展现温暖的奥运故事。奥运冠军与家人日常的沟通显得非常自然俏皮，和家人谈论更多的是心态，关注的是彼此的健康，想念的是家人的厨艺，当一些运动员用家乡话念出给父母的短信和微信时，听众潸然泪下。[2]

---

[1] 北京电台体育广播内部资料：《北京体育广播里约奥运会报道情况总结》.
[2] 参见吴易洋. 广播奥运报道的差异化布局——以北京体育广播（FM102.5）的奥运报道为例 [J]. 新闻与写作, 2016, (10): 101 - 102.

(四) 广播内容独家信息的重要价值[①]

8月21日上午，中国之声对中国女排与塞尔维亚的冠军争夺战进行了全程转播，带领全国听众同步见证了中国女排的历史性辉煌。数据显示，这场转播在北京吸引了20.93万人收听，比7月的日均规模增加了11.06万，涨幅达到112%；在上海的听众规模为14.78万人，比7月增加7.08万，涨幅达到92%。

中国之声旗下的《龙腾不列颠》节目下设九个板块，其中《龙腾不列颠》和《奥运冲击波》两个节目在内容上，从赛事报道中的解说到运动员家人的心声实录，从专家的评点到记者的描绘与感受，叠加成复合声音信息流。

广播媒体的奥运报道除赛事消息类内容外，还要寻找人物深度访谈、赛事背景分析、新闻评论等第二落脚点，弥补互联网快餐式传播的不足。由于传统媒体单纯的信息传播功能弱化，因而，对大量信息进行梳理、筛选，提供媒体的视角和观点，就显得十分重要。

(五) 记者人际传播创新

中国之声除了凭借频率品牌和节目品牌输出内容外，从奥运开幕前的预热阶段，就开始通过宣传片花，着力打造前方记者的个人品牌。开赛后，五位前方记者不仅凭借精湛的比赛解说和现场报道，赢得大批听众赞誉；还通过风格各异的个人专栏——梁悦的《"悦"说越明》、方亮的《耳听八"方"》、张闻的《"闻"所未闻》、吴喆华的《"吴"所不谈》、王艺的《艺游未尽》，吸引了不少忠实听众；由前方记者发起的手机视频直播，更使他们当了一回"网红"，王艺制作的每天一期的"艺直播"，共进行了18期视频直播，涵盖赛场内外各类花絮和里约风土人情，总观看量高达730.84万次。

(六) 积极引导舆论热点，深度挖掘体育精神

奥运期间，中央电台中国之声《新闻和报纸摘要》播发多篇"有声版"广播评论，由前方资深体育记者梁悦撰写并播录，以客观冷静的视角有效引导舆论。如赛程过半，中国金牌数不及上届一半，报摘及时播发评论《体育大国金牌减少不是坏事》，指出体育弱国缩小与体育强国的差距，有利于世界体育的普及和发展；再如公众指责裁判打分不公，《中国体育需要加强国际话语权》道出根源：中国不热心在单项体育协会任职，丧失了规则制定的话语权。在奥运会落幕后，报摘更以"央广评论"的规格播发《不能忘记奥运会的主题》，批评把"重在参与"与"更高更快更强"对立起来，是对奥运会的曲解；指出"奥运会倡导快乐，但快乐不是娱乐"。中国之声微信也多次刊发引导舆论的头条文章，阅读量屡破10万+。

[①] 张松华、边建、顾楠楠. 龙腾不列颠——北京体育广播伦敦奥运报道简析 [J]. 中国广播，2013，(01).

第七章 广播广告内容模式创新

随着新兴媒体的高速发展，媒体的竞争环境发生深刻变化。目前我国广播普遍的盈利模式依赖于品牌广告和线下活动。在这个过程中，电台的节目内容、风格、呈现方式等越来越多与整体的运营策略密切相连。有些广告内容直接以节目的方式呈现，但比较普遍的形式还是商家、机构，包括电台、栏目和节目的品牌宣传广告，公益广告是广播承担社会义务的一种媒体呈现。这些广告内容不仅在电台内容中占据一定的分量，特别是随着电台生存模式难度加剧，商业机构或者广告内容与节目本身的关联性越来越强，发生的潜在影响也越来越深。本书中把广告内容看作是广播内容的一部分，构成了今天电台内容传播的外部呈现。下文拟将各类广告内容纳入到广播内容传播模式创新研究的视野中。

第一节 广播广告内容的历史与发展

一、广播广告内容形成期

1922年8月，美国电话电报公司WEAF电台播出了纽约长岛一家房地产的广告，成为世界上最早的付费广告，之后广播广告受到商家的青睐。美国电话电报公司也逐渐以广告收入作为电台经费的来源。随后，美国的其他电台也相继播出广告，广告内容进入广播大众传播时代。当时广播广告一般为直接播读的形式，与广播节目中间没有明显的界线。

我国广播广告出现于20世纪20年代末30年代初，一批外资或者民营广播电台主要依靠商业广告维持电台运营。新中国成立前，上海共有100多个民营广播电台，除两家属宗教性质外，其余皆为商业电台。① 在节目播出过程中大量播读广告，节目的编排也是围绕着广告进行，尚属于为广告而广播的时期。

新中国成立后，伴随着社会主义改造的开展，计划经济占据主导地位，广告也越来越少，"文革"期间彻底销声匿迹。直到1979年3月5日上海人民广播电台播出广告"春蕾药性发乳"，1980年元旦中央人民广播电台开始恢复广告经营，自此全国各地的广播电台竞相模仿，广播广告开始蓬勃发展。

当时广播广告的形式还停留在较为粗糙阶段，依然与节目混合在一起。1986年珠

---

① 刘英华. 广播广告理论与实务教程［M］. 中国传媒大学出版社，2006：8.

江经济广播电台开播,带动了全国广播电台节目改革。1990年代初各地广播电台陆续开办专业台,大大增加了广播时间,加剧了彼此间竞争,广播广告从此迅速发展。广播广告的艺术形式和经营方式也发生的很大的变化:广告的制播分离成为常态,广播广告制作开始独立于节目之外,在经营上广告代理制也进一步成熟。

二、我国广播广告内容发展期

广告是社会发展、特别是经济发展面貌的间接再现。透过广告,中国经济发展、商业进步可窥见一斑。从播出内容来看,1980、1990年代中国广播广告的播出内容大多为家用电器、生活日用品等,如曾经十分火爆的活力28洗衣粉、威力洗衣机、飞跃牌及凯歌牌电视机、健力宝汽水、大宝SOD蜜、南方牌黑芝麻糊、恒源祥毛线、喜之郎果冻布丁。

进入21世纪,随着文化体制改革在传媒业界的开展,广播广告收入逐渐作为媒体收入的主要来源,成为支撑媒体做强做大的基础。2000年至2005年,广播广告在整个广告市场呈现高速增长的局面。根据国家工商行政管理总局广告监管司的统计:2000年后的5年中,平均增幅31.40%;2004年、2005年两年,更是年增长分别为38.83%和39.94%。[①]五年内的平均增幅远远高于全国广告收入的增幅。广播广告内容日渐丰富,包括药品、酒品、烟草、家居建材、保险、食品饮料、汽车、金融保险、电信、房地产等。近几年,新的广告内容不断出现,如互联网公司的广播广告,特别是北京和上海,GPS、打车服务、旅游及美食应用等已成为许多电台的重要广告客户。

国家"十二五规划"纲要中明确提出"促进广告业健康发展",广告业纳入国民经济和社会发展规划体系。国家和地方出台了一系列支持、促进广告业发展的产业政策和措施,为广告业持续健康发展奠定了坚实基础。"十二五"时期,全国广告经营额年均增长17.6%。

2015年北京电台的APP广告投放量达一亿多元。根据CTR媒介动量的数据,2016年中国电台广告花费前10位的品牌分别是中国移动通信、燕之屋、好视力、中国电信、中国联通、中国平安保险、一汽大众、云南白药、房天下、国美。从广播广告的播出形式来看,常规硬广、特约、冠名、专题、软文、热线、直播、线上线下互动等等形式,均与广播广告的产品开发、满足客户需求、听众听感、匹配频率气质和风格等相关。截至2015年年底,全国广告经营额5973亿元,比2010年增长了1.5倍,跃升为世界第二大广告市场,如图7-1所示。

在全国广告市场蓬勃发展的大环境下,广播广告全年收入自2006~2015年,除2015年略低于2014年,其他年份均处于持续走高状态,2016年整体传统媒体广告额同比下降5.96%,而只有广播广告额呈现同比增幅2.06%的态势,见表7-1。

---

① 杨叶青. 弱势媒体强势竞争——广播广告经营特征及空间 [J]. 中国广播, 2007 (3).

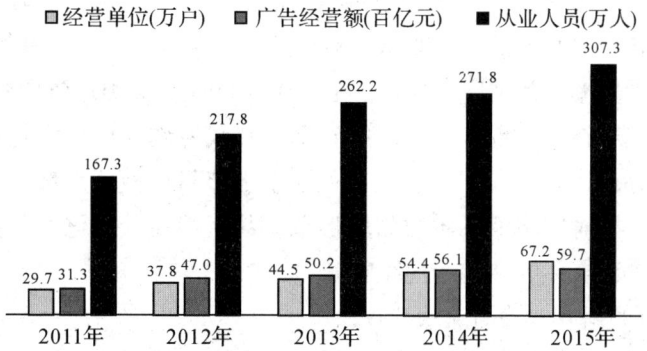

（数据来源：国家工商总局门户网站）

图7-1 2011~2015年广告业发展基本情况①

表7-1 2006~2016全国广播广告全年收入②

2006 年	57.2
2007 年	62.8
2008 年	68.3
2009 年	71.9
2010 年	77.2
2011 年	91.0
2012 年	141.1
2013 年	141.2
2014 年	159.9
2015 年	156.4
2016 年	（尚未发布）

（数据来源：历年《中国广播收听年鉴》） 单位（亿元人民币）

广播广告的内容样态也是成熟多样，从品牌广告到成为广告主的营销顾问，从线下活动到立体化的整合广告效应，广播广告在内容和样态上都得到了飞速的发展。

三、"绿色"广播广告新政

2015年9月1日，国家实施新修订的广告法，对医疗专题广告和收藏品等其他专题广告进行了严格监管。国家新闻出版广电总局下大力气整治广播广告市场，从整顿节目内容秩序出发，以迎接新兴媒体的巨大挑战。

这是前期广播广告高速增长留下的潜在问题。过去从广告结构来看，除了中央电

---

① 国家工商总局．国家工商总局办公厅．"工商总局2015年度例行新闻发布会"公布数据［EB/OL］. http：//www.saic.gov.cn，2016.02.24.
② 课题组制作．

台和发达地区的电台具有数量可观、相对稳定的品牌广告之外，当时大部分的地方电台广告经营还依托"坐台卖药"的形式，广告收入中医疗广告占到总收入的50%以上，一些地方电台或者频率的此类广告收入甚至占比到80%。此类广告内容以热线、咨询、专题、讲座等形式存在。电台有限的时间资源被热线专题类广告大量占用，尤其在部分热门频率，自办节目无生存空间，主持人几乎无节目可做。大量专题热线类广告容易导致听众流失，同时影响了广播的品牌形象，甚至消耗、钝化了广播人才队伍，某种程度上制造了表面繁荣的广播运营假象。

（一）电台对广告内容进行系统化改造

新广告法推动了电台对已有的特定专题广告内容进行"绿色"系统化改造。江苏电台提出"绿色广播、和谐广播"建设工程。2007年同比缩减专题广告55%。2008年，江苏电台将广告价格提高约30%，减少广告时段，淘汰低端用户，由50多家减少到10余家。落实广告审查员制度，制定《专题广告管理规定》，从制度和流程上严格规范。安排专人对所有频率广告进行监听，坚持以"合法化、规范化、节目化、品牌化"为目标，杜绝低俗广告。湖北新闻广播对广告进行严格管理，广告部设立广告审查员，实行广告审查员、广告部主任、频率总监三级审查审稿制度。每一个广告稿件，均需逐级审查签字，杜绝违法、虚假广告。①

（二）分阶段缩减医疗药品、保健品广告

顶层设计系统化改造这部分广告内容外，针对具体的时段，电台普遍采取分阶段有步骤清理和杜绝医疗、药品保健品广告内容的措施。云南经济广播是云南电台传统医药类广告创收大户，2007年频率医药类广告占比高达73.6%，而与频率定位相吻合的金融类广告仅占5.8%。到了2008年，云南经济广播的医药类广告缩减到52.1%，金融类广告份额上升至27.6%。金融类广告在该频率投放的年增长率达到了177.9%。②

（三）改造旧有的专题热线类广告

一些中西部省级电台和市级电台，专题热线类广告占其广告经营收入的很大一部分，且广告时段仍有大量空余，大幅削减此类广告容易造成经营困难。在这种情况下，部分电台结合自身实际情况和听众需求，在压缩专题热线类广告的基础上，对专题热线类广告加以策划、改造，也从一定程度上净化了播出环境。例如，陕西电台根据自身情况，将专题热线类广告控制在部分频率内，同时整改专题热线类广告。加强市场调研、可行性分析、销售分析和营销策划，确保此类专题热线类广告的内容质量，形成了以50分钟保健养生类节目附带5~10分钟广告内容的专题广告形式。

无锡新闻频率对医疗热线进行了整改：规范节目内容，实施总量控制；选好节目主持人的基础上，选择高素质的嘉宾，增加节目的权威性、可信度；继续开设好热线电话，

---

① 2011中国广播业调研报告之广播广告经营探索[EB/OL]. http://www.doc88.com/p－101556201754.html，2017.04.25.

② 同上.

全方位地为听众、市场服好务；注重节目的包装、推介和宣传。

整顿医疗专题广告形成全国风潮后，经历了一个艰难时期。但一些电台因品牌形象的提高，获得了大跨越的发展。2016 年黑龙江电台经营指标为 3.9 亿元，比上一年度下调了 2000 万元左右。主要是缩减了专题广告份额，而品牌广告有 10% 左右的增长。2015 年 11 月上海广播单月广告投放量突破 8048 万元，历史性"破八"，全年广告投放量 7.96 亿元，同比增长 7.6%，其中，整车类广告同比增长 24%，互联网类广告疯涨 120%，金融类同比增长 32%，上述三类成为行业投放榜上的前三甲；动感 101 以创纪录的 3.3 亿元，连续第 5 年荣登频率排行榜首，成为全国唯一广告破 3 亿的音乐电台；上海交通广播抵御住年初主动砍掉专题广告的下行压力，仍然保持住 1.5 亿元的高位；LoveRadio103.7 增幅超过 10%，达到 1.29 亿元。

2016 年全国交通广播广告收入过亿的频率包括北京交通广播、深圳交通广播、湖北交通广播等 22 家。2017 年 2 月 CTR 媒介智讯数据显示，广告市场（不含互联网）同比下降 9.6%。其中，传统媒体同比下降 11.2%，电台媒体广告花费呈现同比增幅 1.1%，是传统媒体中唯一呈现增幅的。广播广告内容的整顿，目标是增加广播媒体的"纯度"，提升广播品牌的影响力。

四、新形势下广播广告内容反思

随着近期内容付费的兴起，点播节目的流行，用户资讯的超饱和供给，使听众对于广告的容忍率已经衰减到最低点。在这种情况下，既然现阶段广播仍继续依赖广告收入，那么在广播广告内容呈现以及营销创新就变得更为迫切。

广播广告从探索广告节目化，发展到对电台营销的重视，再到与商家合作电商或者商品直销……若电台节目内容和广告内容过多服从于市场和营销，必将衰减广播作为新闻媒体的专业属性，这在新兴媒体竞争激烈的现状下，相当于电台自己加剧了自身的短板，短期燃烧广播媒体长期积累的影响力，是否是一种饮鸩止渴行为？如何给广播节目内容和广告内容一个更成熟、更专业的媒体属性层面的尊重？这些问题值得思考。

目前，电台存在的困难主要为：广告内容创新满足不了广告客户求新求变的需求，用户注意力一部分转移到了新媒体。广播创收渠道单一，广告占了广播电台创收最主要份额，活动创收和其他经营收入占比很少。

同时，广播活动实际存在叫好不叫座的情况，一个频率一年办大大小小活动多的上百场，少的 50 多场，活动的收入和利润难上台阶。在节目内容中，对于线下活动的支持，占据了一定的时段，虽然网聚了一部分听众的注意力，但黏性并不太强，且并没有带来明显的收入格局变动。

总体来看，房地产、汽车、通信行业、金融保险、政府资源仍是广播广告的支柱投放行业，2015 年新广告法实施后，禁止烟草在大众传媒做广告，媒体流失了烟草行业的客户。而这些下降和流失的广告行业和客户，电台还没有找到新的增长点。广告主的资源后续发展不足；广告内容本身的创意模式动力不足，市场效力不佳等，这些因素直接导致广播节目内容本身在制作精良程度、创意模式上正走向一种隐性的衰退迹象。

第二节　广播广告内容创新保障

一、电台广告运营架构创新

对于传统媒体而言，机制和体制是改革的难点和关键点，因此对于广播广告内容制作和运营而言，广告工作的管理机构的创新改革是内容创新的源头之一。

以前电台一般只设广告部一个部门，负责广告经营和管理。现在大多数电台会有专门负责经营的广告经营中心（或产业经营中心），专门负责广告监管的广告管理部，有些电台也叫广告监管办公室；频率则是广告承播机构。电台的广告管理机构从运营、监管和执行，各个环节直接影响广播内容模式的形态和最终效果。

（一）广告经营中心

广告经营中心作为电台广告经营创收工作的主体责任部门，主要职责包括研究电台广告的发展战略和经营策略，制定广告经营及产业发展政策，建立全台广告的产品体系、价格体系，策划实施市场推广活动，负责各频率的广告营销。具体的工作要求，以电台统一经营广告的情况为例：

负责组织协调全台广告经营活动。

直接承担全台的年度广告创收任务，并将具体指标责任落实到相关频率。

根据整体创收指标，制定广告刊例价格和折扣体系，并据此开展广告经营创收业务。

负责全台客户的服务，协调客户广告投放的全过程工作，提供广告播前、播出、播后的综合服务。处理经营过程中出现的相关具体问题。

按照规定流程签订广告合同，对广告合同执行情况进行跟踪落实，对播出广告欠款承担催缴责任。

组织开展广告招商推广活动，加强与客户的沟通交流。

组织实施公关传播活动，维护、提高电台广告经营的品牌形象、知名度和影响力。

对广告市场进行分析和研判，及时掌握行业趋势。对各频率的广告运营情况进行动态跟踪、灵活调控，共同应对市场竞争。

定期召开广告经营分析会，就全台经营创收中的新情况、新问题提出应对措施和合理有效建议。

负责落实广告行业主管部门提出的整改意见，制定整改措施，认真整改。

（二）广告管理部

广告管理部作为对广告合同、播出内容进行监督管理的主体责任部门，要熟悉掌握国家出台的各项广告法律法规，负责对全台各类广告合同及广告内容进审核、监管，确保电台所发布的广告符合相关法律法规、行业要求、社会公德和电台利益。具体工作：

制定并完善广告监管制度，监督、协调、服务、管理广告经营工作。

负责全台广告合同内容的终审，确保广告播出内容符合《广告法》和国家及行业主管部门制定的广告监管规定，杜绝播出违法、违规广告。

负责全台赠播广告和资源互换广告的审核、监管。

负责专题广告的播前审听、播出上单。

负责全台各频率、节目、广告开口时段、微信、APP 等新媒体平台所有类型广告的全面监管。

负责对监听、监审中发现的违规、违法广告问题提出处理意见，在确认违规、违法情节后下发违规、违法广告处罚通知单。

负责对广告经营单位、广告代理公司提供的企业资质证明及广告批文进行审核，并给予整理、归档。

负责与广告行业管理职能部门沟通、协调。

组织全台广告评奖及报送工作。

（三）频率

各个频率与广告经营中心共同承担全台各年度广告创收任务；负责本频率日常广告的管理和自查；配合广告经营中心协调与广告创收相关的资源调配；配合广告监管部门对超出广告合同范围的违规、违法情况进行整改。频率总监是频率管理的第一责任人，对本频率内出现的未经管理流程审核批准私自播出广告的问题以及其他方面广告播出问题负有直接领导责任。

（四）电台广告及产业运行实例

在产业发展方面，全国很多电台都进行了积极的探索，但因体制、资源等限制，成效并不明显。目前，上海广播平行进口车项目是全国广播电台发展产业的一个成功案例。

2016 年 3 月 30 日，上海广播平行进口车项目正式上线。上线不到两个小时，获得了第一笔交易，卖出了一辆奔驰 GL400，上海广播就这样跨进了平行进口车市场的第一步。截止到当天 24：00，正式成交了 5 台车，并有 30 台预约。上海广播平行进口车项目以一个名为"有腔调"的微信公众号为平台，联合上海交通广播、动感 101、LoveRadio、899 驾车调频等频率聚合营销，根据不同频率定位及听众群体进行不同风格车型进行宣传销售，引流听众到"有腔调"。听众在这个微信公众号平台可以看到车的信息、价格等，可以进行交易。

安徽台电台针对电台广告管理和运营做出改革：2016 开年之后从战略布局上进行调整成立了三个小组，一个是广播广告经营领导小组，主要是协调和管理。类似于北京台广告管理部的职能；第二个是成立了广播活动领导小组助推大活动，因为目前面临了医疗专题的转型这个阶段，在这个过渡期，要借鉴湖南等电台的方式，主推大活动；第三个是成立广播新媒体领导小组，这几个小组都是由电台分管的副总编和副台长挂帅，下面有一些成员。在新媒体领导小组方面主要是做了一个达尔文 APP，上线之后注册量有 10 万左右。还有一个是安徽交通广播微信公众号关注人数有 100 万，全国百强移动客户端评比，安徽交通广播排在十几位。

河南电台 2015 年广播创收完成 2.7 亿元。2016 年 3.1 亿元，签的合同金额 3.3 亿元。河南电台经营机构分为两个部分，一个是河南电台广告经营中心，另一个是河南广播传媒集团。广告中心负责广告运营，广播传媒集团负责产业运营。目前，集团的产业运营还在探索中。

二、电台广告运营管理类型

广播内容包括广播广告的制作受到电台经营模式的影响。运营模式不同，会青睐于不同的广播内容风格和呈现方式等。

（一）总台与频率经营管理类型多样

电台经营形式主要分为集中经营、分散经营和混合经营。集中或分散没有永久的一种形式，分分合合，全因电台的管理和市场环境而定。集中经营也叫统一经营。一般是电台广告经营中心承担全台经营任务，频率不需要直接经营；分散经营一般是由电台各频率承担不同的经营创收指标，频率下设市场部，直播开展经营活动。电台的广告部负责进行管理。混合经营为统分结合，从客户投放上划分，全频率投放集中在广告部，由广告部签约服务；单频率投放由所在频率签约服务。从经营主体上划分，部分频率的广告经营权在广告中心，由广告中心经营；另一些频率的经营权在频率，由频率自营。

1. 集中经营

江苏电台在 2006 年年底成立了广播广告中心，把所有的频率负责制变成集中经营。江苏台共有 10 个频率，其中 5 个中波，构成经营的 10 大主体。2013 年把 5 个中波独立出去，自我整合找新出路。如中波生活频率和文艺频率，实现节目、活动、产业、广告四位一体的经营，其实这是过去频率负责制的提升。在 2014 年年底之前中波的成绩还不错，以大型演出、企业演出作为支撑。但大型演出目前受大环境的影响每况愈下，盈利困难。2015 年年底台里面把中波里面的文艺加上音乐两个频率打包，从独立经营的模式到了整包的模式，从这里可以看到随着市场的变化，电台的经营模式会不停地在改革。而江苏广播广告中心则集中经营新闻台、一个全省覆盖的交通台和一个覆盖部分地区的小交通台，这 3 个台承揽了 64.2% 的经营指标。江苏台的品牌经营是以代理制作支撑，自营为辅。

实际上，集中经营的优势体现在价格统一，避免了低价恶意竞争；对拉升所有平台的经营水平有帮助。强势平台带动弱势平台，形成良好的打包经营的策略，发挥了各个平台的经营优势，满足客户不同需求；集中经营节约了大量的人力成本，也便于广告客户寻找固定的媒体投放渠道，有利于在客户心中形成电台整体的品牌形象。专业人做专业事,广告中心只对经营事务负责任,精力集中在如何提升体量。在集中经营框架下,江苏电台与不同的代理公司进行了不同形式的合作,如与远誉合作代理了汽车行业,金融行业中银行、证券、基金、保险等则利用社会上各家代理公司的所长以品牌的模式来做。江苏台的品牌经营是以代理制作支撑,自营为辅。有行业代理的模式,也有品牌代理的模式,有自营的模式,同时也有整包的模式,还有中波独立经营的模式,经营的形式比较多样。

再如,北京电台在2004年重新将下放给各频率的广告经营权统一收归台里,并设立了广告经营部和广告管理部,整合全台资源推行通频率的分行业代理制度。规范了市场秩序。随着近几年的快速发展,北京电台也逐步通过参与竞标等方式,将原来对外代理经营的部分广告资源重新收归自营,一定程度上降低了经营的风险。①

2010年,黑龙江电台将各频率广告经营权收归台里统一经营。2015年11月黑龙江广播电视合并。合并之后成立了八大中心,包括电视中心、广播中心、卫视中心、广告经营中心等,广告创收由广告经营中心集中经营统一管理。广告经营中心下设了九个事业部,其中卫视事业部、地面事业部、广播事业部、4A事业部均有经营创收指标。

2. 分散经营

在分散经营中的频率负责制里,广告、节目、活动是属于同一个责任主体,频率总监是第一责任人,他可以第一时间协调广告经营和节目配置的矛盾,很好地解决广告执行力的问题。但是有可能总监们的精力会不济,再加上对团队的要求也是很高。现在,全国广播电台实行分散经营的为数不多。有些是集中经营一段时间之后再分,有些是分了再合。所以,用什么样的经营模式,不会一成不变,孰优孰劣也很难说,只能说适合自己的就是好的。

3. 混合经营

混合制经营,台和频率之间有收有放。"收"就是把个别的经营权收回来,多频率投放,而且投放的体量超过一定数额的由总台广告部进行经营。"放"就是把一些经营权放给频率,让频率自营,让他们贴地气的做节目搞经营,激发频率的积极性。

例如2017年广西电台由以分散经营为主的混合经营改为集中经营,为集中力量做好主营行业,夯实经营基础,深挖支柱行业的潜力,同时鼓励有实力的广告公司为电台部分行业进行培育开发,节省人力和办公成本。

(二)多样化电台广告的运营管理模式

集中经营和分散经营是针对总台与频率之间的一种关联类型,在集中和分散式经营之下,针对广告这个层面,又有不同的运营模式,有自营、混合经营、代理制等。这些经营模式也是根据各自电台所处的经济环境和发展阶段决定的。

---

① 2011中国广播业调研报告之广播广告经营探索[EB/OL]. http://www.doc88.com/p-101556201754.html, 2017.04.25.

电台广告运营有行业代理的模式,也有品牌代理的模式,有自营的模式,同时也有整包的模式,还有中波独立经营的模式,经营形式比较多样。所有的模式没有先进和落后之分,只有适合不适合之分。

1. 自营

早期各电台广告经营均为自营,由电台广告部门负责广告的承揽。随着频率专业化的推广和各专业台的兴起,天津电台在1980年代末开创"统一管理、分散经营"的模式,将广告经营工作下放给各频率,由各频率独立承担相关经营工作。这一模式在90年代初逐渐被推广开来。①

(新增内容)自营这种经营方式,渠道和客户都掌握在电台的手上,不用担心代理公司跑路,降低了经营风险。也因电台获得全部经营利润,频率创收积极性高,经营灵活性强,可以实现广告内容与节目契合。但自营需要培养一支自己的营销队伍,投入的人力、财力成本较高。

上海台经营模式以自主经营为主。在自主经营当中分为小频率代理,2016年上海体育频率进行了代理,还有一个汽车行业代理,这也是上海台唯一一个行业代理。上海广播自营业务量占到近70%,行业代理占到近30%。总共有29人的销售团队承接了70%销售的任务。2015年上海广播比上一年度有7.6%的增幅,达到了7.96亿的创收。

湖北广播电视台之前的经营体制是由总台统一经营,经营方式为自营和代理相结合。经过了五年的运作,2015年电视方面如经视、综合等频道要求自营,广播的经营也随之改变,让交通、新闻两个频率做自营。由此,湖北台由统一经营改为分散经营,分分合合,均无定数,由自身发展和市场环境所决定。统一经营的时候,一个客服人员服务多个客户。分散经营之后,可能会出来四个经营主体对接一个客户的情况,客户有时会嫌麻烦。

2. 代理为主自营为辅

1990年代初,国内电台开始尝试广告公司代理广告,解放电台有限的人力资源。广告代理公司是市场主体,可以更好地维护广告客户与市场对接。当时,北京电台创立了分行业代理制度。这一制度对广告投放行业进行了划分,由不同代理公司进行不同行业的代理经营。这一做法避免了代理公司之间的恶性竞争,规范了市场,得到了业内的认可。②

目前北京人民广播电台是代理加自营,自营是一小部分,2015年自营做了一个亿,大部分是做的代理。远誉是北京台第一大的行业代理公司,代理汽车行业广告,2015年汽车品牌做到了3200万元。2015年北京电台有27家公司代理。

湖南电台2011年全台所有广告统一经营,分行业代理为主,自主经营为辅。2013

---

① 2011中国广播业调研报告之广播广告经营探索[EB/OL]. http://www.doc88.com/p-101556201754.html, 2017.04.25.

② 同上.

年全台经营模式调整,主体频道仍然坚持以代理为主。特色频道以自主经营为主,大力发展自营队伍。统分结合,代理和自营并存的混合经营模式。通过这种模式,不断创新广告编排模式,增加广告容量和吸附量。精确测算广告饱和度,实现广告资源价值最大化。诞生了800万元级的大客户,打造了1000万元级的活动,"芒果RADIO"的影响力迅速提高。2015年湖南电台总体经营大盘4.2亿元,广告总量3.88亿元。

江西电台现在有9个频率,经营模式是自营和品牌独家代理,9个频率中有6个是做全频独家代理,占江西台整个广告份额的70%左右。剩下的3个新闻、民生、农村是自营,主要是做热线、购物为主。

3. 独家代理和多家代理

独家代理和多家代理两种主要形式也都存在一定的不足。独家代理对电台来说风险较大,同时电台在对广告经营的掌控上相对被动。

例如北京交通广播在初创时实行独家代理,面对刚起步时的经营困难局面,代理公司撕毁了合同,使频率陷入被动局面。多家代理时,电台的管理成本提高,各频率的灵活性降低,同时,不同代理公司之间容易出现争抢,影响行业秩序,产生内耗。这其中,虽然分行业代理制解决了部分问题,但是这一模式仍然受到行业市场规模、市场上成熟代理公司的数量以及电台管理水平等因素的制约。

陕西电台在广告自营的模式下,又采取跨行业的多家代理制度,通过代理公司之间的互相竞争,逐步将当地广播广告市场做大、做活,为电台经营增长提供保障。

4. 全频代理

2015年广东电台基本上是全频代理,全代对广告的浮动不是非常的敏感,代理公司替电台承担了很大的压力。而全代之后电台广告的增长很难大幅度提高,因为要和代理公司谈增长是很困难的,一般谈下来就是几个百分点。

为了应对这个情况,电台采取了另外一个模式,经营和节目分开,为了提升整个频率的经营规模就通过集团给频率加任务,因为频率的广告是给代理了,但是其他的收入没有代理,所以就给每一个频率压了其他经营收入指标,这样子整个台收入可以实现一个比较理想的增长。比如说在活动方面产生利润,利润的奖励很大,在这种大奖励、大压力的刺激下,频率搞活动和搞其他创收的积极性就会高。如广东的交通台2016年年初搞了一个活动就是帮广告主卖汽车,一天卖掉180台,这个利润就非常大。

全频率独家代理有好的一面也有不足的地方。好的一面就是它能够降低电台的经营压力,频率有更多的时间去做好节目,做好活动,把品牌打造好。不足的地方就是经营风险高度集中,一旦整个市场不好了,代理公司经营不善就有可能撤离。

三、个性化广播广告产品创新环境

广播广告营销大致经历了四个发展阶段。第一阶段为时间资源阶段。广播作为时间媒体,向客户销售广播的时间资源。第二个阶段为广播产品阶段,广播开始开发多种广告产品,进行产品销售,如广告套餐、整半点报时、栏目特约等不同形式的广告产品成为这一阶段的广告销售形式。第三阶段为线上线下互动阶段,广播除了以广告产品售卖线上播出之外,开始以客户为核心,根据客户的需求,策划线下活动,制定服务客户的整合营销方案。第四阶段为多平台聚全营销阶段。这个阶段集合了广告投放、活动推广、新闻配合、节目推介、听众互动、网络、手机终端等多种传播形式。

这种从资源型向品牌型广告销售方式的转变,需要广播电台必须深入分析广播收听市场和新媒体传播特点,研究细分收听人群和用户,加强自身品牌建设和节目影响力,聚集更广泛、质量更高、消费能力更强的收听人群(用户),使用专业的传播营销手段,从产品开发、传播策划、落地执行、效果评估等多个层面与客户对接,有针对性地面向客户,面向市场。

(一) 广告投放模式创新

现今,广告主对广播营销提出了更高的要求,电台广播广告投放模式不断创新。中央人民广播电台 2017 年中国品牌集结行动——"聚力中国,共赢央广"2017 年 2 月 27 日在厦门举行启动仪式。随后上海站、成都站、广州站、乌鲁木齐站、武汉站、大连站相继举行。央广领导、中国之声、经济之声和中国交通广播等分别向与会知名企业代表以及各方面的营销专家、学者和广告公司推介各频率的特色品牌节目和 2017 年推出的重点项目。他们推出经过市场检验的六大宣传投放模板:集中式投放、伞盖式投放、插间式投放、季节式投放、点段式投放、融合式投放。推出深度开发的个性化营销产品:广播纪录片式的营销产品、场景式宣传产品、融媒体产品——喊红包及针对当地企业设计的宣传产品。

(二) 广告整合营销创新

电台充分了解、深入分析收听市场的需求,通过营销来推介自身品牌和节目,获得更广泛、质量更高的收听人群;电台还必须了解专业的传播营销手段,面向广告客户提出合理高效且具个性化的整合传播方案,以吸引投放。

上海广播把 2016 年定为聚合营销元年。2015 年 9 月开始,上海广播从平台、人群、内容三个维度打造 2016 年全新的聚合营销。以"聚合营销产品手册"为推手,让客户充分了解"聚合营销"并且能够根据自身的行业特色进行自由选择与随机组合,使得营销的丰富性有着质的飞跃。以活动优势为核心,上海广播线上发挥广播的伴随性媒体特性,线下通过发放聚合营销手册,同时融合新媒体矩阵,包括 APP 阿基米德、微信、微博等,整合出全方位多平台的聚合营销战略。①

一方面,上海广播以上海交通广播和 Love Radio103.7 两个频率为试点,公开广征聚合营销的合作伙伴,向广告公司、公关公司等抛出橄榄枝。上海广播为合作伙伴提供广播策划活动;合作伙伴也可以相互提供独有的多渠道多平台的资源,加大力量更好地为品牌客户、广播听众服务,打造专属品牌。另一方面,上海广播从聚合营销出

---

① 媒体资源网. 上海广播电台广告 4.1 亿元实力开局迎接 2016 [EB/OL]. http://www.allchina.cn/news/xinwenAD_post_91892.html, 2017.04.26.

发孕育出一个孵化机制，诞生 Workshop（工作坊）。Workshop 以动感 101 和第一财经广播为试点，汇集了最专业的广播节目生产人员、策划总监、销售经理等，为广告主提供一个以移动人群为主体、以广播为平台的一揽子营销解决方案。"Workshop 里面，既有资源丰厚的行业经验智慧，又有精准的人群覆盖力度。"[①] 这种颠覆传统的全新营销方式，努力再铸上海广播广告 2016 年的华彩篇章。

2016 年 WORKSHOP 成立以来推出一个比较好的一个案例是"迎新鞭炮电波陪您过大年"。上海有环内禁止燃放烟花爆竹的禁令，但中国人过年还是希望有一个热闹的气氛，所以 WORKSHOP 打造了一个迎新陪你过大年的项目。这个项目方案推出两小时之后就有商家积极响应。另一个例子就是宝库一号。2016 年 2 月他们有一个保险箱的项目，请交通台专门为宝库一号定制了一些话题来打动听众，吸引大众消费者。宝库一号在全国各种媒体的投放量总量约 8000 万元，而在上海广播单月密集型投放近 300 万元。在所有的广告投放来说，上海广播带来的销售量是最好的。广播成为了实现营销的助推器。

2015 年上海广播新品广告同比投放量增长了 55%。对上海广播来说有近 3000 万元汽车品牌的大投放量，也有类似于几万元的小投放量产品。一些新品是通过初步性、尝试性的投放让它产生后续性的增值。

黑龙江电台同样在探索广告营销的新路径，提出"一种传输，四种到达"的营销概念：企业产品的品牌影响力、广告投放的经济回报力、受众的购买冲动力、企业的社会价值认可力。在四位一体的媒体定位下形成的"实效传播"理念，已经成为整个经营工作的首要诉求与文化自觉。黑龙江电台一切的经营活动都围绕"实效传播"这个理念展开。自 2012 年起，黑龙江电台商业活动营销，每年 100 多场，年均撬动创收 3000 多万元。活动营销为广播媒体的市场份额、品牌价值提升、行业拉动以及广告经营的成长做出了巨大的贡献。

从 2008 年开始，"哈尔滨国际啤酒节"这张城市名片，便与黑龙江电台深情交融不可分割，连续七年的承办，近百场的演出与狂欢盛典，卷入受众成倍增长，间接带动各业收入超亿元，使哈尔滨国际啤酒节与青岛、大连国际啤酒节齐名，成为我国三大国际啤酒节之一；2011 年年初首次助力大庆市政府策划执行"大庆雪地温泉节"活动。一个月时间让这个每天的客流量只有几十人的小景区一跃为日接待量达 1700 多人的旅游休闲胜地。黑龙江电台用媒体品牌影响搅热了龙江旅游市场，一时间健康游、红色游、农业游、工业游，自驾游、主题游在龙江大地风生水起，龙江旅游业连续三年实现两位数以上的速度增长。龙广策划的每一场 A 级活动，不仅是一次惠民的团购销售活动，更是融入了策划创意理念的一次次事件营销，让营销活动的线上宣传变成节目的有机组成，变成群众关注的焦点事件，节目资源与广告资源无缝链接，极大地

---

① 媒体资源网．上海广播电台广告 4.1 亿元实力开局迎接 2016 [EB/OL]. http：//www. allchina. cn/news/xin-wenAD_ post_ 91892. html，2017.04.26.

提升了活动的价值与含金量。2015 年 1~7 月，全台营销活动 52 场，直接创收额度 4300 多万元。

（三）广告综合专业团队创新

北京电台广播广告经营转型探索，除专业营销团队之外，北京电台还建设了节目创收型团队，包括爱车团队、吃喝玩乐大搜索团队、教育面对面团队、王东工作室团队、朱红工作室团队。节目创收型团队依托节目资源和影响力，发展线下多元化产业。2015 年 1~7 月，5 个创收型团队共计实现收入 2735.15 万元。

打造一支有激情的专业广播广告营销队伍也是实现广告营销创新的重要手段。上海广播广告经营中心有 30 多个营销人员，他们代表上海广播界与 1200 多个客户谈业务。这支队伍有智慧有激情，充分的发挥大家的积极性。首先要给他们树立责任感，你是广播一员，广播的振兴是匹夫有责。他有责任心了他就会继续努力。第二要给他荣誉，他做好了就给他戴大红花，让他做广告达人，谁业务做得最好就是今年集团的先进。第三要制定奖励的政策，做得越多，拿得越多。三者缺一不可的，只给钱，不给荣誉，也不进行责任教育是不对的。三者并进进行教育，进行引导，他们的积极性可以充分地发挥出来。

（四）电台营销理念和手段创新

创新营销理念，提升电台优质资源的价值。借势营销，引进新项目打造一些相对稀缺的活动。比如湖南电台 2015 年引进社会资源有一个湘江杯的国际帆船赛，湖南电台获得了该赛事线上宣传资源运营权，与项目合作方进行联合招商。同时通过项目合作方获得了线下、户外的一些资源，直接拉动了 300 多万元的广告营收。湖南电台还通过与国美电器举办的一个湘江音乐节的合作，独创了广播加互联网加音乐节，引爆了客户，直接拉动了将近 400 万的广告投放，使湘江音乐节成为湖南电台一个很具标志性的文化活动品牌。

伴随媒体营销意识的加强，广播媒体开始逐渐由传统的广告销售模式转向全新的营销服务模式。这主要表现在：形成了以客户为导向的营销理念。"客户满意"成为越来越多的电台进行广告市场营销的目标，以客户为核心制定满足需要的广告产品开始被越来越多的电台所采用；创新营销手段。在激烈的媒体竞争当中，广播开始进一步审视自身的媒体特点。通过创新，部分电台开始建立起灵活多样的营销手法，充分发挥了广播的优势；广告策划能力加强。除了广告的录制和播出，电台开始主动参与广告方案的前期策划，通过策划。[①]

（五）电台广告议价策略

湖南交通台黄金时段比较饱和，对交通台运行的时候进行了一个数据分析，进行了一个巧妙的编排定价，可以说是稳中求进分类涨价。在 2015 年设定了一些力保大客

---

① 2011 中国广播业调研报告之广播广告经营探索［EB/OL］. http：//www.doc88.com/p-101556201754.html，2017.04.25.

户、老客户存量的一些政策，针对常规节目的资源小幅调价，大幅度提升优质资源的价值。比如说交通频率早间收听率非常高的节目，采取了竞标的方式来做，2015年的增幅翻番了，全年的冠名权卖到300多万。对一些不是很饱和的资源进行了优化的整合，设计了一口价的产品，确保了中小型客户的投放增长。一口价的产品2015年的营收增幅1000多万，新客户拉动达到了60%~70%，这一块就弥补了房产、通讯等传统行业的下滑。2016年对一口价的产品进行了价格的提升，还是再度向市场推出，反响也是很好。2016年关注到交通频道周末时间，把周末一些产品进行了组合，做了玩转周末这些产品设计，从预售的情况来看是比较好的，这样确保交通台在黄金时间段饱和的情况下找到了一些增长的空间。交通频道这一块的精细化运营确保交通频道在2015年也达到了将近10%的增长。2015年交通频道单频率创收1.65亿元，针对主体频道的精耕细作收到了显著效果。

（六）版权销售和活动模式的输出

2015年湖南电台声音工厂对外销售节目版权收入400多万。大型活动部开发了对省外输出活动模式的方式，从创意策划中获得收入。（新增版权）

四、电台广告推介与监督机制建立

目前全国电台市场意识不断提高。在营销方面，充分面向市场的广告营销环境已经基本形成。2016年9月，北京电台以"声音的商业价值"向市场推介，推出了许多有针对性的产品，其中有多元化线上产品包括硬广、主题广告、节目合作、软性植入，还有资源打包组合产品，将多个专业广播部分广告时间进行组合，并低折扣打包销售。同年同月，江西电台以"广播+时代 聚力前行"为主题向市场推介广播资源，包括核心类产品、粉丝型产品、场景类产品、活动类产品。

电台广告经营管理一方面要敢于突破创新，大胆开拓市场，一方面加强经营管理，做好风险防控，发挥监督机制，既能有所为也能有所不为，从而不断推进电台广告事业的繁荣发展。

2004年北京电台设立广告经营部统一经营广告，把经营和管理分开，这在全部广播电视系统内是进行比较早的，并积累了不少经验。2004年北京电台开始建立广播节目和所有与播出有关的质量管理体系，把广告经营工作也纳入质量管理体系。每年要进行内部审查和外部审查。审查人员要审查整个合同记录、特殊事项审批记录，合格项和不合格项都要检查，然后在电台总结大会上说明经营中心今年不合格项有几项，具体的是什么，两个星期内必须拿出整改方案。2009年5月8日当时的国家广播电影电视总局纪检组在北京台召开了一个现场会，全国广播电视主管经营副台长和广告部主任共200多人参加了现场会，听取北京台的经验介绍。

北京电台广告经营中心和广告管理部两个部门的职责很明确。管理部负责经营秩序管理、合同主审、合同管理和合同执行的错漏播。北京电台所有对外具有法律效益的广告合同都是管理部在管理。广告经营中心负责具体的广告经营工作。北京电台的广告经营管理相当于有"三支警察队伍",管理部是广告经营警察队伍,节目监听科是节目的警察队伍,还有纪检是党政干部的警察队伍。它们保障了广告经营的合法合规和良好的经营秩序。

北京电台广告经营中心有一个大业务厅,计财部、广告管理部、广告经营中心三个部门在这里联合办公。业务大厅有14个岗位,用一个系统,从广告时间查询到合同签订、行业划分、客户划分、合同录入、主审、二审到管理部的终审到上单以及财务收钱等一条龙服务。每一个流程都很严谨,而且每一个工位都有自己的密码。三个部门联合办公互相监督,经营中心不接触钱,管理部不接钱,所有的合同核算完了之后财务再进行复审然后收钱。每一个月三个部门对所有的合同进行对账,年底再总核对,检查签约额和实收款是否一致。

第三节 广播广告内容生产过程创新

一、电台内容生产的流程创新

（一）电台客服流程创新

电台广告内容的创新,依赖于电台与广告客户建立起良性的服务、顺畅的交流沟通的机制。建立起以广告客户为核心的客服流程,体现了电台工作的流程化,以及对于广告内容质量的可控性。

主要细分为前期、中期和后期客服三个阶段。[①]

前期客服主要负责9项内容：

①咨询：解答客户关于广告刊例、政策、档位查询、投播细节等问题；

②推介：了解客户需求并出策划案,收集电台收听数据适时推介；

③谈判：做好谈判准备工作,作为业务代表与客户有效沟通,促成签约；

④落单：编稿、审稿、安排录制广告——制作（接收）订单——核对广告订单各项要素,向客户确认投播要求—走电台合同审核流程——回传广告订单——订单上备注编排、录制监播的注意事项——记录；

⑤催款：跟踪每笔订单的进账时间,提前与客户核对进账金额——到款核对——分账——开具发票——交付——记录；

⑥客户数据收集、整理：按周、月、季、半年、全年的时间周期向领导提供客户投放（进账）情况；

⑦客户回访：主动联系客户,了解客户动向、近期需求或其他意见——记录——反馈给部门领导；

⑧危机公关：接受客户投诉并将投诉信息转到中期客服核查——安抚客户——督促核查结果——及时向客户反馈——协商解决方案——记录；

---

① 广西人民广播电台金晶整理.

⑨其他与客户有关的外勤工作。

中期客服：根据客户订单要求编排广告（含排单、上单等完整的编排环节）；查错漏，转接前期客服收到的客户投诉信息排查原因，出具排查结果和书面解决方案及致歉函，记录相关信息。

后期客服：开具播出证明：核对排播点段——开具证明——交付（寄出）——记录；录制监播：如客户有特殊录制要求（如增加常规以外的监播带、加急录制某订单监播带等要求），按订单备注要求录制。如无备注的广告订单录首日监播，需在订单播完后3个工作日内交付广告监播带。工作流程：录制——回听（检查）——剪辑音频（包含调节音量大小等）——交付——记录。

（二）广播广告合同审核步骤①

1. 普通合同审核

接到送审合同进行确认；

用电子表格登记、整理送审合同相关信息（送审时间、甲方名称、品牌\产品、播出起止日期、合同金额、合同状态、合同问题跟踪等其他特殊情况说明）；

审查广告主资格，收集广告主资格文件，登记入库；

检查送审合同下方甲方、乙方是否有签章，如没有则按A合同处理，一式两份，如是替换A合同，则需找出之前已交A合同附在送审替换件后；

检查送审合同广告内容是否为违规广告、是否符合相关广告管理规定，是否有不利于本方无法给予承诺的条款；

检查是否在广告优惠政策范围内，超出政策优惠范围的，是否有文特批；

2. VIP框架合同及消耗单审核

重点核对VIP框架合同的合作期限，如过期则检查是否走过申请批文；

检查合同签订甲方公司名称是否与框架合同一致，如不一致则查看框架合同附件的子公司列表是否有列出（消耗单）；

3. 置换合同审核

审核是否符合台内广告置换合同管理规定。重点审核置换资源是否提及第三方或旗下子公司信息。

4. 问题合同处理

将所核查出的问题一一列出，常见问题有：行业类型不对、品牌产品信息不明确、文案内容不符合规定、甲方签章为空、相关批文未附到送审合同或未走完流程、双章扫描件未录入系统或扫描件与送审合同不相符、合同号系统录入有误、系统录入信息不完整或未录入系统、送审合同与现行广告管理政策不相符；

联系相关合同管理员处理；

按广告合同审核流程重新审核。

---

① 广西人民广播电台王睿整理．

（三）广告经营数据分析

每月进行常规数据分析、频率个性化需求分析。对合同签约量、签约份数、完成任务量进行统计，从行业、客户、频率三个不同侧重点与不同时期进行分析比较，定期或不定期出具经营数据分析报告。

（四）广告内容播出流程[①]

广告内容播出管理包含播前审核及播后管控：广告内容播出视为合同的必要组成部分，须随广告合同一并录入广告管理系统，需经初审、二审和终审。终审通过的广告内容进入制作环节前由承播部门填制《广告制作/编排工作单》，广告成品通过审核后，由承播部门负责人签发《广告制作/编排工作单》方可编排播出。广告部监听组须对播出后的广告进行抽听、抽检，对违规用语、过期及不按要求播出的广告一式二份下发《广告监听纠错通知单》，一份承播部门签收，一份广告部留存。承播部门应对《广告监听纠错通知单》提出的问题进行修改并予以书面反馈意见。如承播部门不予修改与反馈，按违章广告处理。广告内容审核一般流程图见图7-2。

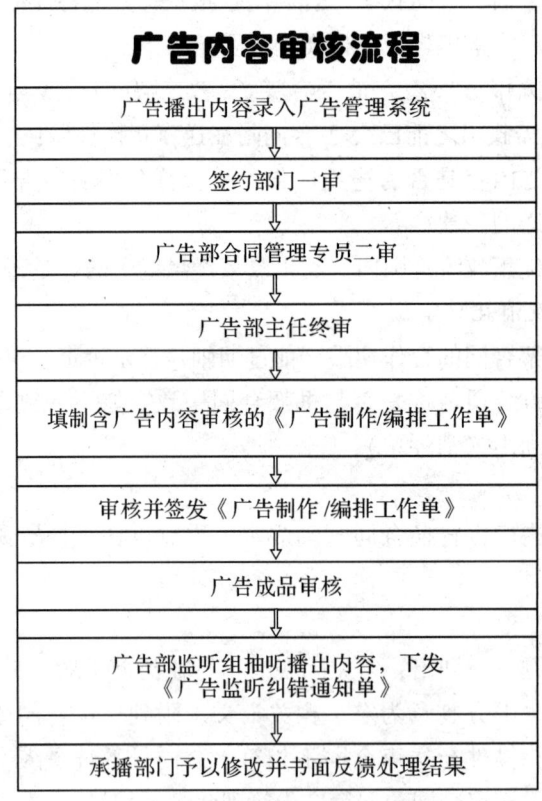

图7-2 广告内容审核流程图

在电台广告集中经营的体制下，广告内容播出对经营主体（广告经营中心）、承播

---

① 广西人民广播电台金晶整理.

频率和广告管理部提出了要求：

1. 关于审核。所有行业代理、综合代理和类别代理的"广播广告发布合同"、广告音频文件、音频质量、版本时长和广告内容由广告经营中心负责审核，确认无误后签字，提交广告管理部终审。

2. 关于上单。广告经营中心需对照合同内容，核实播出日期、段位、长度、广告内容、广告版本等，确认无误后再行上单，不得随意增减广告，严禁无合同上单播出。

3. 关于播出。任何带有商业宣传的内容，包括组织团购、带有集客性质的俱乐部、含有广告性质的反打电话、微信平台、公众号、APP、商家赞助等未经批准，频率不得在节目中播出。如因特别节目需要，播出涉及商业信息的内容，要向广告经营中心提报申请，经审核批准并在广告管理部备案后，方可执行。涉及品牌名称、地址、网址、电话、价格、促销活动、企业文化等商业信息，需严格按规定播出，不得同时包含两项以上的信息。

4. 关于实物充抵、资源置换。各频率用于节目互动、大型活动或自营产品促销等实物充抵、资源置换广告的，需提前向广告经营中心申报，并提交包括宣传形式、宣传周期、实物名称、价格、数量、规格、冲抵总价等的实物冲抵协议，经批准并在广告管理部备案后方可执行。而因频率自身宣传推广，需同其他媒体进行广告资源置换，同样需报广告经营中心核准、经台领导批准并在广告管理部备案后方可执行。置换广告发布内容仅限被置换媒体的品牌、形象宣传，不得涉及任何第三方商业宣传。

5. 关于医药广告。医药行业品牌广告"三级审核制"。广告批文、广告文案和音频文件，需代理公司初审、广告经营中心复审、广告管理部终审。

6. 关于社交媒体账号管理。在广告内容上包括涉及新媒体的内容，各个电台对主持人也有相关的管理规定。

不得在节目中口播任何无合同广告内容或未经审批的商业信息；

不得在节目中提及主持人个人微信、微博、APP；

不得私自承接微信公众号有偿广告内容，不得擅自发布任何可能有广告嫌疑的且与节目、频率无关的内容；

不得利用台内认证公众号推荐其他私人公众号和开展任何有偿服务；

不得私自在节目中公布或邀请听众添加个人及他人微信号，发布私人广告、团购、有偿活动等；

使用频率或节目组微信、微博、APP 进行商业运营，需制定广告刊例价，对接银行账户需为电台指定账户，不得擅自开办银行账户并结算。开展商业活动时，要在广告经营中心报备并签订广告合同，在广告管理部备案。

二、电台内容生产新准则

2015 年 4 月 24 日下午，第十二届全国人大常委会表决通过新修订的《广告法》，这是《中华人民共和国广告法》自 1995 年 2 月 1 日施行 20 年来首次修订。新修订的

《广告法》自 2015 年 9 月 1 日起施行。关于广告内容方面,第二章"广告内容准则"提出非常明确的要求。

(一)广告内容准确、清楚明白

第八条明确规定:"广告中对商品的性能、功能、产地、用途、质量、成分、价格、生产者、有效期限、允诺等或者对服务的内容、提供者、形式、质量、价格、允诺等有表示的,应当准确、清楚、明白。广告中表明推销的商品或者服务附带赠送的,应当明示所附带赠送商品或者服务的品种、规格、数量、期限和方式。法律、行政法规规定广告中应当明示的内容,应当显著、清晰表示。"

在广告中如果不能准确、清楚、明白地标识商品内容,有可能误导普通消费者。如某空调广告:"一天只用 1 度电"。在广告中没有说明该品牌什么型号的空调,让消费者误以为这个品牌所有的空调都是一天只用 1 度电,也没有说明一天用多长时间才消耗 1 度电,很显然使用 1 小时、10 小时、24 小时耗电量是不一样的。

商家开业、节假日、周年庆典促销,大多会使用赠送礼品的促销手段。如"**时尚家居广场盛大开业,好礼大派送,千款家居任你选,买一送一……"这个广告中的"买一送一"并不是买一件家居产品送价值相等的商品或同样的产品,而是买一张床垫送一个抱枕,买一套沙发送一个水壶如此之类。又如餐饮企业"吃一百送一百"。这个"送一百"带有很多的附加条件,如晚餐不能用、节假日不能用、包厢内不能用、消费不到一定额度不能用。但在广告中并没有说明这送的"一百"的使用方法。为规范广告中表明附带赠送商品或服务、有奖销售等活动,《广告法》和《反不正当竞争法》都有相关规定,必须在广告中清楚、明白地标识所赠商品或服务的品种、规格、数量、期限和方式,说明有奖销售的办法和奖励价值,并且最高奖的奖金不得超过 5000 元。

(二)禁止使用绝对用语

广告法第九条第三款规定不得使用"国家级""最高级""最佳"等用语。绝对用语的禁用,是为了防止欺骗误导消费者的广告。除了"国家级""最高级""最佳"这三个表示程度的最高级形容词之外,与此类似的绝对化用语均在禁止之列。如:世界级、最、最大、最好、最高、最新、最先进、最时尚、最受欢迎;第一、唯一、独一无二、销量第一、排名第一;首个、首选、首次、全国首家、全球首发;独家、独创、缔造者、填补国内空白、最先进加工工艺、世界领先、领导者;顶级、顶尖、终极、极品、绝无仅有、无人能及、无与伦比;金牌、名牌、王牌、大牌、掌门人等均属于绝对用语。

某房地产广告:"全城最火爆的高端商务集群,拥有最便捷的轨道交通,最便利的休闲区,享受独一无二至尊地位……"

某银行广告:"办理按揭贷款……当然首选×××银行……"

那么,如何规避绝对用语,不同的文案有不同的应对方式。如:旧广告法"方太抽油烟机——最多人使用的抽油烟机!"新广告法:"方太油烟机——更多人使用的抽油烟机！"

除了绝对用语禁用之外，广告法第九条还规定了广告不得有下列情形：使用或者变相使用国家机关、国家机关工作人员的名义或者形象；损害国家的尊严或者利益，泄露国家秘密；妨碍社会安定，损害社会公共利益；危害人身、财产安全，泄露个人隐私；妨碍社会公共秩序或者违背社会良好风尚；含有淫秽、色情、赌博、迷信、恐怖、暴力的内容；含有民族、种族、宗教、性别歧视的内容；妨碍环境、自然资源或者文化遗产保护；法律、行政法规规定禁止的其他情形。

（三）新闻报道与广告内容要区分开

广告应当具有可识别性，能够使消费者辨明其为广告。大众传播媒介不得以新闻报道形式变相发布广告。通过大众传播媒介发布的广告应当显著标明"广告"，与其他非广告信息相区别，不得使消费者产生误解。

（四）对涉及回报预期的商品或者服务类广告有禁令

广告法第二十五条规定，招商等有投资回报预期的商品或者服务广告，应当对可能存在的风险以及风险责任承担有合理提示或者警示，并不得含有下列内容：

1. 对未来效果、收益或者与其相关的情况做出保证性承诺，明示或者暗示保本、无风险或者保收益等，国家另有规定的除外；

某金融机构理财广告："有没有一款产品，抗风险，还能博高收益？×××锁定最高收益，年化收益率7.4%，是您投资的最佳选择。4月25日起发售。"

某公司广告："×××重金诚聘代理商，低门槛、高回报、低风险，年收益可达40~80万元，×××与您携手共创致富梦想……"

2. 利用学术机构、行业协会、专业人士、受益者的名义或者形象作推荐、证明。

（五）烟草广告禁播

广告法规定，禁止在大众传播媒介或者公共场所、公共交通工具、户外发布烟草广告，禁止向未成年人发送任何形式的烟草广告。禁止利用其他商品或服务的广告、公益广告，宣传烟草制品名称、商标等内容。

烟草制品生产者或者销售者发布的迁址、更名、招聘等启事中，不得含有烟草制品名称、商标、包装、装潢以及类似内容。

过去的烟草广告："鹤舞白沙，我心飞翔。""天高几许问真龙！"已全面停止播出。

（六）教育、培训类广告的限制

广告法规定，不得对升学、通过考试、获得学位学历或者合格证书，或者对教育、培训的效果做出明示或者暗示的保证性承诺。某职业技术学院为招揽生源的广告："××职业技术学院，开设有交通运输、电子商务、物流管理等专业……就业率高达98%……"

不得明示或者暗示有相关考试机构或者其工作人员、考试命题人员参与教育、培训。不得利用科研单位、学术机构、教育机构、行业协会、专业人士、受益者的名义或者形象作推荐、证明。某培训机构广告："你为孩子学习成绩提高慢苦恼吗？×××为你排忧解难，中考出题名师亲自辅导，因材施教，提分率100%。"

（七）针对房地产广告内容中的限制

房地产广告，房源信息应当真实，面积应当表明为建筑面积或者套内建筑面积。

1. 不得含有升值或者投资回报的承诺。最容易踩到的雷区是购买商铺等的投资回报率。如："××时尚广场铺面20～300平方米，首付6万起，8年返租，每年8%高利回报"。"×××……即买即收租，6年返租39%，抢铺热线……"

2. 不得以项目到达某一具体参照物的所需时间表示项目位置。如："距离地铁5分钟，医院8分钟……×××广场，就是城市的中心。"

3. 不得违反国家有关价格管理的规定。

4. 不得对规划或者建设中的交通、商业、文化教育设施以及其他市政条件作误导宣传。"×××花园城市，地铁5号线（规划中）直通门口……""×××大学附小入驻×××国际社区！"

5. 不得含有广告主能够为入住者办理户口、就业、升学等承诺。

6. 预售房地产，但未取得本项目预售许可证的不得发布房地产开盘广告。

（八）广告内容播放在时间、地点上的禁忌

广播电台、电视台发布广告，应当遵守国务院有关部门关于时长、方式的规定，并应当对广告时长做出明显提示。

原国家广电总局颁布的61号令规定，广播电视播出机构每小时商业广告播出时长不超过12分钟。其中电台在11：00～13：00之间，商业广告播出总时长不超过18分钟。在6：30～7：30，11：30～12：30，18：30～20：00公众用餐时间，不得播出治疗皮肤病、痔疮、脚气、妇科、生殖泌尿系统等疾病的药品、医疗器械和妇女卫生用品。

（九）数据无证据证明的禁止播出

广告内容涉及的事项需要取得行政许可的，应当与许可的内容相符合。广告使用数据、统计资料、调查结果、文摘、引用语等引证内容的，应当真实、准确，并表明出处。引证内容有适用范围和有效期限的，应当明确表示。

某电信广告："还等什么，快来和我们做朋友吧，天翼4G……全世界96%4G用户共同的选择……""全世界96%4G用户"需要表明出处，证明引用的数据是真实的、准确的。

三、广播广告内容形态创新

（一）广播广告的类型

电台广告一般在实际操作中分为以下几种类型，每一种类型都可以进行创新设计。其中最后一种类型的广告形式，为最近几年新出现的一种形态：

1. 常规广告。也称硬广告，是广播广告中投放占比最大的广告形式，一般根据时段确定特A段、A段、B段、C段、D段等，根据时长分为5秒、10秒、15秒、20秒、25秒、30秒。

2. 特约报时广告。一般逢整点或半点播出，播出形式为"10秒标版+××为你报时+现在时间"。

3. 特约整点资讯（或半点资讯）。播出形式为"7秒标版+××资讯由×××特约播出"。

4. 特约天气广告，播出形式为"节目版头+特约词+10秒企业、品牌宣+天气报告"。

5. 台标广告，紧跟台标后播出。

6. 特约频率收听提示，播出形式为"频率宣+10秒品牌提醒"。

7. 特约公益广告，播出形式为"公益广告前、后+企业、品牌宣或直接成品公益广告"。

8. 商业宣，商家活动宣传。

9. 栏目冠名，播出形式为"本节目由×××（可带简单修饰的企业名）独家冠名播出"。

10. 户外现场直播。

11. 活动、庆典、开业、赠奖等活动。

除了上述广告形式，许多电台在节目方面创新一些合作形式，不拘泥于硬广，只要节目形式出来有市场价值就可以打造成一个广告形式和合作形式，而不是简单的5秒、15秒、30秒的硬广，新的广告形式设计出来再做一个定价。这样子的定价虽然是比较困难，但是只要价格定得合理就比较好，可以根据客户的需求做一些调整。这种做法成为目前一些电台的方向。

如福建电台都市广播的"主持人交班无缝对接广告"。主持人在直播间交接班聊的话题作为一种广告形式。后面一档节目主持人进直播间和前面一档节目主持人交接班对话，通过话筒直接播出来的，所有的交接过程全程的直播，全部暴露在听众的耳朵底下。2014年开始把这个演化出来作为广告的形式，主持人交接班的时候聊的内容就是客户想推的产品或者商业信息。案例：主持人A："来了？"主持人B："来了。我刚才路过×××商场门口，看到那里有促销，新款衣服鞋帽7.8折，新款啊！"主持人A："我听说了，从昨天开始，到星期天结束。我下班了，正好去看看！"

2017年，广西电台970女主播开发了"直播互动"广告产品"广告别溜走"。这款广告产品是一档直播互动类节目，接在客户硬广后面的开口，主持人通过口播的形式向听从提问，问题围绕客户硬广告的关键内容（促销活动日期、促销政策、品牌名称等），听众通过频率官方微信与主持互动，回答问题。主持人从中抽取一定名额的听众，送出奖品。如广播广告硬广内容："美人盏，每一盏都来自印尼原产地，给你优质的新鲜燕窝……"主持人在广告播出结束后，进入有奖互动环节："刚刚广告里提到的美人盏燕窝，产地在哪里？"这种广告形式能有效回应广告内容，加深听众对硬广的印象，品牌形象更加生动，从而取得更好的广告效果。

（二）广播频率和节目包装与宣传创新

电台针对自身品牌的宣传或广告，包括频率宣、节目宣、主持人宣和活动宣积累。它们在广播内容中，既是可以看作是节目的一部分，也可以看作是对电台和节目本身的一种广告宣传，因为长期处于中间状态，受到的关注略有不足，实际上其构成电台节目重要的一部分内容，虽然篇幅短，但是因其听众的听觉注意比较明显，所以值得我们付出更多的精力进行专门的研究。

好的频率和节目宣作用很大：加强听众的听觉印象，提升广播内容的辨识度；与节目内容高度契合频率和节目宣强化广播的品牌价值；一些作为节目宣的片头片花将最精彩的内容集中呈现，既可以预告节目，又可以引起听众的兴趣并引导收听；穿插鲜明简洁个性化的片花可以强化板块之间、栏目之间、节目之间间隔，增强收听效果。

通过包装宣传，可以让听众一接触就能知道是哪个频率，不管是听是看，这样的包装就是成功的。广西970女主播电台，是以非内容定位命名而主打"品牌标识"概念的电台，通过"推广口号"实现关联记忆及销售，通过创新的广播理念、科学的节目编排、新颖的频率包装、魅力的声音，把广播最大的优势——"温暖—伴随"做到极致，做广告于无痕，有效更有情。广西电台新闻910，时刻强调"我们只做新闻！"以2014年4月7日当天节目为例，比较下面广西电台970女主播和新闻910两个频率的报时，可以很明显地看到两个频率的不同定位：

广西电台970女主播电台全天整点报时语，与听众的时间节奏密切相关，进行贴近性的提醒和关怀，契合频率的品牌形象。以下报时语由郑州市热心听评员李挺根据电台播出内容整理：

7：00（水流声鸟语声音乐）（嘀嘀嘀嘀嘀嘀）早上吃一些温暖的食物，有助于尚未完全醒来的身体恢复元气呦！现在是早上7点，你好吗？我是火龙果女主播欧阳露。

8：00 现在是早上8点。大家好，我是萧敬腾，只想对你说，每天都要收听最好听的音乐，让心情放轻松！

9：00 车窗外是风景，不是垃圾箱！在车里准备一个回收袋吧！现在是早上9点，我是apple女主播张一。

10：00 读一本书，看一部电影，陪一天父母，骑一天车，你也可以哦！我是蓝莓女主播龙夜，现在是早上10点。

10：00 哎！别往窗外扔，垃圾不落地，生活更美好！我是榴梿女主播卓然，现在是上午11点。

12：00 当拇指和食指图在一起的时候，做出的姿势可以是OK，也可以是0，一起携手吧！向零艾滋目标说OK，我是菠萝女主播项阳，现在是中午12点。

13：00 当拇指和食指图在一起的时候，做出的姿势可以是OK，也可以是0。我们都是环保家，我是蓝莓女主播龙夜，现在是13点。

14：00 Hi！你还在刷微博玩游戏吗？少看电脑手机，减少辐射的伤害呦！我是水蜜桃女主播文佳，现在是中午14点。

15：00 我们带着家人的期盼出门，迎着家人的守望回家。遵守交通信号，安全文明出行。我是蓝莓女主播龙夜，现在是15点。

16：00 下午4点了，快起来运动一下，左三圈右三圈，别老是坐着，我是菠萝女主播项阳。

17：00 宝宝要座安全椅，后座也要系安全带啊！用爱系着你我的未来，我是榴梿女主播卓然，现在是北京时间17点。

18：00 现在是傍晚18点。

19：00 随手关灯，节约每一滴水，把低碳生活养成一种习惯，我是蓝莓女主播龙夜，现在是19点。

20：00 人生就是一场大型游戏，没到最后别把一切想象得那么糟！现在是晚上8点，我是火龙果女主播阳露。

21：00 黑夜给了我一双黑色的眼睛，我却用它寻找光明。可是不必要的时候，一定要记住关掉远光灯，我是荔枝女主播candy，现在是晚上9点。

22：00 Hi，山盟海誓别太早！一言既出什么马都难追才是真汉子！我是菠萝女主播项阳，现在是甜言蜜语时间晚上10点。

23：00 晚上11点了，快快去睡觉，免得明天要打瞌睡哦！我是菠萝女主播项阳，早睡早起不是说说而已。

24：00 晚上12点了，睡觉之前记得把闹钟调好，这样才不会睡过头，我是菠萝女主播项阳，梦里约会你哟，晚安！

01：00 我是菠萝女主播项阳，凌晨1点，与其盯着电脑屏幕，不如打开收音机听听音乐！

同一天，广西电台新闻910领先一分报时语，格式为：现在是北京时间×点59分，新闻910，新闻领先一分钟。我是新闻910记者/主持人×××+交通安全提示语/爱护环境提示语+新闻910，与您平安出行！或者是美丽广西，我们共同创造！彰显全新闻台的专业性，与频率和节目风格高度契合。

7：59 现在是北京时间7点59分，新闻910，新闻领先一分钟。

我是新闻910记者彭龙（男），路上也有你的亲人在行走，请在斑马线前减慢你的速度。

文明行车，安全你我。新闻910，与您平安出行！

广西人民广播电台综合广播，新闻910，我们只做新闻！（频率呼号下略）

8：59 现在是北京时间8点59分，新闻910，新闻领选一分钟。

我是新闻910读报稿编辑韦波（男），移动生活无处不在。但是公路却不是社交场所，请关掉你的微信、微博，开车的时候不要接打电话。

文明行车，安全你我。新闻910，与您平安出行！

9：59 现在是北京时间9点59分，新闻910，新闻领先一分钟。

我是新闻910记者梁泰（男），遵章行车，才能给你的车留下足够的空间；尊重秩序，才能让大家出行更加便利。

文明交通，安全你我。新闻910，与您平安出行！

10：59 现在是北京时间10点59分，新闻910，新闻领先一分钟。

我是新闻910主持人玉峰（男），安全带并不全让你觉得不舒服，它其实是家人关心你的拥抱。行车路上，时刻系好安全带。

文明行车，安全你我。新闻910，与您平安出行！

11：59 现在是北京时间11点59分，新闻910，新闻领先一分钟。

我是新闻910主持人孙伟（男），车让人让出一份安全，人让车让出一份文明。走文明路，开文明车。

文明行车，安全你我。新闻910，与您平安出行！

12：59 现在是北京时间12点59分，新闻910，新闻领选一分钟。

我是新闻910记者黄婉（女），根据道路安全法，没有独立右转红绿灯的路上，右转车的通行权最低，右转车应该为行人让行，行车路上让让没什么大不了。

文明行车，安全你我。新闻910，与您平安出行！

13：59 现在是北京时间13点59分，新闻910，新闻领先一分钟。

我是新闻910记者唐佳（女），细节体现素质，文明无处不在。如果你正在车里吃东西，请不要把垃圾扔到窗外，车窗外也是你的家园。

美丽广西，我们共同创造。

14：59 现在是北京时间14点59分，新闻910，新闻领先一分钟。

我是新闻910记者石岭（男），小小一口痰，细菌千千万。如果您现在走在大街上，一时有痰可以把它吐在餐巾纸上，扔进垃圾桶里。

美丽广西，我们共同创造。

15：59 现在是北京时间15点59分，新闻910，新闻领先一分钟。

我是新闻910记者胡戎（女），机动车不避让紧急任务的警车、消防车、救护车的，处罚200元记3分，为急救车辆让行，让出的不仅是一条路，而是一次生的机会。

文明行车，安全你我。新闻910，与您平安出行。

16：59 现在是北京时间16点59分，新闻910，新闻领选一分钟。

我是新闻910主持人大喆（男），平安回家，是亲人的期盼。不是每一次闯红灯都会那么幸运，行人不在行人候灯驻留区等候的，罚款10元。行人横穿道路不走人行横道、过街设施或者跨越道路隔离栏，罚款10元。

交通文明，安全你我。新闻910，与您平安出行！

17：59 现在是北京时间17点59分，新闻910，新闻领先一分钟。

我是新闻910记者范凡（女），忙碌了一天，每个人都想早点回家。但是如果你借道超车，或者占用对面车道，穿插等候车辆的，不仅被罚款100元记2分，还增加了道路拥堵，规则守护生命，遵章保障畅通。

文明笔车，安全你我。新闻910，与您平安出行。

18：59 现在是北京时间18点59分，新闻910，新闻领先一分钟。

我是新闻910主持人张涛（男），愉悦的心情有美酒来助兴，但在开车这件事上，我们绝对不允许酒来添乱。

文明行车，安全你我。新闻910，与您平安出行。

19：59 现在是北京时间19点59分，新闻910，新闻领先一分钟。

我是新闻910主持人刘璐（女），宠物是我们生活中的好伴侣，然而遛狗不带狗绳，狗随地大小便现象，也成了城市中不和谐的音符，遛狗也是让文明也溜走了。

美丽广西，我们共同创造！

20：59 现在是北京时间20点59分，新闻910，新闻领先一分钟。

我是新闻910主持人焦子（男），十次车祸九次快，超标电动车或许可以跑得更快，但是生命不需要快速终结，请购买符合国家标准的电动自行车，主动登记上牌接受管理，做文明交通的参与者。

文明行车，安全你我。新闻910，与您平安出行！

21：59 现在是北京时间21点59分，新闻910，新闻领先一分钟。

我是新闻910主持人原歇（女），把最愉悦的期待留在旅途中，把最美好的风景留在心灵里。行车路上不要随意丢弃垃圾。

文明行车，安全你我。新闻910，与你安全出行！

22：59 现在是北京时间22点59分，新闻910，新闻领先一分钟。

我是新闻910主持人河渡（女），在路上时刻都有好风景，只有适当的速度才能感受和谐的美，拒绝超速驾驶。

文明行车，安全你我。新闻910，与您平安出行！

23：59 现在是北京时间23点59分，新闻910，新闻领先一分钟。

我是新闻910主持人安心（女），清晨我们带着亲人的期盼出门，黄昏我们迎着家人的守望回家，遵守交通法规，是保护我们自己，也是保护他人，平安是回家最近的路。

文明行车，安全你我。新闻910，与您平安出行！

上述例子为近年来针对频率和节目创新的一种宣传方式。传统上一般为宣传片花，由节目名称、节目宣传语、标志性音乐等要素构成。片花总时长一般十几秒到1分钟左右，是一种高度提炼、浓缩的表现形式。节目的片花往往不止一个，一般都有总片花和几个片花组合构成。栏目片花依附于不同类型的节目而存在，因此具有变通性强。片花如果过度强调片花本身的作用，不去考虑与整体节目的契合度，收到的效果可能是相反的。

（三）广播品牌类广告内容基本传播模式

目前电台以发展品牌广告为主。2013年在八部委严控医药广告的压力之下，全国广播电台的广告收入仍有1/4以上来自于专题广告，而专题广告中医疗药品、保健品专题广告占有绝大比重。[1] 这类专题广告转型的方向、速度和质量对于广播广告整体体量的增长至关重要；同时，对于品牌广告而言，在内容制作上，找到其传播基层的规律，在此基础上展开瞬息万变市场化要求下的形态变化，会促使广播内容的创作和传播走向良性、可持续、更专业的发展之路。

---

[1] 周伟、杨兆婧、荣欣欣. 后专题时代广播医药专题广告的转型 [J]. 中国广播，2014 (3).

广播品牌广告和其他良性广告内容要想达到一个良好的传播效果,在吸收和借鉴以前可取的传播因子基础上,可以遵循基本的认知规律,即"认知—情感—意动—行动"的模式,这是在尊重信息价值规律的基础上,采用消费者心理战术的实战应用,如图7-3:

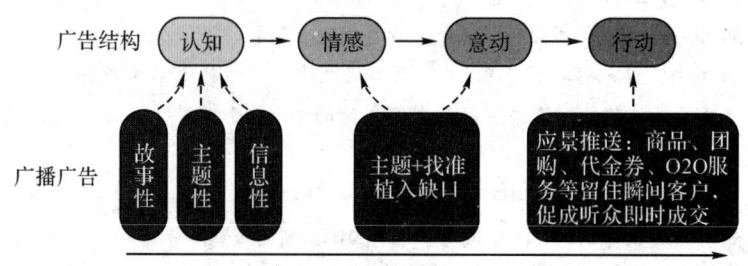

图7-3 品牌广告节目内容传播结构①

医疗药品、保健品广告遭到诟病,但其传播内核可以进行转化借鉴,这是电台专题广告实现良性转型的一个传播学层面的契机。②

(四)广播广告的创新路径

有些节目形态的创新,也是广告形态的一种创新,或者是在广告创收压力下在节目上的推陈出新,与广播广告效果密切相关。

1. 众筹内容的广告路径

2015年珠江经济台探索中国广播史上第一档"众筹"广播节目成功。"风云再汇"节目创建于2004年,节目收听率一直保持同时段领先,并积聚了大量忠实听众。在节目准备跨入第二个十年的时刻,"风云再汇"决定通过众筹方式募集一年的制作费,以"用户是否愿意付费"来决定2015年是否继续播出。

2015年2月13日该项众筹活动在"众筹网"正式上线,目标为人民币88万元。88万元分为1万份,每份88元,最低认购一份,不设上限,满额即止,截止期限为2月28日18:00。最后,"风云再汇"在2月28日17:08提前冲线,成功达到众筹目标,成为"众筹网"开办以来众筹金额排名第三的项目,并创造了该网最短筹集周期的记录。一个成功的节目为何需要通过众筹的方式筹集制作费?其实,这次众筹策划,是一次"以互联网思维革新传统广播"的尝试,它的成功意义在于:

其一,证明广播节目的市场价值。长期以来,广播节目与听众之间的关系,无法量化出具体价值。除了收听率、评奖创优、广告投放,还有没有其他方式证明它的市场价值?在互联网突飞猛进的今天,"众筹"或许可以找到答案,因为"一个有听众愿意为其付费的节目肯定是一个好节目"。

其二,引领节目创新。广播节目在以"用户至上"的理念下进行探索,以互联网

---

① 周伟、杨兆婧、荣欣欣. 后专题时代广播医药专题广告的转型 [J]. 中国广播, 2014 (3).
② 孟伟. 互联网+时代音频媒体产业重构原理 [M]. 中国广播影视出版社, 2015: 7.

思维再造节目流程，从而诞生新形态的广播品牌节目和内容，提高节目的服务性。

其三，提升广播赢利能力。从向广告商收钱到向用户收钱，这是所有传统媒体都在为之努力的一步。这个项目很好地解决了"如何向用户收钱"的问题。另外，一个用户愿意花钱收听的节目，自然会获得广告商的关注。

其四，改变传统广播生态。"众筹"理念在于在产品生产、推出市场前获得市场的资金支持、决定生产规模、取得各种数据，把功夫放在了前面，降低了节目试错成本，锁定目标用户，最大化实现内容生产的价值。采取"众筹"思路，颠覆了传统广播的"报选题——做节目——看收听率——决定节目去向"的模式，从而催生新的广播生态。

2. 广播真人秀节目的广告运营

2016年，广西电台970女主播在互联网与媒介融合的张力的驱动下，不断适应和努力，不断对传统的综艺节目进行形态的重塑。其中，970研发的广播真人秀与新媒体的跨界品牌活动970女主播【一日店长】活动，已成为970品牌活动和新的经济增长点。在2016年10月上海广播节上该活动荣获2016年中国广播创新融合案例提名奖。

【一日店长】活动由明星化打造的12位水果女主播，以最亲民、最美丽、最温暖的形象走进城市、生活、走进各个行业，变身为店长，为大家的消费进行导航，970线上宣传，线下联动，全城摄影摄像，通过新媒体平台、各个通路渠道进行展示，增加品牌的曝光度和影响力。这种对传统综艺节目进行形态的重塑，变现出更强的整合性和互动性，开创了广播节目的新模式，从而获得更多的广告主的青睐。

随着广播媒体营销意识的加强，传统的广播广告营销方式已逐步被多平台聚合营销替代。首先，以客户为核心，开发满足客户需求的广告产品，让客户满意成为越来越多的广播媒体进行广告市场营销的共识。其次，广播电台使用灵活多样的营销手法，使得广播广告产品在广告市场上具有了更强的竞争力。最后，广播电台通过参与广告方案的前期策划，多渠道多平台聚合营销，有效提升广告的传播效果。

3. 广播剧场的广告效应

广播依赖于节目进行多元立体化运营，产生巨大的经济效应，已经突破传统的广播频率广告营收的概念。

中央电台文艺之声的《海阳现场秀》作为新闻娱乐脱口秀，以互联网思维进行运作，实现多媒体联动，线上节目和线下活动配合发展，以IP运作方式产生广泛的广告影响力，成为广播内容与多元立体化运营配合，实现融合发展的知名案例。

此外，广西电台文艺广播音乐脱口秀节目《大海现场秀》依托节目的强大影响力和庞大的听众群，创新推出剧场版，打造广播节目实体化产业。以剧场为载体，引导线上听众走进剧场，广播传统渠道上看不见摸不着的听众由此转化成购票观演的消费者。《大海现场秀》已分别在桂林、南宁举办了6场剧场版演出，场场爆满。实现了线上广播节目线下实体化，广播品牌栏目向原创演艺项目的成功尝试。在注重原创，讲究题材深度开发的"IP"经济背景下,省内本地化原创品牌《大海现场秀》呈现出越来越大的潜力。目前,《大海现场秀》已经涵盖线上节目、周边产品、剧场演出、电影网络剧等多方面内容,产生广泛的广告效应。

4. 广播广告双 11 竞买

2015 年 11 月 11 日 11:00,"2016 上海广播广告黄金资源竞买"开始。FM93.4 上海新闻广播"公益报时、FM97.7 第一财经广播《财经早八点》、FM105.7 上海交通广播《欢乐早高峰》等以往有钱都抢不到的优质广告资源,全部都在双 11 当天的竞买秒杀中出现。鲜活的广告资源竞买,令人沸腾的秒杀,令各大品牌广告主跃跃欲试。双 11 当天上海广播黄金资源竞买净收 5400 万元。上海广播广告投放量成功提前增量到 4.1 亿元,比上年同期增幅达到 29%。

四、电台广告内容编排创新

广告的生存和价值取决于广播的收听情况,而收听则依赖于广播节目,广播节目的编排设置也与节目同样重要。一般广播的收听高峰期集中在早间 6:30~9:00,中午 12:00~13:30 和下午 17:00~19:00 以及午夜时分。而收听率、频率知名度和影响力直接关系到广播广告的价格和分布。而广告时段饱和度则是广播广告价格调控的重要依据。

(一)广播广告节目时段分布

广播节目是广告赖以生存的土壤,广播广告的时段分布也依赖于广播节目时段的分布。一般情况下,每小时节目有 4~6 个左右的广告开口,多的如湖南台每小时节目有 8 个广告开口,每次广告开口限时 3 分钟左右。不同的频率会在不同的时间段位开口,以 8:00~9:00 的节目为例,有的频率逢 5 开口,会在 8:05、8:15、8:25、8:35、8:45、8:55 均设广告段位;有的频率逢 0 开口,则 8:10、8:20、8:30、8:40、8:50 设广告段位。如广告客户指定时间投放广告,要先向业务代表咨询该广告段位是否有空余时间。在广告时间饱和的情况下一般允许有 30 秒加价播出时间,需加收超时费 20%~30%。客户指定广告段位的首条或尾条播出,一般加收 20% 的广告款;指定头二条或尾二条播出,加收 10%。

整点广告。广播是一种时间性媒体,在节目播出过程中,一个非常突出的功能是时间提示。据统计,平均 10 分钟就有一次主持人口播的时间提示。而整点提示则最为突出,也是锁定收听的关键时期,电台都会编辑整点新闻,特别是轮盘式编排的电台或者频率,都会在整点新闻播报中增加头条重要新闻。因此,整点前后也成为广告群雄逐鹿的兵家必争之地。

半点广告。半点一般是轮盘循环一周、板块交接或者大单元过渡的分界点,是仅次于整点的广告时段。并且半点报时也已经成为电台的普遍做法和听众习惯的内容之一,其广告价值不容忽视。

时刻广告。即使在板块式广播节目中,也分为不同的栏目或者单元,这些栏目和单元时间长短不等，在新闻性节目中，特别是高峰时段的节目中时间最短，有的甚至不到 5 分钟，而在综艺型或者谈话型、评论性中则相对较长，长达 10 分钟甚至 15 分钟。在单元过渡时插播广告则为时刻广告。

(二) 广播广告的编排原则

一是根据目标消费者与频率定位听众特征的关联度，进行广告编排，以实现广告传播价值与效益的最大化。

二是不同频率的组合编排。在一个地区特定的广播市场，多个频率的组合编排效果通常要强于单一频率的编排效果。可结合客户广告预算，综合选取目标收听市场整体或特定听众群体中的多个频率进行组合编排，保证广告触达的听众规模与传播范围。

三是不同时段的组合编排。广播收听通常集中在早、中、晚高峰时段，呈现较为明显的时段特点，通过高峰时段与平峰时段的组合编排，实现广告传播的最好效果。高峰时段听众规模较大，客户投放多，广告密集，听众收听忠诚度通常相对偏低，平峰时段听众规模相对小，但听众收听忠诚度通常较高，广告数量相对少，不同时段组合编排效果更好。

四是不同形式广告的组合编排。广播广告的形式丰富多样，有硬广告、资讯性软广告、专题广告、整点/半点报时广告、节目冠名广告、节目插播广告、奖品赞助商广告等等，不同形式的广告可以表达广告客户和广告产品不同的信息与内容，实现不同的目的，如果需要着重传播企业的品牌形象，提升知名度、美誉度，则选择节目冠名广告和报时广告。如果希望听众更加全面地了解企业的产品或服务，促进购买，可以选择内容丰富的专题广告。

(三) 广播广告的编排限制

广电总局 2011 年下发《关于进一步加强广播电视广告播出管理的通知》要求，规范新闻节目中插播广告行为。新闻节目中插播广告时，应当安排在不同版块之间的自然间歇段内，不得在整点新闻的整点之后，以及新闻内容结束之后、工作人员字幕前插播广告。时政新闻类节目不得以企业或者产品名称等冠名。一般情况下，新闻性节目有精确的时间限制，与之相伴的是此时段插播的广告时间长度和播放时间切入点也必须精确无误；文艺性节目、电话连线节目、评论性节目等对时间的要求没有新闻性节目强烈，因此在广告编排时具有一定的灵活性。但总体而言，无论是板块式、轮盘式还是复合式节目编排方式，节目都带有或多或少的单元性特征，而单元之间的过渡便是广告集中的时段。一般有整点、半点、时刻三种。

国家广电总局 61 号令要求：播出机构每套节目每小时商业广告时长不得超过 12 分钟。其中，广播电台在 11：00 ~ 13：00 之间、电视台在 19：00 ~ 21：00 之间，商业广告总时长不得超过 18 分钟。播出机构每套节目每日公益广告时长不得少于商业广告时长的 3%。其中，广播电台在 11：00 ~ 13：00 之间、电视台在 19：00 ~ 21：00 之间，公益广告数量不得少于 4 条 (次)。

第四节 广播广告内容模式创新案例

从直播节目的出现,广播就一直没有停止过创新的脚步,从大板块到轮盘式到碎片化,广播广告内容的创新也是如此。近年来,特别是广播公益广告的内容创新,从电台的管理者到每一个员工都十分重视。

一、公益广告创新的国家背景

"透过广告可以发现一个国家的理想",特别是公益广告体现着一个国家对价值的追求。公益广告可以普及主流价值,传播文明,针砭时弊,振奋精神,引导人们向善、向美。公益广告的发展对社会文明进步具有重要意义。

近年来,党和国家有关部门对公益广告的重视和扶持力度不断加强。习近平总书记在党的新闻舆论工作座谈会上明确强调广告宣传和新闻报道、专题节目等一样要坚持正确舆论导向。

中宣部部长刘奇葆在加强基层宣传思想文化工作电视电话会议上的讲话说:"公益广告作品必须有深刻的思想内涵、鲜明的价值导向。"

国家有关部委为推进公益广告事业持续发展,先后实施了一系列的政策措施和工作举措。2016年3月,中宣部、国家新闻出版广电总局、国家工商总局、交通运输部、住房和城乡建设部等部委联合颁布实施《公益广告促进和管理暂行办法》。该办法所称公益广告,是指传播社会主义核心价值观,倡导良好道德风尚,促进公民文明素质和社会文明程度提高,维护国家和社会公共利益的非营利性广告。国家鼓励、支持开展公益广告活动,鼓励、支持、引导单位和个人以提供资金、技术、劳动力、智力成果、媒介资源等方式参与公益广告宣传。各类广告发布媒介均有义务刊播公益广告。在此之前,对公益广告的鼓励和支持已经出现在2015年新修订的《广告法》中。国家新闻出版广电总局开展了《"中国梦"广播电视公益广告创作展播》《讲文明树新风》公益广告宣传》、公益广告专项扶持等活动。2015~2016年度,广电总局将扶持资金增加到1500万元,年度扶持项目继续设"广播类优秀作品"、"电视类优秀作品"和"优秀传播机构"三类常规性扶持项目。同时,另设"知识产权专项作品"和"防治艾滋病专项作品"两类专项扶持项目,并与国家税务总局、国家禁毒办、全国老龄办等单位共同开展相关主题公益广告征集展播活动。

各播出机构自觉承担起公益广告制作、传播的主体地位。2016年,中央电台制作播出公益广告109件,累计播出95918条/次,同比增加5.4%,播出总时长94012分钟,同比增长13.8%。全国优秀广播公益广告作品库中收录公益广告616条,服务全国各地107个机构,2029名用户,公益广告累计下载量44664次,累计访问量292189次。① 2015年7月至2016年4月,广西电台制作播出"中国梦""国家十三五规划"

---

① 中央人民广播电台张军.2016全国广电公益广告论坛[C].广东清远,2016.

"纪念抗战胜利70周年""道德模范在身边""美丽广西 生态乡村""讲文明树新风"等主题公益广告作品236篇，总时长18316分钟，累计播出27635次。

二、公益广告主题创新

公益广告的社会价值影响及正能量传递，要求在主题上必须与大方向一致。围绕重大国家主题、重要社会话题、重点宣传季如"中国梦""社会主义核心价值观""庆祝抗战胜利70周年""庆祝建党95周年""纪念长征胜利80周年""十三五规划"社会主义核心价值观等，配合部委进行保护知识产权、禁毒、防艾、国家网络安全等宣传。

中央电台在2016年"七一"前后，播出了纪念建党主题的公益广告《那一天》，用诗意传神的手法，借用广播原声和影视片段剪辑，描绘了中国共产党党史上一个又一个激动人心、感人至深的时刻。

广西电台创作的《十三五规划·灯塔篇》用灯塔比喻"十三五规划"的指引作用，把一个政治性较强的话题，描绘得清晰明白，听众一听即懂。人们都以为"十三五规划"离我们的生活很远。本广告运用以小见大的手法，把"十三五规划"像灯塔一样的指引意义描绘出来，其实"十三五规划"离我们很近，与每个人的生活息息相关。四个排比句也简单总结了"十三五规划"的主要内容，有启示，有鼓舞，有推动。该作品获得了2016年中国广播电视协会优秀广播广告作品公益类二等奖。

文案：（音效：轮船鸣笛声、海浪声、欢呼声）

（低沉抒情男声）

这是一座灯塔，远处的点点星光在闪烁着光芒，让夜航的巨轮不再迷茫，指引着胜利的方向；

（音效：各种机械声、劳动场面音效、劳动者齐声喊：一、二、三抬东西的声音）

这也是一座灯塔，指引中国在未来五年的发展道路上，经济增长更强调质量、创新在改革中更有分量、生态环境更有改善、人民生活更有保障。

这是蓝图，是希望。

十三五规划，让中国梦更加清晰，让前进的脚步更有力量。

三、公益广告创意制胜

就公益广告来说公益是内容，广告是形式。要用合适的形式，表达合适的内容。公益广告要具备广告作品基本的艺术创意和美感。

优秀的公益广告作品在创意切入点和表现方式上都会有新的突破，通过不同的角度和方法唤起人们心底最柔软的地方，引起共鸣。近年，我国公益广告创作不乏好作品。如广东广播电视台创作的公益广告《生命的接力，让爱延续》，这件作品获得了2016年第8届全国优秀广播广告作品公益类一等奖，同时获得优秀广告词奖。

文案：

（远远的虚幻的声音）

女：我走了，但我还想用眼睛看到这个世界。
男：我走了，但我希望我的心脏还能跳动。
（手术室声音……）
（音乐渐强，感恩的声音）
女青年：谢谢你！让我重见光明！
男青年：谢谢你！让我重获新生！
（饱含深情的声音）
女：是你吗？怎么也忘不了这双我曾深爱过的眼睛！
男：是你吗？那颗跳动的心和我如此靠近！
（音乐渐强……）
男：这是生命的接力，这是人间的大爱。器官捐献，让爱延续……

公益广告创作在设计场景时，可借助平凡人的日常生活进行表达，融入日常生活对话。如深圳广播电影电视集团创作的《正确引导孩子（生日愿望篇）》，这件作品获得了2016年第8届全国优秀广播广告作品公益类二等奖。

文案：
合唱：祝你生日快乐，祝你生日快乐。
妈妈：儿子，生日快乐，许个愿望吧。
孩子：妈妈，长大后我想当医生。
妈妈：儿子，想当医生好啊，社会地位高。
姥姥：是啊是啊，当医生待遇也不错呢。
姥爷：对，你姥姥说得不错，除了工资高啊说不定还有其他收入呢。
姥姥：可不是嘛，大家一听是医生啊，那以后找对象也方便。
爸爸：是啊，哎，儿子，你为什么想当医生啊？
孩子：爸爸，不是说医生可以治病救人吗？（惊叹的音效）
旁白：在孩子成长的路上，你是怎样引导孩子的？

公益广告精品是用别人没用过的角度去做，没说过的方法去说。但目前很多公益广告作品手法雷同，照搬照抄别人的创意。集中在孝敬父母，社会公德、交通安全方面，有些连题目都一样，孝敬父母的都叫《爱，不能等待》，玩手机的都叫《不做低头族》，反映交通陋习的都叫《拒绝车窗抛物，文明出行》。

公益广告引用、改编歌曲，移植影视作品等，存在侵权的风险。与孩子有关的作品喜欢引用《爸爸去哪儿》的主题曲，征兵广告喜欢引用《士兵突击》《我是特种兵》《战狼》的录音剪辑。在公益广告的创作中无视版权，对经典作品、歌曲音乐等乱挪乱用、肆意篡改、抄袭甚至剽窃等不良行为，一方面严重挫败公益广告创新的动力和热情；另一方面不利于公益广告事业的创新和发展，制作、播出有问题的作品也会严重影响播出机构的公信力和影响力。

广告是一种创意产业。美国广告"创意革命"的三大旗手之一，倡导广告创意的先锋伯恩巴克说,创意是广告的灵魂。好的公益广告创意,必须源自于心,只有先打动自己,才能打动听众,要用一种做公益的态度不创作公益广告。

四、公益广告传播效果创新

用正确的方式看待社会问题。以正能量宣传为主,传播主流思想价值观。即使是批评和鞭挞社会问题,也要传导主流的思想观念。

公益广告对受众的认知、态度和行为都有一定的引导和影响。同一个主题,会有不同的创作角度。下面几件作品都是关于孝老爱亲题材的,虽然角度不一样,但都动之以情、晓之以理,不再是简单粗暴的喊口号教育人们必须做什么,而是通过广告基本的沟通功能,引导公众对某一观念或道德的认可。

贵州广播电视台创作的公益广告《有问必答的男人》获得了2016年第8届全国优秀广播广告作品公益类一等奖,同时获得优秀演播奖。

文案:

女儿:爸,这段古文是什么意思啊?

爸爸:啊?这个……等我找找老花镜啊……

女儿:哎,算了,我自己百度吧!

爸爸:诶?哎……

旁白:什么时候起,我们学会了自己寻找答案,却忘了,一直有一位有问必答的男人。

女儿(童):爸爸,为什么大雁往南飞啊?

爸爸:因为它们要去温暖的南方过冬啊……

女儿(童):爸爸,大树为什么长得这么高啊?

爸爸:因为泥土给了它充足的养分啊……

女儿(童):爸爸爸爸,你为什么有胡子啊?

爸爸:因为爸爸是男人啊……

旁白:当我们知道的越来越多,忽略的会不会也越来越多?成长的"骄傲"让我们忘了问爸爸,但他却一直为我们准备着最认真的回答!

爸爸:眼镜找到了,来,爸爸帮你看看……

旁白:请珍惜他给我们的每一个答案!

山东广播电视台创作的《有孝心更要有耐心》获得了2016年第8届全国优秀广播广告作品公益类二等奖。

文案:

女儿:妈!你怎么又没关水龙头!不是让你别自己洗衣服吗?(不耐烦)

妈妈:我就是想让你少干点儿……(怯懦)

女儿:妈!告诉你多少遍了,隔夜菜不能吃,怎么就不听呢!你看,吃出病了吧?

（生气+无奈）

　　妈妈：倒了怪可惜的……（自知无理）

　　女儿：妈！这都特意买给你吃的，你看你都不吃！这榴梿、这释迦，这多贵啊，全坏了！（气急败坏）

　　妈妈：我、我不是不舍得嘛，这么贵的东西……（嘟囔）

　　女儿：怎么说什么你都不听呢，你能不能听听话啊！（被打败了。渐弱）

　　旁白：面对年迈的父母，我们不是没有孝心，而是缺乏耐心。改一改吧，别让自己后悔！

　　河北广播电视台创作的《心比"新"更重要》获得了2016年第8届全国优秀广播广告作品公益类二等奖。

　　文案：

　　服务员：大爷您好，有什么可以帮您的吗？

　　老大爷：小伙子，你能帮我瞧瞧这个手机吗？好像坏了。

　　服务员：好的大爷，您坐，我帮您看看。

　　老大爷：好好，谢谢你啊，小伙子。

　　服务员：大爷，您这手机还挺新的嘛。

　　老大爷：对，哈哈，儿子在外地打工，刚给买的。

　　服务员：是啊，老爷子真是好福气啊，儿子真是太孝顺了。

　　老大爷：哈哈。

　　服务员：诶，大爷，我帮您看了看，您这个手机没问题，哪都好好的。

　　老大爷：啊？不会吧，那我为什么一直接不到儿子给我打的电话呢？

　　旁白（男声）：新的手机，不如发自心的一句问候，关爱父母，从心做起。记得经常给爸妈打一通电话。

五、电台广告制作技术迭代

　　好的公益广告是富有美感、体现时代感，充满真情实感的艺术精品。广播公益广告因表现手段单一，只有声音没有画面，比平面媒体和电视的公益广告都难做。因此，在制作中要发挥声音优势，选择合适的表达方式。

　　严肃的主题，多肯定，少否定；多展示、少评判；多建议，少指责，用生动幽默的形式和语言来软化生硬的理念。充分发挥声音魅力，把人声、音乐、音效的选择、组合和表现通过制作展现出来，使作品呈现听到、看到、感受到的效果。

　　公益广告《依法纳税（漏水篇）》以"漏水""漏税"谐音为创意点，充分运用广播的声音特色，通过几种漏水音效的对比，巧妙引出主题"小洞不补，大洞难堵"，呼吁大家依法诚信纳税。作品紧扣主题，构思精巧，制作精良，如下文2016年中国广播电视协会优秀广播广告作品评选中获公益类一等奖及优秀音效奖的广告作品：

文稿：【音效：龙头滴水声，略慢】

旁白：这时，也许你不会在意；

【音效：水滴声，快速、杂乱】

旁白：这时，还能亡羊补牢；

【音效：暴雨、水流成串声】

旁白：这时，恐怕堵不住了。

男：漏税如同漏水，小洞不补，大洞难堵。

依法纳税，共建诚信社会。

公益广告《反对网络暴力》同样在音效的运用上做得很好。通过武器发展历史的进程，将网络暴力喻为伤人武器，阐明其危害性，呼吁公众拒绝网络暴力。

文案：

【古代战争沙场的声音，大炮声】

唐朝末年，火药作为武器第一次被用于战场，显示出了前所未有的威力，杀敌无数。

【纪录片飞行员对话原声，原子弹爆炸声音】

两次世界大战，给人类社会带来深重灾难。

【键盘声，鼠标声，微博刷新，微信发送声，QQ 滴滴】

而在今天，有一种武器，不会让人留下伤痕，却可能造成永久的伤害。（画外音：搜索他……找出来……扩散……看我弄不死你……）

旁白：别让网络成为伤害的武器。

拒绝网络暴力，还网络世界一片净土。

广播公益广告是一种有声艺术，听觉感观都要有美感，才能达到最好的传播效果。广播广告有声语言在电波中稍纵即逝持续时间短暂，既没有画面文字辅助又要有效传达广告信息、调动消费者的情绪引起购买的欲望，因此对有声语言也提出了较高的要求。在众多的广告创意中提炼出最适合表达的主题，不仅是增强广告冲击力、吸引力的需要，也是发挥广告作用的需要。同时广告的主题要明确清晰具体，尽可能避免泛泛而谈和面面俱到。广告主题与广告产品、服务信息、顾客需要、消费心理和广告目标密切联系。要根据产品、服务的特征加以概括。在同质化竞争越来越激烈的市场情况下，要使广告的产品、服务被受众广泛接受，就需要寻找出最新颖独到、与众不同的特征。

2005 年，在一次广播业务讨论会上，笔者曾对交通广播的一位主持人说过这样的话："为什么每次广告播出前，你都要说'广告时间，一会儿回来'。广告也是在你的节目时间内，它也是你的广播内容之一。这样说，一来表明广告是游离在你的节目内容之外的，二来商家听到也不高兴。广告来了，你就走了，其实你一直在直播室，根本就没走，何以说'一会儿回来'？又或者，广告来了，你叫听众不听了，广告过后才回来。"后来，她的衔接语改为"不要走开，广告也精彩！"仔细琢磨，这句话也是没把广告作为广播内容的。

移动互联网重塑了传播生态,广告服务的流程与内容正在面临重置。广告与节目深度融合的产品形式日益受到市场青睐,并且产生了很好的增投带动效应。本书把广播广告作为广播内容传播来研究,对广播广告无疑是一种促进。客观上更是对广播节目内容的一种促进。

第八章 广播内容评估创新[①]

第一节 广播内容评估新趋势

随着媒体融合趋势的加深,声音媒体的收听终端和收听方式呈现多样化趋势:从传统 FM 直播流的收听,到点播、回放收听;从收音机到智能手机 APP 等多终端的收听,广播媒体的听众人群发生了很大的变化。听众"迁移"引发广播价值再思考。精准的广播内容评估不仅涉及广播听众的精准定位,涉及广播节目质量形态的测量,也涉及电台与广告主对于广告的精准投放,关乎电台传播力、影响力和市场价值的评估和发展。

但从电台总体发展来看,与新兴媒体站在一个平台上,在整体上近期面临"评价标准的颠覆","过往评价媒体实力强弱的标准是生产能力,看你有多少频率频道能做多少档节目;现在是看传播效率,看你能发出多少条 10 万+。经营一家 24 小时播出的电台,和经营一个条条 10 万+的微信公众号哪个实力更强大,今天的答案会有重大分歧。"[②] 这是一个比收听率更为严肃而真实的现实问题。

一、传统广播内容评估的利与弊

传统的广播内容评估适应当时广播和媒体的发展现状。一般而言,当时听众通过收音机或者是车载 FM 收听广播直播流,以居家和移动收听状态为主。广播节目评估"既是一种效果评估机制,也是一种激励机制,更是一种导向机制"[③] 从国家媒体资源的角度看,我国广播节目评估机制既要服务于社会效益,又要重视经济效益;从媒体市场的角度来看,节目评估既是一项专业的媒体内容评价行为,也是一种对广播产品质量与价值进行检测的过程,更是促进节目质量和价值提升的重要手段。广播内容评估的最终目标是为电台提供指导、参考和借鉴,进而提升节目内容的传播效果和综合效益。在广播的日常管理中,节目内容评估也被作为电台绩效考评的参考指标,纳入

---

① 部分内容参见孟伟. 移动互联时代的中国广播影响力——以广西电台广播现象为例 [M]. 中国广播影视出版社,2015:214-227.
② 王海滨. 广播转型,要关注网络时代不同主体的传播诉求 [J]. 上海广播电视研究,2017 夏季刊.
③ 刘燕南. 电视节目评估体系解析——模式、动向与思考 [J]. 现代传播(中国传媒大学学报),2011,(01).

绩效管理的范畴，提升电台管理的标准。

(一) 早期单一市场评估模式的建立

我国最早的收听率调查始于 20 世纪 80 年代。1982 年 4 月 9 日，北京新闻学会受众调查组成立。同年 6～8 月，由中国社会科学院新闻研究所发起，《人民日报》《工人日报》《中国青年报》和北京广播学院等单位联合在北京地区组织了一次大规模受众抽样调查。此次调查采取问卷设计和分层随机抽样方法，按照随机原则，实施入户访问，并首次采用电脑统计分析调查数据，对报纸、广播、电视的传播效果做出了综合研究，成为我国第一次真正意义上的媒体受众调查。开辟了媒体受众调研的里程碑。

当时引入收听率作为节目评估的客观定量指标，体现了我国广播事业适应市场竞争需求，促进节目质量和传播效果提升的一种积极举措。电台委托有关机构，按一定的原则、标准和程序，运用科学的方法，对节目质量及其产生的社会效益进行的评定和估算。央视—索福瑞媒介研究公司、AC 尼尔森公司、赛立信媒介调查公司是我国最主要的三家广播收听率调查公司。

收听率概念和调查方法的引进，量化了节目的评估指标，可操作性很强，促进了广播节目产业化、市场化的进程，提升了广播从业者的节目质量意识和行业竞争意识。① 但以收听率为特征的商业评估模式使媒体、广告公司和广告主对收听率及其产生的价值趋之若鹜，进而暴露出一些局限性：有的媒体为提高收听率不惜造假；专业调查公司在调查取样、监管方式、满意度调查方面存在短板；单一的收听率商业评估模式无法从定性的角度，对广播产品的节目质量进行评估。

(二) 国家主管部门促进评估体系形成

2010 年，在全国广播影视局长会议上，原国家广电总局明确提出，收听收视率不能作为评判节目的唯一标准。要重视媒体内容的舆论导向，并放在首位，满足人民的精神文化需求是根本目标，不能唯收听收视率，更不能将其作为评判节目内容的唯一标准。对于媒体内容的评价要以量化分析为基础，以品质评价为核心。

2011 年，中央电视台提出了以引导力、影响力、传播力、专业性四维度评价模型的新节目评估体系。2012 年，原国家广电总局颁布了 76 号文，在中央电视台评价体系的基础上，增加了对新媒体发展融合能力方面的评判。

总局新文件指导下的评估体系，综合了上级主管部门、传播者、受众、市场、新媒体等多层级因素，对不同利益相关者的需求进行综合评估。并把对单一节目的评判与对频率的整体评估相结合，实行全面分析，综合评估。对评估体系中的评估对象、评估内容、评估权重、评估结果等级均提出了细化和量化要求。

---

① 陆地. 中国电视节目的评估现状分析 [J]. 新闻爱好者, 2013 (5).

表 8-1　2012 年国家广电总局规定节目评估体系指标构成

评估指标	二级指标	评价内容
品质评价 60%	思想性	体现社会主义核心价值体系建设要求，宣传正确的世界观、人生观、价值观，弘扬社会正气，传承优秀传统文化，倡导科学思想，促进社会和谐稳定。
	创新性	定位鲜明准确，策划、选题、编排等内容独到，形式新颖，体现时代精神，表现手段推陈出新、具有原创性。
	专业性	文案策划、编辑编排、制作剪辑、播音主持、音响音乐、画面镜头等制作、播出环节的专业水准情况。
	满意度	受众对广播电视节目内容、形式、质量和编播的好感、信任、认可、支持和赞许情况。
	竞争力	节（栏）目和频率、频道的知名度、品牌价值等情况。
	融合力	节（栏）目和频率、频道与互联网终端、手机等新媒体的融合程度，以及在新媒体上二次传播和口碑影响情况。
收听率数据 40%		

（三）电台业界的实践创新举措

按节目质量标准和市场价值标准的要求，各地广播电台根据自身实际，从定量和定性的角度对广播节目的质量及其产生的社会效益和经济效益进行综合评估。纵观各地广播电台评估模式，主要为评估指标体系、评估方法体系、评估操作体系、评估分析体系、评估奖罚体系五位一体的综合评估体系构建模式。北京、江苏、天津、成都、广西、广州等电台在推进广播评估方面，都做出创新之举。

1. 专家听评系统的建立

专家听评系统可以弥补收听率的单一评价取向。广州电台、广西电台依托本台办公网建立了《节目评估专家听评系统》。每月将被听评的节目剪辑、分发到全台近百位中级职称以上评估专家电脑终端；专家根据系统提示的节目要素和要求，对节目内容、节目编排、播音语言、节目气氛、播出质量等指标进行听评、打分；为确保公正性，听评内容与专家所属频率相规避；多位专家听评相同的内容，取平均分，得出专家对该节目的听评分值。按权重将该分值计入节目综合评估总分。

2. 以节目为支点的综合评估方式探索

收听率市场考核指标以纵向纬度肯定节目在全天时段对频率的贡献率。然而，黄金时段节目与其他时段节目相比，拥有天然的收听优势，单一的收听率评估对处于时段劣势的节目起不到促进作用。广西电台、江苏电台在节目评估的过程中，把同时段节目的市场份额列入全天节目横向考核指标。以半小时为节目单元，每月对收听市场份额排名靠前的节目实施奖励。以节目为支点的纵向、横向市场综合评估方式，有效地调动了主持人的积极性。

3. 频率确定评估指标的积极意义

在节目评估实践的基础上，相当多的电台将承载节目的频率纳入了综合评估体系。以市场竞争力、成长性、个性定位等指标对频率进行综合评估。收听率排名第一的频率，市场竞争优势明显，但如果该频率市场份额呈负增长，它的成长性指标分值将低于收听率排在后位、市场份额呈正增长的频率。成长性评估调动了后进频率的积极性。

个性定位指标由频率根据自身定位提出。评估时，将频率提出的评估指标，如"车上收听""年轻人群""早高峰时段"等与所有频率同类指标相比对，根据排位判断该定位与市场契合度。由频率主动提出评估指标的办法，打破了传统的"被动评估"模式，评估结果更易于被频率接受，更贴近频率战略调整的需求。

二、新的媒体环境与广播评估创新

随着新媒体用户迅猛增长、传统广播人群不断向网络端"迁移"，广播评估如何实现传统广播之外"离线"用户的可监测，实现对所有用户，特别是手机和网络用户广播价值的综合评估，成为广播评估的难点和创新的起点。

（一）广播数据的科学抓取

1. 节目内容跨平台全网呈现

广播收听网络化趋势明显，使曾经困扰传统电台的地域、波段、辐射范围不再是障碍，全国数千家优质电台可以跨平台聚合呈现。如喜马拉雅、蜻蜓、荔枝等平台，尽管存在版权和授权的纠纷，但从用户的层面看，的确实现了从传统广播向网络平台的延伸与转换。某种意义上可以促进现有条件下广播流的数字化转化，新的广播用户不断涌现。

2. 全样本数据实现用户精准分析

以网络为基础的APP音频客服端，将所有用户使用音频内容的行为都存留在服务平台，每天几点几分几秒有多少人收听等所有用户收听的精确行为被一一记录存档，从而可以实现精准的用户追踪。比起传统收听率取样，以采集少部分的数据源来对所有潜在用户进行数据推估的方式，更为全面和客观。

3. 实时数据反馈

传统的收听率分析调查需要一个星期或一个月之后才能拿到滞后的数据。而互联网平台上所有数据都是实时的、可获取的，一秒钟前播出的歌曲、开展的活动，对用户产生了什么样的影响，有多少人点赞，有多少人在不同的社交分享平台上同意或反对等信息，都可以实时抓取到。

（二）评估指标创新

"日活跃用户""新增用户""用户存留率"等最新的音频媒体收听数据指标，可以把握用户的体验行为，从而判断活动和节目的触达效果。传统的收听率指标主要反映听众的到达和规模，无法准确了解活动或节目推广覆盖了多少渠道，参与了多少人以及是否顺利圆满完成。

1. 日活跃用户

这一指标体现的是电台频率总体的竞争力。与传统的收听率指标对应，日活跃用户是新媒体用户评估的核心指标。以江苏台在阿基米德上的数据为例。如图8-1可以看到独立不重复的用户数在收听不同的内容的数据。

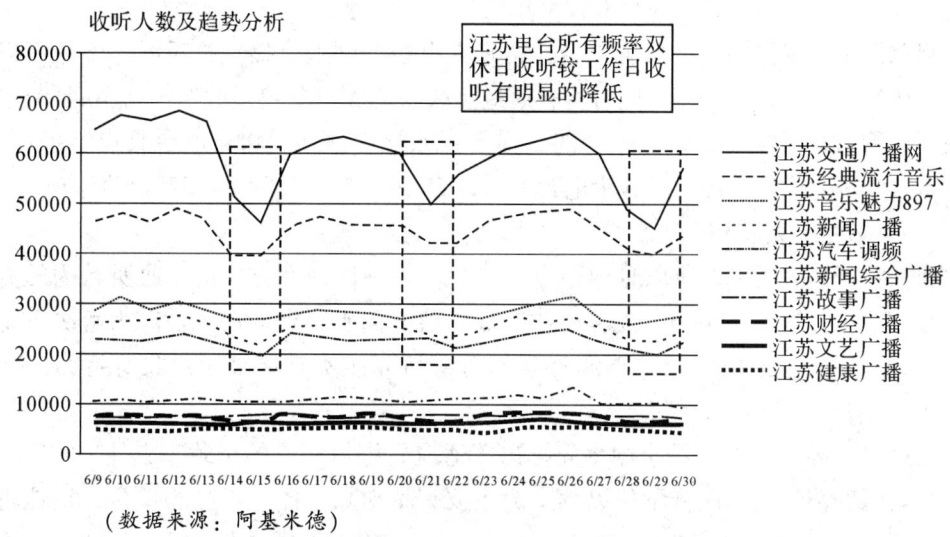

（数据来源：阿基米德）

图8-1 江苏电台收听人数及趋势分析图

2. 日新增用户

这一指标主要衡量节目、活动的推广力度。将日活跃数据拆分为老用户和新用户两部分。如某电台做品牌推广活动，通过数据发现，当天该电台的新增用户多了5000人，说明这次活动投入的成本带来了5000个新的听众。以日新增用户数作为评估指标，可以衡量活动在当下某频点的宣传及推广能力，从而可以用数字衡量它的成功率和商业价值。

3. 用户留存率

用户留存率可以判断用户对节目内容的黏性。留存率指当天的新用户在第二天之后继续收听某个电台、某个频率、某个频点节目的比例。留存率越高，说明频率的宣传推广和内容与用户预期需求越吻合、越匹配，因而会反复收听。同一天新增用户数相同的频率，留存率越高，说明听众对频率的黏性越强、活跃用户越高。

4. 导航、收藏、搜索、闹钟等细分功能了解听众收听渠道

"导航"，当听众不清楚自己想要听什么的时候，可根据各客服端推荐的编排来找到收听的内容。"收藏"，即用户将认可的内容放到自己的收藏夹，方便长期收听。"搜索"，用户有针对性地搜索代表他对这个品牌有较好的认知度。"闹钟"，希望每天起床时被它叫醒并听到它的内容。分析听众在导航、收藏、搜索、闹钟等收听入口详情数据，可了解节目的优势所在。特别是节目与用户习惯之间的匹配度，用以准确追踪用户的使用习惯。

三、广播评估创新的价值与空间

2014年,中央出台了《关于推动传统媒体和新兴媒体融合发展的指导意见》,从顶层设计规划了媒体的融合方向。对新媒体思维方式、技术平台、运营管理模式的观察、研究,引发了传统媒体对现有评估模式的转型思考。

目前,音频媒体的网络聚合平台,特别是电台的网上直播点播系统,不仅可以实现节目内容多平台传播功能,同时所有通过互联网及APP等终端收听电台节目的用户,其收听的信息会反馈并记录在电台的直播点播系统中。这意味着电台具有掌握即时、全样本收听信息的数据能力。这为电台节目内容评估带来了新的空间和价值体现。

(一)数据源的价值

目前,国内收听率调研以日记卡方式为主。这种以回忆方式记录收听行为的调查方式存在诸多弊端,在科学、客观评估广播价值方面有一定的局限性。为解决日记卡调查方式的不足,国内多家数据调查公司纷纷研究能实时记录用户收听行为的调查方式。

2014年,尼尔森公司在全国率先推出了适应新媒体环境的车载、户外、家庭、移动终端收听的测量仪。该测量仪以频率为主要识别对象,能够以秒为单位,迅速将用户即时调换频率的频点反馈回处理中心。而对普通MP3等播放器音源、人的声音不予记录,不涉及样本隐私。从"数据源"解决了传统广播、新媒体样本收听行为的精准记录问题。

(二)孵化新节目

通常,传统广播研发一档节目的时间较长,从"创意—新节目成型—播出新节目—收听数据收集—广告市场效应",最短需要两个月的时间。若新节目直接在广播中尝试,风险较大,还会影响到现有的用户群。

电台可以充分借助新媒体平台,把研发的节目放到互联网音频客服端上,将客服端的用户分为对比组和实验组,从收听该时段节目的用户中拿出一定比例的用户来收听新的内容,其余用户仍收听原来的内容。通过推送的方式,观察该时段的用户留存率。如果收听新内容实验组的留存率仍然保持在很高水平,说明节目在很大程度容易被市场接受和认可。互联网音频客服端能够实时反馈用户信息,这样的孵化方式,可以大大降低电台的风险,减少实验的周期,快速找到更适合用户的内容。

目前这种实时数据反馈,成为互联网热门原生音频收费内容主要的监测和改版的主要依据之一。

(三)提升内容匹配度

互联网是一个创新不断的平台,掌握产品形式,拥有实时反馈的全用户大数据,就可以对数据进行挖掘,从而掌握什么样的内容更适合用户,什么样的推网方式更有效,通过数据分析提高内容与节目的匹配度,调整市场投放方式增加内容价值和广告价值。通过对互联网上音频客服端用户的数据分析,也可以实现音频"离线"用户的可监测。

(四)新媒体用户呈现差异化的收听高峰

传统收听人群与新媒体用户在广播的触网过程中有相交、迁移和重叠。对广播用户总体价值的评估,应从分群、互补的关系体现传统收听人群与新媒体用户的不同价值。图8-2和图8-3体现的是同一个频率2017年3月传统收听人群与阿基米德FM新媒体用户在线收听行为对比。

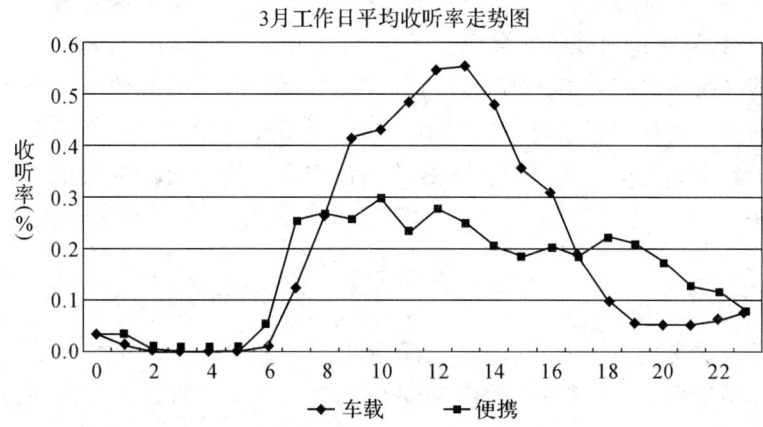

图8-2 2017年3月某台传统收听人群工作日收听行为①

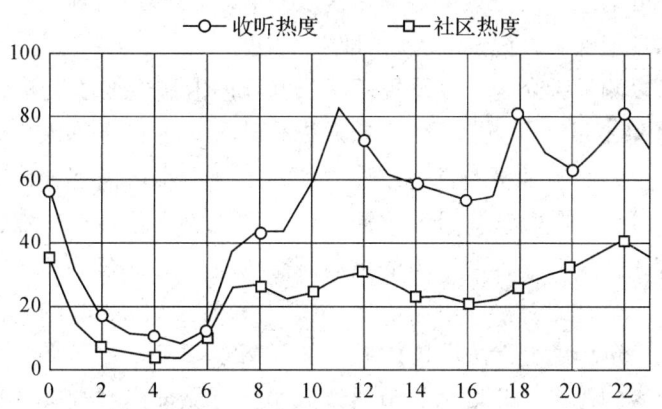

图8-3 阿基米德FM某台新媒体用户工作日在线收听热度②

从传统收听人群走势和新媒体用户在线收听热度两图对比来看,在凌晨0:00~2:00时段,收听呈下降趋势,但新媒体用户比传统听众较为活跃;在夜间20:00~23:00时段,传统收听人群便携收听率相对较低,车载收听率也从晚高峰时段回落,而新媒体用户在20:00~22:00仍然活跃反呈上升之势,22:00之后虽略有下降,但依旧保持较高的收听热度。

---

① 广西电台评估部张涛提供.
② 同上.

总之，传统广播评估方式，以引导力、传播力、影响力、专业性、融合力为指导，从市场和品质角度对节目进行综合评估。目前新媒体评估方式虽处于探索阶段，但实时抓取的收听数据反馈，对于电台内容模式转型创新，以及电台为广播新用户提供准确、优质服务方面，具有重要的参考价值。

第二节　广播收听调查和数据采集方式

早期电台内部监听和听众来信、听众电话反馈是广播质量监测系统的雏形，到20世纪90年代以来，对收听率重视提高到定性和定量分析相结合的阶段，从市场角度对广播内容进行测量和评估。随着技术的飞速发展，传统广播收听调查和数据采集方式已无法全面体现移动互联时代广播节目和广播媒体的价值。广播收听率测量也从传统的日记卡到个人便携式测量仪、车载式测量仪，发展到目前先进的多终端广播收听率测量系统。

一、日记卡法

日记卡法是指由样本人员将自己每天收听广播的频率、收听时段、时长和收听地点记录在日记卡上，以获取广播听众收听信息的方法。日记卡法的记录时段设定为15分钟，即以15分钟为一个记录单位，当样本人员在15分钟内收听某一频率的累计时间超过8分钟时才可记录。工作人员每周一次上门收取已填好的日记卡，并给样本户留下下一周的空白日记卡，以记录下一周的收听情况。

日记卡法可以测量听众构成以及规模等。但日记卡法主要质疑集中在"人为主观填写"和"样本量不足"两点，同时一般调查统计公司的样本是入户调查，移动人群涉及不多。近年来老旧小区不断进行改建，新的中高端小区涌现，传统的入户调查样本需要重新进行调整。同时针对目前广播听众移动化收听显著的特点，一些电台往往通过组织专项调查，或者广告商组织的定向调查为主，考查车上和居家办公地点的人群。一般广播入户调查的时候，也不能保障填写者就是实际收听的人群，或者是频率所针对的人群，一定程度上无法反映真实的收听情况。

目前电台改版的需求比较旺盛，节目改版中，可能会出现社会反响好，但用传统数据分析方法，无法监测电台改版的真实状况。

各电台节目评估体系基本都是比较完备的，但某些指标在具体操作和实施过程中不好把握。客观指标及主观指标的共存，以及节目自身所处环境的复杂性，使得实际操作中某些主观性指标往往实施不理想，缺乏公信力。例如不同节目的加权评比问题、同一节目在不同时段不同频率播放的横比等问题，是评估体系建构中必须面对的局部难题。

节目评估体系不但涉及传统渠道播出的节目，还涉及通过网络平台播出的节目。如果说节目质量、收听率、占有率指标考核的主要是节目线上表现的话，那么活动推广与网络推广考核的主要就是节目的线下表现。线下活动与网络平台成为广播主持人与听众直面沟通的主要渠道，这也给广播评估带来新的课题。

北京电台从2004年开始使用日记卡收听率数据，2017年已经升级为测量仪数据。

二、测量仪

便携式测量仪测量方法是给样本户携带一个类似BP机的小型接收终端，对样本收听行为进行以秒为单位的记录存储，同步记录广播收听时间、频点等信息，并且能够随时向数据中心回传所记录的实时数据。

车载式测量仪采用芯片直接截取频点信息，实时记录收听情况，无须进行音频匹配对比，实时精准同步记录听众在车载环境下发生的广播收听行为。车载式测量仪安装简单、方便，不需要对车上原有设备进行改造，不妨碍驾驶，也不改变样本户在车上的收听习惯，即可实现对样本用户在车上收听数据的采集。

测量仪的使用可以追溯到2005年，尼尔森正式启用了A/Pmeter（主动/被动记录仪），2006年尼尔森公司宣布了它的随时随地媒介测量计划（anytime anywhere media-measurement），该计划正是针对在媒体融合时代用户使用媒介习惯的变化，旨在测量用户"随时、随地"的收听行为。多数媒介调查公司可以通过单一来源固定样本组和/或数据融合，监测用户与多种媒体平台的交互情况。阿比创公司（Arbitron）是美国主要提供电台收听率调查的专门机构。2005年阿比创公司为了抗衡AC尼尔森的人员测量仪（people-meter），研发了更为方便的便携式人员测量仪（PortablePeopleMeter，简称PPM），其便携性可以实现自动接收、记录不同频率声波，监测用户移动状态下的收听行为。美国绝大多广播电台都按照该公司的要求完成了音频编码，在全球多个国家投入商用，PPM也被视为革命性的调查方法发展到今天。[①]

三、多终端广播收听率测量系统

多终端广播收听率测量系统采用搭载在手机上的虚拟测量仪开展多终端调查，是基于智能手机APP的虚拟测量技术（Virtual Meter），使用统一设备和测量方法对听众在不同场合使用不同收听设备的全部收听行为进行完整测量。

这种方式的原理是，由数据调查公司派调查员进入到被选取的样本家中现场安装。即在手机上安装一个APP软件，用于自动接收音频信息，把接收到的音频实时转化为数字音频码，将其传送到后台，与广播节目的音频资源库做匹配，由此准确识别出用户收听的频率和节目。具体操作方法：

调查公司会在样本人员的手机上安装一个手机应用。根据调查公司和样本人员的协议，该应用开机自动开启，并保持后台运行。在运行过程中，这个应用会调用手机的麦克风，通过麦克风收集环境当中的声音，并转化成数字音频特征码。这些数字音频特征码实时传回调查公司的服务器。与此同时，数据公司的音频采集系统会全天24

[①] 张苗苗. 媒介融合时代发达国家收视听调查评估现状及借鉴启示 [J]. 有线电视技术, 2015（10）.

小时不间断同步录下各个开路广播的音频,并将其转化为数字音频特征码。当样本的数字码传回服务器后,专业系统程序会进行后台比对和匹配,如果两个数字码能够匹配,则说明这个样本人员收听了某个频率。调查公司会提供一个小的接口装置,类似于我们常用的耳机大三头换小三头的装置,只要通过这个装置把耳机和手机相连,则通过耳机收听也能够被测量仪监测到。目前蓝牙耳机的收听目前尚未纳入监测范围。①

新的测量仪方法实现了样本收听行为不再是靠记忆主观填写,而是降低主观误差,依赖听众的收听行为数据记录进行监测。这种方法的优点是用音频码匹配的方式客观反映样本户的收听行为,不改变其收听习惯,也不会因为样本户个体的记录不精确而影响测量数据的精确性。

多终端广播收听率调查更适合当前广播移动化、泛收听的发展趋势和受众个性化收听的特点,可以实现随时随地采集收听行为数据,更全面地反映广播媒体的市场价值。

目前多终端数据调查,仍有待进一步提升,如果听众通过喜马拉雅手机客户端收听广播,收听的直播节目当然是可以被监测到的,回放形式的收听也能被监测到,但是不能与直播匹配,因为数据传回时附带有听众收听的时间点信息,该时间点的直播内容和回放内容无法吻合,数据会发生混乱。回放时的移收听数据最好的办法是根据市场需要另行处理及提供。此外,针对车载收听也有其局限。车上收听一般预设是外放收听,如果听众在打电话或者使用微信语音,就占用了手机麦克风,那么数据中会显示样本的收听行为中断。因为即便听众边打电话边开着广播,实际上多半的注意力都在打电话而不是收听上,从这个角度来讲,收听行为实际是中断了。样本的环境声音是通过麦克风录在手机里,然后通过软件转换成数字特征码回传。这一转换过程是不可逆的,也就是说不能把数字特征码再还原成音频。音频信息在转换成数字特征码时会被压缩和删减。这个过程中损失的信息无法找回。

关于断网,如果网络中断,但手机还有电,应用就可以仍然在后台收集数据,一旦再次联网,就会把积累的数据再传输过去。因此,虽然是实时回传,并不能实时看到数据变动,仍然会有大概一天半的数据延迟。

当前智能手机都有 GPS 定位功能。样本在回传数据时,会附带回传收听过程中的位置、移动速度等信息。数据调查公司会基于这些信息,结合样本的家庭地址、单位地址等信息,用一套算法来推算样本是在路上收听还是在家中收听。随着 GPS 定位精准度的提高和算法的不断改进,对收听状态的推断将越来越精准。

目前市面上任何一套数据都不能通过技术解决样本到底在用什么终端听的这个问题。收听终端的使用,是听众长期收听行为的一项,如果没有特别的个性化要求,可

---

① V 传媒,王浩洁. 收听测量仪数据的正确打开姿势——上篇:技术问答原创 [EB/OL]. http://www.wxzhi.com/archives/709/tg9d6wsmjv1zpl04/,2017.04.25.

以通过单项问卷调查结果来回答这个问题。

对于聚合音频平台上的其他非广播内容，例如单独为网络电台制作的、不在开路频率播出的音频内容，只要在服务器短采集这些内容的音频特征码，然后与样本收听特征码定向匹配，就能够知道这些内容的收听情况，见表8-2。

表8-2　日记卡、测量仪与多终端测量系统的比较①

	日记卡	测量仪		多终端测量系统
		便携式测量仪	车载式测量仪	
采集方式	人工完成	内置芯片自动记录收听行为数据		采用搭载在手机上的APP虚拟测量仪采集数据
数据准确性	非精确记录	精确记录		精确记录
数据回传	一周后	实时		实时
数据反馈	一周后提供	次日提供		次日提供
监测收听场合	不同场合	不同场合	车上	不同场合
数据采集终端	单终端采集	单终端采集	单终端采集	多终端采集
调查成本	较低	较高		高

综上，多终端测量系统的技术应用，对于考量目前听众复杂的收听行为具有重要意义。各电台已经建立的新媒体考核体系多数在实践探索中。

第三节　广播融媒体综合评估体系探索

一、传统广播综合评估体系的建立

节目综合评估体系的建立是电台对节目评估方式重视程度，以及是否发展成熟的一个标志。以某省级电台2011年的评估体系为例，可以看出综合评估体系侧重的是对节目单次传播效果的考量。

（一）节目评估的总体原则

在注重节目传播力的同时，把满意度、引导力、专业性、投入产出比等元素作为重要的评价指标进行考察，兼顾经济效益和社会效益。

将自办栏目分为主题宣传栏目和非主题宣传栏目两大类别，分别在评价指标上设置不同的权重。考察主题宣传栏目时，加大满意度、引导性、专业性的权重，适当降低收听率的权重，以强化对其社会效果的考察。

考虑到新开办栏目需要一个培养听众的周期，因此取用成长趋势指标，以弥补在收视率上可能与老品牌之间的差距。

收听率、同时段排名、听众满意度，由第三方调查公司提供基础数据；广告收入

---

① 该表由课题组制作.

由广告中心提供;投入成本由财务部提供,人力成本由频率提供;专家主观评价由总编室组织实施。

评估采用的收听率数据均为各栏目的首播数据。

(二)考评指标

节目综合评估体系共设置四个大项指标:传播力(频率收听贡献率、听众规模、成长趋势)、影响力(包括满意度和品牌美誉度)、投入产出比、专业性(包括引导力和制作水准)。

1. 传播力

传播力测评节目传播的广度,包括频率收听贡献率、听众规模、成长趋势三个二级指标,由收听率数据转换计算获得。

(1)频率收听贡献率

频率收听贡献率 =(频率目标排名/节目考评周期内同时段排名)×100%

转换成分值:

节目频率收听贡献率分值 =(该节目频率收听贡献率/相比较节目最大频率收听贡献率)×100

(2)听众规模

听众规模反映的是节目在考评期内听众群的大小。

听众规模 =(考评周期内单期节目平均到达千人/相比较节目该周期内单期节目到达千人平均值)×100%

转换成分值:

节目听众规模分值 = 该节目听众规模/相比较节目最大听众规模×100

(3)成长趋势

成长趋势是通过节目在考评周期内的平均收听率与上一年度同期平均收听率的比较,考量节目的成长状态。

成长趋势 =(考评周期内的平均收听率 – 上一年度同期平均收听率)/节目考评周期上一年度同期收听率

转换成分值:节目成长趋势分值 =(该节目成长趋势/相比较节目最大成长趋势)×100

对开办仅一年或不到一年的节目,可以用最后一季度的收听率与开播第一季的收听率进行比较。

2. 影响力

影响力考评传播的深度,包括满意度和品牌美誉度两个二级指标。

(1)满意度指听过该节目的听众对节目的满意程度的评分。由第三方调查公司对听众进行抽样调查,以百分制计算。

(2)品牌美誉度

此为加分项。节目获得中国新闻奖或中国广播影视大奖十佳栏目,在之后一年的评估中将分别获得 10 分或 8 分的加分奖励。节目中的作品,获得中国新闻奖一、二、三等奖和中国影视大奖一、二、三等奖，分别给予5分、4分、3分和4分、3分、2分的节目加分。但节目获得最高加分不超过10分。

相反，受广电总局监听监看中心和省委宣传部阅评小组批评的栏目，视情节轻重分别扣除2~10分。节目安全播出发生重大事故，一次扣除5~10分。

3. 投入产出比

投入产出比 = 节目收益/制作费

转换成分值：

节目投入产出比分值 = （该节目投入产出比/相比较节目最大投入产出比）×100

节目收益包括节目时段内的插播广告、节目冠名、节目的二次乃至多次营销收入。其中插播广告，由于很多广告商是购买广告套餐（购买的是几个节目的广告打包），或是购买准点广告时段（广告投放与节目的内容、质量基本无关联），因此难以确认节目的实际广告吸附力，故用理论上的节目内插播广告时间，以正常广告价位换算出的广告收益，作为插播广告的收益参与运算。

制作费指节目每期投入的制作经费和人力成本。

4. 专业性

专业性测评节目的品质和制作水平，包括引导力和制作水准两个二级指标，由专家评审团评分，采用百分制计算。

引导力测评节目的传播方向，表现节目导向是否正确，是否体现了先进的文化、主流价值和一定的审美品位；制作水准主要包括节目创意、编辑编排、节目信息量、剪辑制作、播音主持、音响音乐、文字写作等考量维度。

具体评分项目如表8-3：

表8-3 广播节目专业性考量维度与分值[①]

考量维度	引导力		制作水准						
	导向	审美品位	节目创意	编辑编排	节目信息量	剪辑制作	播音主持	音乐音响	文字写作
分值	20	10	10	10	10	10	10	10	10

综合起来，节目综合评估体系的传播力、影响力、投入产出比、专业性等各个要素构成表8-4的广播节目综合评估体系。

表8-4 广播节目综合评估体系指标[②]

指标	二级指标	主题宣传节目指标权重	非主题宣传节目指标权重
传播力	频率收听贡献率	10	15
	听众规模	20	30
	成长趋势	5	5

---

① 该表由本章作者提供.

② 同上.

（续表）

指标	二级指标	主题宣传节目指标权重	非主题宣传节目指标权重
影响力	满意度	20	15
	品牌美誉度	10	10
投入产出比	投入产出比	10	10
专业性	引导力	10	5
	专业性	15	10

除品牌美誉度属于加分项外，其他指标考评时先按百分制计算，然后按以上节目综合评估体系表中规定的权重进行修正，得出其在综合评估中的实际分值。

（三）考评实施与运用

1. 考评周期

以半年为考评实施周期。

2. 管理应用

（1）以评估排位的前几名作为年度十强栏目的候选。

（2）给频率的节目末位淘汰提供科学依据。

随着广播节目传播多渠道多平台化，一些电台开始探索兼顾当下的多形态、多通道、多次、双向、互动的传播形式和样态的节目考评办法，在实践层面对节目评估予以完善和优化，但这些探索目前在业界还没有形成一套标准、科学、可供借鉴的操作体系，尽快探索明晰广播传统媒体传播与网络传播效果评估的方向和框架，设置科学的评估指标，建立一套客观、科学、规范的多渠道传播综合节目评估体系，成为行业急需。

二、网络传播要素纳入评估体系

2006年天津电台制定的《天津人民广播电台节目评估考核体系》，提出了"市场竞争力、受众认知度、节目评价、节目成本核算"四项评价考核频率的指标，其中"网站点击率"作为"受众认知度"的一个二级指标，占"受众认知度"指标10%的比重。2009年江苏电台的节目综合评估体系将网络点播、主持人博客、微博和专区与受众的互动、网络月度投票等纳入考核范围。同年3月，中央电台将各业务部门的新媒体工作纳入年底综合考核。2012年，北京电台出台了《广播节目网络收听月度报告》，统计节目在网站的实时收听、回放收听以及视频直播数据等，成为传统收听数据的重要补充。2012年，国家广电总局出台《关于建立广播电视节目综合评价体系的指导意见（试行）》，要求把融合力作为节目评价内容指标之一，包括：节（栏）目和频率、频道与互联网终端、手机等新媒体的融合程度，以及在新媒体上二次传播和口碑影响情况。

广播节目传统传播方式下的评估方法是基于广播节目的线性传播模式而设计，通常采用节目收听率、专家和听众评议，兼顾投入产出比和制作等专业性质量评价。这种评价方法，评价的重点在于节目的传播效果，也就是听众对节目的线性收听维度。

当广播节目的传播方式由传统的收音机、车载收音机发展为传统收听终端、车载收听终端、PC收听终端和手机智能收听终端；由传统的线性传播方式向移动互联网环境下的线性与多端矩阵并行传播模式演变。传播渠道的多样化和传播方式的改变，势必要求节目评估方法更新换代。

以手机智能收听终端为例。广播APP收听彻底激活了传统收听夜间和凌晨的"冷"时段。如广西电台新闻910《最后一小时》这个节目，传统广播线性播出时段为23：00~24：00，据索福瑞的调查，2016年9月该节目收听率在本频率30多个节目中排名27位，倒数第6。而在广播APP下载量以绝对优势位居榜首的阿基米德，广西电台从节目黏性、收听活跃度、粉丝数、收听热度、社区热度、节目互动、直播互动、鲜花榜、主播活跃度、音频热度这十个维度对全台6套频率的100多个节目进行考评，在十个维度中进入前三名占比最多的节目，就是《最后一小时》这个节目。同一个节目不同传播渠道产生不同的传播效果，如何更全面、更精准地评价一个节目，使评估结果更有参考价值。

三、媒体融合传播效果的评估指标创新

媒体融合给广播带来传播范畴、传受关系的改变，引发了节目生产流程和管理制度的一系列变革。传统节目评估体系中的评估对象、评估手段、测量方法都需要重新设定。评估广播节目的网络传播效果，需要考察广播与网络融合的各个层面并据此设置相关的评价指标：

（一）传播力指标

用户量、转换率、留存率、收听时长等互联网指标，评价节目传播的深度和广度。包括在线实时收听和点播收听，根据收听渠道的不同，又分为PC端和手机移动端的总用户数、收听次数、收听时长等。

（二）参与度指标

即用户参与节目讨论、转发话题等互动考评。如点赞数、打赏数、评论数、微博微信转发数等。反映用户参与广播节目网络互动的热度，考评节目的网络人气和活跃度。

（三）网络舆论指标

即用户通过网络发表对节目、话题讨论、主播表现的正负面评论，是用户对节目的主观意见集合。这些评价形成了网络舆论，表达用户对节目的喜好度、认可度和信赖度。考评节目的导向性和节目的品质。

（四）节目收益指标

即节目通过网络传播创造的经济效益。如广告投放、活动创收、打赏金等。考评节目的经济价值。

通过对传播力、参与度、网络舆论、节目收益这四方面情况的考评，基本能够建立起广播节目网络传播效果的评估体系。目前，广播节目网络传播效果评估在指标设置、

各个指标所占比重尚未有统一认识,各个电台仍在根据自己所需的考量目标进行探索。

四、融媒体内容评估的探索

广播节目传统评估体系与网络传播效果评估在各地电台的应用也不一样。大致有几种情形:

一是按2012年国家广电总局出台《关于建立广播电视节目综合评价体系的指导意见(试行)》的要求,把融合力作为节目评价内容指标之一。将广播节目网络传播效果指标和传统评估体系加权,综合考量广播节目。这种考核办法在操作上需要解决这些问题:两个完全不同的考评体系加权如何确定各自的比重?指标如何换算?分析计算方法是否符合统计学上的合理性?

二是以传统评估体系为主,增加广播节目网络传播效果评估,指标各自独立,各自评估,互不交叉,两套评估体系单独考核奖罚。

三是只按广播节目传统评估体系对广播节目进行考评,仅将网络传播效果评估作为参考,不进行奖励处罚。

广播节目综合评价在理论和实践层面上,学界与业界都进行了诸多研究和探索,由于各台考评重点和实际应用的不同,形成了整体框架下各具特色的节目评价体系,如表8-5、表8-6。

表8-5 中央电台节目评估指标[①]

中央电台节目综合评估体系(2014年6月)			
评估指标	二级指标	具体内容	数据来源
品质评价60%	思想性10分	舆论引导5分	受众、专家打分
		内涵格调5分	
	创新性5分	内容形式5分	
	专业性20分	节目定位2分	
		选题素材5分	
		节目编排5分	
		播音主持5分	
		制作包装3分	
	竞争力5分	自我评价5分	节目中心自我打分
	满意度10分	综合满意度10分	受众调查
	融合力10分	网络传播10分	央广网点击、新浪微电台微博、微信
收听率数据40%			受众调查
满分100分			

---

① 参考中央电台"新媒体融合下的节目价值测量"PPT相关内容。

表 8-6　江苏省广播电视总台广播传媒中心综合评估体系指标①

江苏台广播节目综合评估体系（2013 年 8 月修订）		
评估指标	二级指标	具体内容
节目质量 60 分	节目定位 2 分	节目定位符合频率特色
	节目内容 21 分	政治导向 5 分
		内容配比 4 分
		格调内涵 3 分
		完整性 6 分
		创新成分 3 分
	节目编排 8 分	栏目设置 2 分
		编排技巧 3 分
		制作水平 3 分
	播音主持 15 分	持证情况 2 分
		语言表现 3 分
		播音技巧 3 分
		把控能力 4 分
		个性展示 3 分
	节目包装 4 分	节目题头、片花、间隔乐、宣传（片）语等符合节目定位，与节目内容和谐一致
	安全播出 5 分	严格执行现行各项宣传和技术类安全播出要求
	专家印象 5 分	由专家根据节目听评整体印象打分
市场表现 50 分	当月该节目平均收听率 15 分	
	当月该节目平均市场占有率 25 分	
	该节目平均收听率与上月比较得分 5 分	
	该节目平均市场占有率与上月比较得分 5 分	
节目满意度 15 分	满意度、忠诚度与知名度	
频率考评 15 分	各频率对本频率所有自办节目，依据当月出勤情况、工作态度、内部听评等结果评分，每档节目频率考评得分满分为 15 分	
节目附加 10 分	研发创新节目、有影响力的推广活动、因承担较多经营创收任务而对节目质量有所影响的节目；部分对象性窄播化节目；节目在线点播情况、听众对所有自办节目的网络投票排名。以上各项累计不超过 10 分	
满分 150 分		

随着广播与网络融合程度的不断加深，广播节目传播环境、手段、技术不断升级，构建一套客观、科学、规范的涵盖广播传统媒体传播与网络传播效果评估的综合节目评估体系将成为必然。

---

① 参考"江苏省广播电视总台广播传媒中心节目综合评估体系"2013 年 8 月修订版．

第四节　广播评估与广播内容质量思考

音频媒体内容生产的成本比较低廉，比较容易复制，这种特点在互联网时代呈现得更为清晰。2016年音频媒体内容付费迎来了一个新的发展契机，甚至很多视频内容也转战音频市场，发展点播的市场。对于广播电台而言，一方面是媒体融合的压力十分大，传统电台需要转换为互联网思路；另一方面电台的内容面临着两方面的要求，其一是内容要具有互联网产品特征，其二要区别于UGC内容或者是PUGC内容，最便捷的路径是强调内容产品的专业属性。这一专业属性，要凸显声音媒体的属性；电台专业音频生产的属性；还有互联网基因的属性。

从长远发展的角度看，电台的内容评估，不仅仅是在技术层面的创新，在新媒体理念层面上的变革和创业，更重要的是完成一个电台作为企业治理层面的系统性转化。如果电台要自食其力走商业化的道路，就需要完备商业电台基于经济规律建立起来的基础，这些基础在计划经济时代，在非融媒体时代，其问题都没有如此明晰地展现出来，但是随着互联网的迅猛发展，这一未打牢的根基，此刻比任何时刻都更加清晰地暴露出其脆弱的属性。不建立这个根基，其他的变革和改进都如同沙漠上建摩天大厦。

电台的这个根基与企业的产品质量管理密切相关。

一、广播质量管理的源起

什么是质量管理？21世纪的"质量管理"定义为"各类组织，如企业、机构、大学或者医院等，用以设计、持续改进并确保所有的产品、服务和过程满足顾客和利益相关者的需要，从而实现优异结果的一套普遍的方法"，"产品"在这里既指有形产品也包括某种服务和信息。[1] 据此分析，"质量"的核心含义是产品具有"适目的性"（fitness for use）[2]，终极目标指向的是满足用户需要，用户满意产品和服务特征的好坏程度直接关涉企业质量的判定，进而引发不同程度上企业效益的波动。

"产品质量"不等于"质量完美"，因为质量完美意味着增加了成本却没有增加价值。质量满足了顾客的需求但不符合利益相关者的需求，这不是一个好的企业应该做的。真正质量型的企业，生产产品和服务的成本必须是生产者和利益相关者都能够负担得起的，必须明确质量、成本和收益之间的关系，质量提高能够带来足够的收入可以弥补新增加的成本。

"质量"不仅仅是质量管理部门的职责，也是贯穿整个组织的责任，质量管理实际上是管理整个组织的核心环节，是企业战略驱动力的体现。广西电台在完成内部绩效考核和分配制度的系统改革后，电台领导班子以科学的、经过转化的符合广播行业特色的企业化质量管理理念，贯彻落实在全台员工的日常工作，甚至是工作信念中，这是实现电

---

[1] 约瑟夫·M·朱兰、约瑟夫·A·德费欧、朱兰等. 朱兰质量手册 [M]. 中国人民大学出版社，2013：76.
[2] 约瑟夫·M·朱兰、约瑟夫·A·德费欧、朱兰等. 朱兰质量手册 [M]. 中国人民大学出版社，2013：78.

台几年内社会效益和经济效益双丰收,并具有可持续发展动力的科学管理路径。

二、广播质量与广播盈利之关联

从用户的角度考量,"质量"意味着更大程度上满足用户的需求;从电台的角度考量,则意味着广播内容减少出错,广播内容产品质量与盈利在这个意义上建立起关联,参见表8-7。广播"质量"的含义是成本导向的,即"质量提高成本降低"。

表8-7 广播内容产品质量与盈利的关联①

从满足听众需要角度考量 提高内容产品质量意味着:	从电台内容产品减少出错的角度考量 提高内容产品质量意味着:
提升听众满意度	降低差错率
满足社会实际和潜在的需要	减少节目的不良社会影响
使广播节目美誉度提高	减少对电台形象的修复成本
有效应对竞争台	减少听众不满和投诉
增加市场份额	减少监听和纠错成本
提高电台的传播力和影响力	缩短新节目面世时间
市场份额加大	提高电台吸纳广告的能力
提高销售收入:质量越高收入越高	降低成本:质量越高成本越低

电台内容质量如果成为同行之最,实现最高的质量,提供最高的顾客满意度,可以促成电台经济效益方面的成功,以及电台内部文化的变革和最大程度上听众的满意度。

三、电台内容质量目标路径

基于上述分析,电台通过对内容产品质量进行标准化设计,在播前、播出和播后环节加以品质监控,并持续不断地进行改进,电台即可以步入"质量型组织"的行列。电台质量管理目标的设定意味着,提供优于竞争对手的产品和服务过程,并转化为优势市场份额,且形成可持续发展的组织文化。电台质量管理目标设计的具体步骤为:

建立标准:电台从听众的角度出发,强化产品和服务的开发能力,建立节目品质标准,也包括频率改版和节目创新的标准。

执行保证:电台建设有力的质量控制和系统的质量改进流程。必须以制度化的要求来保证广播内容产品符合电台的质量要求。

突破系统:建立持续改进或实现突破系统的系统方法,保障质量监控和内容产品创新之间的平衡。

设立部门:电台的质量工作办公室(如评估部门)确保上述三大任务的持续进行。

---

① 本表格为课题组制作。参照了约瑟夫·M·朱兰、约瑟夫·A·德费欧、朱兰等. 朱兰质量手册[M]. 中国人民大学出版社,2013. 第78页中,"质量的涵义",原始资料来源:Juran Institute, Inc., 2009.

四、广播用户价值再开发

2000 版 ISO 质量管理体系创造性地提出了三大质量管理原则,它包括了一项关键原则即"领导作用",两个基本原则即"以顾客为关注焦点"和"持续改进"。根据媒介产品的双重出售机制,即内容出售和广告出售,前者关注"信息如何被转化为可在市场买卖的产品",后者关注的是"受众是大众媒介的主要商品"。

如何对用户进行精准的测量?目前数据挖掘中所使用的数据是事后发生,在时间维度上具有滞后性,这也是数据挖掘自身方法的局限性所在。同时,有些数据是量化的,而有些数据如网络评论、图片、声音等,甚至是一些物理情境的因素,都很难进行数据转化?因此学者谈及:大数据营销虽然能够追踪到消费者的行为,但却抓不住消费者的心。当然也可以在以下几点进行深挖:其一是大数据营销与人格心理分析,其二是大数据营销与人际情境心理分析,其三是大数据营销与物理情境心理分析,其四是大数据营销与文化背景心理分析。①

(一)听众个体反馈的价值

广播听众的个体反馈十分重要,电台需要考虑是否广播节目在以下五个方面满足了用户深层社会需求:

是否对社会政治管理发挥作用。如监督公共政策、讨论公共议题、公民新闻学的实践等;

对社会生活的影响力如何。即节目的议题设定所带来的社会影响程度;

大众的信任度如何。即公众对于广播服务的信任程度;

呈现给听众的需要度如何。即公众认为各频率存在的必要性或付费意愿;

大众参与程度如何。即广播节目确定选题的过程是否广泛征集和参考大众意见;广播媒体是否通过多种渠道与公众互动;新闻报道采访过程中是否广泛收集公众的观点等。

(二)听众的电台印象与商业价值

广播用户对于电台节目或频率印象的判断,一定程度上直接影响到电台的收入。

表 8−8　广播用户印象与电台的商业前景②

从广播用户角度看节目	电台的商业前景
不具有适目的性	没有收益,或陷入危机
适目的性但明显劣于其他广播服务	因市场份额小导致收益下降或必须降低广告价格
适目的且具有竞争力	符合市场价格
明显优于其他电台的节目	因市场份额扩大或者广告价格提高,影响力提高等获得高额利润

---

① 王新刚. 大数据营销:追踪到行为,却抓不住心 [J]. 清华管理评论, 2017, (03).
② 课题组制作,参考约瑟夫·M·朱兰、约瑟夫·A·德费欧、朱兰等. 朱兰质量手册 [M]. 中国人民大学出版社, 2013: 22.

（三）听众的全方位解读

广播用户往往使用自己的语言，站在自己的视角上来表述诉求，电台需要了解这些表述背后的真实需求。这就需要去了解广播用户的两个核心问题：

为什么收听这一节目或者选择这一电台？希望从中获得怎样的服务？

1. 重视听众的心理需要

听众的需要不同于节目设计的技术特征或者专业特征，听众除了需要具体的新闻信息、路况信息和娱乐节目等，实际上这些需求中还包含着一些心理因素，因此节目可否给予听众除了"耳听为实"的内容外，还有更多的附加服务或者增值服务。实践证明，起到争夺广播听众关键的可能是"感觉"在发生作用，多数听众是按照显在或者隐在的感觉在行动。比如在一般的消费活动中，"理发馆"和"个人工作室"对于需要做头发的女性而言，可能发型效果差不多的情况下，后者费用是前者的几倍，但是满足了女性某种特定的感觉需要，仍会有人去选择后者的服务。

2. 重视听众的感觉需要

广播的多数听众并不完全了解产品或服务的技术性质，对节目"适用性"的某些方面会有一些感性的认识，节目听起来"耳目一新""有很多伴随音响"，等等；广播听众对广播节目的判断经验一部分也来自于对其他广播电台或者是电视媒体等综合比较的判断；当然广播听众的经验也来自于朋友、同事等的推介，以及电台的推介等。

3. 重视听众的文化需要

听众文化需要的满足是一个基础课题，也是一个新的课题，不仅仅是提供给听众具有文化品位的节目，而是要体现出对听众文化习惯的维护和延续等，文化需要大多是以隐含的方式加以表达的。

4. 重视对投诉和不满的处理

美国消费者事务署委托进行的研究项目发现，对于产品或者服务不满的顾客，有70%不会投诉，不投诉的原因主要有：为投诉而付出的努力并不值得；认为投诉没用；缺乏投诉所需要的知识等。实际上对投诉的应对措施会极大影响到产品的销售情况和对品牌的忠诚度。合理的处理投诉的方法主要有[①]：

每周7天每天24小时服务的服务中心

免费的电话号码

庞大的计算机数据库

电话应答雇员的专门训练

主动征求投诉，以把未来的顾客流失降低到最少

5. 发掘潜在的听众

事实上，用户本身可能是最后意识到自己有什么需要的人，广播媒体的听众户也不例外。一般的商业用户不会在Apple系列产品问世之前表达过有这种需求。一旦产品

---

① 约瑟夫·M·朱兰、约瑟夫·A·德费欧、朱兰等．朱兰质量手册［M］．中国人民大学出版社，2013：26．

问世了，用户发现自己就会有这样的需要。目前媒介竞争空前激烈，引导听众和观众的需求，是广电媒体人着重需要去开发的。我们也不得不注意到，用户的需求往往反复无常，因为消费主义驱动着今天的生活方式。

（四）听众关注趋势预测

目前，电台对听众的评估，主要包括三个方面：首先是频率满意度：内容满意度（时效性、情感性、丰富性、评论深度、信息总量……）和时段满意度（便利性、稳定性、周期性、差异性……）；其次是频率忠诚度：日平均收听时长；主收听时段；主打栏目调整时段后继续收听的可能性；最后是听众价值：目标听众收听率以及听众学历、收入、职业、年龄等。

事实上，广播对听众调查的重视，可以在两个方向上发展：一个是前面谈到的对听众表层和深层收听因素的个体考量，另一个就是听众注意力趋势的预测式评测。

电台若能真正以听众为中心，制作听众喜欢的高质量的节目，听众就会乐于去收听，收听率会提高。广告商购买时段的动力也就加大。

但是这里有几个疑问：什么是听众"喜闻乐见"的节目？当前社会风潮上流行的话题固然是关注的焦点，但是这种风潮会过去的，下一个受众关注的焦点又是什么？社会大众的注意焦点是否可以被引导？当前制造"话题"的媒体越来越多，媒介策划也变成了某种对受众的操纵，甚至在新闻节目中也存在这样的问题，如果以单纯的商业目的来策划受众的注意力焦点，固然可以在短期内赢得全社会关注，但是受众是智能的，在这种反复操练中，自觉判断的力量就会出现；况且各类商家和媒体的这类引导社会注意力潮流的"策划"越多，受众越容易疲惫，反而对策划者而言是一场恶性竞争，也是对受众资源的一种肆意践踏。

在这种传播语境下，广播对听众的监测范围，至少要逐层扩大到：

1. 当前听众对节目的反馈情况；

2. 目前听众对社会热点的反馈情况；

3. 听众接下来可能出现的热点和趋势。

传统的企业管理必须以顾客的需要和顾客所寻求的益处为基础。广播电台对听众需求的满足，首先需要尊重用户，发掘用户的需求，满足用户潜在需求，并引导需求。促使听众参与到广播内容的生产过程中。目前随着新技术的发展，各类广播互动的技术手段推陈出现，用户需求与电台的质量管理紧密结合，显得尤为重要。

五、无法回避的行业难题

（一）电台体制

对于电台管理的核心策略而言，政治安全的动力远远大于盈利创收的雄心，因此广播规律和企业化运作规律的执行往往体现为"二意三心""犹疑不决"，甚至"心不在焉"。

电台的日常运营，一方面享受了来自体制内的行业保障、政策倾斜和配合，另一方面地方政府、上级广电局的管理和任务落实等，其重要程度优先于电台作为企业运营，优先于基于经济规律的发展大计，基于经营成本的考量和长远运营策略均服从于此。

（二）电台管理者处境

电台管理者一般需要上级部门的任命，付出的回报和风险的承担，在社会主义市场经济体制下，已经很难单纯依赖共产党员的信念、任劳任怨的个人品质来支撑一个媒体企业家改革的信念。对管理者的激励和肯定，在契合当前我国广播体制政策下，需要一个体系性的保障，以保障电台作为一个事业，延续性和可持续地发展，使不同的管理者可以继承并发展一个"成熟"的"事业性质"的"广播企业"；企业发展的风险处处皆在，风险往往与发展和突围相伴，如果电台管理者所承担的风险国家系统和机制无法进行周详、科学的考量，电台管理者的积极性和创造力将会被漠视和伤害，这对于掌舵"事业性质"的"广播企业"而言，也将是"阉割"一样的伤害。

（三）产品质量还是行政部门的设想

质量管理理念和措施应用于现代化企业，已经发展成熟并成为社会共识。广播行业沿用、借鉴企业质量管理有其选择的适用性，这种转化和探索是一种电台管理和运营理念的基础性改革，见效慢又存在较大的改革风险，比照频率运营方式改革和节目创新改革都要难度大得多。

质量管理意识因此并未在当前我国广播业流行。事业性质企业化经营的中国广播电台在质量管理上遇到的瓶颈随处可见。

（四）长效机制与长效的经典内容

什么是"长效机制"？首先"长效"意味着需要有一稳定的机制，保证产品的延续性和基本的稳定性，而这一机制又不是一劳永逸、一成不变的，它必须随着时间、条件的变化而不断丰富、发展和完善；"机制"是使制度能够正常运行并发挥预期功能的配套制度，它既需要有比较规范、稳定、配套的制度体系，还要有推动制度正常运行的"动力"。

在ISO9001标准中，规定企业或者组织应当把持续改进总体业绩当成组织的一个永恒的目标。越来越多的企业和组织已经认识到持续改进的重要性，无论是对硬件产品的质量，还是服务的水平，永远是"只有更好，没有最好"。

电台作为提供信息和娱乐等服务的媒介组织，应该谋求在电台内使用某种一致的方法推行持续改进，同时应认识到持续改进的主体是电台员工，电台需要为员工提供有关持续改进的方法和手段的培训，这是持续改进得以实施的重要保证。只有员工的积极参与，发挥其主观能动性，体系有效性和效率的持续改进才能实现。

基于此，才可以产生长效的经典之作。

（五）行业风气与全国性的制度建设

目前，广播行业没有建构出一个标准化的可供各方采用的评估体系。由于广播节目类型众多、播出机构之间状况差别巨大，虽然各电台自己都有一套节目评估办法，但是共同为行业所认可、能够普遍适用的评估体系依然未建构出来，评估体系在传统广电媒体中各自为政的问题尚未解决。

符合行业需要的评估标准的缺失使节目的横向及纵向比较遇到一系列问题，尤其是制播分离改革的深入，节目市场日趋成熟之后，这样的瓶颈会更加凸显。[①] 权威的为全行业所认可的节目评估体系的建构成为迫在眉睫的行业大事。具体路径：

1. 政府参与质量管理

在传统企业管理中，政府长期以来参与质量的管理，可以保护老百姓的安全和健康，保卫和改善国家经济。以声音为主的媒介产品，为社会提供精神文化产品，政府不仅需要提供广播评奖的全国性平台，更需要建构起行业生产规范。普遍和根本上刺激广播产品的质量，需要广泛调研后，根据广播行业发展的规律，遵循企业质量管理的基本原则，制定系列规则，把对电台节目的规范化管理转化为质量管理。

2. 广播行业特有的质量体系标准

专业协会、国家标准化团体以及国际标准化组织（ISO）在体系标准化方面采取了诸多措施，质量控制体系的 ISO9000 系列标准在欧洲企业界得到广泛的应用。在全世界范围内虽然没有法律要求企业必须这样做，但是如果竞争对手获得了这一质量体系标准，就会成为一种竞争优势。广播行业不同于一般企业，需要对既有的质量控制体系进行转化。

3. 广播质量联盟

在企业发展中，不同的联盟建立起来，联盟会公布一些符号和标志，社会上认可带有这种标记的产品质量，联盟会竭力维护其质量声誉。欧美企业质量联盟的建立源自于对共同遵守的质量原则的维护，"中世纪的行会在其成员当中实施了严格的规范和质量控制。中世纪的许多城市为了保护本城市的质量声誉，还对一些制成品实施'出口管制'。"[②] 因此广播质量联盟建立的初衷，应该是行业内存在共同认可的、关于广播内容质量的系列标准。

4. 广播行业协会

广播行业协会的力量需要得到新的认识，广播内容产品质量的推进，需要依赖于行业协会的实质性推进，行业协会可以控制内部竞争，但是为了平衡会员之间的关系也会出现对质量改进的限制。

此外，电台实施成本预算制，目前基本是通过广告收入和收听率数据进行考察，对节目投入与产出的考量比较滞后。随着广电体制机制改革的深化、制播分离的持续实施以及市场化视听媒体的发展，都使得节目投入产出比的问题亟须得到重视。

综上所述，互联网媒体产品激烈竞争的语境下，今天电台的竞争力源自于声音媒

[①] 张君昌、吕鹏. 广播电视节目评估体系：背景、现状及发展趋向［J］. 中国广播电视学刊，2011，（11）.
[②] 约瑟夫·M·朱兰、约瑟夫·A·德费欧、朱兰等. 朱兰质量手册［M］. 中国人民大学出版社，2013：9.

体的独特属性；也源自于企业对于内容产品质量的尊重。当然精神产品的生产具有独特属性，与一般的工业产品有本质的差异。同时，社会主义文化产品，特别是具有新闻属性的文化产品又有其特殊性，在尊重独特属性和具体特殊性的前提下，广播的融媒体之路，应始于对内容产品的系统性改造和探索的路上。

参考文献

1. 白玲、申启武. 从珠江模式到跨越式发展. 广东广播改革开放 30 年历史回顾 [M]. 广州：暨南大学出版社，2008
2. 北京广播电视台. 创新在路上：北京广播电视台节（栏）目创新奖 2012–2014 年度获奖作品 [M]. 北京：中国传媒大学出版社，2015
3. 北京人民广播电台广播发展研究中心. 赢在创意 广播节目创新样态与研究 [M]. 北京：清华大学出版社，2015
4. 北京广播学院新闻系编. 延安（陕北）新华广播电台广播稿选 [M]. 北京：中国广播电视出版社，1985
5. 北京广播学院新闻系编选. 中国人民广播回忆录（内部资料），2005
6. 边建、张友信、姚钢等. 体育声儿——北京范儿 [M]. 中国国际广播出版社，2013
7. 曹璐. 广播新闻理念与实务创新研究 [M]. 北京：中国广播影视出版社，2007.5
8. 曹璐、吴缦. 广播新闻业务 [M]. 北京：广播学院出版社，1997
9. 曹晚红. 中外电视生活服务类节目新模式解析 [M]，北京：人民邮电出版社，2016
10. 曹仁义. 实用新闻广播学 [M]. 北京：中国广播电视出版社，2000
11. 常昕. 中国健康广播研究 [M]. 北京：知识产权出版社，2016
12. 成文胜. 广播新闻 [M]. 北京：中国人民大学出版社，2013
13. 陈卫平. 中外广播电视简史 [M]. 上海：上海外语教育出版社，2006
14. 陈尔泰. 中国广播史考 [M]. 北京：中国广播电视出版社，2008
15. 陈尔泰. 延安台开端史实 [M]. 北京：中国广播电视出版社，2013
16. 《当代中国的广播电视》编辑部选编. 中国的广播节目 [M]. 北京：北京广播学院出版社，1987
17. 邓炘炘. 动力与困窘. 中国广播改革体制研究 [M]. 北京：中国经济出版社，2006
18. 邓炘炘、黄京华. 广播频率专业化研究 [M]. 北京：中国传媒大学出版社，2006
19. 董启焕. 广播探新 [M]. 兰州：甘肃人民出版社，1988
20. 丁文奎. 中国广播谈艺录 [M]. 中国广播电视出版社，1990
21. 丁洁. 分化与融合 社会转型期的中国广播 [M]. 武汉：武汉大学出版社，2016
22. 冯小龙. 广播新闻原理与制作 [M]. 台北：正中书局，1996
23. 傅珊珊. 广播节目运营实务 [M]. 北京：新华出版社，2008

24. 高晓虹. 优秀广播电视新闻获奖作品评析广播卷 [M]. 北京：中国传媒大学出版社，2016
25. 广播电视部地方宣传局. 广播新闻写作理论与实践（下册）[M]，内部发行，1983
26. 郭镇之. 中外广播电视史（第三版）[M]. 复旦大学出版社，2016
27. 郭宝新. 广播电视节目创新创优理论与方法 [M]. 北京：中国传媒大学，2008
28. 国家新闻出版广电总局发展研究中心. 中国广播电影电视发展报告（2016）[M]，北京：中国广播影视出版社，2016
29. 广播电视部地方宣传局. 广播新闻写作理论与实践 [M]. 内部资料，1983
30. 郝朴宁. 话语空间：广播电视谈话节目研究 [M]. 北京：中国社会科学出版社，2005
31. 黄升民、王兰柱、宋红梅. 中国广播产业经营管理研究 [M]. 北京：中国广播电视出版社，2008
32. 胡泳. 新媒体中的公共领域是否存在 [A] //彭兰主编. 中国新媒体传播学研究前沿 [C]. 北京：中国人民大学，2010
33. 胡百精. 新媒体语境、危机话语与社会性格 [A]. 彭兰主编. 中国新媒体传播学研究前沿. 北京：中国 人民大学出版社，2010
34. 胡正荣、李继东. 中国广播电视公共服务体系 目标与实践研究 [M]. 北京：中国广播影视出版社，2010
35. 洪兵. 感觉世界：广播电视与人类感知 [M]. 北京：中国社会科学出版社，2014
36. 冷智宏. 电视生活服务类节目定位、形态与包装 [M]. 北京：中国广播电视出版社，2003
37. 李欣. 类型化广播的中国发展道路 [M]. 北京：人民出版社. 2015
38. 李强. DJ论道——音乐广播主持的理论与实践 [M]. 福州：福建人民出版社，2005
39. 黎炯宗. 广播新闻学 [M]. 武汉：武汉大学出版社，2014
40. 礼桂华. 广播新闻策划 [M]. 沈阳：东北大学出版社，2006
41. 连新元. 新媒体时代广播传播策略研究 [M]. 北京：对外经济贸易大学出版社，2012
42. 刘英华. 广播广告理论与实务教程 [M]. 北京：中国传媒大学出版社，2006
43. 刘志昌. 国家治理与公共服务现代化 [M]. 杭州：浙江人民出版社，2015
44. 陆锡初. 主持人节目学教程 [M]. 北京：中国广播电视出版社，1995
45. 罗哲宇. 广播电视深度报道 [M]. 北京：中国广播电视出版社，2004
46. 姜海山、蒋俊杰、于洪生. 中国政府架构与基本公共服务 [M]. 北京：人民出版社，2017
47. 江琴宁. 广播媒介管理学 [M]. 杭州：浙江大学出版社，2004
48. 金少年、张芹. 创新，从听众的体验开始 [M]. 杭州：浙江大学出版社，2012

49. 康荫. 广播学基础［M］. 北京：北京广播学院出版社，1988
50. 康荫. 新闻广播学研究［M］. 北京：广播出版社，1982
51. 柯泽. 广播电视节目策划与创新［M］. 北京：中国传媒大学出版社，2011
52. 李德纯、李彩英. 新闻广播基础知识［M］. 北京：中国新闻出版社，1987
53. 李建刚. 广播节目制作［M］. 北京：高等教育出版社，2013
54. 李向明. 广播新闻创优论［M］. 北京：中国广播电视出版社，1997（新闻）
55. 李东. 广播节目策划论［M］. 北京：中国广播电视出版社，1999
56. 李秀磊. 数字广播发展研究［M］. 北京：华夏出版社，2016
57. 林兴仁. 实用广播语体学［M］. 北京：中国广播电视出版社，1989
58. 刘斌. 中国广播产业制度创新［M］. 北京：中国传媒大学出版社，2005
59. 陆锡初. 广播新闻编辑教程［M］. 北京：中国广播电视出版社，1996
60. 马光仁. 上海新闻史（1850—1949）［M］. 上海：复旦大学出版社，1996
61. 孟伟. 声音传播：多媒介传播时代的广播听觉文本［M］. 中国传媒大学出版社，2006
62. 孟伟. 广播传播学［M］. 北京：中国广播电视出版社，2013
63. 孟伟. 移动互联时代的中国广播影响力——广西电台广播现象研究［M］. 中国广播影视出版社．2014
64. 孟伟. 媒体环境下广播传播特性的再认识［M］∥雷跃捷、陈卫星. 中国新闻传播学评论. 北京：中国传媒大学出版社，2014
65. 孟伟. 互联网＋时代音频媒体产业重构原理［M］. 北京：中国广播影视出版社．2015.
66. 牛印文. 文艺广播学十讲［M］. 成都：四川广播电视厅出版，1984
67. 潘力、杨宝林. 困境与出路——新媒介生态下的中国交通广播［M］. 北京：中国传媒大学出版社，2012
68. 潘力. 融合与变革：新媒体时代中国交通广播转型之路（2006－2011）［M］. 北京：中国传媒大学出版社，2012
69. 潘力、李秀磊. 值得倾听的声音：中国交通广播节目展评实录（2005~2007）［M］. 北京：中国传媒大学出版社，2009
70. 覃信刚. 全新闻电台的节目编排和运营［M］. 昆明：云南人民出版，2014
71. 覃信刚. 类型化电台研究［M］. 北京：中国广播电视出版社，2013
72. 钱锋. 广播栏目与广播主持［M］. 广州：暨南大学出版社，2012
73. 饶立华、杨钢元、钟新. 电子媒介新闻教程——广播与电视［M］. 北京：中国人民大学出版社，2000
74. 苏媛. 中国电视法制节目现状与发展研究［M］. 北京：中国社会科学出版社，2012
75. 石长顺、石婧. 中国广播电视公共服务［M］. 北京：光明日报出版社，2013

76. 申启武．广播生态与节目创新研究［M］．广州：暨南大学出版社，2008
77. 申启武．广播4.0时代的融合发展与理论创新［M］．广州：暨南大学出版社，2016
78. 申启武．广播新闻学［M］．广州：暨南大学出版社．2016．
79. 申启武、安治民：中国广播研究90年［M］．暨南大学出版社，2010
80. 沈嘉熤．广播学概论［M］．上海：上海外语教育出版社，2007
81. 孙建强．广播电视节目策划与创优［M］．太原：山西人民出版，2010
82. 王文科．广播新闻报道［M］．杭州：浙江大学出版社，2011
83. 王贤波、叶帆．广播文艺节目编辑与制作［M］．广州：中山大学出版社，2015
84. 王雪梅．中国广播文艺理论研究［M］．北京：中国传媒大学出版社，2011
85. 王雪梅．广播剧史论，北京：中国传媒大学出版社，2007
86. 王丽．类型化音乐广播的知与行［M］．北京：中国广播电视出版社．2011
87. 王金元、赵向红．社会治理视阈下老年人的社会保障与社会服务研究［M］．广州：东南理工大学出版社，2015
88. 王国臣．广播剧创作教程［M］．北京：北京大学出版社，2016
89. 王颖等．纪念上海人民广播60周年老广播人口述历史［M］．上海：学林出版社2009
90. 温秋阳．中国特色应急广播研究［M］．北京：中国广播电视出版社，2015
91. 危羚、王萍、赵慧．广播节目编辑与制作［M］．北京：中国传媒大学出版社，2013
92. 魏伟．国际广播电视体育史［M］．北京：中国广播电视出版社．2012
93. 吴红雨、徐敏、邵志择．交通即沟通 中国交通广播的社会价值 对浙江电台交通之声的典型研究［M］．杭州：浙江大学出版社，2016
94. 吴逸民．旧京体育的一鳞半爪［A］．北京市体育文史办公室．北京体育文史（六）［C］．北京：北京市体育运动 委员会文史办公室，1993
95. 吴声．超级IP互联网新物种方法论［M］．北京：中信出版社，2016
96. 肖峰．广播新闻业务教程［M］．武汉：武汉大学出版社，2010
97. 项仲平．广播电视节目传播策略研究——对农传播新视角［M］．北京：清华大学出版社，2011
98. 熊忠辉．广播电视节目形态解析［M］．北京：化学工业出版社，2010
99. 徐立军．中国广播收听年鉴［M］．北京：中国传媒大学出版社．2016
100. 徐光春．中华人民共和国广播电视简史（1949～2000）［M］．北京：中国广播电视出版社，2003
101. 徐泓．超越．北京交通广播解析［M］．北京：北京大学出版社，2003
102. 杨飙、蔡尚伟．媒体竞争论［M］．成都：四川民族出版社，2011
103. 杨波．中央人民广播电台简史［M］．北京：中国广播电视出版社．2010

104. 杨玲．广播音乐论集（附光盘）［M］．北京：中国广播电视出版社，2001
105. 于煊．转向——中国电视生活服务类节目之变迁［M］．北京：清华大学出版社，2013
106. 杨再礼．广播技术基础概论［M］．北京：电子科技大学出版社，2014
107. 于忠广．社会转型与对农广播［M］．北京：中国广播电视出版社，2009
108. 袁同楠．中国广播电影电视发展报告［M］．北京：中国广播影视出版社，2015
109. 姚争．新兴媒体竞合下的中国广播［M］．北京：中国广播影视出版社，2014
110. 张小航．抗战广播记［M］．重庆：重庆出版社，2015
111. 张凤铸．文艺广播初探［M］．包头：内蒙古广播电视厅地宣处，1986
112. 张凤铸．中国广播文艺学［M］．北京：北京广播学院出版社，2000
113. 张凤铸、关玲．中国当代广播电视文艺学［M］．北京：中国传媒大学出版社，2016
114. 张彩．老龄化社会与老年广播［M］．北京：中国传媒大学出版社，2007
115. 张志军．广播新闻策划手记［M］．北京：中国广播电视出版社，2006
116. 赵玉明．中国现代广播简史（1923～1949）［M］．北京：中国广播电视出版社，1987
117. 赵玉明．中国解放区广播史［M］，北京：中国广播电视出版社，1992
118. 赵玉明、王福顺．广播电视辞典［M］．北京：北京广播学院出版社．1999
119. 赵玉明主编．中国广播电视通史［M］．北京：北京广播学院出版社，2003
120. 赵玉明．中国现代广播简史［M］．北京：北京广播学院出版社，1986
121. 赵玉明．中国广播电视通史［M．北京：中国传媒大学出版社，2006
122. 赵立波．中国特色公益服务体系研究［M］．北京：人民出版社，2015
123. 中央人民广播电台．广播媒体创新发展的实践探索与理论思考［M］．北京：中国广播电视出版社，2016
124. 中国传媒大学播音主持艺术学院．广播节目播音主持［M］．北京：中国传媒大学出版社，2015.
125. 周小普．广播新闻与音响报道［M］．北京：中国人民大学出版社，2001
126. ［美］保罗·莱文森．新新媒介［M］．何道宽译，上海：复旦大学出版社，2014
127. ［英］富里迪．恐惧的政治［M］．方军、吕静莲译，南京：江苏人民出版社，2007
128. ［美］凯斯·R·桑斯坦．极端的人群 群体行为的心理学［M］．尹弘毅、郭彬彬译，北京：新华出版社，2010
129. ［美］罗伯特·斯考伯、谢尔·伊斯雷尔．即将到来的场景时代［M］．北京：北京联合出版公司，2015
130. ［意］玛格赫丽塔·帕加尼．多媒体与互动数字电视——把握数字融合所创造的机会 131.［M］．罗晓军等译，北京：人民邮电出版社，2006

132. ［美］尼古拉斯·卡尔. 浅薄——互联网如何毒化了我们的大脑［M］. 刘纯毅译，北京：中信出版社，2010

133. ［英］齐格蒙·鲍曼. 寻找政治［M］. 洪涛、周顺、郭台辉译，上海：上海人民出版社，2006

134. ［美］约瑟夫·M·朱兰、约瑟夫·A·德费欧、朱兰等. 朱兰质量手册［M］. 中国人民大学出版社，2013

135. ［荷］约翰·赫伊津哈. 游戏的人［M］. 傅存良译，杭州：中国美术学院出版社，1996

136. Castells, Manuel. *An Introduction to the Information Age*［M］// Frank Webster, Raimo Blom, Erkki Karvonen, Harri Melin, Kaarle Nordenstreng, and Ensio Puoskari, editors. The Information Society Reader. London and New York：Routledge, 2004

137. Joseph Kane, Steve Anzovin, Janet Podell, Famous First Fact：*A Record of First Happenings, Discoveries and Inventions in American History*, 5th edition［M］. New York：H. W. Wilson Company, 1997

138. Peter Lunenfeld. *The Digital Dialectic：New Essays on New Media*［M］. Cambridge, MA：The MIT Press, 1999

139. Ward B. *Television in the Olympic Games*［M］. Lausanne：International Olympic Committee, 1999

140. Hendy D. *Radio in the Global Age*［M］. London：Polity Press, 2000

图书在版编目（CIP）数据

广播内容传播：媒体融合视域下广播节目模式创新研究 / 孟伟等著. -- 北京：中国广播影视出版社，2017.8
　　ISBN 978-7-5043-7968-9

Ⅰ．①广… Ⅱ．①孟… Ⅲ．①广播节目－研究 Ⅳ．①G222.3

中国版本图书馆CIP数据核字(2017)第181815号

广播内容传播：媒体融合视域下广播节目模式创新研究
孟 伟　等著

责任编辑	贺　明
封面设计	嘉信一丁
责任校对	张　哲

出版发行	中国广播影视出版社
电　　话	010-86093580　010-86093583
社　　址	北京市西城区真武庙二条9号
邮　　编	100045
网　　址	www.crtp.com.cn
微　　博	http://weibo.com/crtp
电子信箱	crtp8@sina.com

经　　销	全国各地新华书店
印　　刷	河北鑫兆源印刷有限公司

开　　本	787毫米×1092毫米　1/16
字　　数	427(千)字
印　　张	19.5
版　　次	2017年8月第1版　2017年8月第1次印刷
书　　号	ISBN 978-7-5043-7968-9
定　　价	48.00元

（版权所有　翻印必究·印装有误　负责调换）